Law and Economics of International Telecommunications

Under the Auspices of the
Max Planck Institute for Foreign and International Private Law
edited by Prof. Ernst-Joachim Mestmäcker

Band 9

Prof. Jean-Bernard Blaise/Prof. Michel Fromont

Das Wirtschaftsrecht der Telekommunikation in Frankreich

Nomos Verlagsgesellschaft
Baden-Baden

Die Deutsche Bibliothek – CIP-Einheitsaufnahme

Blaise, Jean-Bernard:
Das Wirtschaftsrecht der Telekommunikation in Frankreich / Jean-Bernard Blaise; Michel Fromont. – 1. Aufl. – Baden-Baden: Nomos Verl.-Ges., 1992
(Law and Economics of International Telecommunications; Bd. 9)
ISBN 3-7890-2605-0
NE: Fromont, Michel:; GT

1. Auflage 1992

Vorwort des Herausgebers

Die vorliegende Arbeit ist als Teil des Forschungsprojekts »Das Wirtschaftsrecht der internationalen Telekommunikation« am Max-Planck-Institut für ausländisches und internationales Privatrecht in Hamburg entstanden. Ebenso wie die anderen im Rahmen des Projekts vorgelegten Länderberichte beruht diese Arbeit auf Fragestellungen, die im Institut erarbeitet wurden. Sie sind im Anhang zu diesem Buch abgedruckt. Ihr Zweck besteht darin, die vergleichende Auswertung der Berichte zu erleichtern. Selbstverständlich bleibt es den Autoren überlassen, in ihrer Darstellung den Besonderheiten des jeweiligen Landes Rechnung zu tragen. Das war in dem hier veröffentlichten Bericht über Frankreich wegen der wiederholten Änderungen von Gesetzgebung und Verwaltungspraxis besonders wichtig und besonders schwierig.

Der Bericht wurde von Frau Dr. Marina Todtenhaupt Puttfarken übersetzt und im Institut von Tomas-Sönke Kluth und Stefan Weyhenmeyer redaktionell bearbeitet. Besonderer Dank gebührt Ingeborg Stahl für die Betreuung des Manuskripts.

Prof. Jean-Bernard Blaise ist Professor an der Université de Paris II (Panthéon-Assas). Prof.Dr.Dr.h.c. Michel Fromont ist Professor an der Université de Paris I (Panthéon-Sorbonne).

Das Institut dankt der Volkswagen-Stiftung für eine Zuwendung, die diesen Bericht ermöglicht hat.

Hamburg, im April 1992 *Ernst-Joachim Mestmäcker*

Vorwort

Das französische Recht der Telekommunikation ist noch bis heute in zwei Hauptbereiche aufgeteilt. Zum einen handelt es sich um das Recht der privaten Nachrichtenübermittlung, welches lange Zeit gleichbedeutend war mit dem Fernmelde- und Telegrafenrecht und welches sich zu einem Recht der interaktiven Kommunikation und insbesondere zu einem Recht der Telematik hin entwickelt. Zum anderen handelt es sich um das Recht der Massenkommunikation, welches lange Zeit gleichbedeutend war mit dem Recht der Radioübertragung in Hertz-Frequenz; dieses entwickelt sich zum Recht der Teleübertragung, insbesondere des Fernsehens. Zwischen den beiden Rechtsbereichen ist eine deutliche Annäherung festzustellen: die industriellen und kommerziellen Aspekte verdrängen die politischen und kulturellen Aspekte. Der Staat gibt schrittweise ein in der inneren und äußeren Sicherheit des Landes begründetes Monopol auf zugunsten einer Politik der Regulierung und vielfältigen Anreize. Hieraus folgt eine immer stärker werdende Komplexität des französischen Rechts.
Nach dem Plan dieser Studie sollen gleichermaßen die Strukturen der Vergangenheit und die schon voraussehbaren zukünftigen Entwicklungen berücksichtigt werden. Daher wird zunächst das beiden Rechtsbereichen Gemeinsame dargestellt, nämlich Politik, Institutionen und Rechtsgrundlagen und daran anschließend die spezifischen Eigenschaften der beiden Rechtsbereiche Telematik und Rundfunk und Fernsehen.

Inhaltsverzeichnis

Abkürzungsverzeichnis

AFDI	Annuaire français de droit international
AJDA	Actualité juridique Droit administratif
A 2	Antenne 2
CCITT	Comité consultatif international pourle télégraphe et le téléphone (Beratender Ausschuß für das Telegrafen- und Fernsprechwesen)
CEPT	Conférence européenne des administrations des postes et télécommunications (Europäische Konferenz der Post- und Fernmeldeverwaltungen)
CNCL	Commission nationale de la communication et des libertés (Nationale Kommission für Kommunikation und Freiheitsrechte)
CNIL	Commission nationale de l'informatique et des libertés (Nationale Kommission für Informatik und Freiheitsrechte)
CSA	Conseil supérieur de l'audiovisuel (Oberster Rundfunkrat)
DGT	Direction générale des télécommunications
EUTELSAT	Europäische Organisation für Fernmeldesatelliten
FR 3	France Régions 3
INA	Institut national de l'audiovisuel
INTELSAT	Internationale Organisation für Fernmeldesatelliten
IRPI	Institut de recherche sur la propriété intellectuelle
ITU	International Telecommunications Union
JCP	Jurisclasseur périodique
JO	Journal officiel de la République française
M 6	Métropole 6
NET	Europäische Fernmeldenorm
ORTF	Office de la radiodiffusion et télévision française
PTT	Ministère des postes, télégraphe et des télécommunications
RDP	Révue du droit public
Rec.	Recueil
RFDA	Revue française de droit administratif
RFI	Radio France International
RPDA	Revue pratique de droit administratif
SEPT	Société d'édition de programmes de télévision
SFP	Société de production et de création audiovisuelle
SOFICA	Sociétés de financement d'oeuvres cinématographique et audiovisuelles
SOFIRAD	Société financière de radiodiffusion
TF 1	Télévision française I

Erster Teil: Die Grundlagen des französischen Rechts der Telekommunikation

Die Grundlagen des französischen Rechts der Telekommunikation beruhen einerseits auf der Gesamtheit aller politischen, institutionellen und juristischen Gegebenheiten, die bei der Erörterung von Rechtsvorschriften für die Telekommunikation zu berücksichtigen sind und andererseits auf der Gesamtheit von nicht spezifisch dem Recht der Telekommunikation zuzuordnenden Vorschriften.

Kapitel I *Der politische, institutionelle und juristische Rahmen*

Die Entwicklung der Telekommunikation ist vom Staat ständig vorangetrieben worden. Das liegt an der Existenz eines öffentlichen Monopols in diesem Bereich sowie an der interventionistischen Tradition Frankreichs. Deswegen ist seit jeher Gegenstand des französischen Rechts der Telekommunikation weniger die Regelung der Beziehungen zwischen privat Handelnden gewesen, als vielmehr die Regelung der Beziehungen zwischen Staatsgewalt und Einzelpersonen und sogar zwischen verschiedenen Organen, staatlichen oder halbstaatlichen Institutionen. Dargestellt werden daher im wesentlichen diejenigen öffentlichen Institutionen, die sich in diesem Bereich der Wirtschaft betätigen.

Abschnitt 1 - *Die Politik des Staates*

Die französische Politik der Audiovision kann ohne die Regierungspolitik der letzten zwanzig Jahre nicht verstanden werden. Es ist gerechtfertigt, die beiden wichtigsten politischen Entwicklungen in diesem Bereich getrennt zu untersuchen, obwohl es seit jeher - immer enger werdende - Verbindungen gibt. Die eine betrifft den intellektuellen Inhalt, die andere den technischen Unterbau der Telekommunikation. Beide Bereiche haben sich stark verändert: der erste hat sich unmerklich von einer Informations- und Kulturpolitik zu einer Politik der Förderung der audiovisuellen Produktion gewandelt; der zweite ist nicht mehr lediglich eine Förderpolitik der Elektronikindustrie, sondern hat sich zu einer echten Politik zur Förderung der gesamten Kommunikationsindustrien entwickelt.

§ 1 *Von der reinen Informations- und Kulturpolitik zu einer Politik der audiovisuellen Produktion*

Im Hörfunkbereich entschied sich der Staat 1923 für das Monopolprinzip[1] und folgte so der für den Telegrafiebereich seit langem geltenden Regelung[2]. Dieses Monopol ist damals wohl im wesentlichen mit der Sorge um die innere Sicherheit des Staates gerechtfertigt worden: es erweiterte somit das Monopol der Post, welches seit dem 15. Jahrhundert bestand[3]. Indessen handelt es sich bei diesem Monopol in Wirklichkeit um nichts anderes als um eine Regelung zur Anmeldung der Empfangsgeräte (und damit der Erhebung von Gebühren) sowie um eine Regelung der Sendegenehmigungen (welche im übrigen ergänzt wurde durch einen öffentlichen Bereich, der unter Aufsicht des Postministeriums betrieben wurde). Mit einer Ordonnance vom 23. März 1945 wurden sämtliche privaten Genehmigungen widerrufen. So wandelte sich der öffentliche Bereich des Hörfunks nach und nach in einen nationalen öffentlichen Dienst, dessen Zweck es ist, »den Bedarf an Information, Kultur, Bildung und Unterhaltung der Öffentlichkeit zu decken«[4].

Als 1958 das Fernsehen eingeführt wurde, hielt man es für notwendig, das gesamte Hörfunk- und Fernsehwesen einer öffentlich-rechtlichen Einrichtung, dem Office de Radiodiffusion Télévision Française (ORTF) anzuvertrauen, also einer Institution, die eine andere Rechtspersönlichkeit als der Staat hat[5]. Trotzdem blieb diese Einrichtung, wie in der Vergangenheit, dem Staatsoberhaupt, d.h. dem Präsidenten der Republik, untergeordnet. Wie General de Gaulle sagte, müssen Radio und Fernsehen »die Stimme Frankreichs« sein. Daran hat auch die Aufsplitterung der ORTF in mehrere staatliche Gesellschaften oder öffentlich-rechtliche Institutionen[6] nicht viel geändert: der öffentlich-rechtliche Sektor bleibt unter der Kontrolle eines Informations- oder Kulturministers. Zwar übertrug das Gesetz dem Minister die Aufgabe, die

---

1 Art. 85 des Finanzgesetzes vom 30. Juni 1923.

2 DL vom 27. Dezember 1851, welche damit ein seit der Revolution bestehendes Prinzip bestätigt.

3 Anzumerken ist, daß ein Gesetz von 1901 immer noch den Briefwechsel zwischen Einzelpersonen mittels Brieftauben verbietet.

4 Art. 1 des Gesetzes vom 27. Juni 1964.

5 Ordonnance vom 4. Februar 1959.

6 Gesetz vom 7. August 1974.

nationale Informations- und Kulturpolitik zu fördern, d.h. eine Politik, die die Seriosität und Neutralität der Informationen sowie die kulturelle Qualität der Unterhaltungssendungen gewährleistet. Dennoch änderte sich in Wirklichkeit nichts an der früheren Handhabung. So erklärte Jacques Chirac, ehemaliger Premierminister und Chef einer die Parlamentskoalition unterstützenden Partei, anläßlich einer Radiosendung am 17. Juli 1979: »Ich bin betrübt zu sehen, daß der Premierminister von Frankreich berechtigterweise Unterricht in demokratischer Freiheit von Herrn Mitterand erhält. Ich verstehe völlig seine Empörung und teile sie ohne Vorbehalt. Der Druck der offiziellen Propaganda ist zur Zeit wirklich unerträglich geworden«.

Trotzdem hat es in der Zeit von 1945 bis 1981 einige private Radiostationen gegeben. Man hat sie peripher genannt, weil sich ihre Sender außerhalb des nationalen Territoriums befanden; jedoch verfügt die französische Regierung über nicht unerhebliche Druckmittel gegenüber diesen Radiostationen, weil der französische Staat die Kabel vermietet, die notwendig sind für die Übertragung der Sendungen von den Pariser Studios in die Sender, oder auch dadurch, daß der französische Staat Mehrheits- oder Hauptgesellschafter der Betriebsgesellschaften ist.

Die audiovisuelle Landschaft in Frankreich ist 1981 vollkommen verändert worden. Dies geschah weniger infolge der Veränderung der politischen Mehrheitsverhältnisse als vielmehr infolge des Erscheinens neuer Techniken der Telekommunikation. Hierzu gehören insbesondere das Erscheinen billigerer Sender mit Modulationsfrequenz, die Entwicklung von zunächst nur reflektierenden, dann auch von direktstrahlenden aktiven Satelliten und die Übertragung durch Kabel (zunächst Koaxial, dann Glasfaser). In der Tat erlaubten diese neuen Techniken die Gründung der freien lokalen Radiostationen und die beschleunigte Entwicklung des Televertriebs und der Telekommunikation. So ist eine gewaltige Nachfrage nach audiovisuellen Produkten, wie Hörfunk- und Fernsehprogrammen, Datenbanken und Software entstanden.

Die französische Regierung erkannte, daß die audiovisuelle Produktion angekurbelt werden mußte. So war das vorrangige Ausführungsprogramm Nr. 4 des 9. Plans zur wirtschaftlichen, sozialen und kulturellen Entwicklung[7] auf die Entwicklung der Kommunikationsindustrien gerichtet. Dieses Programm enthielt fünf Unterprogramme: Schaffung von wirtschaftlichen und finanziellen Rahmenbedingungen für die Entwicklung der Programmindustrie (insbesondere die Schaffung eines Unterstützungsfonds für die Produktion von audiovisuellen Programmen), Unterstützung der Forschung, der Erprobung

7 Gebilligt durch das Gesetz vom 24. Dezember 1983.

und der Ausbildung (insbesondere die Erprobung von lokalen Kabelnetzen), Förderung von für die Kreativität günstigen Rahmenbedingungen (Pflicht der öffentlichen Hand, neue Werke zu bestellen, audiovisuelle Kreativität zu fördern und das Urheberrecht zu reformieren), Förderung der Zentralisierung des audiovisuellen Systems (im Rahmen lokaler Kabelnetze) und Unterstützung des Exports audiovisueller Programme (insbesondere durch Schaffung einer Verwertungsgesellschaft für die öffentliche Produktion, France Média International).

Es erhebt sich sogleich die Frage, ob diese ehrgeizige Politik Erfolg hatte. Viele zweifeln daran. Allerdings sind die mehr oder weniger mageren Ergebnisse nicht auf eine schlechte politische Konzeption oder auf schlechte Ausführung zurückzuführen, sondern eher auf ungünstige Bedingungen (Wirtschaftskrise und Enge des französisch sprechenden Marktes). Diese Faktoren sind deswegen so hinderlich, weil die Industrialisierungspolitik eine unbestreitbare Weiterentwicklung von neuen Übertragungstechniken bewirkt hat.

Diese Politik ist von der aus den Wahlen vom März 1986 bzw. vom Juni 1988 hervorgegangenen Mehrheit weiterverfolgt worden. Allenfalls läßt sich eine Tendenz der Bevorzugung von Privatunternehmen zum Nachteil öffentlicher Unternehmen feststellen.

§ 2 *Von einer Politik der elektronischen Industrie zu einer Politik der Kommunikationsindustrie*

Anlaß für die französische Politik im Bereich der Elektronik war die Weigerung der amerikanischen Regierung, Frankreich einen Control Data Computer zu verkaufen, wodurch Frankreich an der Erhöhung seiner Verteigigungsbereitschaft gehindert wurde[8]. Ziel dieses Plans war es, »eine neue Reihe von Computern zu entwickeln, die nicht auf amerikanischer Technologie beruhen«. Eine dem Premierminister unterstehende Informatik-Delegation wurde mit der Überwachung der Ausführung dieses Plans durch ein Privatunternehmen beauftragt. Bei diesem Pivatunternehmen handelte es sich um die Compagnie internationale d'informatique (oder C II), welche aus der Vereinigung der Compagnie d'automatisme électronique, einer Filiale der Compagnie générale d'électricité (CGE), der Compagnie de télégraphie sans fil (CSF) sowie der Société européenne d'automatisme (zur Schneider-Gruppe gehörend) hervorgegangen war. Subventionen großen Umfangs waren vorgesehen.

8 Abkommen zwischen dem Staat und acht Gesellschaften, am 13. April 1967 unterzeichnet.

Auch sollte der öffentliche Plan Calcul ergänzt werden durch einen Plan »Peripheriegeräte« und durch einen Plan »Elektronische Bauelemente«.
Doch der Plan hatte keineswegs den erhofften Erfolg: zwar entwickelte die französische Firma eine Reihe von Produkten, dennoch blieb die Vorherrschaft der amerikanischen Unternehmen auf dem französischen Markt bestehen. Daher kam es während der Regierungszeit von Giscard d'Estaing (1974-1981) zu einer gewissen Einigung zwischen der C II und der amerikanischen Firma Honeywell: C II wurde 1975 C II-Honeywell. Zwar war dies eine Gesellschaft mit mehrheitlicher französischer Kapitalbeteiligung, sie war jedoch tatsächlich weitgehend von der amerikanischen Firma - obwohl minoritär - abhängig. Gleichzeitig versuchte die Industrie, sich in einigen Bereichen zu spezialisieren, in denen die Chancen der französischen Industrie größer erschienen: im Bereich der Mikro-Informatik und im Bereich integrierter Schaltkreise. Auf der Grundlage des »Plan périinformatique« (1977) unterstützte der Staat diese Bemühungen durch Entwicklungsaufträge. Sodann wurde aufgrund des Nora-Minc-Berichts (Juni 1978) eine systematische Politik der Schaffung von Arbeitsplätzen in der Informatikindustrie beschlossen (Gründung der Agentur für Anwendung der Informatik, 1979).
Wenn auch die Regierungszeit von Giscard d'Estaing (1974-1981) durch einen gewissen Rückschritt in der Politik zu ungunsten der Elektronikindustrie geprägt ist, so bleibt dagegen die bedeutende Modernisierung des französischen Telefonnetzes charakteristisch. 1977 hatte es noch 1.600.000 unerledigte Aufträge für Telefonanschlüsse gegeben. 1982 waren es nur noch 500.000, und seit 1985 beträgt die durchschnittliche Wartezeit nicht mehr als einen Monat. Von 1980 bis 1984 hat sich die Zahl der Telefonanschlüsse von 10 auf 22 Millionen erhöht. Inzwischen (1990) erreicht sie etwa 27 Millionen. Seit 1981 sind die Telefon- und die Informatik-Politik in einer Telematik-Politik vereinigt. Diese neue Regierungspolitik ist durch die Nationalisierung der größten Unternehmen auf dem Elektroniksektor[9] begünstigt worden. Diese Politik will nicht nur die Entwicklung der gesamten »elektronischen Kette«[10] unterstützen, sondern insbesondere auch die Informationsübertragung von und zu elektronischen Einrichtungen[11]. Vor allem um die Telematik zu fördern, hat die öffentliche Hand sich für die Glasfaser und nicht für das klassische Koaxial-Kabel entschieden, denn allein diese neue Technik erlaubt die Interaktivität auf breitem Band (Videomatik). Da aber diese Technik teuer

9 Compagnie générale d'élecricité, Thomson, Saint-Gobain, Hauptaktionär von C II-HB, Matra und Dassault.
10 So das mehrjährige, vom Ministerrat am 28. Juli 1982 beschlossene Aktionsprogramm.
11 Entwicklungsplan für kabelgebundene Netze, vom Ministerrat beschlossen am 4. November 1982.

ist, wird sie zusammen mit dem klassischen Kabel verwendet. Bis Ende 1986 waren 150.000 Anschlüsse gelegt worden. Ende 1990 waren es etwa 3 Millionen.
Sogar die direktstrahlenden Satelliten sind das Ergebnis einer alten Industriepolitik: das Centre national d'études spatiales wurde 1961 gegründet und hatte bis 1985 22 Satelliten plaziert, die letzten davon mit der Rakete Ariane. Die 1982 nationalisierten Gesellschaften Matra und Thomson haben die Satelliten Telecom 1 entwickelt[12]. 1979 haben die französische und die deutsche Regierung beschlossen, ein deutsch-französisches Konsortium mit dem Bau der ersten Nachrichtensatelliten zu beauftragen, nämlich TDF 1 (Start am 18. Oktober 1988), TDF 2 für Frankreich (Start am 24. Juli 1990) und TV-Sat für Deutschland.

Abschnitt 2 - *Die mit der Kommunikationspolitik befaßten Behörden*

Die wichtigsten staatlichen Institutionen sind naturgemäß die Organe der Legislative, Exekutive und Judikative sowie die Organe an der Spitze der kommunalen Körperschaften. Die im wesentlichen mit der Erarbeitung und der Ausführung der Politik der Telekommunikation befaßten Behörden sind folgende: das Postministerium und eine ihm unterstehende öffentliche Anstalt (France Télécom), das Ministerium für Kultur und Kommunikation und eine ihm unterstehende Staatsgesellschaft (Télédiffusion de France, TDF) sowie schließlich eine unabhängige Verwaltungsbehörde: der Oberste Rundfunkrat (CSA).

§ 1 *Das Postministerium und die France Télécom*

In den Jahren 1984 bis 1988 war eine Tendenz erkennbar, das Postministerium dem Industrieministerium anzugliedern. Dies erscheint im Hinblick auf die kürzliche Annäherung von Kommunikations- und Industriepolitik auch folgerichtig. So war unter der Regierung Fabius (1984-1986) der Postminister Delegierter beim Minister für Industrieentwicklung und Außenhandel (abgesehen von der Zeit zwischen dem 20. November 1985 und 20. März 1986). In der Regierung Chirac (20. März 1986 bis 10. Mai 1988) handelte der Staatssekretär für das Postwesen (Gérard Longuet) unter der Hoheit des Ministers für Industrie, Postwesen und Tourismus (Alain Madelin). Jedoch

12 1 A wurde am 1. August 1984 und 1 B am 8. Mai 1985 gestartet.

wurden die »industriellen Befugnisse im Bereich der Elektronik, der Informatik, des Weltraums und der Telekommunikation« nicht mehr vom amtierenden Staatssekretär für das Postwesen persönlich ausgeübt[13]. Diese fielen in den direkten Zuständigkeitsbereich des Ministers für Industrie, Postwesen und Tourismus.
Abgesehen davon blieb dem Amt des Staatssekretärs für das Postwesen gemäß dem Dekret vom 28. Januar 1986 folgender Aufgabenkreis: Strategieplanung, Leitung der gemeinsamen Angelegenheiten, Personalwesen, Sozialwesen, Haushalt und Rechnungswesen, die Generaldirektion des Postwesens (einschließlich des Postscheckdienstes) und die Generalverwaltung des Fernmeldewesens.
In den Jahren 1988-1991 unter der Regierung Rocard wurde das Ministerium für Post und Telekommunikation wieder verselbständigt. Hinzu kam der Bereich Raumwesen, der aus dem Ministerium für Industrie herausgelöst wurde[14].
Am 16. Mai 1991 unter der Regierung Cresson wurde der Bereich Raumwesen dem umgebildeten Ministerium für Bauwesen, Wohnung, Verkehr und Raumwesen zugewiesen und das Ministerium für Post und Telekommunikation dem großen Ministerium für Wirtschaft, Finanzen und Haushalt untergeordnet[15].
Der Verwaltungsaufbau des Postministeriums wurde in den letzten Jahren grundlegend geändert. Das Dekret[16] über den Aufbau des Postministeriums wurde insoweit geändert, als die Abteilung für Strategie abgeschafft wurde und eine Direktion für allgemeine Regulierung (Direction générale de la réglementation) errichtet wurde[17]. Entsprechend den Empfehlungen der Kommission der Europäischen Gemeinschaften in dem Grünbuch über Telekommunikation (1987) wurden nun Ordnungsaufgaben und Leistungsaufgaben innerhalb des Postministeriums getrennt. Diese Neugründung war eigentlich nur der erste Schritt zu einem radikalen Umbau der Verwaltungsstruktur. Das Gesetz vom 2. Juli 1990 zur Organisation der öffentlichen Post und Telekommunikation[18] hat aus dem Postministerium zwei »Personen des öffentlichen Rechts herausgebildet, die der Aufsicht des Ministers für Post und Tele-

13 Dekret Nr. 86-722 vom 25. April 1986.
14 Dekret Nr. 88-741 vom 3. Juni 1988; Dekret Nr. 88-837 vom 20. Juli 1988.
15 Dekret vom 16. Mai 1991; Dekret Nr. 91-504 vom 3. Juni 1991.
16 Dekret Nr. 86-129 vom 28. Januar 1986.
17 Dekret Nr. 89-327 vom 19. Mai 1989, JO vom 21. Mai 1989.
18 JO vom 8. Juli 1990.

kommunikation unterstellt sind«, nämlich »La Poste« und »France Télécom«[19].

France Télécom hat insbesondere drei Aufgaben:

- alle Telekommunikationsdienstleistungen im nationalen und internationalen Verkehr, die eine öffentliche Aufgabe darstellen, zu erbringen;
- Leitungsnetze aufzubauen und zu betreiben, die dafür notwendig sind;
- Leistungen, Einrichtungen und Leitungsnetze für sonstige Telekommunikationsdienste zu besorgen, insbesondere Kabelnetze für Rundfunk und Fernsehen einzurichten (Art. 3).

Die einzelnen Bestimmungen über diese Aufgaben enthält ein weiteres Gesetz, nämlich das Gesetz zur Ordnung der Telekommunikation[20].

Die Vorschriften zur Ausführung des Gesetzes vom 2. Juli 1990 zur Organisation der Post und Telekommunikation umfassen verschiedene Bereiche: die Satzung von France Télécom[21], die Organisation der Zentralverwaltung des Ministeriums für Post und Telekommunikation[22] und das Lastenheft von France Télécom[23].

Nach dem Dekret vom 18. Dezember 1990 zur Organisation der Zentralverwaltung des Postministeriums[24] ist das Postministerium in drei Hauptabteilungen untergliedert: Abteilung für allgemeine Regulierung (réglementation générale), Abteilung für den öffentlichen Sektor (service public) und Abteilung für allgemeine Verwaltung (administration générale). Die erste Abteilung hat die Vorbereitung der Gesetze und Rechtsordnungen sowie die Erteilung von Erlaubnissen zugunsten von Privaten zur Aufgabe; die zweite hat hauptsächlich die Aufsicht über La Poste und France Télécom auszuüben, und der Bereich der dritten Abteilung umfaßt das Haushaltswesen und das Personalwesen.

France Télécom ist nach dem Wortlaut des Gesetzes eine »juristische Person des öffentlichen Rechts«, aber in der Rechtswirklichkeit eine Anstalt des öffentlichen Rechts mit eigenem Vermögen und eigenem Haushalt. Obwohl weiterhin das Personal fast nur aus Beamten besteht, ist doch France Télécom als ein öffentliches Unternehmen zu betrachten. Insbesondere sind die Bezie-

---

19 Art. 1 des Gesetzes vom 2. Juli 1990.
J. Chevallier, La mutation des postes et télécommunications, AJDA 1990, S. 667; *F. Moderne* u.a., La réforme des PTT, Juris PTT 1990; *L. Rapp*, La réforme du régime juridique des télécommunications, RFDA 1991, S. 243.

20 Loi N° 90-1170 du 29 décembre 1990 sur la réglementation des télécommunications, JO vom 30. Dezember 1990.

21 Dekret Nr. 90-1112 vom 12. Dezember 1990, JO vom 13. Dezember 1990.

22 Dekret Nr. 90-1121 vom 18. Dezember 1990, JO vom 19. Dezember 1990.

23 Dekret Nr. 90-1213 vom 29. Dezember 1990, JO vom 30. Dezember 1990.

24 Zuletzt durch des Dekret Nr. 91-504 vom 3. Juni 1991 geändert.

hungen zu den Benutzern privatrechtlich geregelt, und handelsrechtliche Buchhaltung und allgemeine Steuergesetzgebung sind grundsätzlich anwendbar.
France Télécom besitzt zu 99,9 Prozent die Holding-Gesellschaft COGECOM. Die wichtigsten Filialen sind France-Câble-Radio, eine Gesellschaft, die 1945 vom Staat gegründet wurde und die selbst Mehrheitsbeteiligungen in verschiedenen Gesellschaften hält:

- Télésystèmes, die hauptsächlich im Telematik-Bereich tätig ist;
- Entreprise générale de télécommunications, welche die Kommerzialisierung von Radiotelefonen, Anrufbeantwortern usw. betreibt;
- Transpac, deren Aufgabe in dem Betrieb und der Kommerzialisierung der Anlagen des Transpac-Netzes (Télématik) liegt.

§ 2 *Das Ministerium für Kommunikation und Télédiffusion de France (TDF)*

A. *Das Ministerium für Kommunikation*

Nachdem dieses Ministerium lange Zeit Ministerium für Information hieß, erhielt es zu Beginn der Regierungszeit von Giscard d'Estaing (1974) den Titel Ministerium für Kommunikation. Diese Umbenennung illustriert zunächst den Wunsch der Regierung, zwei Probleme auseinanderzuhalten, nämlich einmal die Öffentlichkeitsarbeit der Regierung und zum zweiten die Politik zur Förderung der Kommunikation. Die Umbenennung illustriert allerdings ebenfalls, daß der Aufgabenbereich der mit Kommunikation befaßten Organe einer tiefgreifenden Wandlung unterliegt. Er umfaßt nicht nur Information und Kultur, sondern auch die Unterhaltung.
In den seit dem 20. März 1986 bestehenden Regierungen ist der Kommunikationsminister gleichzeitig Kulturminister (also zuständig für Theater, Museen, Bibliotheken sowie für historische Denkmäler). Gemäß Art. 2 des Dekrets Nr. 86-693 vom 4. April 1986 »leitet der Minister für Kultur und Kommunikation die Regierungspolitik im Kommunikationsbereich ein und wendet sie an«. Er hat insbesondere drei Zuständigkeitsbereiche: »Die der Regierung durch Dekret vom 17. November 1947 übertragenen Befugnisse im Pressewesen, die der Regierung durch die Gesetze Nr. 82-652 vom 29. Juli 1982 übertragenen Befugnisse im Bereich der audiovisuellen Kommunikation und die früher vom Postminister ausgeübten Befugnisse bezüglich der für Hörfunk und Fernsehen bestimmten Frequenzen. In dieser Eigenschaft ist der Minister für Kommunikation Aufsichtsbehörde über die öffentlich-rechtliche Sendeanstalt, die von Art. 7 des vorher genannten Gesetzes vom 29. Juli 1982

vorgesehen ist. Diese öffentliche Anstalt ist TDF, die durch Dekret vom 6. Juni 1987 in eine Aktiengesellschaft umgewandelt wurde.

Im Bereich der Telekommunikation sind diese Befugnisse nicht sonderlich weit gesteckt: sie betreffen hauptsächlich die Kontrolle über die Programm-Gesellschaften. Ansonsten hat der Minister die Regierungspolitik im Bereich der audiovisuellen Kommunikation vorzubereiten und durchzuführen[25].

Seit der ersten Regierung Rocard (12. Mai 1988) ist dem Minister für Kultur und Kommunikation ein Staatssekretär für Kommunikation zugeordnet, der insbesondere für das Pressewesen und den Rundfunk zuständig ist und Leiter der Rechts- und Wirtschaftsabteilung für Information ist.

B. *TDF*

Gemäß Art. 34 des Gesetzes vom 29. Juli 1982 hat die TDF »in Frankreich und im Ausland für die technische Übermittlung der öffentlichen Radio- und Fernsehprogramme zu sorgen und gegebenfalls auch der aufgrund eines Genehmigungsverfahrens nach Art. 78 dieses Gesetzes erlaubten Programme. In dieser Eigenschaft beteiligt sich die TDF an der Konzeption, der Installation, dem Betrieb und der Unterhaltung der Sendenetze im audiovisuellen Kommunikationsbereich. In dem vom Staat für die Sendung von Hörfunk- und Fernsehprogrammen vorgesehenen Frequenzbereich entwickelt die TDF den Frequenzverteilungsplan, überwacht die Nutzung und schützt den Empfang der Signale. Sie definiert und kontrolliert die technischen Merkmale der Signale sowie der Sendeanlagen, die von den privaten Radiostationen aufgrund des Genehmigungsverfahrens nach Art. 78 dieses Gesetzes verwendet werden. Die TDF betreibt auch Forschung und beteiligt sich an der Festlegung von Normen für Hardware im Bereich der Hörfunk- und Fernsehtechnik«.

Durch das Vorhandensein zweier öffentlicher Frequenz-Benutzer DGT (heute France Télécom) und TDF ist die Verteilung des Frequenzspektrums in Frankreich außerordentlich kompliziert. Abgesehen von den dem Innenministerium, dem Militär[26] und der zivilen Luftfahrt zugeteilten Bereichen, ist der restliche Frequenzbereich zwischen der TDF und der France Télécom aufgeteilt. So kann zum Beispiel die TDF auf dem für den Hörfunk benutzten Band in Modulationsfrequenz auf der Bandbreite von 87,9 bis 104 MHz senden und die France Télécom auf der Bandbreite von 104 bis 108 MHz.

---

25 Dekret Nr. 88-729 vom 30. Mai 1988, JO vom 1. Juni 1988.

26 Welche 27% des Frequenzbereichs von 30 MHz bis 960 MHz und 54% des Frequenzbereichs von 960 MHz bis 30 GHz benutzen.

Die Sachverständigenrolle der TDF bei der Zuweisung von Frequenzen an Privatstationen wurde von der Opposition 1985 heftig kritisiert[27].
Schließlich ist anzumerken, daß das Sendemonopol der TDF begrenzt war. Aufgrund des Art. 6 des Gesetzes vom 1. Dezember 1984 waren private Hörfunksender erlaubt, vorausgesetzt, daß sie eine normale Sendeleistung von nicht mehr als 500 Watt hatten.
Das Gesetz vom 30. September 1986 veränderte den Status der TDF in zweifacher Hinsicht. Zunächst einmal wurde das öffentliche Unternehmen TDF in eine Aktiengesellschaft umgewandelt (Art. 51), was einen gewissen Symbolwert hatte. Die Ausführung dieser Umwandlung ist durch Dekret vom 5. Juni 1987 erfolgt. Indessen sind die Bindungen an den Staat nicht völlig aufgehoben. Denn erstens wird die »Kapitalmehrheit« von juristischen Personen des öffentlichen Rechts »gehalten« und »der Satzung durch Dekret zugestimmt« (Art. 51)[28]. Zweitens muß dem Lastenheft durch Dekret im Conseil d'Etat zugestimmt werden (Art. 51 Abs. 4). Drittens erhält die TDF einen Teil des Aufkommens aus den Fernsehgebühren (Art. 53).
Mit der Änderung der Rechtsform waren die Aufgabenbereiche der TDF sehr reduziert worden. Zwar behielt die TDF die Zuständigkeit für die Übertragung der öffentlichen Programme (Antenne 2, France-Régions 3, Radio-France, Radio-France d'Outremer, Radio France internationale) in Frankreich und ins Ausland mittels aller Telekommunikationsverfahren[29]. Die Gesellschaft verlor aber das ihr durch Gesetz vom 29. Juli 1982 zugewiesene Sendemonopol für die privaten Radiostationen mit starker Leistungsfähigkeit (mehr als 500 Watt) sowie für die privaten Fernsehstationen im Hertz-Frequenz-Bereich. Allerdings hat die Gesellschaft die Möglichkeit, hier in den Wettbewerb mit anderen Unternehmen zu treten (Art. 51 Abs. 2)[30]. Schließlich und vor allem verlor die TDF ihre Ordnungsbefugnisse im Wellenbereich zugunsten einer unabhängigen Behörde, der Nationalen Kommission für Kommunikation und Freiheitsrechte (CNCL), heute der CSA: demzufolge partizipiert die TDF nicht mehr an der Erstellung des Verteilungsplans für die Frequenzen, kontrolliert nicht mehr ihre Verwendung und schützt nicht mehr ihren Empfang (Art. 22). Entfallen ist ebenso die technische Kontrolle der Signale und Sendeanlagen der privaten Genehmigungsinhaber (Art. 225).

27 Siehe die Dokumente des Parlaments, des Senats, erste ordentliche Sitzung von 1985-86, 23. Oktober 1985, Nr. 45, Bericht von *Charles Pasqua*.
28 Der Satzung wurde im Dekret Nr. 87-433 vom 4. Juni 1986 zugestimmt.
29 D.h. terrestrische Frequenzen, Kabel, Satellit.
30 In der Tat ist es so, daß die nationalen privaten Fernsehstationen, la Cinq, M6, TF 1 und Canal Plus, weiterhin die Technik von TDF in Anspruch nehmen (Le Monde 6. Juni 1987).

Geblieben ist der TDF dagegen »der Forschungsbereich und die Befugnis, an der Festlegung von Normen im Bereich der Hörfunk und Fernsehtechnik« mitzuwirken (Art. 51 Abs. 3).

§ 3 *Die Hohe Behörde für audiovisuelle Kommunikation, die Nationale Kommission für Kommunikation und Freiheitsrechte (CNCL) und ihr Nachfolger, der Oberste Rundfunkrat (CSA)*

A. *Die Hohe Behörde für audiovisuelle Kommunikation*

Die durch das Gesetz vom 29. Juli 1982 errichtete Hohe Behörde für audiovisuelle Kommunikation ist eine selbständige Verwaltungsbehörde. Sie besteht aus neun Mitgliedern (die Wiedereinsetzung erfolgt jeweils zu einem Drittel). Die Mitglieder sind für neun Jahre vom Präsidenten der Republik ernannt, drei von ihnen vom Präsidenten der Nationalversammlung und drei vom Senatspräsidenten (dieselbe Zusammensetzung wie beim Verfassungsrat). Die Stimme des vom Präsidenten der Republik ernannten Vorsitzenden ist ausschlaggebend.

Verschiedene Vorschriften (Art. 23 ff.) gewährleisten die Unabhängigkeit ihrer Mitglieder. Diese sind nicht absetzbar; sie dürfen weder Beamtenstatus haben, noch im Bereich der Kommunikation Tätigkeiten ausüben oder Beteiligungen an einem in diesem Sektor tätigen Unternehmen halten. Außerdem dürfen sie keine Funktionen in politischen Parteien oder Gruppierungen ausüben und sind an die Schweigepflicht gebunden[31].

Die Hohe Behörde hat eine Reihe von verschiedenartigen Befugnissen: sie hat Verordnungsgewalt bezüglich der Wahrung der politischen Neutralität der Funk- und Fernsehdienste (Art. 14); sie darf lokalen Radiosendern auf Hertz-Frequenz und Kabelfernsehsendern Genehmigungen erteilen (Art. 17); sie hat Ernennungsbefugnis hinsichtlich der Verwaltungsbeamten der staatlichen Hörfunk- und Fernsehorganisation (Art. 16); sie gibt Empfehlungen hinsichtlich der Grundlagen der öffentlichen Programme (Pluralismus, Programmausgewogenheit, Beschränkung der Werbung usw.[32]), und sie hat auch Kontrollbefugnisse über die nationalen Programmgesellschaften (Art. 26).

---

31 Dekret vom 27. August 1982 betreffend Organisation und Betrieb der Hohen Behörde für die audiovisuelle Kommunikation.

32 Art. 14 und 19 des Gesetzes vom 29. Juli 1982.

B. *Die Nationale Kommission für Kommunikation und Freiheitsrechte (CNCL) und ihr Nachfolger, der oberste Rundfunkrat (CSA)*

Das Gesetz vom 30. September 1986 hat die Hohe Behörde durch die CNCL ersetzt. Obwohl bei der Auflösung der Hohen Behörde die Mandate ihrer Mitglieder noch nicht abgelaufen waren, hat der Conseil constitutionnel in seiner Entscheidung vom 18. September 1986[33] diesen Schritt für verfassungsmäßig gehalten.

Die CNCL besteht aus dreizehn Mitgliedern, die für neun Jahre gewählt und nicht wiederwählbar sind. Zwei Mitglieder werden vom Präsidenten der Republik ernannt, zwei von dem Präsidenten der Nationalversammlung, zwei vom Präsidenten des Senats und je eines vom Conseil d'Etat, vom Kassationshof, vom Rechnungshof und von der Académie française, wobei das Mitglied der drei vorletzten Institutionen aus der Mitte ihrer Mitglieder (dieses Mitglied kann noch berufsausübend oder auch pensioniert sein) gewählt wird, während das Mitglied der Académie française von dieser ernannt wird. Hinzugewählt werden drei weitere Mitglieder aus der Reihe der sog. »zehn Mitglieder«. Hierbei handelt es sich um Persönlichkeiten aus dem Bereich der audiovisuellen Kunst, aus den Gebieten der Telekommunikation und aus der Presse. Aus ihrer Mitte wählt die Kommission ihren Präsidenten (Art. 4). Zum ersten Präsidenten wurde der vom Präsidenten des Senats vorgeschlagene Gabriel de Broglie gewählt, Mitglied des Conseil d'Etat und auch Mitglied der ehemaligen Hohen Behörde.

Die Kommission hat Befugnisse, die sich sowohl auf öffentliche als auch private Bereiche erstrecken sowie solche, die entweder nur den öffentlichen oder nur den privaten Bereich betreffen.

Die beiden Bereichen gemeinsamen Kompetenzen sind nicht die wichtigsten: die Kommission überwacht die Neutralität des Trägers (Art. 11), kontrolliert die Lauterkeit der Werbeprogramme (Art. 14), überwacht den Schutz von Kindern und Jugendlichen (Art. 15) und gibt Stellungnahmen und Empfehlungen hinsichtlich Gerätenormen und Telekommunkationstechniken (Art. 12) sowie Stellungnahmen zur Bestimmung der Frequenz-Bänder (Art. 21) ab.

Wichtiger sind die Zuständigkeiten im öffentlichen Bereich. Zugleich hat aber auch die Regierung eine Reihe von nicht unerheblichen Zuständigkeiten behalten. Einerseits hat die Kommission eine Ernennungszuständigkeit. Sie ernennt ein Drittel der Mitglieder der Verwaltungsräte der öffentlich-rechtlichen Organisationen (Art. 47 und 50) und vor allem die Präsidenten der nationalen Programmgesellschaften (Art. 47). Andererseits verfügt sie über

33 Entscheidung Nr. 86-217 DC, Urteilsgründe 4 und 5.

eine gewisse Entscheidungs- und Verordnungsbefugnis. Sie weist die Frequenzen im öffentlichen Bereich zu oder zieht diese ein (Art. 26), bestimmt die Regeln für Sendungen während der Wahlkampagnen (Art. 16) sowie die Modalitäten des Gegendarstellungsrechts gegenüber Mitteilungen der Regierung (Art. 54), bestimmt die Sendezeiten der Gewerkschaften und politischen Parteien (Art. 55), bestimmt die Voraussetzungen für Schirmherrschaften (Art. 48) und schließlich und vor allem »überwacht sie durch ihre Empfehlungen die Achtung von Ideen- und Meinungsvielfalt in den Programmen der nationalen Programmgesellschaften« (Art. 13 Abs. 1). Diese Empfehlungen haben denselben Charakter wie diejenigen der ehemaligen Hohen Behörde, also - wie der Conseil d'Etat entschieden hat - Verordnungscharakter[34]. Außerdem übt die Kommission eine Art Oberaufsicht hinsichtlich der nationalen Programmgesellschaften aus, denn »in Fällen gravierender Verstöße gegen Vorschriften des Lastenheftes richtet sie öffentliche Einwände an den Verwaltungsrat der Gesellschaft«.

Ihre Befugnisse auf dem privaten Sektor sind viel weiter gefaßt als die im Gesetz vom 29. Juli 1982 verankerten. Tatsächlich hat die Kommission sehr weitgehende Regelungsbefugnisse, welche, wie wir noch sehen werden, von der tatsächlichen Macht flankiert sind, den Betroffenen Verpflichtungen aufzuerlegen. Sie erteilt zunächst den Betroffenen eine Reihe von technischen Genehmigungen: für die Errichtung von privaten technischen Anlagen (Art. 10), für die Nutzung von Frequenz-Bändern für Sendung (Art. 22) oder Übermittlung (Art. 23) und für die Errichtung von Kabelnetzen (Art. 34)[35]. Außerdem erteilt die Kommission Genehmigungen für den Hörfunk und das Fernsehen[36] einschließlich derjenigen Genehmigungen, die im Zusammenhang mit der Privatisierung der alten staatlichen Fernsehgesellschaft TF 1 erforderlich sind[37]. Gleichzeitig reguliert sie teilweise die Tätigkeit der privaten Hörfunk- und Fernsehstationen, indem sie allgemeine Vorschriften für die Programme und die Produktion erläßt (Art. 27). Schließlich hat sie hinsichtlich der Stationen Kontroll- und Sanktionsbefugnisse[38].

Diese umfassenden Kompetenzen der nationalen Kommission erklären, daß ihr Haushalt zehnmal höher ist als der der Hohen Behörde[39].

---

34 Conseil d'Etat 20. Mai 1985, Rec. 1985, S. 157; D. 1986.12, Anm. *Griesbeck*: AJDA 1985, 412, Anm. *Hubac* und *Schoetl*, RFDA 1985, 554, Schlußanträge Roux.

35 Diese Befugnis wird mit den Gemeinden geteilt.

36 Art. 28, 29, 30, 31, 34 des Gesetzes vom 30. September 1986.

37 Art. 63, 65, 66 des Gesetzes vom 30. September 1986.

38 Art. 41-1, 412, 42 des Gesetzes vom 30. September 1986.

39 250 Millionen Franc für das Jahr 1987, Le Monde 13. Dezember 1986 und 14. Dezember 1986.

Das Gesetz Nr. 89-25 vom 17. Januar 1989 hat das Gesetz vom 30. September 1986 teilweise geändert. Insbesondere wurde die CNCL abgeschafft und durch den Obersten Rundfunkrat (Conseil supérieur de l'audiovisuel, CSA) ersetzt[40].

Die Zusammensetzung der Behörde wurde grundlegend neu gestaltet: anstatt mit dreizehn Mitgliedern besetzt zu werden, die von Politikern, hohen Gerichten und der Académie française ernannt wurden, besteht die neue unabhängige Verwaltungsbehörde, der CSA, aus neun Mitgliedern, die alle von Politikern ernannt sind und zwar drei vom Präsidenten der Republik, drei vom Präsidenten der Nationalversammlung und drei vom Präsidenten des Senats. Die Liste der Ernennungsbehörden ist dieselbe wie diejenige für die Ernennung der Mitglieder des Verfassungsrats und gewährleistet politisches Gleichgewicht, da die drei politischen Behörden nicht derselben politischen Richtung angehören. Zudem gehört in der Regel der Präsident des Senats der Opposition an, und die Amtszeit der Mitglieder ist länger als sechs Jahre.

Der CSA hat insgesamt so weitreichende Befugnisse wie die frühere Kommission für Kommunikation und Freiheiten. Im einzelnen gibt es jedoch beträchtliche Unterschiede.

Die den öffentlichen und privaten Sektoren gemeinsamen Kompetenzen sind dieselben geblieben. Die Zuständigkeiten im öffentlichen Sektor wurden nur beschränkt verändert. In der Entscheidung Nr. 88-248 vom 17. Januar 1989 hat der Verfassungsrat die Befugnis des CSA zum Erlaß von Rechtsverordnungen über die Schirmherrschaft als verfassungswidrig erklärt; insoweit wurde die entsprechende Zuständigkeitsklausel aus dem Gesetz gestrichen. Dagegen hat die neue Fassung des Art. 13 des Gesetzes über die Kommunikationsfreiheit von 1986 dem CSA weitere Sanktionsbefugnisse zugeteilt.

Die Befugnisse auf dem privaten Sektor wurden ebenfalls durch die Entscheidung Nr. 88-248 vom 17. Januar 1989 des Verfassungsrates etwas beschnitten: der CSA hat keine Verordnungsgewalt mehr hinsichtlich der Programme und der Produktion. Dagegen wurden die Sanktionsmöglichkeiten erweitert[41].

Das Gesetz Nr. 90-1170 vom 29. Dezember 1990 zur Ordnung der Telekommunikation hat wiederum die Befugnisse der unabhängigen Behörde etwas beschnitten. Die Befugnisse hinsichtlich der Telekommunikation wurden dem Minister für Post und Telekommunikation zurückgegeben (dabei behält der

---

40 *J. Chevallier*, De la CNCL au Conseil supérieur de l'audiovisuel, AJDA 1989, S. 59; *J. Morange*, Le Conseil supérieur de l'audiovisuel, RFDA 1989, S. 235; *D. Truchet*, La loi du 17 janvier 1989, RFDA 1989, S. 208; *E. Derieux*, Réforme du statut de la communication audiovisuelle en France, RDP 1990, S. 133.

41 Neue Art. 42 bis 42-11 des Kommunikationsfreiheitengesetzes.

CSA die beratende Zuständigkeit). Somit ist heute der CSA ausschließlich für Audiovision (Rundfunk und Fernsehen über Funk oder Kabel) zuständig[42].

Abschnitt 3 - *Die Rechtsquellen*

Wie in den meisten westlichen Rechtsordnungen stehen die Quellen des französischen Rechts in einer Rangordnung: an oberster Stelle steht das Verfassungsrecht, danach folgen die internationalen Verträge, die Gesetze, die Regierungs- und Ministerialverordnungen und schließlich die Rechtsprechung.

§ 1 *Die Verfassung*

In dem durch Verfassung vom 4. Oktober 1958 errichteten Rechtssystem ist die Verfassung selbst die höchste Rechtsquelle. Allerdings muß diese Feststellung differenziert werden: einerseits ist die Vorherrschaft der Verfassung nur unvollständig, andererseits sind die Verfassungsregeln mangels ausreichender Rechtsprechung noch wenig entwickelt.

A. *Die Vormachtstellung der Verfassung*

Die Gesetze gehen zunächst einmal prinzipiell im Range der Verfassung nach. So konnte beispielsweise der mit der Verfassung vom 4. Oktober 1958 eingeführte Verfassungsrat ein verfassungswidriges Gesetz nicht rügen, sofern es schon in Kraft getreten war. So mußte der Conseil constitutionnel, als er das erste Mal mit einem Audiovisionsgesetz befaßt war, erklären, daß es nicht in seiner Macht stehe, die Verfassungsmäßigkeit des staatlichen Hörfunkmonopols zu prüfen, das durch ein früheres Gesetz errichtet und definiert wurde und für welches das zur Prüfung vorgelegte Gesetz lediglich einen besseren Schutz gewährleisten sollte[43]. Diese Rechtsprechung wurde jedoch durch die Entscheidung Nr. 85-187 DC abgeschwächt. Seitdem »kann die Verfassungsmäßigkeit der Vorschriften eines verkündeten Gesetzes die von dem angefochtenen Gesetz geändert, ergänzt oder erweitert wurden, zulässigerweise gerügt werden«[44]. Auch ist es nicht so, daß die ordentlichen Gerichte wie Zivil-, Straf- und Verwaltungsgerichte die Anwendung eines Gesetzes ableh-

42 *J. Chevallier*, La réglementation des télécommunications, AJDA 1991, S. 203.
43 Entscheidung Nr. 78-96 DC vom 27. Juli 1978, Rec. 1978, S. 29.
44 Rec. 1985, S. 43.

nen, weil es nicht verfassungskonform sei. In anderen Worten: nur Gesetze, über die das Parlament abgestimmt hat und die noch nicht verkündet wurden[45], unterliegen der Kontrolle einer besonderen Gerichtsbarkeit, nämlich dem Conseil constitutionnel. Voraussetzung ist, daß eine entsprechende Vorlage gemacht wurde, sei es von einer der Spitzen der Exekutive (Präsident der Republik oder Premierminister), sei es von einem der Präsidenten der Parlamentsversammlungen oder von 60 Abgeordneten oder 60 Senatoren. In der Tat werden Vorlagen aus den Reihen der Abgeordneten oder der Senatoren immer häufiger. Festzustellen bleibt, daß die Vorlagen ausschließlich von Politikern und unmittelbar im Anschluß an die Abstimmung des Parlaments erfolgen müssen.

Zweitens sind Akte der Exekutive, insbesondere Regierungs- oder ministerielle Verordnungen und individuelle Verwaltungsentscheidungen, nur dann wirksam, wenn sie verfassungskonform sind. Vor allem die Verfassungswidrigkeit von Verwaltungsverordnungen kann durch jeden Betroffenen vor dem Verwaltungsrichter innerhalb einer Frist von zwei Monaten geltend gemacht werden. Als Betroffene gelten auch Verbände zum Schutz der moralischen Interessen ihrer Mitglieder. Im übrigen kann die Verfassungswidrigkeit jederzeit vor jedem Gericht inzidenter geltend gemacht werden. Anzumerken ist, daß der Zivilrichter den Prozeß unterbrechen muß, da er über diesen Rechtspunkt nicht selbst entscheiden darf. Er muß es den Parteien überlassen, in dieser Frage das Verwaltungsgericht anzurufen. Die Kontrolle der Verfassungsmäßigkeit von Verwaltungsakten ist indessen dadurch erheblich eingeschränkt, daß die Verwaltungsgerichtsbarkeit es ablehnt, einen Verwaltungsakt aufzuheben, wenn die Verfassungswidrigkeit darauf beruht, daß die Ekekutive lediglich ein verfassungswidriges Gesetz angewendet hat. Tatsächlich würde ja die Annullierung des Verwaltungsaktes auf die Feststellung hinauslaufen, daß das ihm zugrundeliegende Gesetz nicht verfassungskonform ist. Dies auszusprechen lehnt die Verwaltungsgerichtsbarkeit ab. Daher bildet in einem solchen Fall das Gericht eine Art Filter zwischen Gesetz und Verwaltungsakt.

Drittens wird die Vorrangigkeit der Verfassung vor den Urteilen in der Praxis durch zwei Aspekte eingeschränkt: zum einen gibt es kein spezielles Rechtsmittel, mit dem die Verfassungsmäßigkeit eines Urteils angegriffen werden könnte. Die Kontrolle der Verfassungsmäßigkeit wird de facto von den zwei höchsten Gerichten der ordentlichen Gerichtsbarkeit wahrgenommen, nämlich von dem Kassationshof und dem Conseil d'Etat. Andererseits war bis vor

45 Hierfür hat der Präsident der Republik eine Frist von höchstens 15 Tagen.

kurzem die Verfassung als Rechtsquelle nicht besonders ergiebig, da sich die Verfassungsrechtsprechung erst seit 1973 entwickelt hat.

B. *Der Inhalt der Verfassung*

Nach der Rechtsprechung des Conseil constitutionnel enthält der »Block der Verfassungsvorschriften« nicht nur die in der Verfassung vom 4. Oktober 1958 selbst enthaltenen Vorschriften. Vielmehr verweist die Präambel der Verfassung auf weitere Rechtsquellen, nämlich auf die Erklärung der Menschenrechte von 1789, die durch die Gesetze der Republik bestätigten Rechtsgrundsätze und schließlich die Präambel der Verfassung vom 27. Oktober 1946. Diese einigermaßen verschiedenen Texte muß der Conseil constitutionnel in Einklang bringen.

Für den Bereich der Telekommunikation sind drei Grundrechte der Menschenrechtserklärung besonders wichtig: das Prinzip des freien Gedanken- und Meinungsaustausches (Art. 11), das Eigentumsrecht (Art. 2 und 17) und der Gleichheitsgrundsatz (Art. 1, 6 und 13).

Dagegen spielen die in den Gesetzen der Republik anerkannten Rechtsgrundsätze bis jetzt im audiovisuellen Bereich keine Rolle. Allein zu erwähnen ist die Gewissensfreiheit, Gegenstand der Entscheidung Nr. 87-DC vom 23. November 1977.

Die Verfassungspräambel von 1946 proklamiert »politische, wirtschaftliche und soziale Freiheitsrechte«, die auch auf Telekommunikationsunternehmen Anwendung finden, wie insbesondere das Streikrecht, das Grundprinzip der Verstaatlichung von Betrieben mit dem Charakter eines nationalen öffentlichen Dienstes oder eines de facto-Monopols und der Schutz der übermittelten Nachrichten (Glaubensfreiheit, die Verurteilung des Rassismus und der Kriegstreiberei, der Schutz der Frau und des Kindes sowie der gleiche Zugang zur Kultur etc.).

Nachfolgend wollen wir nun diejenigen Freiheitsrechte behandeln, die bereits Gegenstand einer Entscheidung des Conseil constitutionnel waren, wie die Gedanken- und Meinungsfreiheit, das Eigentumsrecht (einschließlich des Rechts auf Gewerbeausübung), das Streikrecht und der Gleichheitsgrundsatz.

a) *Die Freiheit der Kommunikation*

Zweifellos ist das Grundrecht der Meinungsfreiheit von der Audiovision direkt betroffen. Art. 11 der Erklärung der Menschenrechte bestimmt: »Der freie Austausch der Gedanken und der Meinungen ist eines der wertvollsten

Rechte des Menschen. Jeder Bürger kann also frei sprechen, schreiben und drucken, mit Ausnahme derjenigen Fälle, in denen einem Mißbrauch zu begegnen ist und die von Gesetzes wegen bestimmt sind«. Der Conseil constitutionnel hatte über die Tragweite dieser Vorschrift schon mehrfach zu befinden, und zwar im Rahmen der Prüfung von Pressegesetzen[46] sowie bezüglich verschiedener Audiovisionsgesetze, die seit 1981 aufeinander gefolgt sind[47].

In seiner Entscheidung Nr. 82-141 vom 27. Juli 1982 sagt der Conseil constitutionnel, daß es Aufgabe des Gesetzgebers sei, »angesichts des augenblicklichen Stands der Technik und ihrer Beherrschung die Meinungsfreiheit, wie in Art. 11 der Menschenrechtserklärung niedergelegt, mit den der audiovisuellen Kommunikation inhärenten technischen Zwängen sowie mit den verfassungsmäßigen Werten in Einklang zu bringen, als da sind: die Wahrung des öffentlichen Interesses, der Respekt vor der Freiheit der anderen sowie die Erhaltung der soziokulturellen Ausdrucksvielfalt - soweit diese gefährdet sind durch den großen Einfluß der neuen Übertragungsmittel«. Der Conseil constitutionnel hat, sich auf diese Ausführungen beziehend, die Übereinstimmung des Audiovisionsgesetzes vom 27. Juli 1982 mit der Verfassung festgestellt. Wie noch zu zeigen sein wird, errichtet dieses Gesetz ein allgemeines Zulassungssystem für private Tätigkeit unter gleichzeitiger Erhaltung eines großen staatlichen Bereichs.

In der Entscheidung Nr. 84-181 DC vom 10. und 11. Oktober 1984 ist zum ersten Mal davon gesprochen worden, daß die Erhaltung der Vielfalt der Institutionen im Sendebereich notwendig sei. Hinsichtlich der Meinungsfreiheit hat der Conseil constitutionnel ausgeführt: »Da es sich hierbei um ein Grundrecht handelt, das um so wertvoller ist, als seine Ausübung eine der wesentlichen Garantien für die Beachtung anderer Rechte und Freiheiten und der nationalen Souveränität ist, kann das Gesetz seine Ausübung nur dahin regeln, daß dieses Grundrecht zu verwirklichen oder mit anderen Vorschriften oder Prinzipien mit Verfassungsrang in Einklang zu bringen ist«. Zu seinen Vorstellungen von Pluralismus führt der Conseil constitutionnel folgendes aus: »Erreicht werden muß, daß diejenigen, die Adressat des in Art. 11 der

46 Entscheidung Nr. 84-181 DC vom 10. und 11. Oktober 1984, Rec. 1984, S. 78.

47 Entscheidung Nr. 81-129 DC vom 30. und 31. Oktober 1981, Rec. 1981, S. 35; Entscheidung Nr. 82-141 DC vom 27. Juli 1982, Rec. 1982, S. 48; Entscheidung Nr. 84-176 DC vom 25. Juli 1984, Rec. 1984, S. 55; Entscheidung Nr. 88-248 DC vom 17. Januar 1989, Rec. 1989, S. 18; Entscheidung Nr. 89-259 DC vom 26. Juli 1989, Rec. 1989, S. 66.
Dagegen betrifft die Entscheidung Nr. 85-198 DC das Grundrecht auf Eigentum und nicht das Recht auf freie Meinungsäußerung, obwohl diese Entscheidung ein Gesetz über die audiovisuelle Kommunikation betrifft.

Erklärung von 1789 verkündeten Freiheitsrechts sind, in die Lage versetzt werden, ihre freie Wahl zu treffen, ohne daß eine Verdrängung durch private oder öffentliche Interessen stattfindet und ohne daß hieraus ein Markt entsteht«. Diese Überlegungen ähneln sehr denjenigen des Verfassungsgerichts der Bundesrepublik Deutschland in seiner Entscheidung vom 16. Juni 1981 über das saarländische Rundfunkgesetz. Sie sind weiter ausgeführt worden in der Entscheidung des Conseil constitutionnel hinsichtlich des Gesetzes vom 30. September 1986.

Die Entscheidung Nr. 86-217 DC vom 18. September 1986 ist bei weitem die vollständigste hinsichtlich der Verfassungvorschriften, die sich aus dem Grundrecht der Meinungsfreiheit des Art. 11 der Erklärung der Menschenrechte ergeben. Die Entscheidung betrifft im wesentlichen zwei Fragen, die nachfolgend untersucht werden: muß die Nutzung der Funkwellen den Vorschriften eines öffentlichen Dienstes unterliegen? Garantiert das Gesetz von 1986 hinreichenden Pluralismus im staatlichen und im privaten Sektor?

Was die erste Frage angeht, so billigt der Conseil constitutionnel, daß der Gesetzgeber dem System eines staatlichen Monopols oder einer öffentlich-rechtlichen Konzession ein einfaches Zulassungssystem mit einem Minimum an Bindung vorzieht. Das heißt, daß die Privatunternehmen eine Zulassung erhalten, vorausgesetzt, sie genügen einer Reihe von Verpflichtungen. Um zu dieser Schlußfolgerung zu gelangen, hat der Conseil constitutionnel zunächst den Grundsatz der Übereinstimmung der Meinungsfreiheit mit anderen verfassungsmäßigen Erfordernissen wie folgt postuliert: »Es ist Aufgabe des hierfür gemäß Art. 34 der Verfassung zuständigen Gesetzgebers, den Bürgern gegenüber die Wahrung der öffentlichen Freiheitsrechte durch Gesetze zu gewährleisten, d.h. - angesichts des augenblicklichen Stands der Technik und ihrer Beherrschung - die Ausübung der Meinungsfreiheit, so wie sie aus Art. 11 der Menschenrechtserklärung resultiert, mit den Mitteln der audiovisuellen Kommunikation inhärenten technischen Zwängen sowie mit den verfassungsmäßigen Werten in Einklang zu bringen, als da sind die Wahrung des öffentlichen Interesses, der Respekt vor der Freiheit des anderen sowie die Erhaltung der soziokulturellen Ausdrucksvielfalt - gefährdet durch den großen Einfluß der neuen Übertragungsmittel«. Indessen bedarf es hierzu weder eines öffentlichen Dienstes noch einer öffentlichen Konzession: »Zur Erreichung dieser Zielsetzung braucht der Gesetzgeber auf das Fernsehwesen mittels Funkwelle kein Rechtssystem einer öffentlichen Einrichtung und auch kein Konzessionssystem anzuwenden. Diese Übermittlungsart stellt keine Tätigkeit eines öffentlichen Dienstes dar, da jene aus Verfassungsvorschriften resultieren muß. Infolgedessen steht es dem Gesetzgeber frei, den privaten Bereich

der audiovisuellen Kommunikation einem verwaltungsrechtlichen Zulassungssystem zu unterstellen«. Der Conseil constitutionnel schränkt aber gleichzeitig diese Möglichkeit ein: »Unter Vorbehalt der Gewährleistung der oben erwähnten Verfassungsziele«. Eines dieser Ziele ist insbesondere der Pluralismus.
Was den soziokulturellen Pluralismus angeht, so behauptet der Conseil constitutionnel: »Der Pluralismus soziokultureller Strömungen ist in sich selbst Zielsetzung mit Verfassungswert; die Beachtung dieser Vielfalt ist eine der Bedingungen der Demokratie«. Auf der Grundlage der Notwendigkeit des Pluralismus hat der Gesetzgeber folgende Pflichten, die der Conseil constitutionnel wie folgt ausführt: »Der freie Austausch von Gedanken und Meinungen, wie durch Art. 11 der Menschenrechtserklärung von 1789 garantiert, wäre nicht wirksam, wenn das Publikum, an welches sich die Mittel der audiovisuellen Kommunikation wenden, sowohl im staatlichen als auch im privaten Bereich nicht über Programme verfügen könnte, die bei Respektierung des zwingenden Gebots der Ehrlichkeit der Information den Ausdruck verschiedenartiger Tendenzen garantieren«. Sodann verwendet der Conseil constitutionnel eine bereits in der Entscheidung über Presseunternehmen getroffene Formulierung: »Letztendlich muß erreicht werden, daß die Hörer und Fernsehzuschauer, die die wesentlichen Adressaten des in Art. 11 der Erklärung von 1789 niedergelegten Freiheitsrechts sind, selbst ihre freie Wahl treffen können, und zwar ohne Verdrängung durch Entscheidungen öffentlicher Gewalt und ohne daß hieraus ein Markt gemacht werden kann«. Nach Ansicht des Conseil constitutionnel haben also Hörer und Fernsehzuschauer das Recht, ihr Programm entsprechend ihrer Ansichten frei zu wählen und zwar sowohl im privaten als auch im staatlichen Bereich.
Die Entscheidung des Conseil constitutionnel befaßt sich weiter mit der Frage, ob die den öffentlichen und privaten Bereich betreffenden Gesetze »den Pluralismus gewährleisten«.
Hinsichtlich des öffentlichen Bereichs beschränkt sich der Conseil constitutionnel darauf, die verschiedenen Rechtsvorschriften, die den Pluralismus betreffen, aufzuzählen und zu analysieren sowie auf die Feststellung, daß sie zu beachten seien. Auch wird erwähnt, daß die vom Gesetz neu errichtete unabhängige Behörde, die CNCL »verpflichtet sei, ihren Auftrag zu erfüllen«, das heißt »durch ihre Empfehlungen (deren Bindungswirkung das Gericht hervorhebt) für die Beachtung der Ausdrucksvielfalt von Gedanken und Meinungsströmungen in den Programmen der nationalen Programmgesellschaften zu sorgen«. Er betont weiterhin, daß »das von der Regierung formulierte Lastenheft notwendig dem Grundsatz der Gleichheit und dem daraus

folgenden Grundsatz der Neutralität der Behörde entsprechen müsse«. Diese letzte Ausführung wendet die Technik der verfassungskonformen Auslegung an, eine Technik, die jeder Verfassungsgerichtsbarkeit bekannt ist.
Hinsichtlich des privaten Bereichs hat der Conseil constitutionnel diejenigen Vorschriften geprüft, die sich mit der Zulassungskompetenz der Nationalen Kommission befassen sowie mit den Gesetzesvorschriften über Unternehmenszusammenschlüsse. Da die Vorschriften über das Zulassungsverfahren zur Verwirklichung des Pluralismus keine Aussage treffen, hat der Conseil constitutionnel ihre Verfassungsmäßigkeit nur unter der Bedingung anerkannt, daß sie »im Lichte der Art. 1 und 3« (des Gesetzes) interpretiert werden, so daß die CNCL verpflichtet ist, den pluralistischen Ausdruck der Meinungsströmungen vorrangig zu schützen. Die Richter haben sogar die Folgen einer solchen Auslegung aufgezeigt, wobei sie zwei Fälle unterschieden: »Gesetzt den Fall, eine einzige Frequenz in einem bestimmten Gebiet ist vorhanden, so ist es Aufgabe der Kommission, dem Zulassungsempfänger Pflichten aufzuerlegen, die eine freie und pluralistische Äußerung von Gedanken und Meinungsströmungen gewährleisten. Dieselben Pflichten müssen dann auferlegt werden, wenn das Vorhandensein mehrerer Frequenzen und somit verschiedener Betreiber gleichwohl den Pluralismus nicht gewährleistet«. Um sich der deutschen Terminologie zu bedienen: der Außenpluralismus reicht nicht aus, Binnenpluralismus ist gleichfalls notwendig. »Jede andere Auslegung, die dazu führen würde, der Kommission bei der Gewährung von Zulassungen Ermessensfreiheit zuzubilligen, ohne daß der zwingende Rahmen der Art. 1 und 3 beachtet würde, wäre ein Verstoß gegen die Verfassung«. Dagegen wurde die Verfassungswidrigkeit derjenigen Gesetzesvorschriften festgestellt, die Unternehmenszusammenschlüsse einschränken sollten, und zwar deshalb, weil sie nicht ausreichten, um solche Konzentrationserscheinungen einzuschränken, die den Pluralismus gefährden würden. In diesem Zusammenhang betont der Conseil constitutionnel: »Es muß befürchtet werden, daß sich aufgrund des Gesetzes insbesondere in einem und demselben geographischen Gebiet Zusammenschlüsse ergeben, und zwar nicht nur im Bereich der Audiovision, sondern auch bei sämtlichen anderen Medien, wovon die Audiovision nur eine wesentliche Komponente ist«. Nach Ansicht des Conseil constitutionnel gilt also das Erfordernis des Außenpluralismus nicht nur für den Bereich der Audiovision, sondern für sämtliche Medien.
Das Erfordernis von Pluralismus hat dem Conseil constitutionnel auch die Ergänzung der Vorschriften des Gesetzes über die Privatisierung des öffentlichen Fernsehkanals TF 1 ermöglicht: »Die Kommission muß, ohne andere Gesetzesvorschriften oder Rechtsverordnungen zu vernachlässigen, die

Beschränkung von Konzentrationserscheinungen bereits im Zeitpunkt der Auswahl der Betreibergruppen gewährleisten, und zwar im gesamten Bereich der Kommunikation«. Im übrigen kann der Conseil constitutionnel aufgrund des Erfordernisses von Pluralismus auch die gesetzlichen Vorschriften für Werbesendungen politischen Inhalts dergestalt auslegen, daß Sendungen verhindert werden, die eine bestimmte Person insbesondere aufgrund ihrer finanziellen Mittel bevorzugen.

Die Entscheidung Nr. 88-248 DC vom 17. Januar 1989[48] hat die Rechtsprechung bestätigt. Sie hat sie nur in zwei Punkten ergänzt. Erstens muß die Zulassung von einer unabhängigen Behörde erteilt werden. Zweitens stellt die Unabhängigkeit dieser Behörde eine grundsätzliche Garantie der Kommunikationsfreiheit dar, und deshalb hat der Gesetzgeber die Besetzung dieser Behörde selbst zu bestimmen.

Die Entscheidung Nr. 89-259 vom 26. Juli 1989[49] betrifft nur die Zulässigkeit einer Gesamtführung der beiden öffentlichen Fernsehgesellschaften.

b) *Andere Verfassungsvorschriften*

Der Conseil constitutionnel hat sich noch mit den folgenden anderen Verfassungsvorschriften befaßt: dem Recht auf Eigentum, der Handlungsfreiheit und dem Gleichheitsgrundsatz. Die Organvorschriften, nämlich jene über das Verhältnis zwischen internationalem und internem Recht sowie das Verhältnis zwischen Gesetz und behördlichen Verordnungen werden demgegenüber weiter unten behandelt.

Das Recht auf Eigentum und die Handlungsfreiheit sind vor allem durch Art. 2 der Erklärung der Menschenrechte von 1789 garantiert: »Ziel jeder politischen Gesellschaft ist die Erhaltung der natürlichen und unveräußerlichen Rechte des Menschen. Diese Rechte sind die Freiheit, das Eigentum, die Sicherheit und das Widerstandsrecht«. Für den Conseil constitutionnel ist die Handlungsfreiheit lediglich eine Sonderform der allgemeinen Freiheit, denn »die Freiheit, welche nach Art. 4 der Erklärung darin besteht, alles tun zu können, was anderen nicht schadet, wäre dann schutzlos, wenn die Handlungsfreiheit durch Willkür und Mißbrauch eingeschränkt werden würde«[50].

In zwei Entscheidungen hat sich der Conseil constitutionnel mit der Verfassungsmäßigkeit von Gesetzen betreffend die Kommunikation im Hinblick auf das Eigentumsrecht und die Handlungsfreiheit beschäftigt. Die erste Entschei-

48 Rec. 1989, S. 18.
49 Rec. 1989, S. 18.
50 Entscheidung Nr. 81-132 DC vom 16. Januar 1982.

dung[51] betrifft das Audiovisionsgesetz vom 29. Juli 1982: mit Bezug auf dieses wurde behauptet, daß sowohl das Verbot von lokaler Werbung für private Hörfunkstationen als auch die Begrenzung der kommerziellen Werbung auf 80 Prozent des gesamten Finanzierungsaufkommens gegen die Handlungsfreiheit verstießen. Der Conseil constitutionnel hat daraufhin festgestellt, daß dieses Freiheitsrecht weder allgemein noch absolut sei und daß »die Beschränkungen der Finanzierung durch kommerzielle Werbung nicht der Handlungsfreiheit zuwiderlaufen«. Die Entscheidung Nr. 84-191 DC vom 11. Oktober 1984 betrifft das Gesetz vom 23. Oktober 1984 über Presseunternehmen; hier war nach Ansicht der Kläger die Handlungsfreiheit (Gewerbefreiheit) durch die Vorschriften verletzt, die die Beteiligung an Presseunternehmen untersagten, wenn dadurch ein einzelner einen Marktanteil an der Tagespresse von mehr als 15 Prozent oder einen Marktanteil von 10 Prozent an der gesamten nationalen oder regionalen Tagespresse erlangt. Hierzu führte der Conseil constitutionnel aus, daß diese Vorschriften lediglich »reine Finanztransaktionen untersagten, durch welche der Pluralismus abgebaut würde, dessen Erhaltung und Entwicklung für die wirksame Ausübung der Meinungsfreiheit notwendig ist«; auch »würden diese Vorschriften keineswegs die Gründung neuer Tageszeitungen oder die Vermehrung der Kunden bereits bestehender Tageszeitungen behindern« und daß infolgedessen das Argument, diese Vorschriften verstießen gegen die Handlungs-(Gewerbe-)freiheit, nicht aufrechterhalten werden kann«. Diese Zitate belegen, daß das Eigentumsrecht und die Gewerbefreiheit bis jetzt kein ernsthaftes Hindernis für den Gesetzgeber gewesen sind, die Tätigkeiten der Kommunikationsunternehmen zu beschränken, sei es aus technischen Gründen (Frequenzknappheit), sei es aus Gründen der Erhaltung des Pluralismus. Die Kontrolle der Verfassungsgerichtsbarkeit führt also nur zu einer Aufhebung von offensichtlich willkürlichen Gesetzesvorschriften.

Das französische Verfassungsrecht schützt nicht nur das private Eigentum gegen den Staat, sondern ebenfalls das öffentliche Eigentum gegen bestimmte Privatisierungsmaßnahmen. Dies hat der Conseil constitutionnel bei der Prüfung der Vorschriften des Gesetzes von 1986 betreffend die Privatisierung des öffentlichen Fernsehkanals TF 1 bestätigt. In seiner Entscheidung Nr. 86-217 DC vom 18. September 1986 hat er ausgeführt:

> »Die Verfassung ist dagegen, daß zum öffentlichen Vermögen gehörende Güter oder Unternehmen unter Preis an Erwerber verkauft werden, die Privatinteressen verfolgen; diese Regel leitet sich aus dem Gleichheitsgrundsatz ab; ihre Grundlagen ergeben sich also aus der Menschenrechtserklärung von 1789 betreffend das Eigentumsrecht und dem ihm gebührenden Schutz; dieser Schutz erstreckt sich nicht nur auf das Privateigentum des

51 Entscheidung Nr. 82-141 DC vom 27. Juli 1982.

einzelnen, sondern gleichermaßen auf das Eigentum des Staates sowie anderer juristischer Personen des öffentlichen Rechts«.

In derselben Entscheidung hat der Conseil constitutionnel jedoch die Anwendung des 9. Absatzes der Verfassungspräambel von 1946 abgelehnt, welche den Grundsatz der Verstaatlichung von Unternehmen mit einem de-facto-Monopol enthält, denn die Privatisierung von TF 1 konnte naturgemäß nicht als Übertragung eines Monopols beurteilt werden.

Das Streikrecht ist im 7. Absatz der Verfassungspräambel von 1946 wie folgt niedergelegt: »Das Recht auf Streik wird im Rahmen der gesetzlichen Regelungen ausgeübt«. Der Conseil constitutionnel hat diese Vorschrift zweimal dahin ausgelegt, daß der Gesetzgeber die Aufgabe hat, das im Verfassungsrang stehende Streikrecht zu begrenzen, indem der notwendige Ausgleich zwischen der Verteidigung beruflicher Interessen (wofür der Streik ein Instrument ist) und der Erhaltung des Gesamtinteresses, welches durch den Streik verletzt werden kann, hergestellt wird. Die Aufgabe des Gesetzgebers besteht insbesondere darin, »die zur Erhaltung der Kontinuität des öffentlichen Dienstes erforderlichen Begrenzungen des Streikrechts einzuführen, da der Grundsatz der Kontinuität ebenso wie die Streikfreiheit Verfassungsrang hat«[52]. Anzumerken ist, daß sich diese beiden Entscheidungen lediglich auf das Streikrecht im öffentlichen Bereich beziehen. Bis jetzt gibt es keinerlei gesetzliche Beschränkungen des Streikrechts im privaten Bereich.

Was schließlich den Gleichheitsgrundsatz angeht, so wird dieser durch die Erklärung von 1789, durch die Präambel von 1946 und durch die Verfassung von 1953 proklamiert. Dieser Grundsatz kommt insbesondere in Streitfragen über die Verfassungsmäßigkeit bestimmter Gesetze, die die Telekommunikation und insbesondere den Drahtfunk betreffen, zum Tragen. Indessen gibt es nur eine Entscheidung, die wegen Verletzung des Gleichheitssatzes die Verfassungswidrigkeit eines Gesetzes aussprach. In seiner auf das Audiovisionsgesetz bezogenen Entscheidung Nr. 82-141 DC vom 27. Juli 1982 hat der Conseil constitutionnel eine Gesetzesvorschrift für verfassungswidrig erklärt, weil sie nur natürlichen Personen in Fällen von ehr- und rufschädigenden im Wege der Audiovision verbreiteten Äußerungen ein Gegendarstellungsrecht zugestand. Dagegen hat der Conseil constitutionnel in seiner Entscheidung Nr. 81-129 DC vom 30. und 31. Oktober 1981 betreffend das Gesetz zur Änderung des Hörfunkmonopols gebilligt, daß der Gesetzgeber nur Vereinen die Genehmigung für den Betrieb einer lokalen Radiostation erteilte. Denn dadurch habe »der Gesetzgeber denjenigen Personen, die

52 Entscheidung Nr. 79-105 DC vom 25. Juli 1979 und Entscheidung Nr. 86-217 DC vom 18. September 1986.

Hörfunk senden wollen, lediglich die Pflicht auferlegt, sich zusammenzuschließen und sich bei der Ausübung dieser Freiheit Erwerbsabsichten zu versagen«; der Gesetzgeber war auch befugt, den Vereinen, die ein lokales Radio betreiben, Werbesendungen zu untersagen, da sich die anderen audiovisuellen Unternehmen nicht in der gleichen Lage befinden: die Befugnis des öffentlichen Betreibers, sich aus Werbeeinnahmen zu finanzieren, »ist gerechtfertigt im Hinblick auf die besonderen Lasten, die er im Allgemeininteresse trägt«; zwar verfügten die sogenannten »peripheren« Stationen über solche Einkünfte, jedoch dürften sie nicht von französischem Gebiet aus senden (was im übrigen seit 1982 nicht mehr der Fall ist). In seiner Entscheidung Nr. 82-141 DC vom 27. Juli 1982 zum Audiovisionsgesetz hat der Conseil constitutionnel außerdem seine Rechtsprechung bestätigt, wonach Werbefunk für Lokalradiosender untersagt ist. Dies wurde auch vom Gesetzgeber übernommen. In der Entscheidung Nr. 86-217 DC vom 18. Dezember 1986 wurde außerdem die Befugnis des Gesetzgebers bestätigt, nur Gesellschaften die Genehmigung zur Programmgestaltung für den Hörfunk, das Satellitenfernsehen sowie das Fernsehen über Funkwellen und Kabelnetze zu erteilen. Denn dadurch sei den betreibungswilligen Personen lediglich die Pflicht auferlegt, sich in juristischer Form zusammenzuschließen, was die Transparenz fördere. Im übrigen sei es ein Leichtes für die Betroffenen, diese Pflicht zu erfüllen. Ebenso wurde in der Entscheidung Nr. 88-248 DC vom 17. Januar 1989 die Koppelung der Zulassung von privaten Programmierungsgesellschaften mit dem Abschluß eines Vertrages über die Betriebsbedingungen als mit dem Gleichheitssatz vereinbar betrachtet.

§ 2 *Internationale Verträge und Entscheidungen internationaler Organisationen*

Das französische Recht geht von dem Vorrang und der unmittelbaren Anwendung der »internationalen Verpflichtungen« Frankreichs aus und enthält daher im Telekommunikationsbereich eine Vielzahl von Regeln internationalen Rechts.

A. *Die unmittelbare Anwendbarkeit und der Vorrang internationaler Verpflichtungen*

Gemäß Art. 55 der Verfassung »haben ordnungsgemäß ratifizierte oder bestätigte Verträge oder Abkommen mit ihrer Veröffentlichung vorbehaltlich ihrer Anwendung durch die Gegenseite höheren Rang als die Gesetze«.

Diese Regelung enthält zwei verschiedene Grundsätze: einerseits die unmittelbare Anwendbarkeit der Verträge und Vereinbarungen, andererseits ihren Vorrang vor den innerstaatlichen Gesetzen unter dem Vorbehalt der Gegenseitigkeit[53].

Verträge und Abkommen sind in Frankreich mit ihrer Verkündung anwendbar. Dieses gilt sowohl für die eigentlichen, von Frankreich geschlossenen internationalen Verträge oder Abkommen als auch für Entscheidungen internationaler Organisationen, denen die Verträge Bindungswirkung für die Mitgliedsländer zusprechen (so zum Beispiel bei den Verordnungen der Europäischen Gemeinschaften). Jedoch ist nach der französischen Rechtsprechung die unmittelbare Anwendbarkeit von zwei Bedingungen abhängig. Die erste ist in der Verfassung ausdrücklich vorgesehen, nämlich die der Veröffentlichung. Diese Veröffentlichung wird üblicherweise durch die französische Regierung vorgenommen und muß nicht zwangsläufig mit dem völkerrechtlichen Inkrafttreten übereinstimmen (Ratifizierung durch den Präsidenten oder Zustimmung durch die Regierung). Sie erfolgt in der Form einer Veröffentlichung im Journal officiel de la République française (Edition des lois et décrets). Bei Maßnahmen internationaler Organisationen reicht jedoch die Veröffentlichung in dem Amtsblatt dieser Organisation aus[54]. Das ist vor allem bei den Verordnungen der Europäischen Gemeinschaft der Fall. Die zweite Bedingung ist von der Rechtsprechung entwickelt worden. Die internationalen Vorschriften müssen hinreichend genau sein, um zugunsten des einzelnen Rechte zu begründen. Andernfalls verpflichten sie die Organe der Legislative lediglich zur Umsetzung. Wenn der völkerrechtliche Vertrag unmittelbar anwendbar ist, stellt sich die Frage, ob der Richter ihn auslegen darf. Seit dem Urteil Gisti vom 29. Juni 1990[55] legt der Verwaltungsrichter selbst jedes internationale Abkommen aus, während der Zivilrichter seit jeher selbst solche Abkommen nur insoweit auslegt, als das »ordre public international« nicht im Spiel ist[56].

Vorrang vor dem Gesetz haben weiterhin Verträge, Abkommen sowie Maßnahmen internationaler Organisationen, wenn deren unmittelbare Anwendbarkeit in den ihnen zugrundeliegenden Texten vorgeschrieben ist. Jedoch macht die Verfassung diesen Vorrang von der Anwendung durch die Gegenseite abhängig; in der Praxis geschieht die Ablehnung der Anwendbar-

---

53 *M. Fromont*, Das Verhältnis zwischen dem nationalen Recht und dem EG- bzw. Völkerrecht in Frankreich, EuZW 1992, S. 46.

54 Dekret vom 14. März 1953, Art. 3.

55 Rec. 1990, S. 171, mit Schlußanträgen von *R. Abraham*.

56 Cour de cassation 7. Juni 1989, JCP 1990.II. 21448.

keit wegen mangelnder Gegenseitigkeit selten[57]. Die einzige Ausnahme vom Vorrang internationaler Verpflichtungen erfolgte früher auf dem Gebiet der Verwaltungsrechtsprechung. Das Verwaltungsgericht konnte die Anwendbarkeit eines internationalen Verpflichtungen widersprechenden und ihnen zeitlich nachfolgenden Gesetzes nicht ablehnen, denn dadurch hätte es indirekt die Übereinstimmung dieses Gesetzes mit der Verfassung selbst überprüfen müssen. Diese Rechtsprechung wurde durch die Entscheidung Nicolo vom 20. Oktober 1989[58] aufgegeben. Heute gilt der Grundsatz des Vorrangs des internationalen Vertrages unbeschränkt.

B. *Die wesentlichen Verpflichtungen Frankreichs im Bereich der Telekommunikation*

Diese Verpflichtungen haben sowohl für die Telekommunikation spezifische Regeln zum Inhalt als auch allgemeine Regeln, die aber in diesem Bereich anwendbar sind.

Zu den internationalen Telekommunikationsverträgen gehören weltweite, europäische und bilaterale Abkommen. Zunächst ist das Abkommen von Nairobi von 1982 zu nennen. Es wurde im Rahmen der Internationalen Fernmelde-Union (ITU) abgeschlossen, von Frankreich am 6. September 1984 ratifiziert und am 24. März 1985 veröffentlicht. Hierzu gelten ebenfalls die verschiedenen Reglements der ITU (welche gemäß Art. 42 des Abkommens als verbindlich gelten). Hierzu gehören insbesondere die Internationale Telefonordnung, die Radionachrichtenordnung sowie die Ergänzungsordnung hierzu[59], das Europäische Abkommen vom 22. Januar 1965 zur Unterbindung von außerhalb der Landesgrenzen erfolgenden Rundfunksendungen[60], zwei Abkommen vom 10. August 1971 betreffend die internationale Organisation der Telekommunikation durch Satelliten oder Intelsat[61], die Brüsseler

57 Siehe jedoch die Entscheidung des Conseil d'Etat vom 29. Mai 1981 bezüglich der Nichtanwendbarkeit einiger Vorschriften der Verträge von Evian durch Algerien (Reklion, Rec.Cons.d'Etat 1981, 219).

58 Rec. 1989, S. 190.

59 Die Meinungen und Empfehlungen der Komitees der ITU binden an sich die Staaten nicht; indessen werden sie häufig in Verwaltungsanordnungen zitiert; so beispielsweise bei der Aufteilung der Gebührenquoten im internationalen Fernmeldebereich.

60 Von Frankreich nach Gesetz vom 20. Dezember 1967 ratifiziert und verkündet durch Dekret vom 3. April 1968.

61 Veröffentlicht in Frankreich am 6. April 1976; Dekret Nr. 76-294 vom 24. März 1976; Frankreichs Investitionsanteil beträgt 6,48%.

Konvention von 1974[62] und der Genfer Vertrag zur internationalen Eintragung der audiovisuellen Werke vom 20. April 1989[63].
Bei den europäischen Konventionen im Bereich der Telekommunikation sind zu nennen die Konferenz von Montreux vom 26. Juni 1959, welche die Europäische Konferenz der Verwaltungen für Post- und Fernmeldewesen (CEPT) begründet hat, und die seitdem mehrfach revidiert wurde, insbesondere am 21. März 1980[64], das Abkommen vom 12. Februar 1959, welches die Europäische Rundfunkunion gründet, sowie die Übereinkunft vom 15. Juli 1982 zur Gründung der Europäischen Rundfunksatellitenorganisation (EUTELSAT), von Frankreich mit Gesetz vom 25. Dezember 1983 ratifiziert.
Bilaterale Abkommen gibt es zu viele, um sie alle aufzuzählen. Der Großteil dieser Abkommen wird meistens zwischen den Fernmeldeverwaltungen abgeschlossen und bedarf weder einer parlamentarischen Zustimmung noch einer Ratifizierung, einer Zustimmung durch die Exekutive oder gar einer Veröffentlichung im Journal Officiel. Es gibt aber auch einige Abkommen, die zwischen den Regierungen geschlossen wurden wie beispielsweise das deutsch-französische Abkommen vom 29. April 1980 über die technisch-industrielle Zusammenarbeit auf dem Gebiet der Rundfunksatelliten.
Die allgemeinen internationalen Abkommen mit Auswirkungen auf den Telekommunikationsbereich sind insbesondere Abkommen zum Schutze der Menschenrechte und die Verträge zur Gründung der Europäischen Gemeinschaften.
Abkommen zum Schutze der Menschenrechte sind vor allem der internationale Pakt über bürgerliche und politische Rechte und der internationale Pakt über wirtschaftliche, soziale und kulturelle Rechte. Beide sind am 4. November 1980 von Frankreich ratifiziert und durch zwei Dekrete vom 29. Januar 1981 veröffentlicht worden. Der Beitritt zu dem Pakt enthält einen Vorbehalt Nr. 6: »Die Regierung der Republik erklärt, daß die Art. 19, 21 und 22 des Paktes entsprechend den Art. 10, 11 und 16 der Europäischen Konvention zum Schutze der Menschenrechte und Grundrechte vom 4. November 1980 angewendet werden. Die Regierung macht jedoch einen Vorbehalt hinsichtlich Art. 19 insoweit, als dadurch das französische Rundfunk- und Fernsehmonopol nicht berührt wird«. Außerdem ist Frankreich am 17. Februar 1984 auf-

62 In Kraft seit 1979, zum Zwecke der Verhinderung des unzulässigen Empfangs und der Piraterie von Funkfernseh-Programmen, die über Satellit übermittelt werden.
63 Genehmigungsgesetz vom 2. Juli 1990, JO vom 2. Juli 1990.
64 Ihr gehört die französische Postverwaltung an. Sie ist gleichzeitig »geschäftsführende Verwaltung«, d.h., sie hat den Vorsitz der CEPT inne und betreibt ebenfalls das Sekretariat.

grund des Gesetzes Nr. 83-1127 vom 23. Dezember 1983 dem fakultativen Protokoll über das Individualrecht zur Anrufung des Komitees für Menschenrechte beigetreten[65].

Das andere in Frankreich gültige Abkommen zum Schutze von Menschenrechten ist die Europäische Konvention zum Schutze der Menschenrechte und Grundrechte vom 4. November 1980. Sie ist von Frankreich ratifiziert und durch Dekret Nr. 74-360 vom 3. Mai 1974 veröffentlicht worden. Die französische Ratifikationsurkunde enthält folgende Erklärung und folgenden Vorbehalt: »Die Regierung der Republik erklärt, daß sie die Vorschriften des Art. 18 als mit der Regelung Frankreichs vereinbar auslegt, wie sie durch das Gesetz Nr. 72-553 vom 10. Juli 1972 betreffend den Status des französischen Hörfunk- und Fernsehwesens eingeführt wurden« (diese Regelung enthielt insbesondere den Grundsatz des staatlichen Sendemonopols). Wegen der Abschaffung des staatlichen Rundfunkmonopols wurde der Vorbehalt durch einen Brief der Regierung vom 24. März 1988[66] zurückgezogen. Weiterhin ist mit Dekret Nr. 81-917 vom 9. Oktober 1981 die für fünf Jahre geltende Zustimmungserklärung Frankreichs zum individuellen Anrufungsrecht der Europäischen Menschenrechtskommission veröffentlicht worden. Diese Zustimmungerklärung ist mit Wirkung vom 1. Oktober 1986 für drei Jahre verlängert worden[67] und wiederum mit Wirkung vom 1. Oktober 1989 für fünf Jahre verlängert worden[68]. Seit dem Urteil Nicolo vom 20. Oktober 1989 wendet der Conseil d'Etat kein Gesetz mehr an, das gegen die Menschenrechtskonvention verstößt[69].

Was die verschiedenen Verträge der Europäischen Gemeinschaften sowie deren Maßnahmen angeht, so können sich in Frankreich hierauf Einzelpersonen unter denselben Voraussetzungen berufen wie in anderen Mitgliedstaaten. Am 24. September 1990 hat der Conseil d'Etat z.B. die Anwendbarkeit eines der EWG-Verordnung widerprechenden und zeitlich nachfolgenden Gesetzes abgelehnt[70].

---

65 Um jedoch die mehrfache Anrufung von Organen des Europarats und solchen der Vereinten Nationen zu verhindern, hat Frankreich folgenden Vorbehalt gemacht: »Frankreich macht einen Vorbehalt zu Absatz (a) des Paragraphen 2 des Art. 5 insoweit, als das Menschenrechtskomitee zur Überprüfung einer Vorlage durch eine Einzelperson dann nicht befugt ist, wenn dieselbe Frage bereits durch eine andere internationale Untersuchungs- oder Entscheidungsinstanz untersucht wird oder wurde«; siehe *Coussirat-Coustère*, L'adhésion de la France au protocole facultatif se rapportant au pacte international relatif aux droits civils et politiques, A.F.D.I. 1983, S. 510.

66 JO 30. vom Juni 1988.

67 Dekret Nr. 86-1314 vom 23. Dezember 1986, JO vom 30 Dezember 1986.

68 Dekret Nr. 90-415 vom 14. Mai 1990, JO vom 19.5.1990.

69 Z.B. Entscheidung 21. Dezember 1990, AJDA 1991, S. 157.

70 Conseil d'Etat, 24. September 1990, Boisdet, Rec. 1990, S. 250.

§ 3 *Gesetzgebung*

Die wichtigste Rechtsquelle bleibt in Wirklichkeit die Gesetzgebung, sowohl wegen ihres hohen Rangs in der Hierarchie der Rechtsregeln als auch wegen ihres Regelungsumfangs. Tatsächlich enthalten die Gesetze die wesentlichen Vorschriften des Rechts der Telekommunikation.

A. *Geltungsbereich und Macht des Gesetzes*

Obwohl die Verfassung dem Gesetz keinen unbegrenzten Regelungsbereich eingeräumt hat, müssen die wichtigsten Vorschriften des Rechts der Telekommunikation in Gesetzen enthalten sein. Das ergibt sich daraus, daß Art. 34 der Verfassung dem Gesetz Regelungsbefugnis für folgende Bereiche zugewiesen hatte:

> »Die Gewährleistung und die Garantie der Ausübung öffentlicher Freiheiten durch die Bürger (hierunter fällt auch das Recht der freien Meinungsäußerung, wie in Art. 11 der Menschenrechtserklärung von 1789 niedergelegt), die Bestimmung der Verbrechen und Vergehen sowie die hierfür anwendbaren Strafen, die Verstaatlichung von Unternehmen, die Übertragung staatlicher Betriebe in Privateigentum sowie schließlich die Grundsätze des Eigentums, der Sachenrechte und des bürgerlich-rechtlichen und handelsrechtlichen Schuldrechts«.

Der Conseil constitutionel hat mehrfach über die Zuständigkeit des Gesetzgebers im Hinblick auf den staatlichen Bereich der Audiovision zu befinden gehabt. Solange der staatliche Bereich nur aus einem einzigen öffentlich-rechtlichen Unternehmen bestand, dem Office de Radio-Télévision Française (von 1959 bis 1974), hat der Conseil constitutionnel dem Gesetzgeber eine über die Vorschriften zur Errichtung dieses Unternehmens hinausgehende Kompetenz zuerkannt:

> »Zweck der Radiodiffusion-Télévision Française ist besonders die Weitergabe von Ideen und Nachrichten: sie berührt daher eine der öffentlichen Freiheiten, die durch Art. 34 geschützt sind; [...] daher erstreckt sich die Zuständigkeit nicht nur auf diejenigen Vorschriften, die die Gründung dieses Unternehmens vorsehen, sondern ebenso auf solche Vorschriften, die die Beziehungen zwischen der Radio-Télévision Française und dem Staat regeln und solche, die den Rahmen für Organisation und Betrieb dieses Unternehmens bestimmen; letzteres wegen der außergewöhnlichen Bedeutung, die dieses Unternehmen aus den oben genannten Gründen hat«[71].

Dieser grundsätzliche Standpunkt hat indessen den Conseil constitutionnel nicht an der Meinung gehindert, daß die Frage der Finanzierung durch Werbeeinnahmen im staatlichen Bereich nicht in die Zuständigkeit des Gesetzgebers falle[72]. Was die Abgabe für den Gebrauch eines Empfänger-

---

71 Entscheidung Nr. 64-27 L vom 17. und 19. Mai 1964.

72 Entscheidung Mr. 68-50 L vom 30. Januar 1968.

gerätes betrifft, so ist diese vom Conseil constitutionnel als eine steuerähnliche Abgabe angesehen worden, die also entsprechend Art. 4 des Organgesetzes betreffend die Finanzgesetze eingeführt und deren Höhe durch Dekret vom Conseil d'Etat bestimmt werden kann. Die Zuständigkeit des Parlaments erstreckt sich lediglich darauf, daß bei der Abstimmung über das jeweilige Finanzgesetz die Einziehung dieser Abgabe jedes Jahr neu entschieden wird[73].

Der Conseil constitutionnel hat auch häufig über die Zuständigkeit des Gesetzgebers im Hinblick auf den privaten Bereich der Audiovision zu entscheiden gehabt. In der Entscheidung vom 26. Juli 1984[74] hat der Conseil den ausschließlichen Charakter der Zuständigkeit des Gesetzgebers bei der Festsetzung der Zusammensetzung und des Zuständigkeitsbereichs der unabhängigen Behörde festgestellt, die den Betrieb von privatem Kabelfernsehen zu erlauben hat. Der Gesetzgeber ist auch verpflichtet, die Zusammenschlüsse von Medien, die den Pluralismus der Medien in Gefahr bringen, selbst zu regeln[75].

Das Gesetz ist der Verfassung nur in den engen Grenzen untergeordnet, wie sie bereits hervorgehoben wurden (siehe vor allem die Unanfechtbarkeit von bereits erlassenen Gesetzen und die Weigerung der Zivil-, Straf- und Verwaltungsgerichte, ein verfassungswidriges Gesetz als unanwendbar zu erklären). Allerdings ist das Gesetz den internationalen Verpflichtungen seit den Entscheidungen des Cour de Cassation vom 24. Mai 1975[76] und des Conseil d'Etat vom 20. Oktober 1989[77] voll untergeordnet.

Dagegen hat das Gesetz gegenüber allen Maßnahmen der ausführenden Gewalt Vorrang, was vor allem für Verordnungen des Präsidenten der Republik, des Premierministers, eines Ministers oder einer selbständigen Verwaltungsbehörde gilt; die einzige Einschränkung dieses Grundsatzes ergibt sich aus Art. 38 der Verfassung. Danach kann die Regierung vom Parlament die Abstimmung über ein Gesetz verlangen, das die Regierung ermächtigt, für eine gewisse Zeit die frühere Gesetzgebung in einem bestimmten Bereich abzuändern; bis jetzt ist diese Möglichkeit im Bereich der Telekommunikation noch nicht ausgenutzt worden, und zwar nicht einmal zur Privatisierung einiger staatlicher Unternehmen der Telekommunikation.

---

73 Entscheidung Nr. 60-8 DC vom 11. August 1960; Entscheidung Nr. 79-111 L vom 21. November 1979; Entscheidung Nr. 80-126 DC vom 30. Dezember 1980.

74 Entscheidung Nr. 84-173 DC, Rec. 1984, S. 63.

75 Entscheidung Nr. 86-217 DC vom 18. September 1986, Rec. 1986, S. 14.

76 D.S. 1975, S. 497.

77 Rec. 1989, S. 190.

B. *Inhalt der Gesetzgebung*

In der Gesetzgebung gab es bis 1982 zwei verschiedene Bereiche. Dies war einmal der Code des postes et télécommunications (Gesetzesteil), der auf Fernsprech- und Telegrafenübertragung anwendbar war. Zweitens gab es die verschiedenen Gesetze, welche das Rundfunk- und Fernsehwesen betrafen[78]. Die Anwendbarkeit des einen oder anderen Gesetzesbereichs richtete sich nach dem technischen Übertragungsmittel. Wurden die Netze der Post benutzt (im allgemeinen Kabelnetze, gelegentlich Funkwellen-Netze), galt das Recht des Code des postes et télécommunications, und zwar auch dann, wenn es sich um solche Dienste handelte, die nicht interaktiv waren und keine private Nachrichtenübertragung darstellten (wie zum Beispiel verschiedene Informationsdienste: Zeitansage, Wetterberichte, Börseninformationen, usw.). Wurden dagegen die Sendeanlagen der TDF benutzt (meistens Funkwellen, gelegentlich Kabelnetze), galt das Recht der Rundfunk- und Fernsehgesetze, auch wenn es sich nicht um Leistungen für das allgemeine Publikum handelte (beispielsweise spezielle, von TDF gesendete und an bestimmte Personengruppen gerichtete Dienste wie Antiope-Dienste oder die Dienste der Régie française des espaces).

In der Zeit von 1982 bis 1986 ist die Gesetzessystematik erheblich komplizierter geworden. Die Begriffe von Rundfunk und Fernsehen sind durch einen weiteren Begriff ersetzt worden, nämlich durch den Begriff der audiovisuellen Kommunikation, der durch das Gesetz vom 29. Juli 1982 wie folgt definiert ist: »Über Wellen oder Kabel der Öffentlichkeit zur Verfügung gestellte Töne, Bilder, Dokumente, Daten oder Nachrichten jeder Art«. Danach fiel also die Telekommunikation, soweit sie für die Öffentlichkeit bestimmt war, unter die Audiovisionsgesetze und, soweit dies nicht der Fall war, unter die Telefon- und Telegrafengesetzgebung. Mit dieser Änderung der gesetzlichen Zuständigkeitsbereiche sollte das audiovisuelle Sendemonopol weiter eingeschränkt werden, wie es auf der Grundlage des Gesetzes vom 29. Juli 1982 geschah. Damit wurden dem öffentlichen Telefon- und Frequenzübermittlungsmonopol die Tätigkeitsbereiche entzogen, die in der Dienstleistung für Telekommunikationsteilnehmer bestand (mit der einzigen Ausnahme des eigentlichen Telefons).

Das Gesetz vom 30. September 1986, ergänzt durch das Gesetz vom 27. November 1987, hält diesen Dualismus aufrecht: es besteht weiterhin das

78 Insbesondere das Gesetz Nr. 72-553 vom 3. Juli 1972 und das Gesetz Nr. 74-696 vom 7. August 1974, zuletzt geändert durch die Gesetze vom 28. Juli 1978 und vom 26. Juli 1979.

Post- und Fernmeldegesetzbuch (Code des postes et télécommunications), welches von den Audiovisionsgesetzen zu unterscheiden ist, sowie entsprechende Kompetenzaufteilung zwischen dem Fernmeldeminister einerseits und dem für die audiovisuelle Kommunikation zuständigen Minister und der Behörde andererseits. Allerdings gibt es zwei Abweichungen vom alten System.

Die erste betrifft eine weitere Auslegung der audiovisuellen Kommunikation: von jetzt an wird sie nicht nur als die der Öffentlichkeit zur Verfügung gestellten Dokumente, Daten, Nachrichten jeder Art definiert[79], sondern als »jede der Öffentlichkeit oder bestimmten Kategorien der Öffentlichkeit durch ein Telekommunikationsverfahren zur Verfügung gestellte Art von Zeichen, Signalen, Schreiben, Bildern, Tönen oder Nachrichten, die nicht den Charakter privater Nachrichtenübermittlung haben«[80]. Dabei wird unter »Telekommunikation« verstanden die »Übertragung, das Senden oder der Empfang von Zeichen, Signalen, Schreiben, Bildern, Tönen oder Auskünften jeder Art über Draht, Optik, Funk oder jedes andere elektromagnetische System [...]«. Diese neue Definition der audiovisuellen Kommunikation ist nicht nur an die Öffentlichkeit im allgemeinen, sondern auch an bestimmte Kategorien der Öffentlichkeit gerichtet, womit insbesondere Teilnehmer als Abonnenten oder aufgrund von Befragungen gemeint sind.

Die zweite Änderung bestand in dem Versuch, den Anwendungsbereich des Telekommunikationsgesetzes zugunsten des Audiovisionsgesetzes einzuschränken. Zuständig wurde nicht mehr der Telekommunikationsminister kraft des Telekommunikationsgesetzes, sondern die für Audiovision zuständige Behörde (CNCL und später CSA) für »die Errichtung und Benutzung von Telekommunikationsanlagen, welche nicht dem Staat angehören und die für den Privatgebrauch der Anwender bestimmt sind«[81]. Somit war der Dualismus etwas abgeschwächt.

Das Gesetz vom 29. Dezember 1990 zur Ordnung der Telekommunikation hat diesen letzten Versuch aufgegeben und den ursprünglichen Dualismus fast ganz wieder hergestellt. Nach dem eben von diesem Gesetz geänderten Art. L 33 des Post- und Fernmeldegesetzbuches gelten die Vorschriften des Post- und Fernmeldegesetzbuches nicht für die von den Art. 10 und 34 des Audiovisionsgesetzes vom 30. September 1986 geregelten Einrichtungen«, nämlich alle Rundfunk- und Fernseheinrichtungen, die durch Funk bzw. Kabel senden.

79 Art. 2 des Gesetzes vom 29. Juli 1982.
80 Art. 2 Abs. 2 des Gesetzes vom 30. September 1986.
81 Art. 10, Abs. 1, 1° des Gesetzes vom 30. September 1986.

Somit war die Gesetzgebung wieder klar in zwei Geltungsbereiche gespalten: Fernmelderecht einerseits, Audiovisionsrecht andererseits. Das eine gilt für den Privatgebrauch, das andere für an die Öffentlichkeit oder Teile der Öffentlichkeit gerichtete Dienste. Grundsätzlich ist der Post- und Telekommunikationsminister für die Anwendung des Fernmelderechts und der CSA für die Anwendung der Audiovisionsgesetzgebung zuständig.

§ 4 *Die Rechtsverordnungen der Verwaltung*

Unabhängig von Art. 37 der Verfassung, wonach »alle Gegenstände, die nicht unter ein Gesetz fallen, auf dem Verordnungswege geregelt werden können«, weist eine Vielzahl von Gesetzesvorschriften den Verwaltungsbehörden die Befugnis zum Erlaß von Verordnungen zu. Hierbei ist zu unterscheiden zwischen den Verordnungen der Exekutive und den Verordnungen der selbständigen Verwaltungsbehörden.

A. *Die Rechtsverordnungen der Exekutive*

Die wichtigsten Verordnungen dieser Art sind die Dekrete des Präsidenten der Republik (gefaßt im Ministerrat und gegengezeichnet vom Premierminister sowie den zuständigen Ministern), die Verordnungen des Premierministers (gegengezeichnet von den ausführenden Ministern) sowie die ministeriellen Erlasse, insbesondere die Erlasse des Ministers für Industrie und Telekommunikation und des Ministers für Kultur und Kommunikation. Prinzipiell übt allein der Premierminister die generelle Verordnungsgewalt aus, jedoch ist es Sache des Präsidenten der Republik, die Dekrete zu unterzeichnen, wenn sie auf die Tagesordnung des Ministerrates gesetzt und von diesem beschlossen wurden. Das geschieht manchmal nach Beratung mit dem Conseil d'Etat. Die Minister selbst haben nach der Verfassung keinerlei Verordnungsmacht. Jedoch kann sowohl ein Gesetz als auch ein normales Dekret ihnen eine solche Kompetenz übertragen. Im Recht der Telekommunikation erfolgt dies durchaus häufig, wie der Verordnungsteil des Post- und Fernmeldegesetzes und auch die ministeriellen, in Anwendung der Gesetze vom 29. Juli 1982 und vom 30. September 1986 verkündeten Erlasse bestätigen. Diese ministeriellen Erlasse dürfen nicht mit den ministeriellen Rundschreiben verwechselt werden. Letztere sind Anweisungen, die ein Minister an die ihm untergeordneten Beamten erteilt. Obwohl diese Rundschreiben keinerlei Rechtswirkungen in den Beziehungen zwischen Staat und einzelnen entfalten, spielen sie

jedoch in der Praxis, insbesondere in technischen Bereichen, eine nicht unerhebliche Rolle (Normen, Vorschriften, etc.).
Diese Dekrete und Erlasse können vor dem Conseil d'Etat mit dem Rechtsmittel des recours pour excès de pouvoir angefochten werden. Dieses Rechtsmittel kann innerhalb von zwei Monaten nach Veröffentlichung der angegriffenen Rechtsverordnung eingelegt werden, und zwar von jeder betroffenen Person (einschließlich der Unternehmen, die im betroffenen Bereich tätig sind, und von Vereinen zum Schutz materieller oder moralischer Kollektivinteressen). Die Klage kann wegen der Verletzung einer Norm höherrangigen Rechts (Verfassung, internationaler Vertrag bzw. eine höherrangig eingestufte Vorschrift) zur Aufhebung der Rechtsverordnung mit rückwirkender Kraft führen.

B. *Die Rechtsverordnungen der unabhängigen Verwaltungsbehörden*

Diese Art der Verordnungen ist noch in der Entwicklung begriffen. Die Hohe Behörde für audiovisuelle Kommunikation besaß bereits aufgrund des Gesetzes vom 29. Juli 1982 eine gewisse Verordnungsbefugnis (Widerspruchsrecht gegenüber Mitteilungen der Regierung, Regulierung der Wahlkampfsendungen, Regulierung der Direktübertragungen von politischen Debatten und Parlamentsdebatten). Die CNCL verfügte über eine noch weitergehende Verordnungsbefugnis. Der CSA hat nicht so weitreichende Befugnisse, eben wegen der Entscheidung des Conseil constitutionnel vom 17. Januar 1989, die die Novelle 1989 des Kommunikationsfreiheitsgesetzes betrifft.
Diese Art von Rechtsverordnung wirft eine verfassungsrechtliche Frage auf: ist die Zuweisung einer Verwaltungsverordnungsbefugnis an eine selbständige Verwaltungsbehörde mit der Verfassung vereinbar? Denn Art. 21 der Verfassung überträgt die ausschließliche Regelungskompetenz dem Premierminister (vorbehaltlich des Rechts des Präsidenten der Republik, solche förmlich zustande gekommenen Verordnungen gegenzuzeichnen). In seiner Entscheidung Nr. 86-217 vom 18. September 1986 (Urteilsgrund 58) hat der Conseil constitutionnel entschieden, daß die Verfassungsvorschriften den Gesetzgeber »nicht daran hindern, einer anderen staatlichen Institution als dem Premierminister die Festlegung von Normen zur Ausführung eines Gesetzes in einem bestimmten Bereich und im Rahmen bestehender Gesetze und Verordnungen zu überlassen«. Dies setzt wohl eine gewisse Unterordnung der Verordnungen der nationalen Kommission unter die Verordnungen der Regierung voraus. Jedenfalls können die Verordnungen der nationalen Kommission nicht die Regierung in der Ausübung ihrer Verordnungskompetenz binden. Aus diesem

Grund hat der Conseil constitutionnel in derselben Entscheidung eine Vorschrift aufgehoben, wonach von der Regierung im Wege eines Dekrets des Conseil d'Etat erlassene Normen den von der nationalen Kommission festgesetzten allgemeinen Vorschriften untergeordnet waren (Urteilsbegründung 60).
Der Gedanke der Unterordnung der Verordnungen jeder unabhängigen Verwaltungsbehörde unter die Verordnungen der Regierung hat zur Erklärung der Verfassungswidrigkeit der Bestimmungen der Gesetzesnovelle 1989 in der berühmten Entscheidung Nr. 88-248 DC des Conseil constitutionnel vom 17. Januar 1989 geführt:

> »Zwar verhindern die Verfassungsvorschriften nicht, einer anderen staatlichen Behörde als dem Premierminister die Festlegung von Normen zur Ausführung eines Gesetzes zu übertragen, aber nur unter der Bedingung, daß die Ermächtigung nur Maßnahmen betrifft, die wegen ihres Anwendungsbereichs bzw. ihres Inhalts von beschränkter Tragweite sind«.

In dem Fall betraf die Ermächtigung die gesamte Regelung der Kommunikationsrechte von Institutionen und der Schirmherrschaft. Infolgedessen hat der Conseil constitutionnnel die Ermächtigung wegen ihrer zu großen Tragweite für verfassungswidrig erklärt.

§ 5 *Rechtsprechung*

Obwohl die Rechtsprechung keinen so großen Platz im Rechtsleben Frankreichs wie in derjenigen der Bundesrepublik einnimmt, soll nachfolgend ein kurzer Überblick über die Organisation der Rechtsprechungsorgane gegeben werden.

A. *Die Verfassungsgerichtsbarkeit*

Die Verfassungsgerichtsbarkeit wird seit 1959 vom Conseil constitutionnel ausgeübt. Dieser besteht aus neun, für neun Jahre gewählten und nicht wieder wählbaren Richtern. Wie bereits erläutert, kann er die Verfassungsmäßigkeit eines Gesetzes nur dann prüfen, wenn er von einer politischen Instanz oder (seit 1974) von sechzig Abgeordneten oder Senatoren angerufen wird, und zwar vor Verkündung des Gesetzes. In der Praxis sind diese Anrufungen erst mit der Einführung des parlamentarischen Anrufungsrechts 1974 häufiger geworden. Der Conseil constitutionnel kann nur drei Arten von Entscheidungen treffen: ein Gesetz ganz oder teilweise aufheben, so daß es nicht mehr verkündet werden kann; ein Gesetz für verfassungsmäßig erklären, womit seine Verkündung ermöglicht wird; und schließlich ein Gesetz unter dem

Vorbehalt für verfassungsmäßig erklären, daß es auf bestimmte Weise ausgelegt wird, was die Anwendungsbehörden verpflichtet, das Gesetz entsprechend der Entscheidung des Conseil constitutionnel auszulegen.

B. *Die Zivil- und Strafgerichtsbarkeit*

Die Zivil- und Strafgerichtsbarkeit wird von auf Lebenszeit ernannten Richtern ausgeübt. Generell kann gegen eine Entscheidung der ersten Instanz Berufung eingelegt werden; die Übereinstimmung der Berufungsentscheidung mit dem Gesetz kann von der Cour de cassation kontrolliert und eventuell das gerügte Urteil aufgehoben werden.

Die Zivilgerichte haben eine kleine Anzahl von die Telekommunikation betreffenden Fällen zu entscheiden: Erhebung von Telefon- und Fernsehgebühren, die Gegendarstellung, den Schutz der Persönlichkeitsrechte (Ehre und Privatsphäre), Eilverfahren wegen unzulässiger Störung durch die Ausstrahlung eines Programmes auf einer Wellenlänge, die anderen Telekommunikationsunternehmen bereits zugewiesen war) und den Schutz von Urheberrechten.

Die Strafgerichte entscheiden entweder über Vergehen, die nicht spezifisch den Telekommunikations- und Audiovisionsbereich betreffen (z.B. Beleidigung und Verleumdung, Ehrverletzung, irreführende Werbung, Verbreiten von Geheimnissen), oder aber sie entscheiden über für das Recht der Telekommunikation und Audiovision typische Tatbestände (d.h., so wie sie in den Strafvorschriften des Post- und Fernmeldesgesetzes definiert sind: Schutz des Fernmeldegeheimnisses, Schutz der technischen Anlagen sowie derjenigen Anlagen, die in den Strafvorschriften - Art. 74 bis 79 - des Gesetzes vom 30. September 1986 über die Kommunikationsfreiheit aufgeführt sind, Sendung ohne Genehmigung, Störung von genehmigten Sendungen, Mißachtung der Vorschriften über finanzielle Durchsichtigkeit der Unternehmer oder der Vorschriften zum Schutz des Filmes usw.). Festzustellen bleibt jedoch, daß Strafverfolgungen in diesem Bereich selten sind.

Im Strafrecht wird das Verfahren üblicherweise vom Staatsanwalt eingeleitet, in dessen Ermessen es steht, ob er verfolgen will oder nicht. Aber auch das Opfer einer Straftat kann eine private Strafklage stellen und sich als zivile Partei am Verfahren beteiligen. Im Gegensatz zum Zivilrichter kann der Strafrichter die öffentlich-rechtlichen Vorfragen selbst entscheiden, insbesondere die Frage der Rechtmäßigkeit einer Verwaltungsverordnung oder einer einzelnen Verwaltungsentscheidung.

C. *Die Verwaltungsgerichtsbarkeit*

Die Verwaltungsgerichtsbarkeit wird von den Verwaltungsgerichten erster Instanz ausgeübt. Berufungsinstanz ist der Conseil d'Etat, wenn die Klage gegen einen Verwaltungsakt gerichtet ist, aber die Cour administration d'appel, wenn sich die Klage auf einen öffentlich-rechtlichen Vertrag oder Amtshaftung stützt[82]. Für Fälle von weitreichenderer Bedeutung ist aber der Conseil d'Etat direkt zuständig (Streitigkeiten über Rechtsverordnungen oder Entscheidungen mit nationaler Bedeutung).

Der Verwaltungsrichter hat im allgemeinen lediglich die Befugnis, eine (ausdrückliche oder stillschweigende) Entscheidung der Verwaltung aufzuheben. Er hat ihr gegenüber jedoch keinerlei Verpflichtungsbefugnis (außer der Befugnis im Falle der Nichtausführung einer Gerichtsentscheidung, Zwangsmittel anzuordnen). Die Kontrollbefugnis des Verwaltungsrichters ist ziemlich umfassend. Jedoch ergehen die Entscheidungen langsam, und die Franzosen zögern daher häufig, die Verwaltung direkt anzugreifen und gegen sie zu kämpfen. Lange Zeit betrafen die Streitigkeiten lediglich die Beziehungen zwischen der Post- und Fernmeldeverwaltung und den öffentlichen Radio- und Fernsehinstitutionen mit ihren Agenten und Benutzern. Seit dem Gesetz vom 29. Juli 1982 haben sich indessen neue Arten von Streitigkeiten entwickelt, nämlich über die Zulassungen von Privatunternehmen im Audiovisionsbereich sowie hinsichtlich der Beachtung des Pluralismus im staatlichen Bereich.

Ausnahmsweise hat der Verwaltungsrichter die Befugnis, Anweisungen gegenüber Privaten zu erlassen. Das ist erstens der Fall im Rahmen von Vertragsverhältnissen. Wenn der Private einen öffentlich-rechtlichen Vertrag (insbesondere zur Ausführung einer öffentlichen Aufgabe) mit der Verwaltung abgeschlossen hat, kann der Verwaltungsrichter als Vertragsrichter der privaten Partei eine Handlungsverpflichtung im Falle von Leistungsstörungen auferlegen. Das ist zweitens der Fall bei Anwendung des Art. 42 des Audiovisionsgesetzes von 1986[83]. Wenn ein Privatunternehmen gegen das Audiovisionsgesetz verstößt, kann der Präsident des CSA den Präsidenten der Section du contentieux des Conseil d'Etat anrufen, und dieser kann dann die Unterlassung des Verstoßes anordnen[84].

82 Gesetz Nr. 87-1127 vom 31. Dezember 1987 zur Reform der Verwaltungsgerichtsbarkeit.
M. Fromont, Die Reform der französischen Verwaltungsgerichtsbarkeit, ZaöRV 1989, S. 487.

83 Zuletzt vom Gesetz vom 17. Januar 1989 geändert.

84 Z.B. einstweilige Anordnungen vom 21. Januar 1988, RFDA 1989, S. 259.

Kapitel II *Allgemeine Vorschriften zum Schutz der privaten und öffentlichen Interessen*

Nachfolgend werden die allgemeinen Vorschriften zum Schutze von Privatpersonen, die Regeln des Wirtschaftsrechts und schließlich die Regeln zum Schutze des Staates dargestellt. Selbstverständlich betrifft dies nur Vorschriften, die die Telekommunikation im weitesten Sinne berühren, insbesondere aber die audiovisuelle Kommunikation.

Abschnitt 1 - *Der Schutz der Person*

Traditionsgemäß erfolgt im französischen Recht der Schutz der Person durch die Anerkennung von subjektiven Rechten - zuweilen als vorrangige Rechte oder Grundrechte bezeichnet, zu welchen die Persönlichkeitsrechte zählen. Die Persönlichkeitsrechte sind durch das Zivilrecht und das Strafrecht geschützt. Aber in der gegenwärtigen Epoche ist im Zusammenhang mit dem Fortschritt im Fernmeldebereich und in dem Bereich der Informatik eine besondere Art von Schutz entstanden. Dieser neue Persönlichkeitsschutz äußert sich in der Ausweitung einiger traditioneller Persönlichkeitsrechte (z.B. des Rechts auf Intimität im Privatleben) sowie durch das Entstehen neuer Rechtsinstrumente. Zu nennen sind das Gegendarstellungsrecht im audiovisuellen Bereich und der Schutz der persönlichen Daten. Aus diesem Grunde werden nachfolgend untersucht:

- der Schutz der Persönlichkeitsrechte im Zivilrecht,
- der Schutz durch das Strafrecht,
- der Gegendarstellungsanspruch,
- die Rechtsvorschriften über die Verarbeitung personenbezogener Daten.

§ 1 *Der zivilrechtliche Schutz: die Persönlichkeitsrechte*

In Frankreich ist die allgemeine Theorie der Persönlichkeitsrechte im wesentlichen von der zivilrechtlichen Rechtsprechung entwickelt worden. Der Gesetzgeber hat sich erst seit kurzem - und nur in Teilbereichen - mit dem Gesetz vom 17. Juli 1970 eingeschaltet.
Bevor diejenigen Persönlichkeitsrechte behandelt werden, die durch die Telekommunikation gefährdet sind, ist auf zweierlei hinzuweisen:

- Die Theorie der Persönlichkeitsrechte betrifft nicht die Beziehungen des Individuums zum Staat, sondern ausschließlich die Beziehungen zwischen

Einzelpersonen. Die Persönlichkeitsrechte sind »Grundrechte des Menschen«, jedoch nur in bezug auf andere Menschen[85].

- Der Schutz der Persönlichkeitsrechte ist in Art. 1382 des Code civil verankert. Sie sind geschützt durch einen Haftungsanspruch aus Verschulden. Die Sanktion besteht aus Schadensersatz. Indessen erkennen Gesetz und Rechtsprechung immer häufiger eine Sanktion auch in Form von Präventivmaßnahmen an: so zum Beispiel die Untersagung für die Zukunft, Pfändungsmaßnahmen, Gegendarstellungsansprüche und Druckverbote.

Einige der Persönlichkeitsrechte scheinen das Recht der Telekommunikation nicht zu berühren. Dagegen gibt es drei, denen eine gelegentliche Bedeutung zukommt: das Recht auf das eigene Bild, das Recht auf Ehre und das Recht auf Achtung des Privatlebens.

A. *Das Recht am eigenen Bild*

Dieses Recht gestattet einem Menschen, sich der Wiedergabe seines Bildnisses - meistens durch Fotografie oder Film - und im allgemeinen seiner Veröffentlichung zu widersetzen. Die Wiedergabe und die Veröffentlichung sind an sich schuldhaft und genügen zur Annahme eines Haftungstatbestandes.
Das Recht am Bild steht im Konflikt mit der Informationsfreiheit. Es unterliegt daher Einschränkungen: die Wiedergabe des Bildes ist rechtmäßig, sofern sie mit dem Einverständnis der betreffenden Person geschieht. Die Zustimmung kann stillschweigend erteilt sein; sobald aber das Vorhandensein oder der Umfang der Zustimmung streitig ist, wendet die Rechtsprechung das Prinzip der einschränkenden Auslegung an[86]. Der Umstand, daß die betreffende Person politisch oder öffentlich aktiv ist, rechtfertigt eine Wiedergabe ohne Zustimmung, indessen unter der Bedingung, daß dies nicht zu Werbezwecken geschieht und daß die Person sich dem nicht ausdrücklich widersetzt hat. Es scheint, daß an öffentlichen Orten aufgenommene Fotografien zulässig sind, ohne daß es einer ausdrücklichen Zustimmung bedarf, jedoch nur unter der Bedingung, daß die darauf wiedergegebene Person nicht der Hauptinhalt des Fotos ist.

---

85 *Carbonnier*, Droit civil, 1, Introduction - Les personnes, 15ème éd., S. 356.

86 Civ. 8. Juli 1981, Recueil Dalloz, 1982, S. 65, Anm. *R. Lindon*: Semaine juridique 1982, II, 19830, Anm. *P. Langlade*; Paris 19. Oktober 1981, Recueil Dalloz, 1982, IR. 180; Tribunal de la Seine, 19. November 1970, Semaine juridique 1971, IV, 182.

Schließlich ist auf einige Fälle der Verletzung des Privatlebens durch öffentliche Wiedergabe eines Bildes hinzuweisen; diese sind strafrechtlich sanktioniert (Art. 368 f.).

B. *Das Recht am gesprochenen Wort*

Entsprechend dem Recht am eigenen Bild wird heute das Recht an der eigenen Stimme anerkannt. Jedermann kann die Nachahmung seiner eigenen Stimme verbieten, wenn dies zu Verwechslungen oder zu anderen Nachteilen führen kann[87]. Das Abhören von Telefongesprächen wirft besondere Probleme auf und unterliegt besonderen Vorschriften.

C. *Das Recht auf Ehre*

Das Zivilrecht ahndet Ehr- und Rufschädigungen. Solche Verletzungen führen zu einer Haftung aus Verschulden. Nach der Rechtsprechung ist eine Ehrverletzung aber nur schuldhaft, wenn sie mit Schädigungsabsicht erfolgt ist.
Das Recht auf Ehre ist strafrechtlich geschützt, wenn die Verletzungshandlungen im Rahmen von Werbung geschehen. Es handelt sich dann um Verleumdungs- und Beleidigungsvergehen, die in dem Gesetz über Pressefreiheit geregelt sind.
Im allgemeinen hat jemand ein Gegendarstellungsrecht, wenn er von einem Presseorgan angegriffen wird. Die Ausübung des Gegendarstellungsanspruchs ist nicht davon abhängig, ob der Angriff schuldhaft war oder nicht.

D. *Das Recht auf Achtung des Privatlebens*

Vor 1970 gab es gegen die Urheber einer Verletzung der »Intimsphäre« bereits einen von der Rechtsprechung entwickelten Schadensersatzanspruch. Das schuldhafte Verhalten bestand darin, einen Umstand aus dem Intimleben des Betroffenen Dritten oder der Öffentlichkeit zur Kenntnis zu bringen.
Dieses Prinzip ist in das Gesetz vom 17. Juli 1970 aufgenommen worden, durch welches in Art. 9 des Code civil neue Vorschriften eingefügt wurden. Art. 9 Abs. 1 lautet nunmehr: »Jeder hat Anspruch auf Achtung seines

---

87 Tribunal de Paris, 3. Dezember 1976, Recueil Dalloz 1977, 211, Anm. *Lindon*; Semaine juridique 1978, II, 19002, Anm. *Bécourt*: 11. Juli 1977, Recueil Dalloz 1977, 700, Anm. R.L.

Privatlebens«. Dieser Wortlaut ist zum häufigen Gegenstand von Rechtsprechung und Literatur geworden[88].

a) *Inhalt des Rechts*

Folgende Fälle gelten als Beeinträchtigungen des Privatlebens:
- die Offenbarung der Identität (und der Anschrift) einer Person;
- die Verbreitung von Tatsachen über das Sexual-, Ehe- oder Familienleben einer Person;
- Offenbarungen über die Biographie, die Abstammung, das Vermögen oder die Steuern einer Person;
- der Umstand, ausgefragt, verfolgt oder ausspioniert zu werden.

b) *Sanktionen*

Art. 9 Abs. 1 sieht vor, »unabhängig vom Ersatz des erlittenen Schadens können Richter jede Maßnahme wie Sequestrierung, Pfändungen oder anderes verordnen, welche die Verletzung des Privatlebens verhindern oder beenden können; bei Eilbedürftigkeit können diese Maßnahmen im Wege der einstweiligen Verfügung angeordnet werden«. Es wurde bemängelt, daß sich dieser Text lediglich auf Verletzung der Intimsphäre des Privatlebens bezieht und nicht auf jede Beeinträchtigung des Privatlebens. Die Tendenz der Gerichte ist jedoch, sich über diese Einschränkung hinwegzusetzen[89].
Jedenfalls kann nach Art. 809, Abs. 1 des Code de procédure civile (Zivilprozeßbuch) der Eilrichter immer »die notwendigen vorläufigen oder wiederherstellenden Maßnahmen anordnen, entweder um einen drohenden Schaden abzuwenden oder um eine offensichtlich unzulässige Störung zu beenden«.
Der Katalog von Präventivmaßnahmen ist also breitgefächert: der Richter kann eine Beschlagnahme anordnen, er kann die Verbreitung verbieten oder auch die Weglassung der beanstandeten Passagen oder die Veröffentlichung einer Gegendarstellung oder einer Berichtigung anordnen.
Immer mehr setzt sich die Ansicht durch, daß diese Sanktionen nicht nur für den Tatbestand der Verletzung des Privatlebens gelten, sondern auch allgemein bei Verletzung des Rechts am eigenen Bild oder des Rechts auf Ehre.

---

88 Siehe besonders *P. Kayser*, La protection de la vie privée, 1984; *Dalloz*, Répertoire civil, V° Droits de la personnalité; Jurisclasseur de droit civil, Teil 1, Art. 9; *Weill/Terré*, Droit civil, S. 32 f.

89 *Weill/Terré*, Droit civil, Les personnes, Nr. 37, S. 41, Anm. 1.

§ 2 *Der strafrechtliche Schutz*

Zum Schutz vor schwerwiegendsten Eingriffen in die Persönlichkeitsrechte kennt das französische Strafrecht einige besondere Vorschriften. So sanktioniert Art. 187 des Code pénal (Strafgesetzbuch) die Verletzung des Briefgeheimnisses und Art. 378 Code pénal die Verletzung des Berufsgeheimnisses. Indessen betreffen andere Tatbestände die Telekommunikation weitaus direkter. Dabei handelt es sich erstens um Tatbestände hinsichtlich der Verletzung der Privatsphäre Dritter und zweitens um Pressevergehen.

Im übrigen überlagern sich häufig das Recht am eigenen Bild, das Recht auf Ehre sowie das Recht auf Wahrung des Privatlebens. Weder sind die Grenzen klar; noch werden die drei Tatbestände auch in der Rechtsprechung immer klar unterschieden.

Zwei Dinge sind zu präzisieren:

1. Die Sanktion bei Verletzung des Privatlebens ist nicht von einer Schädigungsabsicht des Verletzers abhängig. Die Erfüllung des objektiven Tatbestandes reicht aus, um die Haftung zu begründen.
2. Art. 9 betrifft nur die Verletzung des Privatlebens. Dieser Vorschrift liegt also die Unterscheidung zwischen Privatleben und öffentlichem Leben zugrunde, im Gegensatz zum Recht am eigenen Bild und zum Recht auf Ehre, die grundsätzlich eine solche Unterscheidung nicht kennen. Indessen hängt die Unterscheidung zwischen Privatleben und öffentlichem Leben von den Umständen ab und ist nicht absolut. Wie es ein Verfasser ausgedrückt hat:

> »Das Recht des einzelnen auf Wahrung seiner Privatsphäre kollidiert am häufigsten mit dem Recht des Publikums auf Information. Infolgedessen ist von diesem Gesichtspunkt aus der Inhalt des Privatlebens nicht derselbe für jedermann, sondern variiert je nachdem, welchen Raum das öffentliche Leben infolge seiner politischen oder beruflichen Tätigkeiten in seinem Leben einnimmt«[90].

Ebenso kann sich ein Konflikt zwischen dem Recht auf Wahrung des Privatlebens und der Freiheit künstlerischen Schaffens ergeben. Der Hersteller eines Filmwerkes kann sich unter gewissen Einschränkungen von einer wahren Begebenheit und von lebenden Personen inspirieren lassen[91].

---

90 *R. Lindon*, Jurisclasseur Civil, Bd. 1, Art. 9, Fascicule 1, Nr. 8.

91 Civ. 3. Dezember 1980, Recueil Dalloz 1981, S. 221, Anm. *Edelman* bezüglich des sogenannten »roter Pullover«-Falles: hierbei handelte es sich um einen Film, der den Fall der Entführung einer Minderjährigen sowie deren Ermordung nacherzählte. Die Eltern können die Beseitigung gewisser Bildfolgen nur dann verlangen, wenn sie darlegen, inwiefern diese Bildfolgen eine Verletzung ihres Privatlebens darstellen. Die Verletzung von Zuneigungsgefühlen ist nicht ausreichend.

A. *Vergehen wegen Eingriffs in die Privatsphäre*

Das bereits zitierte Gesetz vom 17. Juli 1970 hat nicht nur Schutzvorschriften hinsichtlich des Privatlebens in den Code civil eingeführt. Mit den Art. 368 bis 372 des Code pénal hat es eine Reihe von Vorschriften zur Bestrafung der als audiovisuelle Spionage bezeichneten Tatbestände geschaffen.

a) Wichtigste Vorschrift ist Art. 368 des Code pénal. Danach wird mit Gefängnis von zwei Monaten bis zu einem Jahr und einer Geldstrafe von 2000 F bis 60 000 F oder nur mit einer der beiden Strafen bestraft,

> »wer vorsätzlich die Intimsphäre des Privatlebens eines anderen verletzt:
> 1. indem er ohne ihre Zustimmung die in einem privaten Ort gesprochenen Worte einer Person mittels eines Geräts abhört, aufnimmt oder weitergibt;
> 2. ohne ihre Zustimmung mittels eines Geräts das Bild einer Person, die sich an einem privaten Ort befindet, festhält oder weitergibt«[92].

Somit wird also jede Art von Aufzeichnung oder Weitergabe von Stimme oder Bild einer Person bestraft, die sich an einem nicht öffentlichen Ort befindet. Dabei ist es gleichgültig, ob die Aufnahme für private Zwecke erfolgt ist oder im Hinblick auf audiovisuelle Weitergabe. Es kommt wesentlich auf das Vorliegen der zwei Merkmale an, nämlich,

- das Wort muß an einem privaten Ort gesprochen worden sein oder das Opfer, dessen Bild festgehalten wurde, muß sich an einem privaten Ort aufgehalten haben;
- der Wille des Verletzers, die Intimität des Privatlebens zu verletzen. Das Gesetz verlangt also einen besonderen Vorsatz: der Schuldige muß also ein bestimmtes Ergebnis erreichen wollen, nämlich die Verletzung der Intimität des Privatlebens[93].

Im Hinblick auf das Abhören und Aufzeichnen von Telefongesprächen hat die Rechtsprechung präzisiert,

- daß das Anbringen eines Apparats zur Identifizierung der Telefonnummer eines Anrufers durch die Post, wobei seine Worte nicht aufgezeichnet werden, nicht unter den Art. 368 Code pénal fällt[94];

---

92 Dieser Text war häufig Gegenstand der Rechtsprechung, siehe hierzu inbesondere *R. Badinter*, La protection de la vie privée contre l'écoute électronique clandestine, Semain Juridique 1971, I. 2435; *G. Levasseur*, La protection pénale de la vie privée, Mélanges Kayser, 1979, Bd. 2, S. 107; *A. Chavanne*, Les atteintes à l'intimité de la vie privée au sens de l'article 368 du Code pénal, in: Le droit criminel face aux Technologies nouvelles de la communication, 1986, S. 21, siehe auch *P. Kayser*, L'interception des communications téléphoniques par les autorités publiques françaises, Mélanges Vincent 1981, S. 169.

93 *A. Chavanne*, a.a.O., S. 27.

94 Crim. 16. Januar 1974, Semaine juridique 1974, II, 17731, Anm. *Lindon*.

- daß der Straftatbestand nicht nur dann erfüllt wird, wenn ein Dritter ein Telefongespräch abhört, sondern auch, wenn einer der beiden Gesprächsteilnehmer die Worte des anderen aufnimmt[95]; diese Ausweitung wird teilweise in der Literatur kritisiert.

b) Art. 369, Abs. 1, bedroht mit derselben Strafe

> »denjenigen, der wissentlich jede Aufzeichnung oder jedes Dokument aufbewahrt, der Öffentlichkeit oder einem Dritten zur Kenntnis bringt oder absichtlich hat bringen lassen, die bzw. das er aufgrund eines der in Art. 368 vorgesehenen Umstände erhalten hat«.

Diese Vorschrift bezieht sich also auf solche Titel, die Aufzeichnungen und Bilder für audiovisuelle Zwecke benutzen, und zwar mit dem Wissen, das deren Herstellung bereits strafrechtlich sanktioniert ist.

Abs. 2 des Art. 369 bestimmt, daß im Fall der »Verbreitung« die für die Sendung Verantwortlichen strafrechtlich verfolgt werden oder, falls es solche nicht gibt, die Leiter des Sendeunternehmens. Zweifellos bezieht sich dieser Text auf Rundfunk- und Fernsehsendungen.

Abs. 3 des Art. 369 präzisiert, daß »die Straftat begangen ist, sobald die Veröffentlichung in Frankreich erfolgt ist, empfangen oder gehört wird«.

Der Begriff »Veröffentlichung« ist im Sinne von Abs. 2 des Art. 369 zu verstehen. Er erstreckt sich auf die Verbreitung im weiteren Sinne (also auf audiovisuelle Sendungen) sowie auf Veröffentlichungen durch die Presse im engeren Sinne. Daraus folgt, daß die Strafbarkeit in dem Augenblick gegeben ist, in dem die Sendung auf französischem Boden empfangen wird, wobei die Aufzeichnung und die Sendung aus dem Ausland kommen können.

c) Art. 370, Abs. 1, schließlich bestraft die Montage von Wörtern und Bildern:

> »Wer wissentlich, gleich auf welchem Wege, die Montage mit Wörtern oder Bildern einer Person ohne deren Zustimmung veröffentlicht, wenn nicht klar ersichtlich ist, daß es sich um eine Montage handelt oder dies nicht ausdrücklich erwähnt wird«.

B. *Verleumdung und Beleidigung*

Verleumdung oder Diffamierung ist gegeben, wenn jemandem eine wahre oder unwahre Handlung oder Eigenschaft zugeschrieben wird, die seine Ehre verletzt. Die Beleidigung besteht nur in einem verletzenden Ausdruck, ohne Tatsachenbehauptung.

---

95 Crim. 3. März 1982, Recueil Dalloz 1982, 579, Anm. *Lindon*: der in Scheidung lebende Ehemann zeichnete das Telefongespräch mit seiner Frau auf Tonträger auf.

Gesellt sich das Tatbestandsmerkmal Öffentlichkeit hinzu, handelt es sich bei der Verleumdung und bei der Beleidigung um Straftatbestände, strafbar nach den Art. 29 f. des Gesetzes vom 29. Juli 1881 über die Pressefreiheit.
Aus Art. 23 (i.V.m. Art. 32 und 33) ergibt sich, daß Öffentlichkeit dann besteht, wenn die Verleumdung oder Beleidigung »durch ein Mittel der audiovisuellen Kommunikation erfolgt ist[96]. Verleumderisches Gerede am Telefon kann bestraft werden, wenn die Telefonverbindung weder geheim noch vertraulich war[97].

§ 3 *Der Gegendarstellungsanspruch*

Der Gegendarstellungsanspruch ist eines der fundamentalen Persönlichkeitsrechte und wurde bereits mit dem Gesetz vom 29. Juli 1881 jedem gewährt, der in einer Zeitung oder einer regelmäßig erscheinenden Schrift angegriffen wird.
Art. 13 des Gesetzes über die Presse beschränkte den Gegendarstellungsanspruch lange Zeit nur auf Zeitungen und regelmäßig erscheinende Schriften. Durch Art. 8 des Gesetzes vom 3. Juli 1972 wurde er auf Rundfunk und Fernsehen erstreckt. Eine Wiederholung des Gegendarstellungsanspruchs findet sich im Gesetz vom 7. August 1974 über den Rundfunk und das Fernsehen; die praktische Ausgestaltung dieses Rechts erfolgte jedoch erst im Dekret vom 13. Mai 1975.
Schließlich gewährt Art. 6 des Gesetzes vom 29. Juli 1982 über die audiovisuelle Kommunikation jeder natürlichen oder juristischen Person ein Gegendarstellungsrecht, wenn ehrenrührige oder rufschädigende Behauptungen bei einer audiovisuellen Wiedergabe verbreitet wurden.
Art. 6 des Gesetzes vom 29. Juli 1982 ist nicht durch das neue Gesetz vom 30. September 1986 über die Kommunikationsfreiheit aufgehoben worden[98]: Art. 6 bleibt also anwendbar im Bereich der audiovisuellen Kommunikation. Lediglich der letzte Absatz des Art. 6, der die interaktive Videografie betrifft, ist durch Art. 83 des neuen Gesetzes abgeändert worden.
Das Anwendungsdekret vom 25. Mai 1983 ist ersetzt worden durch das Dekret Nr. 87-246 vom 6. April 1987[99].

---

96 Art. 23 des Gesetzes vom 29. Juli 1881, abgeändert durch Gesetz vom 13. Dezember 1985.
97 Crim. 22. Mai 1984: Bulletin des Arrêts de la Cour de Cassation, Chambre criminelle, nr. 188; Verleumdung mittels eines Anrufbeantworters.
98 Art. 110 - 2°, ergänzt durch Art. 4 - VIII des Gesetzes vom 27. November 1986.
99 JO vom 9. April 1987, S. 4035.

A. *Voraussetzungen des Gegendarstellungsanspruchs*

Das Gegendarstellungsrecht im Bereich der audiovisuellen Kommunikation ist enger als in der Presse. Bei der Presse ist der Gegendarstellungsanpruch nicht nur bei Diffamierung und Kritik gegeben, sondern sogar bei Fehlen jeglicher Verletzung der Ehre und sogar dann, wenn die Behauptung keinerlei Fehler oder Ungenauigkeit aufweist. Die zitierte Person allein entscheidet, ob die Gegendarstellung zweckmäßig ist, einen Schaden braucht sie nicht nachzuweisen.

Im Gegensatz hierzu erfordert das audiovisuelle Gegendarstellungsrecht eine Ehrverletzung oder eine Rufschädigung. In seinem Gegendarstellungsverlangen muß der Betroffene die beanstandeten Stellen bezeichnen, auf die er antworten will.

B. *Durchsetzung des Gegendarstellungsanspruchs*

Der Berechtigte muß innerhalb von acht Tagen nach Verbreitung der von ihm bestrittenen Sendung mittels eingeschriebenem Brief mit Rückschein das Verlangen auf Gegendarstellung bei dem für die Veröffentlichung verantwortlichen Leiter der Sendung geltend machen. Das Schreiben muß Datum und Uhrzeit der Sendung sowie den Namen des Senders oder des Programms enthalten; es muß die umstrittenen Stellen bezeichnen sowie den Inhalt der begehrten Gegendarstellung.

Innerhalb einer weiteren Frist von acht Tagen nach Empfang des Schreibens teilt der Direktor des verantwortlichen Senders dem Berechtigten mit, ob er dem Begehren Folge leistet. Bei Weigerung oder Stillschweigen kann der Berechtigte beim Präsidenten des Tribunal de grande instance eine Entscheidung erwirken. Dieser kann im Wege der einstweiligen Verfügung die Verbreitung der Gegendarstellung bei Vermeidung eines Zwangsgeldes anordnen.

Die vom Berechtigten allein oder gemeinsam mit dem Adressaten verfaßte Gegendarstellung wird grundsätzlich binnen 30 Tagen nach der beanstandeten Sendung gesendet. Der Wortlaut der Gegendarstellung darf 30 Schreibmaschinenzeilen und die Dauer der Sendung zwei Minuten nicht überschreiten.

C. *Anwendungsbereich des audiovisuellen Gegendarstellungsanspruchs*

Die soeben dargestellte Regelung des Art. 6 des Gesetzes vom 29. Juli 1982 und des Dekretes vom 6. April 1987 bezieht sich auf eine Reihe audiovisueller Medien. Sie gilt - wie gesagt - für alle Sendungen im Rahmen audiovisueller Kommunikation[100]. Sie gilt insbesondere auch für »der Öffentlichkeit zur Verfügung gestellte Kommunikationsdienste in Form von Phonogrammen oder Videogrammen, welche in regelmäßigen Abständen erscheinen«[101]. Es handelt sich dabei im wesentlichen um über Funkwellen oder Kabel gesendete Videografiedienste. Im übrigen enthält das Dekret vom 6. April 1987 spezielle Vorschriften für Videografiedienste. Das Gegendarstellungsrecht erstreckt sich auch auf andere Dienste der audiovisuellen Kommunikation (im wesentlichen auf interaktiven Videotext) und auf solche, die über interne Kabelnetze verbreitet werden, deren Modalitäten aber noch durch ein Dekret festgelegt werden sollen[102].

§ 4 *Die Rechtsvorschriften über die personenbezogene Datenverarbeitung*

Das Gesetz vom 6. Januar 1978 begründet einen besonderen Schutz für natürliche Personen[103]. Dieses Gesetz enthält zumindest theoretisch vielfältige Garantien zum Schutz der individuellen Freiheit vor dem Mißbrauch durch Informatik[104]. Das Gesetz von 1978 bezieht sich grundsätzlich nur auf die automatische Verarbeitung von personenbezogenen Daten.

A. *Definition*

Die Datenverarbeitung ist in Art. 5 des Gesetzes vom 6. Januar 1978 wie folgt definiert: »Jedes automatisierte Verfahren zum Erheben, zum Speichern, zum Erstellen, sowie jedes Verfahren gleicher Art zur Auswertung von Dateien oder Datenbanken, und insbesondere die Verkettung oder der Abgleich, das Abfragen oder der Austausch von personenbezogen Daten«. Außerdem sind mehrere Vorschriften aus Kapitel IV des Gesetzes anwendbar auf »jede nichtautomatisierte oder mechanisch-grafische Datei« (Art. 45). Als

100 Art. 6 Abs. 1 des Gesetzes vom 29. Juli 1982.
101 Art. 6, vorletzter Absatz des Gesetzes vom 29. Juli 1982.
102 Art. 6, letzter Absatz des Gesetzes vom 29. Juli 1982, i.V.m. Art. 43 des Gesetzes vom 30. September 1986.
103 Siehe *Gassin*, Le droit pénal de l'informatique, Recueil Dalloz 1986, Chroniques, S. 35; *Kayser/Frayssinet*, Informatique et liberté, Jurisclasseur pénal, Anhang; *Maisl*, Semaine Juridique 1978, I, 2891; *Vivant/Le Stanc*, Lamy Informatique.
104 *Carbonnier*, Droit civil, Bd. 1, Introduction - Les personnes, S. 370.

eine der wichtigsten Vorschriften ist Art. 31 zu nennen, der »das Speichern von Daten ohne Zustimmung des Betroffenen verbietet, welche direkt oder indirekt Aufschluß geben über soziale Herkunft des Betroffenen oder seine politischen, philosophischen oder religiösen Ansichten oder auch seine gewerkschaftliche Zugehörigkeit«.
Die von Art. 4 erfaßten personenbezogenen Daten sind diejenigen, welche »unter welcher Form auch immer, direkt oder indirekt, die Identifizierung derjenigen Personen ermöglichen, auf die sie anzuwenden sind [...]«. Die Nationale Kommission für Informatik und Freiheitsrechte (CNIL) bemerkt in ihrem dritten Jahresbericht (1982/1983), daß der »Begriff direkt oder indirekt personenbezogener Daten« - sowie Name oder Matrikel - sich immer mehr mit der Identifizierung durch Kodierung oder Nummer, oder auch durch Abgleich mit anderen Daten wie Adresse, Beruf usw. vermischt. Das ist beispielsweise der Fall bei elektronischem Geld, bei interaktiven Systemen, Kontrollkennzeichen oder detaillierten Telefonrechnungen. Daher muß der Begriff »personenbezogene Einzelangabe« im Hinblick auf die technische Entwicklung extensiv ausgelegt werden.
»Die Informatik muß für jeden Bürger verfügbar sein. Ihre Entwicklung muß im Rahmen der internationalen Zusammenarbeit verlaufen. Sie darf weder die menschliche Identität noch die Menschenrechte, noch die Privatsphäre, noch die individuellen und öffentlichen Freiheitsrechte verletzen«. Die Einhaltung dieser in Art. 1 des Gesetzes proklamierten Grundsätze erfolgt einmal durch Kontrolle der Dateien, und zum zweiten durch Gewährung von Zugriffs- und Berichtigungsrechten für die Betroffenen.

B. *Die Kontrolle der Datenverarbeitung*

Art. 6 sieht die Gründung einer Nationalen Kommission für Informatik und Freiheitsrechte (CNIL) vor, die die Beachtung des Gesetzes überwachen soll. Als unabhängige Behörde verfügt sie über die Kompetenz, eine Befugnisverordnung zu erlassen[105]. Die von der Kommission ausgeübte Kontrolle erfolgt gezielt und bereits im Stadium der Errichtung einer Datei sowie allgemein und fortlaufend.

105 Siehe Art. 6 f., Art. 21 des Gesetzes vom 6. Januar 1978 und Dekret 78-774 vom 17. Juli 1978.

a) *Meldepflichten*

Jedes private automatisierte Verfahren der Erhebung personenbezogener Daten, d.h., welches nicht »für den Staat, ein öffentlich-rechtliches Unternehmen oder eine Gebietskörperschaft oder für eine juristische Person des privaten Rechts bestimmt ist, die Geschäftsführerin eines öffentlichen Dienstes ist«, muß vor seinem Betrieb bei der CNIL gemeldet werden (Art. 16). Hierfür halten die CNIL, die Präfekturen und die Handelskammern vorgedruckte Meldeformulare und Merkblätter bereit.
Für die üblichsten Kategorien von öffentlichen oder privaten Verfahren, die das Privatleben oder private Freiheitsrechte offenkundig nicht verletzen, erstellt und veröffentlicht die CNIL vereinfachte Regeln.
So hat die CNIL bereits mehr als 25 vereinfachte Regelungen ausgesprochen, auf die Bezug genommen werden kann. Jede private Datenverarbeitung erfordert eine normale Anmeldung und muß die in Art. 19 vorgesehenen Angaben enthalten. Dazu gehören insbesondere die Namen »der Person, welche den Antrag stellt und welche über die Errichtung der Datenverarbeitung entscheidet oder, wenn sie in Frankreich wohnt, die Namen ihres Verteters in Frankreich«. Ebenso sind Angaben über die Abteilungen oder Dienste, welche die Datenverarbeitung einrichten, erforderlich. Der Austausch oder die Übertragung einer Datei mit personenbezogenen Daten muß angemeldet werden. In diesem Zusammenhang muß die CNIL dafür sorgen, daß Übertragungen, die Verkettungen ermöglichen, vermieden werden[106].

b) *Übertragung von personenbezogenen Daten zwischen Frankreich und dem Ausland*

Die Übertragung von personenbezogenen Daten zwischen Frankreich und dem Ausland untersteht einer besonderen Kontrolle: entsprechend Art. 24 kann die Übertragung auf Vorschlag oder aufgrund einer Stellungnahme der Kommission einer vorherigen Zustimmung unterstellt oder aufgrund eines Dekrets nach Beratung mit dem Conseil d'Etat reglementiert werden. Da der Zustrom grenzüberschreitender personenbezogener Daten die traditionellen Grundsätze der staatlichen Souveränität in Frage stellt, bemüht sich die CNIL auf pragmatische Weise, französisches Recht auf Verfahren anzuwenden, die außerhalb der Staatsgrenzen durchgeführt wurden.
Die Entscheidung über die Errichtung öffentlicher Datenverarbeitung erfolgt entsprechend den Sachgebieten entweder durch ein Gesetz oder durch eine

106 4. Bericht 1982/83, S. 232.

Verordnung, unter Berücksichtigung der Stellungnahme der CNIL (Art. 15). Dies gilt für nach dem 1. November 1979 eingeführte Datenverarbeitungen. Die Anmelder, gleich ob Privat- oder staatliche Unternehmer, erhalten von der CNIL eine konstitutive Empfangsbestätigung, welche den Betreiber der Datenverarbeitung jedoch nicht von Haftung befreit. Zur Zeit hat die Kommission ungefähr 120.000 Anmeldungen registriert. Während sich die Anzahl von Anträgen auf Stellungnahmen im öffentlich-rechtlichen Bereich erhöht, wird das Verfahren immer komplizierter, da die Kommission neben den (stillschweigenden?) Stellungnahmen auch Anhörungen durchführt sowie Zusammenführungen und Analysen. (Die Praxis der CNIL besteht nicht nur darin, die Zulässigkeit des Zwecks einer Datei zu prüfen, sondern ebenfalls in der Prüfung, ob die gesammelten Informationen für die verfolgten Zwecke der Datei überhaupt relevant sind[107]). Der dritte Bericht der CNIL besagt, daß die individuelle Informatik und sogar Büroinformatik dem Gesetz angepaßt werden müssen. Aufgrund der Entwicklung einer Mikroinformatik »zum Familiengebrauch« erweist sich die Verwaltung der Anmeldungen von Dateien Privater als sehr unsicher und ohne Zweifel überflüssig. Seit 1984 entwickelt die CNIL eine aktivere Kontrollpolitik, die auch zu Sanktionen führen kann.

c) *Kontrollen und Sanktionen*

Als zuständige Stelle für Anmeldungen und Erteiler von Stellungnahmen verwaltet die CNIL eine vollständige und sich jeweils auf dem neuesten Stand befindliche Datei sämtlicher natürlicher Personen in Frankreich. Zumindest theoretisch ist diese Liste öffentlich gemäß Art. 22 des Gesetzes. Die Kommission ist befugt, jedwede Untersuchung oder Inspektion vor Ort durchzuführen, die ihr notwendig erscheint, und zwar sowohl bei privaten als auch bei öffentlichen Betreibern.
Außerdem kann die Kommission an die Betroffenen Verwarnungen richten. Sie kann außerdem die Staatsanwaltschaft von Verstößen informieren, von denen sie Kenntnis erlangt hat, und zwar aufgrund individueller Beschwerde oder aufgrund einer Petition, aufgrund von Strafanzeigen oder aufgrund von Anzeigen. Sie kann dies auch aus eigener Initiative. Indem sie der Staatsanwaltschaft eine solche Mitteilung macht, löst sie das öffentliche Verfahren aus sowie die gemäß der Artt. 41 und 44 des Gesetzes vorgesehenen Verfolgungen und Strafen. Verfolgt werden einerseits Verstöße bei der Errichtung und

107 *Lenoir, Noëlle*, Acte de deuxième entretien de Nanterre, 11 et 12 mars 1982, L'émergence du droit de l'information, p. 132.

Verwaltung der Dateien und andererseits Verstöße bei der Benutzung der gesammelten Daten.

1. *Verstöße betreffend die Errichtung und Verwaltung der Dateien*

Hier geht es hauptsächlich um das Delikt der Errichtung heimlicher Dateien, d.h. unter Umgehung der erforderlichen Formalitäten. Hier besteht die Schwierigkeit hauptsächlich darin, den Haupturheber des Verstoßes auszumachen und die verantwortliche natürliche Person zu finden. In zweiter Linie geht es hier um das Delikt der unzulässigen Aufnahme und Konservierung personenbezogener Informationen.
Dies ist beispielsweise der Fall, wenn die Daten auf rechtsmißbräuchlichem Wege erlangt wurden oder wenn ein Betroffener sich der Speicherung ihn betreffender Daten aufgrund Art. 26 des Gesetzes widersetzt hat. Das gleiche gilt, wenn die Daten über die in der Anmeldung vorgesehene Zeit hinaus archiviert wurden. Denn Art. 28 verbietet - bis auf gesetzliche oder aufgrund ausdrücklicher Genehmigung durch die CNIL erfolgte Ausnahmen - daß personenbezogene Daten für unbegrenzte Zeit archiviert werden dürfen; in der Praxis müssen sie gelöscht werden, sobald sie für die Zweckerfüllung der Datenverarbeitung nicht mehr erforderlich sind.

2. *Verstöße bei der Benutzung gesammelter Informationen*

Hier geht es um das Delikt der unzulässigen Verbreitung personenbezogener Daten, welches derjenige begeht, der »wissentlich einer Person, die zu ihrem Empfang nicht befugt ist, 'solche Daten' zur Kenntnis bringt, deren Verbreitung geeignet ist, den Ruf oder das Ansehen der Person zu schädigen« (Art. 43). Der Vorsatz kann schwer nachweisbar sein. Jedoch ist auch die nichtvorsätzliche Verbreitung, etwa aufgrund von Unvorsichtigkeit oder aufgrund von Fahrlässigkeit, strafbar. Ein solcher Sachverhalt kann auch zur Strafbarkeit wegen Verletzung von Sicherheitsmaßnahmen führen (Art. 29).
Das Delikt des Mißbrauchs der Zweckbestimmung personenbezogener Daten beruht auf dem Begriff, wie er von der CNIL in ihrem zweiten Bericht definiert wurde. Jede Datenverarbeitung hat eine Zweckbestimmung. Sie muß immer in der Meldung oder dem Antrag auf Stellungnahme erläutert sein.
Diese beiden Tatbestände werden von fünf weiteren ergänzt. Hierzu zählt insbesondere die Speicherung personenbezogener Daten, ohne die befragte Person darüber aufzuklären, ob sie zu Antworten verpflichtet ist oder nicht.

Dieses System der strafrechtlichen Normen ist im Dekret vom 23. Dezember 1981 eingeführt worden.

D. *Das Zugriffsrecht betroffener Personen*

Das Zugriffs- und Berichtigungsrecht ist in den Art. 34 f. geregelt und ermöglicht eine individuelle Kontrolle der Datenverarbeitung. Das Recht ist direkt oder indirekt. Grundsätzlich ist das Zugriffsrecht direkt. Jede Person, die sich ausweist, kann sämtliche sie betreffende Daten einsehen und sie bei Ungenauigkeit korrigieren oder bei Widerrechtlichkeit löschen lassen. Für das Einsehen kann eine Gebühr erhoben werden, deren Höhe durch Dekret vom 16. Juni 1982 festgesetzt ist. Erfolgt eine Berichtigung, so wird diese Gebühr dem Betroffenen erstattet. Der Rechtsweg ist gegeben, um die Verschleierung oder das Verschwinden der betroffenen Daten zu verhindern. Bei der Übermittlung von Daten an Dritte muß gemäß Art. 38 diesem Dritten die Berichtigung oder die Löschung zugesichert werden.

Der Zugriff ist indirekt möglich auf Daten, die die Staatssicherheit, die Verteidigung oder die öffentliche Sicherheit betreffen (Art. 39). In diesem Fall muß der Antrag an die CNIL gestellt werden. Diese bestimmt dann eines ihrer Mitglieder, das für den Betroffenen nachforscht und dann die notwendigen Änderungen vornimmt. Die CNIL gibt dann dem Antragsteller bekannt, daß sie »die erforderlichen Untersuchungen angestellt hat«. Medizinische Daten kann der Betroffene ebenfalls nicht einsehen. Dies ist nur über einen von ihm benannten Mediziner möglich (Art. 30).

Das Einsichtsrecht erstreckt sich auch auf manuell verarbeitete Dateien, für die die CNIL ebenfalls zuständig ist. Nach dem Gesetz vom 17. Juli 1978 besteht im übrigen ein Einsichtsrecht in Dokumente der Verwaltung. Natürliche und juristische Personen können solche Dokumente einsehen, vorausgesetzt, sie enthalten keine personenbezogenen Daten von Dritten.

Bei den Dateien der Handelsauskunfteien befaßt sich die CNIL mit der Frage, ob die betroffenen Unternehmen selbst ein Zugriffsrecht haben sollen[108], denn der Erfolg und Ruf einer Firma können durch irrige oder ungenaue Auskünfte gefährdet sein. Daher hat der Präsident des Tribunal de grande instance von Paris in einer einstweiligen Verfügung die Berichtigung falscher Angaben zugunsten von Handelsgesellschaften angeordnet, um »die Nachteile zu vermeiden, die durch die Verbreitung ungenauer Angaben entstehen könnten«. Eine Gesellschaft, »die den Verkauf von Daten betreibt«, ist daher nicht

108 4. Bericht 1982/83, S. 136.

davon befreit, »die Zuverlässigkeit ihrer Informationen nachzuprüfen«. Während man also dabei ist, das Gesetz vom 6. Januar 1978 auch auf juristische Personen auszudehnen, gelangt diese Entscheidung zu einem analogen Ergebnis durch Anwendung der allgemeinen Haftungsgrundsätze.

Abschnitt 2 - *Wirtschaftsrechtliche Grundzüge*

Es werden behandelt:

- die Handels- und Gewerbefreiheit;
- der Eigentumsbegriff;
- die Wettbewerbsvorschriften;
- der Schutz des Rechts am literarischen und künstlerischen Eigentum.

§ 1 *Die Handels- und Gewerbefreiheit*

A. *Prinzip*

Im großen und ganzen wird von der französischen Rechtslehre anerkannt, daß die Handels- und Gewerbefreiheit ein Grundprinzip des Wirtschaftsrechts ist. Die Bedeutung dieses Prinzips ist nicht dadurch eingeschränkt, daß die Ausübung bestimmter Berufe einer Vielzahl von Beschränkungen unterliegt[109].

Die Handels- und Gewerbefreiheit ist im Gesetz vom 2.-17. März 1791 proklamiert worden. Dieses Gesetz hat noch heute Geltung, und die Prinzipien werden sowohl in der Verwaltungsgerichtsbarkeit als auch in der Zivilgerichtsbarkeit ständig herangezogen. Zwar ist in der Verfassung die Handels- und Gewerbefreiheit nicht ausdrücklich erwähnt. Die derzeitige Verfassung von 1958 bezieht sich auf die Erklärung der Menschenrechte von 1789 und auf die Präambel der Verfassung von 1946, welche die Handels- und Gewerbefreiheit nicht als eine der Grundsätze von Verfassungsrang zitieren. Jeoch hat der Conseil constitutionnel in seiner wichtigen Entscheidung vom 16. Januar 1982 den Verfassungsrang der Unternehmensfreiheit formell anerkannt. Diese Entscheidung erging im Hinblick auf die 1981 erfolgten Verstaatlichen:

»- In Anbetracht, daß das französische Volk mit den Referenden vom 19. Oktober 1946 und vom 28. September 1958 den Grundsätzen zugestimmt hat, die den 1789 proklamier-

---

109 *A. de Laubadère/P. Delvolvé*, Droit public économique, 5. Aufl., S. 194 und das dort genannte Schrifttum.

ten Grundsätzen und Rechten Verfassungsrang gewähren [...] - In Anbetracht, daß die Freiheit, welche gemäß Art. 4 der Erklärung darin besteht, alles zu tun, was anderen nicht schadet, nicht selbst erhalten werden kann, wenn die Unternehmerfreiheit willkürlich oder mißbräuchlich eingeschränkt werden würde; [...] - In Anbetracht, daß die Bewertung des Gesetzgebers über die Erforderlichkeit der Verstaatlichung mittels des dem Conseil constitutionnel vorliegenden Gesetzes von diesem bei Fehlen offenkundiger Fehler abgelehnt werden kann, solange nicht bewiesen ist, daß der erfolgte Übergang von Gütern und Unternehmen den Bereich des Privateigentums und der Unternehmensfreiheit nicht unter Mißachtung der vorgenannten Vorschriften der Erklärung von 1789 einschränkt; [...]«[110].

B. *Tragweite des Prinzips*

Bei der Handels- und Gewerbefreiheit handelt es sich weder um ein allgemeines noch um ein absolutes Prinzip. Es unterliegt vielerlei Einschränkungen: sowohl bei der Unternehmengsgründung (etwa durch Verbote und Genehmigungs- und Anmeldungsverfahren) als auch durch Einschränkungen in der Ausübung des Berufes.

Der Grundsatz der Handels- und Gewerbefreiheit steht also der Existenz eines Monopols nicht entgegen, auch wenn die Geschäftsführung dieses Monopol von der Verwaltung wahrgenommen wird, wie dies lange im Post- und Fernmeldewesen der Fall war.

Zwei juristische Folgerungen lassen sich aus dem Grundsatz der Handels- und Gewerbefreiheit herleiten:

1. Die Beschränkungen der Handels- und Gewerbefreiheit sind nur aufgrund eines formellen Gesetzes zuständig. Da es sich um ein öffentliches Freiheitsrecht handelt, ist nur das Parlament befugt, seine Ausübung zu regeln[111]. Das Gesetz kann aber die Verwaltung ermächtigen, aufgrund ihrer Verordnungsbefugnis einzugreifen. Die Folge ist also, daß die Verwaltung der Unternehmensfreiheit außerhalb der allgemeinen und besonderen Gesetzesvorschriften keine Beschränkungen auferlegen darf.
2. Aus dem Verfassungsrang dieses Grundsatzes folgt auch eine Begrenzung der gesetzlichen Eingriffe. Nach der verfassungsgerichtlichen Rechtsprechung verfügt der Gesetzgeber zwar über ein weites Ermessen bei der Bewertung, ob Einschränkungen der Unternehmensfreiheit zweckmäßig sind oder nicht. Indessen begegnet der Gesetzgeber zwei Grenzen: zum einen kann er das Wirtschaftssystem in seiner Gesamtheit nicht ändern, ohne den Grundsatz der

---

110 Conseil constitutionnel, Entscheidung vom 16. Januar 1982, Actualité juridique de droit administratif, Recueil Dalloz 1983, 169, Anm. *L. Hamon*; Semaine Juridique 1982. II. 19 788, anm. Nguyen Quoc Vinh und Franck; Gazette du Palais 1983. 1.67, Anm. *Piedelièvre* und *Dupichot*; siehe auch *L. Hamon*, Recueil Dalloz 1983, Chroniques S. 79; *Savy*, Recueil Dalloz 1983, Chroniques S. 105; *J.L. Mestre*, Recueil Dalloz 1984, Chroniques S. 1; *Saint-Girons*, Revue des sociétés 1982-263.

111 Art. 34 der Verfassung.

Handels- und Gewerbefreiheit zu verletzen, zum Beispiel, indem er die gesamte Wirtschaft sozialisiert oder eine Planwirtschaft einführt. Zum anderen unterliegt der Gesetzgeber sogar bei begrenzten Maßnahmen der Zensur des Conseil constitutionnel, wenn seine Einschränkungen willkürlich oder mißbräuchlich sind oder einen »offenkundigen Fehler« darstellen[112].
Abgesehen von diesen Einschränkungen kann aber der Gesetzgeber, wie bereits erwähnt, dieses oder jenes Gebiet der Wirtschaft nach freiem Ermessen organisieren. Diese weitgehende Eingriffsmöglichkeit wird insbesondere durch die Verstaatlichungs- und die Privatisierungsgesetze dokumentiert.

§ 2 *Der Eigentumsbegriff*

Art. 2 der Erklärung von 1789 stellt das Eigentum in die Reihe der »natürlichen und unverzichtbaren Menschenrechte«. Und da gemäß Art. 17 das Eigentum ein unverletztliches und heiliges Recht ist, kann es keinem entzogen werden, es sei denn, daß öffentliche Notwendigkeiten, die aber ordnungsgemäß festgestellt sein müssen, dies erfordern und unter der Bedingung einer gerechten und vorherigen Entschädigung.

A. *Verfassungsrechtlich verankerter Wert*

Ein Teil der Lehre hat Zweifel geäußert, ob das Eigentumsrecht heute noch einen verfassungsmäßigen Grundsatz darstellt[113]. Auch die Verfechter der Gegenmeinung sind zahlreich[114]. Diese Zweifel sind allerdings durch die oben angeführte Entscheidung des Conseil constitutionnel vom 16. Januar 1982 erledigt: »Die in der Erklärung der Menschenrechte ausgesprochenen Grundsätze haben volle verfassungsmäßige Geltung. Das betrifft sowohl den wesentlichen Charakter des Eigentumsrechts, dessen Bewahrung eines der Ziele der politischen Gesellschaft ist und das denselben Rang hat wie die Freiheit, die Sicherheit und das Widerstandsrecht. Das betrifft ebenso die Garantien, die den Rechtsinhabern gewährt werden, sowie die Vorrechte der Staatsmacht [...]«.

---

112 Entscheidung vom 16. Januar 1982, a.a.O.

113 Siehe Anm. *F. Luchaire*, Le Conseil Constitutionnel, 1980, S. 210; *L. Philip*, La valeur juridique de la déclaration des droits de l'Homme et du citoyen du 26 août 1789 selon la jurisprudence de Conseil constitutionnel, Mélanges Kayser, 1979, Bd. 2, S. 317; *R. Savy*, La constitution des juges, Recueil Dalloz 1983, Chroniques, S. 105.

114 *A. de Laubadère/P. Delvolvé*, a.a.O., S. 235 f.; *J.L. Mestre*, Recueil Dalloz 1984, Chroniques, S. 1; *F. Bouyssou*, Recueil Dalloz 1984, Chroniques, S. 231; *F. Zenati*, Recueil Dalloz 1985, Chroniques, S. 171.

Aber der Verfassungsrang des Eigentumsrechts verhindert nicht, daß der Gesetzgeber die Ausübung des Eigentumsrechts reguliert. Man braucht sich nur an die vielen Beschränkungen zu erinnern, die das positive Recht heute bereits enthält. Die derzeitige verfassungsgerichtliche Rechtsprechung verbietet dem Gesetzgeber das Eigentumsrecht als Ganzes zu verletzen sowie es in Einzelfällen willkürlich oder mißbräuchlich zu beschränken. Innerhalb dieses verfassungsrechtlich gesteckten Rahmens ist der Gesetzgeber befugt, die wesentlichen Grundsätze des Eigentumsrechts zu regeln[115], wobei die Verwaltungsbehörden bei der Ausführung dieser Grundsätze tätig werden können.

B. *Verstaatlichung und Privatisierung*

Wie bereits oben dargelegt, kann der Gesetzegeber Maßnahmen zur Verstaatlichung aussprechen oder auch Unternehmen privatisieren, die zum öffentlichen Bereich gehören.

a) *Verstaatlichungen*

Bei den Verstaatlichungen konkurrieren die Grundsätze der Handels- und Gewerbefreiheit sowie der Eigentumsfreiheit mit einem anderen Verfassungsgrundsatz, der sich aus der Präambel der Verfassung von 1946 ergibt: »Jedes Gut eines Unternehmens, dessen Angebot den Charakter eines landesweiten öffentlichen Dienstes oder eines de facto Monopols annimmt oder angenommen hat, muß Kollektiveigentum werden«.

Wie die Literatur festgestellt hat[116], zerfällt dieses Problem in zwei Teile. Zum einen fragt man sich, ob der Gesetzgeber von der Verfassung her gehalten ist, zu verstaatlichen, wenn die Voraussetzungen hierfür erfüllt sind. Rechtlich gesehen ist Zögern nicht erlaubt, weil die Verfassung die Verstaatlichung formell vorschreibt. Tatsächlich aber hat der Gesetzgeber eine weite Entscheidungsbandbreite, denn es gibt keine Definition des »öffentlichen landesweiten Dienstes«, der er sich beugen muß. Bei dem augenblicklichen Stand der Verfassungsrechtsprechung bestimmt der Gesetzgeber nach freiem Ermessen, in welchen Fällen eine Tätigkeit oder eine Nachfrage zum öffentlichen Dienst wird.

---

115 Art. 34 der Verfassung.

116 *A. de Laubadère/P. Delvolvé*, a.a.O., S. 259.

Sodann erhebt sich die Frage, ob der Gesetzgeber auch dann ein Verstaatlichungsgesetz erlassen kann, wenn die verfassungsmäßigen Voraussetzungen nicht erfüllt sind. Kann er ein Unternehmen verstaatlichen, das weder ein de facto Monopol noch ein landesweiter öffentlicher Dienst ist? Die oben erwähnte Entscheidung vom 16. Januar 1982 des Conseil constitutionnel geht von einem weiten Verstaatlichungsbegriff aus, denn es reicht aus, daß die Verstaatlichung durch »öffentliche Notwendigkeiten« begründet ist, es sei denn, ein offenkundiger Fehler oder eine die Erklärung von 1789 mißachtende Beschränkung des Eigentumsrechts und der Unternehmerfreiheit wäre vorhanden. Die gesetzgeberischen Befugnisse bei Verstaatlichungen sind also nicht besonders begrenzt und - jedenfalls zur Zeit - verhältnismäßig ungenau.

b) *Privatisierungsmaßnahmen*

Der Gesetzgeber hat gleichermaßen eine weite Entscheidungsbefugnis hinsichtlich Privatisierungsmaßnahmen. Ebenso wie bei der Verstaatlichung kann er allein entscheiden, ob gewisse Tätigkeiten ihren Charakter eines öffentlichen Dienstes verloren haben und der Privatinitiative überlassen bleiben sollen. Allgemein läßt sich sagen, daß, wenn das Gesetz die Handels- und Gewerbefreiheit einengende Vorschriften vorsieht, das Gesetz allein diejenigen Maßnahmen bestimmen kann, die diese Freiheit wiederherstellen[117].

Auch hier gesteht die Verfassungsrechtsprechung dem Gesetzgeber ein weites Ermessen hinsichtlich der Notwendigkeit eines öffentlichen Diensteangebots zu. So wurden zum Beispiel in einem Rechtsmittel vor dem Conseil constitutionnel gegen das Gesetz von 1986 über die Sendefreiheit die vom Gesetz vorgesehenen privaten Fernsehsender angegriffen. Dabei wurde argumentiert, daß die beschränkte Anzahl von Funkwellen dazu führe, daß diese Sendeart ihrer Natur nach ein »öffentlicher Dienst sei«. Der Conseil constitutionnel hat in seiner Entscheidung vom 19. September 1986[118] das Rechtsmittel in diesem Punkt zurückgewiesen. Er hat entschieden, daß der Gesetzgeber, der aufgrund von Art. 34 der Verfassung zuständig war, im vorliegenden Fall nicht gehalten war, das gesamte über Funkwellen gesendete Fernsehen dem Recht des öffentlichen Dienstes zu unterstellen.

---

117 Conseil d'Etat, 15. Juli 1959, Sté Desmarais, Recueil, S. 457.

118 Entscheidung DC 86-217, JO vom 19. September 1986; L'Actualité Juridique - Droit Administratif, 1987. 102. Anm. *P. Wachsmann*.

Dennoch hat der Conseil dem Gesetzgeber zwei Beschränkungen auferlegt, welche in Zukunft dem Conseil eine stärkere Kontrolle ermöglichen werden:

- Der Gesetzgeber darf einen Sendebereich dann nicht der Privatinitiative überlassen, wenn die betroffene Sendeart »eine Tätigkeit des öffentlichen Dienstes wäre, die ihre Grundlage in verfassungsrechtlichen Vorschriften findet« (der Conseil hat aber nicht gesagt, welche die diesem Erfordernis entsprechenden Sendarten sein sollen);
- der Gesetzgeber muß mit den dem Privatbereich auferlegten Bedingungen »die verfassungsrechtlichen Zielsetzungen gewährleisten«, nämlich »die Wahrung des ordre public, die Schutzrechte Dritter und die Erhaltung des pluralistischen Charakters der soziokulturellen Strömungen«.

§ 3 *Die Wettbewerbsregeln*

Die Wettbewerbsfreiheit scheint zunächst Ausdruck der Handels- und Gewerbefreiheit zu sein. Unter diesem Aspekt ist die Frage des Wettbewerbs zwischen Privatunternehmen und den wirtschaftlichen Tätigkeiten des Staates oder öffentlich-rechtlicher Körperschaften behandelt worden. Zu diesem Punkt hat sich eine wichtige Rechtsprechung des Conseil d'Etat entwickelt[119]. Ganz schematisch kann man sagen, daß die Verwaltungsrechtsprechung bei der Interpretation des Begriffs der Handels- und Gewerbefreiheit in zwei Richtungen geht. Einmal versucht sie, die Initiative der Verwaltung zu beschränken, wenn diese zur privaten Tätigkeit in Wettbewerb tritt, und zwar durch Unterstellung unter die Erfordernisse des öffentlichen Dienstes. Auf der anderen Seite hat die Verwaltungsrechtsprechung zwischen Privatunternehmen und öffentlichen Unternehmen Wettbewerbsgleichheit anerkannt, zumindest, wenn letztere ihre Tätigkeiten unter denselben Bedingungen ausüben wie Privatpersonen.

Solange im Kommunikationsbereich ein Monopol bestand, konnte auf diese Rechtsprechung nicht zurückgegriffen werden. Mit der verstärkten Privatisierung von Einrichtungen und Diensten - eine Entwicklung, die mit dem Kommunikationsgesetz von 1986 eingeleitet wurde - werden jedoch zweifellos Wettbewerbsprobleme zwischen öffentlich-rechtlichen Unternehmen und privaten Gesellschaften auftauchen.

Neben der Rechtsprechung zur Handels- und Gewerbefreiheit enthält das Wettbewerbsrecht im wesentlichen Rechtsvorschriften, und zwar einmal allgemeiner Natur, d.h. auf alle Güter und Dienste anwendbar, sowie

---

119 *A. de Laubadère/P. Delvolvé*, a.a.O., S. 220 ff.

Spezialvorschriften, die allein auf den Telekommunikationsbereich anwendbar sind.

A. *Die allgemeine Regelung der Ordonnance vom 1. Dezember 1986*

Die Ordonnance Nr. 86-1243 vom 1. Dezember 1986 über die Preis- und Wettbewerbsfreiheit[120] hat die zwei Ordonnancen vom 30. Juli 1945 ersetzt, die bis dahin Grundlage für die Preis- und Wettbewerbsreglementierung waren[121]. In Art. 1 wird der Grundsatz der Preisfreiheit postuliert; in Art. 2 bis 61 wird das Wettbewerbsrecht neu geordnet. Nach einer kurzen Übersicht über die Leitlinien des neuen Rechtes wird auf sein Anwendungsgebiet eingegangen.

a) *Leitlinien der Ordonnance vom 1. Dezember 1986*

Wichtigste Erneuerung ist die Schaffung eines Wettbewerbsrats, eines unabhängigen Gremiums, das aus sechzehn Mitgliedern besteht, die für sechs Jahre ernannt werden. Während die frühere »Wettbewerbskommission« lediglich Stellungnahmen abgab, hat der neue Rat Entscheidungsbefugnis. Er kann vor allem Geldstrafen in Höhe von bis zu fünf Prozent des Umsatzes des betroffenen Unternehmens auferlegen. Erwähnenswert ist auch, daß der neue Wettbewerbsrat von einem Unternehmen angerufen werden kann.
Die unerlaubten oder einer Aufsicht unterliegenden Praktiken werden in drei Kategorien aufgeteilt.

- Die sogenannten *wettbewerbswidrigen Praktiken*: hierbei handelt es sich um die klassischen Fälle von Kartellen sowie den Mißbrauch einer marktbeherrschenden Stellung (welches bereits in der alten Gesetzgebung verboten war) und um eine nunmehr ebenfalls verbotene Handlungsweise, die als »Mißbrauch der wirtschaftlichen Abhängigkeit eines Kunden oder Lieferanten« definiert ist. Diese Handlungsweisen werden im wesentlichen von dem mit Strafbefugnissen ausgestatteten Wettbewerbsrat verfolgt.

---

120 JO vom 9. Dezember 1986, S. 14773.

121 Siehe *A. Decocq/M. Pédamon*, L'ordonnance du 1er décembre 1986 relative à la liberté des prix et de la concurrence, Editions techniques, 1987; *J.M. Mousseron/V. Selinsky/D. Ferrier*, Le mort saisit le vif, Commentaire de l'ordonnance du 1er décembre 1986 relative à la liberté des prix et de la concurrence, Semaine Juridique, édition entreprise, 1987.11.1984; *G. Cas/R. Bout/D. Ferrier*, Liberté des prix et nouveau droit de la concurrence, Lamy Commercial 1988.

- Die *Zusammenschlüsse*: Zusammenschlüsse unterliegen der Kontrolle, wenn dadurch 25 Prozent des Marktes betroffen werden. Der Wettbewerbsrat hat hier nur konsultative Funktion. Die Entscheidungen werden von den zuständigen Ressortministern getroffen (zum Beispiel vom Wirtschaftsminister und vom Kommunikationsminister).
- Die sogenannten *restriktiven Praktiken*: hierzu zählen beispielsweise Preisbindungen, Verkaufsweigerungen, diskriminierende Bedingungen oder Verkäufe mit Prämien. Diese Handlungsweisen kommen üblicherweise vor die Strafgerichte (Großes Instanzgericht oder Handelsgericht). Jedes Gericht kann vom Wettbewerbsrat eine Stellungnahme verlangen.

b) *Anwendungsgebiet der Ordonnance*

Das Anwendungsgebiet ist sehr allgemein und umfaßt sowohl die betroffenen Märkte als auch die betroffenen Unternehmen. Dieses ergibt sich ausdrücklich aus Art. 53: »Die Vorschriften der vorliegenden Ordonnance sind auf alle Produktions-, Vertriebs- und Dienstleistungstätigkeiten anwendbar, einschließlich solcher öffentlicher Personen«.

1. Anwendungsgebiet: *Märkte*. Alle Märkte sind von der Ordonance betroffen: die Erzeugung und Verteilung von Gütern und Dienstleistungen. Mit Sicherheit findet die Ordonnance auch auf den Bereich der Telekommunikation und der Audiovision Anwendung, jedenfalls dann, wenn keine Ausnahmevorschriften im Gesetz gegeben sind.

Die grundsätzliche Anwendbarkeit wird in mehreren Vorschriften des Kommunikationsgesetzes vom 30. September 1986 bestätigt. So sieht Art. 17 dieses Gesetzes vor, daß die Nationale Kommission für Kommunikation und Freiheitsrechte (CNCL) »sowohl die Verwaltungsbehörden als auch die Gerichte anrufen kann, um über wettbewerbsbeschränkende Handlungsweisen oder über wirtschaftliche Zusammenschlüsse zu befinden. Diese wiederum können die Kommission zwecks Abgabe von Stellungnahmen anrufen«. So sieht beispielsweise Art. 29 in seiner neuen Fassung vor[122], daß die CNCL Genehmigungen zur Benutzung von Frequenzen für die Sendung von Hörfunk erteilt. Dabei hat sie zu beachten, daß kein Mißbrauch durch eine marktbeherrschende Stellung entsteht und daß den freien Wettbewerb beeinträchtigende Handlungsweisen vermieden werden. Diese Bezugnahme auf wettbewerbswidrige Praktiken läßt sich nur im Sinne einer Verweisung auf das

122 Neue Fassung aufgrund von Art. 1 des Gesetzes vom 27. November 1986, infolge seiner Aufhebung durch den Conseil constitutionnel mit Entscheidung vom 18. September 1986.

allgemeine Wettbewerbsrecht verstehen. Schließlich sieht Art. 41-4 vor[123], daß Vorschriften über Zusammenschlüsse im Bereich der audiovisuellen Kommunikation »eine Anwendung der Ordonnance Nr. 86-1243 vom 1. Dezember 1986 betreffend die Preis- und Wettbewerbsfreiheit nicht verhindern«. Jedoch wird die CNCL gehört, bevor die in Titel V dieser Ordonnance vorgesehenen Maßnahmen und Entscheidungen getroffen werden.

Nicht nur, daß das Gesetz über die Kommunikationsfreiheit implizit auf die Ordonnance betreffend den Wettbewerb verweist, sondern sie sind im Bereich der Zusammenschlüsse sogar kumulativ anwendbar.

2. Anwendungsgebiet: *Unternehmen*. Wie bereits betont, wird in Art. 53 der Ordonnance ihre Anwendbarkeit auch auf Tätigkeiten öffentlich-rechtlicher Personen festgestellt. Diese Präzisierung findet sich in der alten Gesetzgebung nicht, aber die frühere Wettbewerbskommission hatte den Grundsatz der Anwendbarkeit der Wettbewerbsregeln auf öffentlich-rechtliche Unternehmen bereits hinsichtlich der Fernsehprogrammgesellschaften bejaht. Hierbei ging es um Filmsendung und um den Wettbewerb zwischen Fernsehgesellschaften und Filmtheatern. Die Wettbewerbskommission hatte anerkannt, daß die öffentlichen Unternehmen dank ihres gesetzlichen Monopols eine marktbeherrschende Stellung hatten, die unter die Wettbewerbsvorschriften des Art. 50 der Ordonnance vom 30. Juni 1945 fiel[124]. Das Berufungsgericht Paris hatte ähnlich geurteilt[125]. Dennoch wurde in beiden Fällen das Verhalten der öffentlichen Unternehmen nicht für mißbräuchlich angesehen, da es aufgrund zwingender gesetzlicher Vorschriften für diese unvermeidbar war.

Daher steht also die Anwendung der Ordonnance vom 1. Dezember 1986 auf staatliche, im Bereich der Telekommunikation und der Audiovision tätige Gesellschaften außer Zweifel. Dasselbe gilt allgemein für sämtliche öffentlich-rechtlichen Organisationen, die auf diesen Gebieten zu Privatunternehmen in Konkurrenz treten. Dabei ist jedoch Art. 10 Abs. 1 der Ordonnance vom 1. Dezember 1986 zu berücksichtigen: hier wird eine wettbewerbswidrige Handlungsweise dann zugelassen, wenn sie die Anwendung eines Gesetzes- oder Verordnungstextes darstellt.

Diese Vorschrift enthält keine allgemeine Ausnahme zugunsten öffentlich-rechtlicher Institutionen, sondern bildet eine gesetzliche Rechtfertigung derjenigen wettbewerbshindernden Verhaltensweisen, die wegen eines Gesetzes

---

123 In der Fassung vom 27. November 1986, die durch Art. 60-VII der Ordonnance vom 1. Dezember 1986 modifiziert wurde.

124 Stellungnahme vom 22. November 1968, Filmwerke im Fernsehen, Bericht der Wettbewerbskommission für 1972, Anhang Nr. 5, Stellungnahme vom 28. Juni 1979, Sendung von Filmwerken, Bericht für 1979, Anhang Nr. 14.

125 28. Februar 1972, Semaine juridique 1973, IV, 31.

oder einer Ausführungsverordnung zumeist aus dem öffentlichen Dienst innewohnenden Gründen unausweichlich sind. Dies war bereits von der früheren Wettbewerbskommission anerkannt worden[126].

B. *Besondere Vorschriften für den Telekommunikationsbereich*

Hier sind drei verschiedene Gesetzesgrundlagen zu unterscheiden. Erstens enthält das Gesetz vom 30. September 1986 über die Kommunikationsfreiheit eine Reihe von Vorschriften hinsichtlich der Zusammenschlüsse im privaten Audiovisionssektor. Sie sollen vor allem die Informationsvielfalt garantieren, indem sie die Möglichkeit der Vereinigung mehrerer Betriebsgenehmigungen für eine Person sowie die Möglichkeit, daß eine Person innerhalb einer Betreibergesellschaft überragenden Einfluß ausübt, einschränken.
In seiner bereits erwähnten Entscheidung vom 18. September 1986 hat der Conseil constitutionnel entschieden, daß die Art. 39 und 41 über die Erteilung von Betriebsgenehmigungen für eine Person in ihrer ursprünglichen Fassung unzulänglich waren und nicht dem verfassungsrechtlichen Erfordernis der Wahrung von Vielfalt entsprachen, und zwar weder im Bereich der audiovisuellen Kommunikation noch in dem allgemeinen Kommunikationsbereich. Das Gericht hat demgemäß die Art. 39 und 41 für nicht verfassungsgemäß erklärt. Außerdem hat es daraufhin auch die Art. 28 bis 31 des Gesetzes für verfassungswidrig erklärt; diese Vorschriften betreffen den Auftrag der CNCL, Zusammenschlüsse zu überwachen.
In dem Bemühen, den Angaben des Conseil constitutionnel zu entsprechen, hat das Gesetz vom 27. November 1986 die aufgehobenen Vorschriften durch weitaus vollständigere und genauere Vorschriften ersetzt. Dieses sind die Art. 39 bis 41 sowie die Art. 28 bis 31. Diese Vorschriften über Zusammenschlüsse werden weiter unten im dritten Teil des Berichts im einzelnen erörtert.
Zweitens ist zu bemerken, daß Art. 70 des Gesetzes vom 30. September 1986 den Wettbewerb im Bereich der Sendung kinematographischer Werke zwischen Unternehmen der audiovisuellen Kommunikation und Filmverleih-Firmen teilweise regelt. So müssen in den Lastenheften, den Genehmigungen oder Auflagen der Unternehmen der audiovisuellen Kommunikation die jährliche Höchstzahl von Sendungen kinematographischer Werke enthalten sein sowie die Frist, nach der die Sendung dieser Werke über Fernsehen stattfin-

126 Siehe *J.B. Blaise*, Ententes et concentrations économiques, 1983, S. 105 und 130.

den kann. Aus Art. 92 des Gesetzes vom 29. Juli 1982[127] folgt, daß Streitigkeiten in diesem Bereich zunächst in einem Schlichtungsverfahren geregelt werden sollen, das von dem »médiateur du cinéma« eingeleitet wird. Voraussetzung ist, daß diesen Streitigkeiten ein faktisches Monopol, eine beherrschende Stellung oder eine andere Situation zugrundeliegt, die eine wettbewerbsbeschränkende oder wettbewerbsfördernde Wirkung hat. Diese Vorschrift bezieht sich auf jeden Fall auf Streitigkeiten zwischen Fernsehanstalten und Filmaufführungsunternehmen wegen der Sendung von Filmwerken. Vor 1982 kam diese Art von Streitigkeiten entweder vor die normalen Gerichte oder vor die Wettbewerbskommission. Da es aber an Spezialvorschriften fehlte, wurden diese Fälle nicht immer befriedigend geregelt. Deswegen schreibt Art. 92 des Gesetzes von 1982 nunmehr ein vorheriges Schlichtungsverfahren vor. Der Mittler kann von jeder betroffenen Person angerufen werden. Solange das Schlichtungsverfahren läuft, ist das Verfahren vor dem Wettbewerbsrat für drei Monate ausgesetzt. Das Schlichtungsprotokoll ist vollstreckbar. Vom Mittler erlassene Anordnungen können veröffentlicht werden. Scheitert die Schlichtungsverhandlung, kann der Mittler den Wettbewerbsrat anrufen oder den Staatsanwalt informieren, wenn die Umstände strafrechtliche Relevanz haben.

Drittens sieht das neue Gesetz vom 30. September 1986 das Inkrafttreten eines Gesetzes vor dem 31. Dezember 1987 vor, das die wettbewerbsrechtlichen Grundsätze im Telekommunikationsbereich näher darlegt (Art. 10). Wenn man sich an die sehr weite Definition des Begriffs der Telekommunikation des Art. 2 des Gesetzes hält, der sowohl die audiovisuelle Kommunikation als auch das Telefon und die Telematik abdeckt, so könnte dieses künftige Wettbewerbsgesetz einen sehr weiten Anwendungsbereich haben und sämtliche Aspekte des Wettbewerbs im Fernmeldewesen betreffen. Sehr wahrscheinlich wird es de facto eher den Wettbewerb im Bereich der Telekommunikation im engeren Sinne betreffen, nämlich das Telefon und seine Derivate, die Telematik und die Teleinformatik (einschließlich und besonders der »Mehrwertdienste«). Dieses Gesetz wird eine wesentliche Etappe in der Privatisierung der Anlagen und der Dienste darstellen, die zur Zeit noch in den Zuständigkeitsbereich der Post fallen. Durch das Gesetz wird eine Übertragung von Befugnissen auf die CNIL bedingt, die zur Zeit noch von der Verwaltung wahrgenommen werden[128].

---

127 Durch Art. 100-2 des Gesetzes vom 30. September 1986, Fassung des Gesetzes vom 27. November 1986, Art. 4-VIII ausdrücklich für weiter anwendbar erklärt.

128 Siehe unten, 2. Teil.

In Frankreich sind zum ersten Mal in den Revolutionsgesetzen vom 19. Januar 1791 und vom 19. Juli 1793 Rechte der Schriftsteller, der Komponisten und der Maler an ihren Werken anerkannt worden. Auf der Grundlage dieser Gesetze hat sich im 19. Jahrhundert und in der ersten Hälfte des 20. Jahrhunderts eine Rechtsprechung entwickelt, die infolge des Auftauchens neuer künstlerischer Ausdrucksweisen immer umfangreicher wurde. Um Ordnung in diesen Wildwuchs zu bringen, wurde das Gesetz vom 11. März 1957 über literarisches und künstlerisches Eigentum erlassen. Immer noch in Kraft, stellt dieses Gesetz heute die Hauptquelle des Urheberrechts dar. Dieses Gesetz bildet außerdem den Rahmen, innerhalb dessen die meisten Gesetzesreformen stattfinden.

Die Verfasser des Gesetzes von 1957 haben weder die gewaltige Entwicklung des Fernmeldewesens noch die Vervielfältigung der Formen audiovisueller Werke, die die letzten beiden Dekaden geprägt haben, vorausahnen können. Eine Modernisierung des Urheberrechts war erforderlich. Das Ergebnis ist das Gesetz vom 3. Juli 1985 »über die Rechte der Urheber und der ausübenden Künstler, der Erzeuger von Tonträgern und Videoaufzeichnungen und der Unternehmen der audiovisuellen Kommunikation«[129].

Das Gesetz vom 3. Juli 1985 enthält zwei Arten von Vorschriften:

- die eine Gruppe enthält Änderungen und Modernisierungen der Vorschriften des Gesetzes von 1957;
- die zweite Gruppe besteht aus neuen Vorschriften, die im Gesetz von 1957 noch nicht vorhanden waren. Sie sind in den Abschnitten II. bis V. des Gesetzes von 1985 zu finden und betreffen:
    - den Schutz der angrenzenden Rechte
    - das Entgelt für private Kopien
    - die Verwertungsgesellschaften
    - den Schutz der Software.

Die Urheberrechtsgesetzgebung ist also in die zwei Gesetze von 1957 und von 1985 aufgeteilt. Jedoch sieht Art. 65 des Gesetzes von 1985 eine einheitliche Kodifizierung durch Dekrete nach Beratung mit dem Conseil d'Etat vor.

Nachfolgend werden allein die urheberrechtlichen Probleme im Bereich des Fernmeldewesens und der Audiovision behandelt. Urheberrechtliche Fragen im Hinblick auf die Übertragung von Daten sowie im Hinblick auf den Rundfunk und das Fernsehen werden im zweiten und dritten Teil dieses Berichts behandelt.

---

129 JO vom 4. Juli 1985.

Die wesentliche Unterscheidung ist die zwischen dem eigentlichen Urheberrecht und den angrenzenden Rechten.

A. *Das Urheberrecht*

Der größte Teil der Vorschriften findet sich in dem modifizierten Gesetz vom 11. März 1957. Nach dem in Art. 1 des Gesetzes vom 1957 niedergelegten Grundsatz »steht dem Urheber eines geistigen Werkes allein aufgrund der Tatsache, daß er sein Schöpfer ist, ein ausschließliches und gegenüber jedermann geltendes Immaterialgüterrecht zu«.

Hierzu sind zwei Anmerkungen zu machen. Zunächst: das französische Recht kennt kein Recht an Ideen oder an Kenntnissen. Das Urheberrecht schützt nur die Form, in welcher die Idee sich ausgedrückt hat, und auch nur unter der Bedingung, daß diese Form ursprünglich ist[130]. Zweitens: das Urheberrecht entsteht allein durch die Schöpfung, ohne daß es irgendwelcher Formalitäten, wie einer Eintragung oder eines Copyright bedarf. Diese Anknüpfung an die Schöpfung erklärt im übrigen, daß juristische Personen kein ursprüngliches Urheberrecht haben können. Sie können ein solches nur aufgrund einer Übertragung mit Zustimmung der eigentlichen Schöpfer in Gestalt natürlicher Personen erhalten. Wie wir jedoch noch später sehen werden, gibt es einige Fälle, in denen gesetzliche Vermutungen von Urheberrechtsübertragungen zugunsten von Unternehmen bestehen.

a) *Geschützte Werke*

Wir beschränken uns hierbei lediglich auf diejenigen Werke, die üblicherweise gesendet und der Öffentlichkeit mitgeteilt werden.

1. Der traditionelle Schutzbereich des Urheberrechts ist das *schriftliche Werk*. Jedoch kennt das französische Recht im Rahmen genauer Grenzen die Freiheit der Dokumentation. So können offizielle Texte (Gesetze, Verordnungen, Gerichtsurteile) nicht urheberrechtlich geschützt werden, und ihre Wiedergabe ist frei[131]. Zweifel gibt es jedoch bei Berichten, die im Auftrag der Verwaltung erstellt wurden. Sind sie unterzeichnet, so genießen sie sicherlich urheberrechtlichen Schutz.

Zweifel kann es ebenfalls bezüglich Nachrichten und Presseinformationen geben. Fehlt ihnen ihre ursprüngliche Form, entfällt der urheberrechtliche

---

130 *C. Colombet*, Propriété littéraire et artistique, 3. Aufl. 1986; *H. Desbois*, Le droit d'auteur en France, 3. Aufl. 1978.

131 Paris, 1. April 1967, Annales de la propriété industrielle 1967, S. 109.

Schutz[132] und die Wiedergabe ist frei. Ist die Information in einem Zeitungsartikel enthalten, der einen eigenständigen literarischen Ausdruck hat, so genießt sein Urheber dagegen Schutz. Ist das Werk verbreitet, so dürfen gemäß Art. 43-3° des Gesetzes vom 11. März 1957 Presseschauen nicht verboten werden, wenn sie gut ersichtlich den Namen des Verfassers und die Quelle angeben.

Unter derselben Voraussetzung erlaubt Art. 41 die ungekürzte Verbreitung von öffentlich, bei politischen, verwaltungsrechtlichen, juristischen oder akademischen Versammlungen sowie bei öffentlichen, politischen Zusammenkünften oder staatlichen Feierlichkeiten gehaltenen Reden durch die Presse oder durch das Fernmeldewesen, und zwar zum Zwecke der Information über Tagesfragen.

Schließlich bestimmt Art. 41, daß der Urheber eines bereits verbreiteten Werkes Analysen und kurze Zitate nicht verbieten kann, wenn diese durch den kritischen, polemischen, pädagogischen, wissenschaftlichen oder informativen Charakter des Werkes, aus dem sie stammen, gerechtfertigt sind. Aber auch dies nur unter der Voraussetzung, daß der Name des Verfassers und die Quelle deutlich angegeben sind. Die Errichtung von Datenbanken aufgrund »summarischer Personalbeschreibungen« bringt besondere Schwierigkeiten mit sich; diese werden im zweiten Teil des Berichts bei der Übertragung von Dateien behandelt.

2. *Kinematographische und audiovisuelle Werke* - Ursprünglich erstreckte sich der Schutz des Gesetzes von 1957 nur auf die kinematographischen Werke. Das Gesetz vom 3. Juli 1985 hat dann auch die audiovisuellen Werke in ihrer Gesamtheit in den Schutz mit einbezogen[133]. Die neue Fassung des Art. 3 des Gesetzes von 1957 definiert die audiovisuellen Werke als solche »welche aus Folgen bewegter Bilder bestehen, gleich ob vertont oder nicht«. Das audiovisuelle Werk ist meistens ein gemeinsam geschaffenes Werk, d.h., gemäß Art. 9 des Gesetzes von 1987, »ein Werk, an dessen Schöpfung mehrere natürliche Personen beteiligt waren«. Das französische Recht gewährt den Miturhebern ein Recht zur gesamten Hand, d.h., daß sie dieses Recht nur gemeinsam ausüben können. Jeder einzelne kann also grundsätzlich durch

132 *Colombet*, a.a.O., Nr. 40.

133 *R. Plaisant*, La loi n° 85-660 du 3 juillet 1985, Semaine juridique 1986. I. 3230; *Edelman*, Commentaire de la Loi n° 85-660 du 3 juillet 1985 relative aux droits d'auteurs et aux droits voisins, Actualité législative Dalloz 1986 und 1987; *D. Becourt*, Réflexions sur la loi du 3 juillet 1985 relative aux droits d'auteurs et aux droits voisins, Semaine juridique, édition Entreprise, 1986. 14722; Kolloquium IRPI - Henri Debois, November 1985, droit d'auteurs et droits voisins, la loi du 3 juillet 1985, Paris LITEC, 1986.

seine Weigerung die Verwertung des Werkes blockieren. Kann jedoch ein Teil des Werkes einem bestimmten Schöpfer zugeordnet werden, hat dieser auch ein getrenntes Verwertungsrecht für diesen Teil des Werkes. Das ist beispielsweise bei einem Komponisten der Fall, der an einem audiovisuellen Werk mitgearbeitet hat.
Da es häufig schwierig ist, die Urheberschaft an einem audiovisuellen Werk zu bestimmen, stellt das Gesetz von 1957 in Art. 14 i.d.F. von 1985 Vermutungen auf. Das Gesetz bestimmt daher die Miturheber eines Werkes durch eine gezielte Vermutung, vorbehaltlich dessen, daß das Gegenteil bewiesen wird. Hierauf wird später noch im einzelnen eingegangen.
Desgleichen ist auch die Miturheberschaft an einem Rundfunkwerk geschützt (Art. 18). Aus unerklärlichen Gründen gibt es hier jedoch keine gesetzliche Vermutung der Beteiligung an der Schöpfung des Werkes.
3. *Software* - Im Gesetz vom 3. Juli 1985 ist die hierzu bereits entwickelte Rechtsprechung kodifiziert worden[134]. Die Software genießt damit denselben Schutz wie ein geistiges Werk. Dieser Schutz ist jedoch in zweifacher Hinsicht beschränkt. Er wird einerseits vom Gesetz dadurch relativiert, daß der Schutz selbstverständlich von der Originalität der Software abhängt. Andererseits hält das Gesetz gerade im Fall von Software Sonderregelungen bereit, insbesondere was die Schutzfrist angeht[135].
4. *Datenbanken* - Nach längerem Zögern wird eine schutzwürdige Miturheberschaft an Datenbanken von der Literatur und der Rechtsprechung immer mehr bejaht, vorausgesetzt, auch sie beruht auf persönlichem geistigen Schaffen[136].

b) *Urheberrechte*

Im Gesetz vom 11. März 1957 wird ausdrücklich die sogenannte dualistische Konzeption des Urheberrechts vertreten. Dieses Urheberrecht teilt sich auf in ein Urheber-Persönlichkeitsrecht (droit moral) - Recht auf Namensgebung, Recht auf Werktreue, Recht auf Veröffentlichung, Recht auf Verbreitung und Rücknahme der Verbreitung - und in ein vermögensrechtliches Verwertungsrecht. Dieses letztere enthält seinerseits zwei wesentliche Rechte: das Recht auf Vervielfältigung und das Recht auf Darbietung.

134 Insbes. Paris 2. November 1982, Revue internationale du droit d'auteur, Januar 1983, S. 148.
135 Siehe unten, 2. Teil, Übertragung von Daten.
136 Siehe insbes. Datenbanken und Urheberrecht, Kolloquium IRPI, November 1986; siehe auch weiter unten, 2. Teil, Übertragung von Daten.

1. Das *Vervielfältigungsrecht* ist das Recht des Urhebers, sich der Vervielfältigung seines Werkes zu widersetzen oder auf der anderen Seite gegen ein Entgelt zuzustimmen. Nach Art. 28 des Gesetzes von 1957 besteht die Vervielfältigung »in einer körperlichen Festlegung des Werkes durch jede Art von Verfahren, welches geeignet ist, das Werk der Öffentlichkeit auf indirekte Art mitzuteilen«. Art. 28 erwähnt als Vervielfältigungsarten die Aufnahme auf Filmstreifen oder Magnetband. Da die Liste nicht erschöpfend ist, können hierzu auch Fotokopien und Fernkopien gezählt werden.
In Art. 28 wird eine wesentliche Unterscheidung getroffen, und zwar zwischen der Vervielfältigung zum Zwecke des Verbreitens in der Öffentlichkeit und der Wiedergabe zum Zwecke der privaten Nutzung.
Das Urheberrecht erstreckt sich nur auf die Vervielfältigung zum Zwecke der Verbreitung in der Öffentlichkeit. Das ist z.B. der Fall, wenn ein Musikwerk aufgeführt und für die Schallplattenproduktion oder Kassettenproduktion aufgenommen wird. Das ist ebenso der Fall, wenn eine Theateraufführung für den Film oder das Fernsehen gefilmt wird. Sobald eine Aufnahme erfolgt, mit welchem technischen Mittel auch immer, ist das Vervielfältigungsrecht berührt. Die klare Sprache des Art. 28 zu diesem Punkt hat die früheren Diskussionen beendet. Wichtig ist die Qualifizierung als Vervielfältigung, denn nach Art. 30 des Gesetzes von 1957 »folgt aus der Übertragung des Rechts zur Darbietung nicht das Recht der Vervielfältigung, und umgekehrt folgt aus der Übertragung des Vervielfältigungsrechts nicht das Recht zur Darbietung«. Außerdem ist bei einer umfassenden Übertragung des Vervielfältigungsrechts seine Ausübung durch die im Vertrag vorgesehenen Verwertungsarten begrenzt. So enthält beispielsweise die Übertragung des Rechts für eine Filmaufnahme nicht gleichzeitig die Übertragung des Rechts für die Herstellung von Videokassetten. Die Vervielfältigung mittels jedes ordentlichen Verfahrens oder ihr Verbot kann allerdings in einer ausdrücklichen Vertragsklausel vorgesehen werden[137].
Das Vervielfältigungsrecht zwecks Wiedergabe in der Öffentlichkeit gilt naturgemäß auch für Schriftwerke. Wie bereits erwähnt, können aber mittels des Vervielfältigungsrechts Zitate, Analysen und Presseschauen nicht verhindert werden, vorausgesetzt, daß diese deutlich Verfasser und Quelle nennen.
Ursprünglich hinderte das Urheberrecht nicht die Wiedergabe für private Zwecke. Dieser Grundsatz scheint zur Zeit etwas ins Hintertreffen zu geraten. Diese Frage stellt sich insbesondere bei mechanischer Wiedergabe: bei Fotokopien gedruckter Werke oder bei Tonband- oder Videorekorderkopien von

137 Art. 38 des Gesetzes von 1957.

aufgenommenen oder gesendeten Werken. Art. 41-2° des Gesetzes von 1957 bestimmt, daß, wenn das Werk bereits verbreitet ist, der Urheber das Anfertigen von Kopien oder Vervielfältigungen nicht verbieten kann, solange diese für den ausschließlichen privaten Gebrauch des Vervielfältigers und nicht für einen kollektiven Gebrauch bestimmt sind. Aber die Lehre tendiert allgemein zu einer einschränkenden Auslegung dieser Vorschrift und wendet sie allein auf die handgefertigte Kopie an. Das Recht der Vervielfältigung zum Privatgebrauch treffe nicht auf Kopien zu, die mechanisch oder magnetisch hergestellt werden[138]. So weit geht der Kassationshof zwar nicht, er hat aber in einer Entscheidung vom 7. März 1984[139] entschieden, daß derjenige Vervielfältiger im Sinne von Art. 41-2° ist, der das Mittel der Vervielfältigung besitzt und verwendet, und nicht derjenige, der auf Vervielfältigungsdienste zurückgreift. Dies ist in der Tat eine erhebliche Einschränkung des Begriffs der privaten Kopie.

Die Schaffung audiovisueller Werke und ihre Aufführung im Fernsehen unterliegen wie nachfolgend aufgezeigt wird, besonderen Vorschriften.

2. Das *Aufführungsrecht* ist das zweite wichtige vermögenswerte Recht des Urhebers. Ursprünglich ging es um die direkte Wiedergabe in der Öffentlichkeit: Theateraufführung oder Aufführung eines Musikwerkes. Aber das Erscheinen der neuen Sendetechniken hat die alten Begriffe überrollt. Das Gesetz vom 3. Juli 1985 hat daher das Gesetz von 1957 aktualisiert, um somit den neuen technischen Gegebenheiten Rechnung zu tragen.

Art. 27 des Gesetzes von 1957[140] definiert die Aufführung zunächst in Form einer Zusammenfassung: »Die Aufführung besteht in der Wiedergabe des Werkes an die Allgemeinheit durch jedwedes Verfahren«. Sodann zählt Art. 27 beispielhaft die wichtigsten Arten der Aufführung auf. Neben den traditionellen Formen der direkten Aufführung (wie im Theater) zitiert Art. 27:

- die Fernübertragung des Werkes an einem öffentlichen Ort;
- die Fernübertragung, vom Gesetz selbst definiert als »die Sendung durch jede Übertragungsart, Ton, Bild, Dokumente, Daten oder jede Art von Nachrichten«;
- auch die Sendung eines Werkes an einen Satelliten kommt einer Darbietung gleich.

Eine Schwierigkeit gibt es bei der Sendung über Kabel oder über Satellit, denn das Gesetz bestimmt hier nicht die Rechte der Rechtsinhaber. Müssen

---

138 *H. Desbois*, Le droit d'auteur en France, S. 310; *Colombet*, a.a.O., S. 203; *P. Chesnais*, in droit d'auteur et droit voisins, Kolloquium IRPI, a.a.O., S. 145 und 146 und das bereits erwähnte Schrifttum.

139 Semaine juridique 1985. II. 20351, Anm. *Plaisant*.

140 Abgeändert durch Art. 9 des Gesetzes vom 3. Juli 1985.

die Art. 27 bis 45 des Gesetzes von 1957 betreffend die Urheber analog angewendet werden oder ist davon auszugehen, daß die Genehmigung zur Sendung automatisch die Sendung über Kabel oder über Satellit umfaßt? Die Lehre hat hierzu noch keine Antwort gefunden[141].

B. *Angrenzende Rechte*

Das Gesetz vom 3. Juli 1985 hat nunmehr das Bestehen von angrenzenden Rechten anerkannt. Um zu zeigen, daß diese sich vom eigentlichen Urheberrecht unterscheiden, hat der Gesetzgeber von 1985 die angrenzenden Rechte nicht in das Gesetz von 1957 aufnehmen wollen. Die Vorschriften über angrenzende Rechte sind daher in einem eigenen Abschnitt[142] des Gesetzes vom 3. Juli 1985 enthalten.
Vor 1985 hatte die Rechtsprechung auf der Grundlage allgemeiner Rechtsregeln den Künstlern von Theater-, Musik- und Filmwerken einen gewissen Schutz angedeihen lassen, später dann auch den Herstellern von Tonträgern. Das Gesetz von 1985 bestätigt diesen Schutz und stellt besondere Regeln hierfür auf. Darüber hinaus erkennt das Gesetz von 1985 auch ein neues Recht an: nämlich das der Fernsehsendeunternehmen. Die Schutzfrist ist kürzer als im Urheberrecht und beträgt nur 50 Jahre, beginnend mit der Aufführung, der ersten öffentlichen Sendung oder der Produktion des Werkes (Art. 30). Die angrenzenden Rechte unterliegen einer Reihe von Beschränkungen, ähnlich wie die Beschränkungen des Urheberrechts, zugunsten der Wiedergabe zu privatem Gebrauch sowie zugunsten von Zitaten oder Presseschauen (Art. 29).

a) *Die Rechte der ausübenden Künstler*

Der ausübende Künstler hat einen persönlichkeitsrechtlichen Schutz gegen Entstellung des Namens, der Qualität und der Darbietung. Darüber hinaus wird dem ausübenden Künstler ein Vergütungsanspruch gewährt; seiner schriftlichen Zustimmung bedürfen:
- die Festlegung seiner Leistung;
- die Vervielfältigung der Leistung;
- die Wiedergabe an die Öffentlichkeit;

---

141 Siehe z.T. *D. Gaudel*, a.a.O., S. 84-85.
142 Titel II, Art. 15-30 des Gesetzes vom 3. Juli 1985.

- die getrennte Verwertung von Ton und Bild, wenn seine Leistung für Ton und Bild gleichermaßen bestimmt wurde.

Als Gegenleistung für die Erteilung dieser Zustimmung besteht natürlich der Vergütungsanspruch.

b) *Die Rechte der Hersteller von Tonträgern und Videoprogrammen*

Diese werden üblicherweise als Schallplatten- und Kassettenproduzenten bezeichnet. Art. 26 definiert sie genauer als natürliche oder juristische Personen, die die Initiative und die Verantwortung für die erste Festlegung einer Ton- oder Bildfolge haben.

Das Recht des Herstellers enthält ein Genehmigungsrecht für
- jede Art von Vervielfältigung;
- jede Zurverfügungstellung an die Öffentlichkeit durch Verkauf, Tausch oder Miete;
- jede Art von Übertragung an die Öffentlichkeit.

Wie noch aufzuzeigen sein wird, unterliegt das Recht der Hersteller von Tonträgern einer wichtigen Einschränkung im Falle der Verwendung des Tonträgers durch ein Rundfunkunternehmen. Der Hersteller kann sich gegen eine entgeltliche Verwendung durch den Rundfunk nicht wehren. Die Hersteller von Videoprogrammen unterliegen einer solchen Einschränkung nicht.

c) *Die Rechte der audiovisuellen Unternehmen*

Hierbei handelt es sich um ein verwandtes Schutzrecht, das die Vervielfältigung und die Zurverfügungstellung von gesendeten Programmen in der Öffentlichkeit betrifft. Dieses Recht wird nachfolgend im einzelnen im Rahmen der audiovisuellen Kommunikation dargestellt.

C. *Sondervorschriften für audiovisuelle Werke*

Wie bereits erwähnt, ist die Definition des Begriffs des audiovisuellen Werks sehr weit, da sie nicht nur die Filmwerke betrifft, sondern auch andere Werke, die aus bewegten Bildfolgen bestehen, gleich ob vertont oder nicht. Die Urheber audiovisueller Werke haben ebenso wie die Schöpfer geistiger Werke ein ausschließliches Verwertungsrecht. Da aber das audiovisuelle Werk ein verbundenes Werk ist, das häufig eine erhebliche Anzahl von Miturhebern vereint, und weil der Hersteller häufig erhebliche Kosten aufwenden muß, hat das Gesetz eine Reihe von Spezialvorschriften aufgestellt, die dem audiovisuellen Werk einen mehr oder weniger abweichenden Status vom eigentlichen Urheberrecht zuerkennt.

a) *Die Urheber des audiovisuellen Werkes*

Häufig ist die Feststellung einer Urheberschaft im audiovisuellen Werk schwierig. In Art. 14 des Gesetzes von 1957 wird daher eine Vermutung aufgestellt:

> »Als Miturheber eines audiovisuellen Werks, das in Zusammenarbeit erstellt wurde, gelten:
> 1. - Der Verfasser des Drehbuchs
> 2. - Der Verfasser der Bearbeitung
> 3. - Der Verfasser der gesprochenen Worte
> 4. - Der Komponist
> 5. - Der Regisseur.
>
> Wird das audiovisuelle Werk von einem anderen geschützten Werk oder Drehbuch hergeleitet, so sind dessen Urheber den Urhebern des neuen Werkes gleichgestellt« (Art. 14 a.E.).

Die Vermutung des Art. 14 ist eine einfache Vermutung, die durch den Gegenbeweis ausgeräumt werden kann. Es ist also möglich nachzuweisen, daß eine bestimmte Person in Wirklichkeit nicht schöpferisch tätig geworden ist und deshalb nicht Urheber ist. Da aber die Aufzählung in Art. 14 nicht erschöpfend ist, kann auch nachgewiesen werden, daß andere Personen ebenfalls Miturheber sind.
Es ist festzustellen, daß der Produzent nicht in Art. 14 aufgezählt ist. Dieses erklärt sich daraus, daß im allgemeinen der Produzent eine juristische Person ist, die nach französischem Recht nicht Urheber sein kann. Jedoch müßte logischerweise eine natürliche Person, die als Produzent auftritt und einen geistigen Beitrag geleistet hat, ebenfalls die Eigenschaft des Urhebers beanspruchen können.

b) *Der Schutz des audiovisuellen Werks*

Das 1985 geänderte Gesetz von 1957 enthält Abweichungen, die die Urheberrechte am audiovisuellen Werk einschränken. Hier sind drei Arten zu unterscheiden:
1. Das Gesetz legt den Urhebern eine Einschränkung des immateriellen Rechts während der Erstellung des Werkes auf. Ein Miturheber kann zunächst einmal die Vollendung seines Beitrags verweigern (oder durch ein Ereignis höherer Gewalt dazu gezwungen sein); nach Art. 15 des Gesetzes von 1957

kann er jedoch die Vollendung seines Beitrags durch eine andere Person nicht verhindern, ebensowenig wie er die spätere Verwertung des Werkes verhindern kann. Für den von ihm verwirklichten Beitrag erhält er die Eigenschaft eines Urhebers.

Für amtliche Urheber gilt, daß die Urheber-Persönlichkeitsrechte bis zur Vollendung des Werkes suspendiert sind[143]. Nach dem Gesetz wird die Vollendung des audiovisuellen Werkes vermutet, wenn die endgültige Fassung einvernehmlich zwischen dem Regisseur und den Miturhebern oder dem Produzenten hergestellt worden ist (Art. 16 Abs. 1). Der Miturheber ist erst nach Vollendung des Werkes zur Prüfung befugt, ob sein Schutzrecht verletzt wurde oder nicht; vor der Vollendung ist er hierzu nicht befugt, da er sonst die Produktion lähmen könnte.

2. Begrenzung des Vermögens der Urheber zugunsten des Produzenten - Grundsätzlich wird der Produzent nicht als Urheber angesehen. Da aber die Vielfalt der Miturheber die Verwertung des Werkes erschweren würde, stellt das Gesetz eine Vermutung der Übertragung der Nutzungsrechte zugunsten des Produzenten auf.

Art. 63-1 des Gesetzes von 1957 bestimmt, daß der Vertrag, der den Hersteller eines audiovisuellen Werks mit seinen Urhebern verbindet, eine Übertragung der ausschließlichen Nutzungsrechte am audiovisuellen Werk zugunsten des Herstellers enthält, vorbehaltlich gegenteiliger Vertragsbestimmungen.

Zu bemerken ist, daß diese Zessionsvermutung Einschränkungen erfährt. Sie betrifft nicht den Komponisten, dessen Rechte in der Praxis meistens einer Verwertungsgesellschaft übertragen werden. Sie erstreckt sich auch nicht auf die Bearbeitungsrechte für Grafik oder Theater. Die Vermutung betrifft also allein die Nutzung im engeren Sinn. Die Autoren behalten zum Beispiel das Bearbeitungsrecht oder das Nutzungsrecht über ihre Beteiligung in einer anderen Werkgattung[144].

3. Die Verträge über audiovisuelle Herstellung - Das Gesetz vom 3. Juli 1985 hat in das Gesetz von 1957 ein gänzlich neues Kapitel eingeführt, welches die Überschrift »Der audiovisuelle Herstellungsvertrag« führt[145]. Abgesehen von der soeben behandelten Zessionsvermutung enthält das Gesetz besondere Vorschriften hinsichtlich der Pflichten des Produzenten:

---

143 Art. 16 letzter Abs. des Gesetzes von 1957.

144 S. Anm. *R. Plaisant*, La loi n° 85-660 du 3 juillet 1985, Semaine juridique 1986. I. 3230, Nr. 44.

145 Kapitel III. des Titels III., Art. 63-1 bis 63-7; siehe Anm. *A. Françon*, Le contrat de production audiovisuelle, in: Droit d'auteur et droits voisins, Kolloquium IRPI 1985, S. 87 ff.

- die Pflicht, das audiovisuelle Werk im Einklang mit den Gepflogenheiten des Berufsstandes herzustellen;
- die Pflicht, gewisse »Elemente, die zur Realisierung des Werkes geführt haben«, zu bewahren. Eine Liste davon muß dem Vertrag beigefügt werden. Es handelt sich hierbei, so scheint es, um besondere Elemente der Ausstattung;
- die Pflicht, die Urheber zu vergüten. Jede Art der Nutzung bewirkt einen eigenen Vergütungsanspruch (z.B. Aufführung in Filmtheater, Fernsehsendung, Verkauf von Kassetten). Grundsätzlich ist die Vergütung proportional zu dem vom Publikum gezahlten Preis (Art. 63-2);
- die Pflicht, den Urhebern einmal im Jahr eine nach Nutzungsarten getrennte Aufstellung über die Einnahmen zukommen zu lassen.

D. *Die audiovisuelle Kommunikation*

Für die audiovisuelle Kommunikation hat das Gesetz vom 3. Juli 1985 eine Reihe von besonderen Regeln über die Urheberrechte und die angrenzenden Rechte aufgestellt. Tatsächlich hat das Gesetz dabei an Hörfunk und Fernsehen in ihren verschiedenen Sendearten gedacht.

a) *Die Urheberrechte der gesendeten Werke*

Die meisten literarischen oder künstlerischen Werke können über Hörfunk oder Fernsehen gesendet werden, und ihre Urheber (Schriftsteller, Komponisten, Fotografen usw.) üben ihre Rechte gegenüber den Sendeunternehmen aus. Was nun die Sendung eines audiovisuellen Werkes angeht (beispielsweise eines kinematographischen Filmes oder eines ausschließich für das Fernsehen hergestellten Werkes), so sind die Urheberrechte in den meisten Fällen auf den Produzenten übertragen; dieser verhandelt also mit den Sendeunternehmen[146].

1. Die wichtigsten Vermögensrechte des Urhebers sind das Vervielfältigungs- und das Darbietungsrecht. Die Ausstrahlung über Hörfunk oder Fernsehen ist eine besondere Form des Darbietungsrechts. Das wird ausdrücklich in dem 1985 modifizierten Art. 27 des Gesetzes von 1957 hervorgehoben. Hieraus ergibt sich eine Trennung zwischen der direkten öffentlichen Wieder-

146 In jedem Fall behält der Urheber die Möglichkeit der Ausübung seines Urheberpersönlichkeitsrechts. So wurde anerkannt, daß er verbieten kann, daß der Film durch Werbespots unterbrochen wird (siehe Anm. Droit d'auteur et droits voisins, Kolloquium IRPI 1985, S. 99).

gabe (beispielsweise im Theater oder in einem Konzert) und der audiovisuellen Wiedergabe durch Hörfunk oder Fernsehen. Das Urheberrecht erstreckt sich auf jede Art der Übertragung. Wenn also eine Fernsehanstalt eine öffentliche Aufführung sendet, erteilt der Urheber zwei Genehmigungen und erhält zwei Vergütungen. Er kann dann sogar berechtigt sein, drei Vergütungen zu verlangen, wenn das Fernsehprogramm an einem öffentlichen Ort empfangen wird. Es werden also drei verschiedene Publikumsgruppen berührt[147].
Die Fernsehübertragung ist durch Art. 27 sehr weit gefaßt: »Das Senden mittels jeder Art der Fernsehübertragung von Ton, Bild, Dokumente, Daten oder Nachrichten jeder Art«.

2. Für den Fall des Sendens über Kabel enthält das Gesetz Spezialvorschriften[148]. Nach dem neuen Art. 45 erstreckt sich die Erlaubnis nicht auf eine Verbreitung mittels Kabel, es sei denn, daß diese simultan und vollständig durch den Begünstigten und ohne Ausdehnung des vertraglich vereinbarten geografischen Gebiets geschieht. Ausnahmen hiervon müssen ausdrücklich vereinbart werden. So sind also zwei Situationen zu unterscheiden:

- Das über Funkwellen sendende Unternehmen sendet auch über Kabel simultan, vollständig und ohne Ausdehnung des Sendegebiets: eine einzige Genehmigung ist erforderlich;
- Die Fernsehunternehmen und diejenigen Unternehmen, die über Kabel senden, sind verschiedene Unternehmen (die Verbreitung ist simultan), und der Urheber muß zwei getrennte Genehmigungen erteilen. Es ist klar, daß das Recht zur Genehmigung von Kabelübertragungen ein ausschließliches Recht ist. Hierfür ist nach französischem Recht, anders als in verschiedenen anderen Rechtsordnungen, keine gesetzliche Lizenz vorgesehen[149].

3. Die Art. 27 und 45 Gesetz 1957 i.d.F. von 1985 enthalten auch Spezialvorschriften für Satellitensendungen. Nach Art. 27 letzter Absatz gilt als Aufführung auch die Sendung eines Werkes über Satellit. So kann also das Urheberrecht in dem Zeitpunkt der Sendung ausgeübt werden, gleichgültig, ob später die Sendung an das Publikum erfolgt oder nicht. Diese Bestimmung ist natürlich sehr urheberfreundlich. Nach Art. 45 Abs. 3 enthält die Erlaubnis zur Sendung über Funk nicht die Erlaubnis zur Sendung über Satellit, die den Empfang dieses Werkes mit Hilfe dritter Organisationen ermöglicht, es sei denn, daß die Urheber oder deren Erben diesen Organisationen die Übertragung an die Öffentlichkeit vertraglich erlaubt haben. In diesem Fall ist die

147 *Colombet*, a.a.O., Nr. 201.
148 In Übereinstimmung mit Art. 1 ff. der Berner Übereinkunft.
149 *A. Kerever*, in: Kolloquium IRPI 1985, S. 220.

Sendeorganisation von der Zahlung jeder Vergütung befreit. Diese Vorschrift hat das Ziel, entweder das Fehlen jeder Vergütung für den Urheber oder die doppelte Vergütung zu verhindern.
Wenn ein über Funkwellen sendendes Unternehmen an einen Satelliten sendet, der das Werk ohne Zwischenschaltung eines Dritten direkt an das Publikum überträgt, so muß das Unternehmen die Genehmigung des Urhebers einholen, es schuldet die gesamte Vergütung an diesen. Wird die Sendung vom Satelliten (sog. Telekommunikationssatelliten) durch eine dritte Organisation durchgeführt, kann der Urheber (in der Praxis meistens eine Verwertungsgesellschaft) mit dieser Organisation unmittelbar kontraktieren, so daß diese die Vergütung schuldet.
Wird die Übertragung vom Satelliten durch eine dritte Organisation bewerkstelligt und hat der Urheber mit ihr keinen Vertrag geschlossen (z.B. weil die Urheberrechte in dem Land, in welches die Übertragung durch den Satelliten stattfinden soll, nicht oder schlecht geschützt sind), muß also das Unternehmen, welches mit Funkwellen sendet, die Genehmigung des Urhebers einholen und ihm die Vergütung zahlen.
Allerdings ist Art. 45 eine ergänzende Vorschrift. Sie findet nur dann Anwendung, wenn ein entgegenstehender Wille der Parteien fehlt. Höchstwahrscheinlich wird es viele Vertragsabschlüsse mit den Verwertungsgesellschaften geben[150].

b) *Die Rechte der Produzenten von Ton- und Videoaufzeichnungen*

Wie bereits erläutert, haben die Produzenten angrenzende Rechte, die sie gegen Sendegesellschaften geltend machen können. Indessen sieht das Gesetz einige Einschränkungen dieser Rechte vor, wenn die Ton-, Bild- oder Videoaufzeichnungen Gegenstand einer audiovisuellen Übertragung sind. Im übrigen sind in beiden Fällen die Einschränkungen nicht dieselben.
1. Der Produzent von Phonogrammen sowie ausübende Künstler können sich einigen Nutzungsmöglichkeiten nicht widersetzen, was zum Beispiel bei der simultanen und vollständigen Sendung über Hörfunk oder Verbreitung mittels Kabel gilt (Art. 22 Abs. 1). Dementsprechend haben die Produzenten und die ausübenden Künstler ein Vergütungsrecht, was prinzipiell an den Einnahmen orientiert ist. Man kann sagen, daß das Gesetz die privaten und öffentlichen Radiostationen begünstigen wollte, indem es sie von der Pflicht

---

150 *D. Gaudel*, La distribution par câble et la diffusion par satellite des oeuvres de l'esprit, in: Droit d'auteur et droits voisins, Kolloquium IRPI, S. 73.

zur Einholung einer Genehmigung der Produzenten und Interpreten befreit hat. Die Pflicht zur Vergütung bleibt allerdings bestehen.
In Art. 22 Abs. 2 präzisiert das Gesetz, daß die Vergütung geschuldet wird, unabhängig vom Ort der Aufnahme des Phonogramms. Diese Vorschrift muß man unseres Erachtens so verstehen, daß der Produzent, der die erste Aufnahme im Ausland vorgenommen und den Verkauf nach Frankreich erlaubt hat, sich einer Rundfunksendung in Frankreich nicht widersetzen kann, es sei denn, er wird hierfür nicht bezahlt. Hierbei ist eine Unterscheidung, ob die Aufnahme auf Platte oder Kassette in Frankreich oder im Ausland erfolgte, nicht zu treffen. Handelt es sich dagegen um die Aufteilung der Vergütung zwischen Produzent und ausübenden Künstlern, so kommen die Vorschriften des französischen Gesetzes[151] nur dann zur Anwendung, wenn die erste Aufnahme in Frankreich erfolgt ist - vorbehaltlich der Regelungen durch internationale Abkommen (Art. 28). Daraus ist unserer Meinung nach zu schließen, daß, wenn die erste Aufnahme im Ausland erfolgt ist, die Aufteilung entsprechend dem Gesetz dieses Landes zu machen ist, oder in Ermangelung dessen entsprechend der Vereinbarung zwischen den Parteien.
Schließlich ist zu bemerken, daß die Beschränkung der Rechte der Produzenten und der Interpreten zugunsten der Kabelübertragungsunternehmen nur dann gilt, wenn die Übertragung simultan im Hörfunk erfolgt und vollständig ist. Erstellt dagegen die Kabelübertragungsgesellschaft ihr eigenes Programm auf der Grundlage von Tonaufzeichnungen, dann muß sie eine Genehmigung einholen, gleich ob die Aufnahme in Frankreich oder im Ausland erfolgt ist.
2. Der Produzent von Videoaufzeichnungen ist solchen Beschränkungen nicht unterworfen. Infolgedessen kann er sich jederzeit einer Fernsehsendung - gleich ob über Funk oder Kabel - des Videoprogramms widersetzen, das er aufgenommen hat.
Dagegen ist das Recht des Videogrammherstellers insoweit beschränkt, als es nicht getrennt übertragen werden kann. Entsprechend Art. 26 Abs. 3 können die anerkannten Rechte eines Produzenten von Videogrammen, die Urheberrechte und die Rechte der ausübenden Künstler an dem auf Videogramm aufgezeichneten Werk nicht getrennt übertragen werden.

c) *Das Recht der Unternehmen der audiovisuellen Kommunikation*

Als die audiovisuelle Kommunikation noch monopolisiert war, hatte der Generaldirektor der ORTF das Recht, jede Wiedergabe oder Übertragung an

151 Insbesondere die Halbleiterregelung von Art. 22 letzter Absatz.

die Öffentlichkeit zu genehmigen[152]. Mit der Einführung des neuen Rechtssystems der audiovisuellen Kommunikation durch das Gesetz vom 29. Juli 1982 fiel diese Genehmigungsbefugnis fort. Es gab keinerlei gesetzliche Grundlage, aufgrund derer den Fernsehgesellschaften die Wiedergabe ihrer Programme verwehrt werden konnte, jedenfalls wenn diese Programme keinerlei urheberrechtlich geschützte Werke enthielten[153]. Art. 27 Gesetz vom 3. Juli 1985 sieht nun ein verwandtes Schutzrecht zugunsten dieser Gesellschaften für ihre Programme vor. Dieses Recht erstreckt sich auf die Genehmigungsmöglichkeit sowohl für die Wiedergabe von Programmen als auch für ihre öffentliche Zurverfügungstellung.

Art. 27 Abs. 2 definiert die Unternehmen der audiovisuellen Kommunikation. Er ist durch Art. 95 des Gesetzes vom 30. September 1986 bezüglich der Freiheit der Übertragung abgeändert worden; die nunmehr gültige Definition ist wie folgt:

> »Es gelten als Unternehmen der audiovisuellen Kommunikation diejenigen Organisationen, die einen audiovisuellen Übertragungsdienst im Sinne des Gesetzes 86-1067 vom 30. September 1986 bezüglich der Freiheit der Kommuniktion betreiben, unabhängig davon, welche Rechtsvorschriften auf diesen Dienst anwendbar sind«.

Man muß also Art. 2 Abs. 2 des Gesetzes vom 30. September hinzuziehen:

> »Unter audiovisueller Kommunikation ist zu verstehen jede dem Publikum oder Teilen des Publikums gewährte Zurverfügungstellung durch Fernübertragung, durch Zeichen, durch Signale, durch Schriftstücke, durch Bilder, durch Töne oder durch jede Art von Nachricht, die einen nicht privaten Charakter hat«.

Diese Definition ist also sehr weit und umfaßt alle öffentlichen oder privaten Institutionen, die einen Radio- oder Fernsehdienst, sei es über Funkwelle, Satellit oder Kabel betreiben, sowie die interaktiven Dienste (Interaktive Telematik).

Während der Parlamentsdebatten wurde darauf hingewiesen, daß dieser Gesetzestext sich nicht nur auf in Frankreich ansässige Unternehmen beschränkt, sondern aufgrund der internationalen Übereinkommen auch auf ausländische Unternehmen anzuwenden ist[154].

Nach Art. 27 Abs. 1 hat das Unternehmen der audiovisuellen Kommuniktion ein Genehmigungsrecht betreffend

- der Wiedergabe seiner Programme[155],

---

152 Gesetz vom 7. August 1974.

153 *Colombet*, a.a.O., Nr. 410.

154 Bericht *Jolibois*, Sénat, Dokument Nr. 212, Band 2, S. 128.

155 Der Begriff Programme ist sehr weit und erstreckt sich sowohl auf geschützte Werke als auch auf Abfolgen ohne geistige Schöpfung (*Colombet*, in: Kolloquium IRPI, 1985, S. 164).

- der Zurverfügungstellung zugunsten der Allgemeinheit durch Verkauf, Verleih oder Tausch,
- ihrer Sendung im Fernsehen,
- ihrer Übertragung an die Allgemeinheit an einem erreichbaren Ort mittels Erhebung von Eintrittsgebühren.

Hinzuzufügen ist, daß diese Unternehmen, wenn sie selbst Videogramme herstellen, als solche geschützt sind.

Entsprechend dem Beispiel einiger ausländischer Rechtsordnungen hat das französische Recht für zwei Fälle ein System der indirekten Vergütung der Urheber eingeführt. Es geht zunächst um Art. 22 Gesetz vom 30. Dezember 1975, wonach eine Abgabe von drei Prozent auf die Einnahmen aus Vervielfältigungsapparaten (insbesondere Fotokopierern) eingeführt wird; diese Einnahmen werden von den Büchereien für Anschaffungen verwendet. Wichtiger noch ist die Vergütung für die private Vervielfältigung von Ton- und Bildaufzeichnungen, vorgesehen im Titel III des Gesetzes vom 3. Juli 1985 (Art. 31-37). Die Hersteller und Importeure von Leerbändern müssen eine Pauschalabgabe zahlen. Diese wird von den Verwertungsgesellschaften erhoben und von diesen zwischen den Urhebern, den Künstlern und den Herstellern verteilt[156].

E. *Grundzüge des internationalen Rechts*

Wegen der Bedeutung der internationalen Abkommen im Urheberrecht finden die Regeln des internationalen Privatrechts selten Anwendung. Obwohl auf theoretischer Ebene die Lehre über den Inhalt dieser Regeln uneinig ist, ist die Bedeutung dieser Auseinandersetzung begrenzt.

a) Frankreich hat die Berner Übereinkunft zum Schutze von Werken der Literatur und Kunst, revidiert in Paris am 24. Juli 1971[157], und das Welturheberrechtsabkommen, revidiert in Paris am 24. Juli 1971[158], unterzeichnet und ratifiziert. Dagegen hat es die Römische Übereinkunft von 1961 über den Schutz der ausübenden Künstler, der Hersteller von Tonträgern und der Sendeunternehmen noch nicht ratifiziert.

Entsprechend Art. 5 § 2 der Berner Übereinkunft können die Urheber verbandseigener Werke in Frankreich die Anwendung französischen Rechts verlangen. Der Schutz wird also ausschließlich nach französischem Recht und nach den materiellen Vorschriften der Übereinkunft gewährt. Ein ähnliches

156 *Colombet*, a.a.O., S. 233 ff.; *P. Chesnais*, a.a.O., S. 150 ff.
157 Veröffentlichungsdekret Nr. 74-743 vom 21. August 1974, JO 28. August, S. 8963.
158 Veröffentlichungsdekret Nr. 74-842 vom 4. Oktober 1974, JO 10. Oktober, S. 10390.

Prinzip kennt Art. II § 1 des Genfer Urheberrechtsabkommens. Festzustellen ist: die Beschränkung der Verbreitung und der freien Veröffentlichung geschützter Werke anderer Unterzeichnerstaaten stellt keine ausdrückliche Diskriminierung dar, sondern es können tatsächlich Unterschiede im Vergleich zum französischen Recht bestehen.

b) In den Fällen, in welchen die internationalen Konventionen nicht eingreifen, ist das französische Recht nach dem internationalrechtlichen Prinzip anwendbar, wonach das Recht desjenigen Staates gilt, in welchem das Werk geschützt werden soll. Daher kommt das französische Recht voll zum Tragen, wenn ein Ausländer in Frankreich den Schutz begehrt, sei es auch für ein im Ausland veröffentlichtes Werk. Allerdings ist dieser Schutz an zwei Voraussetzungen geknüpft.

Zunächst muß das Urheberrecht, dessen Schutz begehrt wird, im Ursprungsland wirksam sein, d.h. im Land der ersten Veröffentlichung. Diese Abhängigkeitsregel ist von der Cour de cassation in ihrer Entscheidung am 22. Dezember 1959 ausgesprochen worden[159]. Die Formulierung in dieser Entscheidung ist nicht gänzlich klar, und um ihre Tragweite wird in der Lehre weiter gestritten[160]. Daß die Existenz eines Urheberrechts im Ausland als Minimum gefordert wird, steht jedoch außer Zweifel. Gestritten wird, in welchem Maße das ausländische Recht in Frankreich anwendbar ist. Unserer Meinung nach ergibt sich die Anwendbarkeit des französischen Rechts aus dem Vorhandensein des Urheberrechts im Ausland, jedoch bestimmt sich der Inhalt des Schutzes in Frankreich allein nach französischem Recht.

Seit dem Gesetz vom 8. Juli 1969 muß der Ursprungsstaat (d.h. der Staat der ersten Veröffentlichung, wie in Art. 1 des Gesetzes präzisiert), durch einen »angemessenen und wirksamen« Schutz die Gegenseitigkeit für in Frankreich veröffentlichte Werke gewährleisten.

Beim Urheberrecht im engeren Sinn kommt es selten zu einer Anwendung der Regeln des französischen internationalen Privatrechts. Solange Frankreich nicht die Römische Übereinkunft ratifiziert hat, behalten jedoch die international-privatrechtlichen Regeln für den Schutz der angrenzenden Rechte ihre Gültigkeit.

c) Die Anwendung des französischen Rechts, sei es aufgrund der internationalen Übereinkommen, sei es aufgrund des französischen internationalen Privatrechts, findet indessen eine zweifache Einschränkung.

---

159 Dalloz 1960-93, Anm. *G. Holleaux*; Revue critique de droit international 1960, S. 361, Anm. *F. Terre*; Journal de droit international 1961, S. 420, Anm. *B. Goldman*.

160 *Colombet*, a.a.O., Nr. 450; *Batiffol/Lagarde*, Droit international privé, Bd. 2, Nr. 530.

In einigen Fällen verweist das französische Recht ausdrücklich auf ausländisches Recht. Das ist, wie bereits betont, bei Art. 28 des Gesetzes vom 3. Juli 1985 so, wo die Aufteilung der Vergütung zwischen Urhebern und anderen Rechtsinhabern für die Verwendung von Phono- und Videogrammen geregelt ist, wenn diese zum ersten Mal in Frankreich fixiert wurden. Ist die erste Fixierung in einem anderen Land erfolgt, so muß man umgekehrt auch davon ausgehen, daß das Recht dieses Landes diese Frage der Verteilung regelt.

Zweitens unterliegen Verwertungsverträge über Urheberrechte und angrenzende Rechte grundsätzlich dem von den Parteien bestimmten Recht. Die Wirksamkeit und die Wirkungen dieser Verträge unterliegen also dem Recht des Landes, dem die Parteien ihren Vertrag zuordnen. Fehlt es an einer Willenserklärung hierüber, muß der Richter den hypothetischen Willen der Parteien feststellen. Sonst muß er danach suchen, mit welchem Land der Vertrag die wesentlichsten Anknüpfungspunkte aufweist. So können also bei einem Vertrag über die Herstellung eines audiovisuellen Werks sowohl der Herstellungsort als auch das Land, in welchem der Produzent seinen Sitz hat, eine entscheidende Rolle spielen. Handelt es sich um einen Vertrag der audiovisuellen Sendung, wird es sicherlich auf den Sitz der Sendeanstalt ankommen.

Schließlich ist zu erwähnen, daß ausnahmsweise die Parteibestimmung durch den ordre public beseitigt werden kann. Verstoßen ausländische Vorschriften gegen die Grundbegriffe des französischen Rechts, so sind sie unanwendbar.

Abschnitt 3 - *Der Schutz des Staates und der Nationalen Gemeinschaft*[161]

Die Freiheit der Meinungsäußerung wird bei Gefährdung höherrangiger Erfordernisse der Landesverteidigung eingeschränkt. Sie ist auch durch die Notwendigkeit eingeschränkt, den ordre public gegen Provokation und die staatliche Autorität gegen diffamierende und beleidigende Angriffe zu schützen. Der Schutz der Öffentlichkeit kann im allgemeinen das Verbot der Verbreitung irreführender Nachrichten, insbesondere irreführender Werbung, erfordern. Bevor die verschiedenen Verbote untersucht werden, sind drei Bemerkungen angebracht.

1. Es geht hier um Abweichungen vom Grundsatz der Freiheit der Meinungsäußerung. Diese Abweichungen dürfen sich nur aus präzisen und

161 Dieser Abschnitt ist unter Mithilfe von Professor J. Huet, Universität von Paris V, und von Frau M. Barre, Universität von Dijon, verfaßt worden.

begrenzten Verboten ergeben. Diese sind im übrigen in Art. 10 der Europäischen Menschenrechtskonvention aufgezählt[162].

2. Die meisten dieser Verbote sind strafrechtlich sanktioniert.

3. Sehr häufig betreffen diese Verbote Meinungsäußerungen in der Öffentlichkeit, herkömmlicherweise in der Tagespresse, heutzutage mit Hilfe der audiovisuellen Kommunikation. Aber auch die private Übermittlung bestimmter Nachrichten kann verboten werden.

§ 1 *Die Landesverteidigung*

Hier ist zu unterscheiden zwischen der nationalen Sicherheit im traditionellen Sinn einerseits und einer Reihe von jüngeren Verboten andererseits, die die wirtschaftlichen Interessen des Staates schützen sollen.

A. *Klassische Verbote zur Landesverteidigung*

Eine Reihe von strafrechtlichen Vorschriften verbieten den Umlauf gewisser Informationen. Das betrifft Informationen, die als geheim gelten, solche also, die die Sicherheit erstrangiger Interessen des Staates betreffen oder solche, deren Weitergabe oder deren Umlauf das Land in Gefahr bringen würde.

In diesem Sinne bestrafen die Art. 70 ff. des Code pénal Handlungsweisen als Verbrechen oder Vergehen gegen die öffentliche Sicherheit, welche als Verrat oder Spionage betrachtet werden. Hierunter können auch Privatkorrespondenz oder an die Öffentlichkeit gegebene Informationen fallen.

a) Art. 72 besagt, daß jeder Franzose des Verrats schuldig ist und mit Todesstrafe bedroht wird, der einer ausländischen Macht oder ihren Agenten, in welcher Art und Weise auch immer, eine Nachricht, einen Gegenstand, ein Dokument oder ein Verfahren gibt, das im Interesse der nationalen Sicherheit geheimgehalten werden muß. Die Vorschrift sanktioniert auch denjenigen, der sich, auf welche Weise auch immer, den Besitz einer solchen Information, eines solchen Objektes, Dokuments oder Verfahrens verschafft, um es einer ausländischen Macht oder einem ihrer Agenten zu übergeben. Dieselbe Strafe trifft denjenigen, der eine solche Nachricht, einen solchen Gegenstand, ein solches Dokument oder ein solches Verfahren zerstört oder zerstören läßt, um damit eine ausländische Macht zu begünstigen. Dieser Wortlaut erstreckt sich somit auch auf jede Art von Daten sowie auf Computer-Programme oder Software.

---

162 Von Frankreich ratifiziert, siehe Veröffentlichungsdekret Nr. 74-360 vom 3. Mai 1974.

Art. 73 richtet sich in ähnlicher Weise gegen jeden Ausländer, der solche Handlungen begeht, sowie gegen die Anstiftung oder das Angebot, solche Handlungen zu begehen.

b) Mit derselben Strafe bedroht Art. 71 denjenigen, der sich wissentlich an einer Unternehmung beteiligt, die die Armee oder das Land demoralisiert, um damit die Staatsgewalt zu schädigen. Als solche Handlungsweise gilt auch die Weitergabe von Informationen. Art. 70 betrifft Handlungen, die der nationalen Sicherheit schaden sollen und die in der Störung oder Sabotage von Schiffen, Flugzeugen, Material, Ersatzteilen, Bauten oder irgendwelcher Anlagen bestehen, oder Handlungen, die sie vor oder nach ihrer Fertigstellung beschädigen oder einen Unglücksfall hervorrufen. Dieses Vergehen könnte auch auf Daten oder Programme Anwendung finden.

c) Die Art. 74 ff. des Code pénal betreffen andere Verletzungen der nationalen Sicherheit. So sanktioniert Art. 74 das Sammeln von Informationen, Gegenständen, Dokumenten oder Verfahren, deren Zusammenfassung und Auswertung die nationale Sicherheit schädigen, und zwar in der Absicht, sie einer fremden Macht weiterzugeben. Art. 76 betrifft speziell das Staatsgeheimnis und stellt denjenigen unter Strafe, der sich unbefugt die Verfügung über Informationen, Gegenstände, Dokumente oder Verfahren verschafft, die im Interesse der nationalen Sicherheit geheimgehalten werden müssen, und deren Kenntnis zu der Aufdeckung eines Staatsgeheimnisses führen würde. Nach der Vorschrift wird ebenso derjenige bestraft, der eine solche Nachricht oder einen solchen Gegenstand zerstört oder entwendet oder zerstören oder entwenden läßt, reproduziert oder reproduzieren läßt sowie derjenige, der sie einer unbefugten Person oder der Öffentlichkeit bekanntmacht oder bekanntmachen läßt. Dasselbe gilt nach Art. 77 für denjenigen, der ohne vorherige Zustimmung der zuständigen amtlichen Stelle einer für eine ausländische Macht oder für ein ausländisches Unternehmen handelnden Person entweder eine die nationale Sicherheit betreffende Erfindung mitteilt oder Informationen, Untersuchungen oder Herstellungsverfahren, die eine solche Erfindung oder eine die öffentliche Sicherheit betreffende industrielle Anwendung betreffen. Andere Vorschriften sehen noch weitere Einschränkungen der Verbreitung von Informationen in Kriegszeiten vor.

B. *Verbote zum Schutz der Wirtschaftsinteressen des Staates*

a) Art. 418 des Code pénal bestraft jeden Direktor, Angestellten oder Arbeiter einer Fabrik, der Ausländern oder im Ausland weilenden Franzosen Geheimnisse der Fabrik, bei der er angestellt ist, mitteilt oder versucht mitzuteilen. Sind diese Geheimnisse an in Frankreich wohnende Franzosen übermittelt worden, so ist die Strafe geringer. Als Fabrikationsgeheimnis gilt jedes Herstellungsverfahren, an welchem ein praktisches oder kommerzielles Interesse besteht, das von einem Gewerbetreibenden entwickelt worden ist und das vor seinen Konkurrenten geheimgehalten wird. Die Patentfähigkeit einer solchen Erfindung ist nicht erforderlich.

b) Im übrigen verbietet ein Gesetz vom 16. Juli 1980 unter Strafandrohung die Weitergabe von Dokumenten oder Informationen wirschaftlicher, kaufmännischer, gewerblicher, finanzieller oder technischer Art an ausländische natürliche oder juristische Personen. Diese Vorschrift ermöglicht es den Unternehmen, sich den Forderungen mancher ausländischer Staaten in Anti-Trust-Verfahren zu widersetzen.

c) Schließlich ist noch hinzuzufügen, daß im allgemeinen Interesse sowie im Interesse der öffentlichen Sicherheit die öffentliche Hand die Möglichkeit hat, die Übertragung jeder privaten Mitteilung zu unterbinden, wenn darin eine Gefahr für die Sicherheit des Staates liegt. Diese Befugnis ist durch den internationalen Fernmeldevertrag jedoch ausdrücklich zugesprochen worden. Die öffentliche Hand kann ebenso die Übertragung aus oder in das Hoheitsgebiet Frankreichs von Mitteilungen in Geheimsprache verweigern[163]. Im allgemeinen ist die Verschlüsselung oder Codierung von Informationen in Frankreich nur mit vorheriger Genehmigung durch die öffentliche Hand zulässig. Diese Regelung besteht im Interesse der nationalen Sicherheit.

§ 2 *Der Schutz der Gemeinschaft*

A. *Verbot der Anstiftung*

Das Anstiften von Verbrechen und Vergehen oder die Aufforderung an die Öffentlichkeit, Taten zu begehen, die die öffentliche Ordnung stören, und zwar über die gedruckte oder die elektronische Presse, ist dann strafbar, wenn es sich um die direkte Aufforderung zu bestimmten Taten handelt. Gemäß Art. 23 des Gesetzes vom 29. Juli 1981 über die Presse kann dies auch mittels anderer Schriftträger geschehen. Als indirekte Anstiftung gelten aufrührerische Verteidigungsreden, Rufe und Lieder (Art. 24 Abs. 3 und 4).

Mehrere Vorschriften sanktionieren außerdem spezielle Formen der Anstiftung[164]. Aufrührerische Propaganda, Provokationen gegen den Wehrdienst

163 Siehe 2. Teil: Telefon.

164 Siehe Art. 107, 124, 313, 334-1, 353-1 und R. 40.11° des Code pénal, Art. 1839 des Code Général des Impôts.

und anarchistische Propaganda werden von Art. 25 des Gesetzes von 1881 sowie einer Vielzahl anderer Vorschriften des Code pénal sowie des Militärgerichtsgesetzes und des Wehrpflichtgesetzes unter Strafe gestellt.

B. *Verbot der Beleidigung und Verleumdung*

a) Ein Verstoß gegen die guten Sitten ist sowohl das Pressedelikt des Art. 28 Gesetz von 1881 (ebenso Art. 285 Code pénal) als auch das in den Art. 283-284 des Code pénal beschriebene Vergehen.
b) Verleumdungen und Beleidigungen gegenüber Toten werden nach Art. 34 des Gesetzes von 1881 unter Strafe gestellt. Zu bemerken ist, daß es sich hierbei um eine Ausnahme von der als Pressevergehen üblichen kurzen Verjährungsfrist von drei Monaten handelt. Die Verjährung dieser Verleumdungen beträgt wie im allgemeinen Recht 30 Jahre.
c) Vergehen betreffend Rasse und Religion. Das Gesetz vom 1. Januar 1972 über den Kampf gegen den Rassismus ergänzt und ändert die Art. 32 Abs. 2 und 33 Abs. 3 des Gesetzes von 1881. Sie verschärft die Strafen für Taten der Rassendiskriminierung und gewährt den Vereinigungen, die gegen den Rassismus kämpfen, das Recht einer Zivilklage (diese Vereinigungen müssen seit mindestens fünf Jahren angemeldet sein).

C. *Vergehen gegen Behörden und Amtsträger*

a) Im Rechtsleben werden Beleidigungen gegen Richter, Geschworene und Zeugen durch die Art. 222, 223 und 224 des Code pénal sanktioniert. Weiterhin sind zu nennen Beleidigungen des Ansehens der Justiz wie das in Verruf bringen eines Justizaktes oder einer Entscheidung[165] sowie Äußerungen, welche auf Entscheidungen[166] sowie Äußerungen, welche auf Geschworene und Zeugen Druck ausüben sollen[167].
Der Schutz des Geheimhaltungsgebots im Untersuchungsverfahren wird durch verschiedene Sanktionen im Code pénal[168] und Code de procédure pénal[169] gewährleistet. Hinsichtlich der Straf- und Geschworenengerichte gibt es auch besondere Veröffentlichungsverbote wie Art. 38 des Gesetzes von 1881.

165 Art. 226 Code pénal.
166 Art. 226 Code pénal.
167 Art. 227 Code pénal.
168 Art. 227 Code pénal.
169 Art. 11. Code de procédure pénal.

b) Die Beleidigung des Präsidenten der Republik wird durch Art. 26, die Beleidigung von Mitgliedern ausländischer Regierungen durch Art. 36 und die Beleidigung ausländischer Diplomaten durch Art. 37 des Gesetzes von 1881 bestraft. Delikte gegen Körperschaften mit öffentlich-rechtlichen Funktionen und gegen öffentliche Verwaltungen werden durch die Art. 30, 31 und 33 desselben Gesetzes sanktioniert.

§ 3 *Schutz der Öffentlichkeit vor irreführender Information und Werbung*

A. *Vielfalt der Rechtsgrundlagen*

Das Verbot, falsche Nachrichten oder Informationen zu verbreiten, ergibt sich aus Art. 27 des Pressegesetzes von 1881 sowie aus Spezialtexten, für den Wirtschaftsbereich aus Art. 419 und 420 des Code pénal und für den Finanzbereich aus dem Gesetz vom 3. Januar 1972.
Das Statistikgeheimnis wird durch das Dekret vom 17. Juli 1984 gewahrt. Art. 21 sieht die Gründung eines Komitees zur Wahrung des Statistikgeheimnisses in bezug auf Unternehmen vor. Dieses Komitee ist dem Nationalrat für Statistik beigeordnet, der ebenfalls durch dieses Dekret ins Leben gerufen wurde. Art. 22 des Dekrets bezieht sich auf individuelle Auskünfte, deren Weitergabe durch Art. 6 des Gesetzes vom 7. Juni 1951 verboten ist. Jede weitere Auskunft kann nur aufgrund einer gemeinsamen Entscheidung desjenigen Ministeriums, dem der Befragungsdienst zugeordnet ist, und dem Institut National de la Statistique et des Etudes Economiques (INSEE) weitergegeben werden, und zwar nach Stellungnahme durch das Komitee für das Statistikgeheimnis in bezug auf Unternehmen.

B. *Die Werbung betreffende Verbote*

Das französische Recht enthält drei Arten der Reglementierung:
- eine Spezialregelung für die Werbung im Rundfunk und im Fernsehen,
- eine Serie von Spezialvorschriften, die bestimmte Erzeugnisse oder Dienste betreffen,
- ein allgemeines Verbot irreführender Werbung.

a) *Spezialregelung für Rundfunk und Fernsehen*

Diese Frage wird vertieft bei der Programmgestaltung behandelt[170]. Erwähnt werden muß aber das Dekret Nr. 87-239 vom 6. April 1987[171] in Anwendung des Art. 27-1 des Gesetzes vom 30. September 1986. Dieses Dekret enthält Vorschriften bezüglich der Werbung und Patenschaft für private Radiostationen (private Rundfunkdienste, die über Funkwellen oder Satellit senden).
Zu erwähnen sind außerdem die neuen Vorschriften im Bereich der Werbung mit politischem Charakter. Art. 14 des Gesetzes vom 30. September 1986 über die Kommunikationsfreiheit[172] bestimmt, daß »Werbesendungen mit politischem Charakter nur außerhalb der Wahlkampagnen gesendet werden können; sie bleiben jedoch bis zum Inkrafttreten eines Gesetzes verboten, das die Durchsichtigkeit der Finanzierung politischer Strömungen in Frankreich garantieren soll«. Dieser Wortlaut ist sehr allgemein formuliert und zielt auf jede Art von Sendung (Radio, Fernsehen, Video), die von öffentlichen oder privaten Diensteanbietern für die Öffentlichkeit erbracht werden.

b) *Vorschriften für bestimmte Erzeugnisse oder bestimmte Dienste*

Am häufigsten betreffen diese Vorschriften die Werbung mit audiovisuellen Medien. Ist dies nicht der Fall, so hat der Gesetzestext meistens einen allgemeinen Anwendungsbereich und betrifft somit jede Form von Werbung gleich welcher Art. Ohne vollständig zu sein, werden nachfolgend die wesentlichen zur Zeit gültigen Vorschriften aufgezählt.

- Verbot der Werbung für *Feuerwaffen*[173].
- Werbung für *alkoholische Getränke*[174]. Die Art. L 17, L 18 und L 21 sind kürzlich durch Gesetz Nr. 87-588 vom 30. Juli 1987 abgeändert worden. Art. 17 verbietet nunmehr »öffentlichen oder privaten Fernsehanstalten oder -Diensteanbietern, deren Sendungen über Funkwellen, Kabel oder Satellit verbreitet werden, die Werbung für Getränke, die mehr als 1 % Alkohol enthalten«. Ebenso ist die Werbung, in welcher Form auch immer, für alkoholische Getränke in privaten oder öffentlichen Stadien und Sportplätzen verboten. Die Vorschriften über die Werbung für alkoholische Getränke sind auch auf Sponsoring anwendbar.

170 Siehe unten III. Teil.
171 JO vom 7. April.
172 Abgeändert durch Art. 98 des Gesetzes Nr. 85-588 vom 30. Juli 1987.
173 Art. 5 des Gesetzes vom 12. Juli 1985.
174 Art. L 17 bis L 21 des Gesetzes über den Ausschank von Getränken.

Diese Verbote werden sanktioniert mit Gefängnisstrafen von zwei Monaten bis zwei Jahren und Geldstrafen bis zur Höhe von 50 Prozent des für die verbotene Werbung ausgegebenen Etats.

- *Tabak*[175]. Art. 2 verbietet ganz einfach jede Werbung für Tabak »durch Funk- oder Fernsehsendungen, durch Aufnahmen oder Televertrieb«. Art. 10 Abs. 3 verbietet das Sichtbarmachen, in welcher Form auch immer, des Namens, der Marke oder des Werbezeichens eines Tabakproduktes oder Tabakherstellers anläßlich einer Sportveranstaltung. Für den Automobilsport wird jedoch in Art. 10 Abs. 3 eine Ausnahme gemacht[176]. Trotz der Genauigkeit dieser Vorschrift kommt es zu Konflikten zwischen der Informationsfreiheit und dem Werbeverbot. So hat beispielsweise das Appellationsgericht von Paris in einem Eilverfahren eine Fernsehgesellschaft verpflichtet, in einer streitigen Reportage ein Kommuniqué nachfolgen zu lassen, das an die Existenz des Gesetzes von 1975 erinnert[177].
- *Medikamente*[178]. Hier ist jede Form der Werbung betroffen.
- Die *Beratung* und die *Verfassung von Schriftstücken im Rechtsbereich*[179]. Das Verbot betrifft die Werbung über Hörfunk- und Fernsehen.
- *Finanzdienste* (Darlehen, Kredite, Wertpapiergeschäfte). Sondervorschriften reglementieren die Werbung, gleich welcher Art der Werbungsträger ist.
- *Lehre* und *Ausbildung*[180].
- *Reisebüros*[181]. Die Vorschriften betreffen jede Art von Werbemittel.
- *Beschäftigung*: Art. L 311-4 des Arbeitsgesetzes behält die Werbung der gedruckten Presse vor.
- Werbung im *Energiebereich*[182]. Hier beziehen sich die Verbote insbesondere auf die »audiovisuelle und Rundfunkpresse« (Art. 2).

b) *Verbot der irreführenden Werbung*

Mit dem Gesetz vom 2. Juli 1963 ist das Vergehen der irreführenden Werbung eingeführt worden. Der Gesetzgeber hat erneut eingegriffen und mit

175 Gesetz vom 9. Juli 1976 betreffend den Kampf gegen Tabakmißbrauch.

176 Siehe beispielsweise die Verordnung vom 9. März 1978 betreffend das Sponsoring durch Tabakhersteller.

177 Paris, 10. Januar 1986, Gazette de Palais, 1986-1.76, sog. »Paris-Dakar«-Fall.

178 Art. L. 551 ff. des Gesetzes betreffend die öffentliche Gesundheit.

179 Art. 75 des Gesetzes vom 31. Dezember 1971 und Dekret vom 25. August 1972.

180 Art. 12 des Gesetzes vom 12. Juli 1985.

181 Art. 9 des Gesetzes vom 12. Juli 1875.

182 Gesetz vom 29. Oktober 1974 und Verordnung vom 12. Februar 1986.

Gesetz vom 27. Dezember 1973 (Orientierungsgesetz für Handel und Gewerbe) eine Verschärfung eingeführt. Art. 44 ersetzt das Verbot der irreführenden Werbung durch das Verbot von »falscher oder zu Irrtümern verleitender Werbung«. Das Verbot betrifft sowohl Werbung für Güter als auch Werbung für Dienstleistungsangebote.

Art. 44 betrifft generell jede Werbung, in welcher Form auch immer. Er gilt also auch für Werbung über Rundfunk und Fernsehen[183]. Jedoch kann dieses Verbot mit der Informationsfreiheit in Konflikt geraten. Die Grenze zwischen irreführender Werbeaussage und Information ist häufig schwer auszumachen. So hat ein Berufungsgericht entschieden, daß eine Fernsehgesellschaft einen Film im Rahmen der Übertragung von Ereignissen gedreht habe, die der allgemeinen Information dienten, so daß dieser Film nicht einem Werbefilm gleichkäme[184].

Das Verbot ist mit einer Gefängnisstrafe von drei Monaten bis zwei Jahren und einer Geldstrafe belegt, die 50 Prozent der für die Werbung aufgewendeten Kosten betragen kann[185]. Täter ist derjenige, für den die Werbung gesendet wird. Ausnahmsweise kann der Verantwortliche des Sendeunternehmens als Mittäter in Betracht kommen.

Außerdem kann das Gericht die Einstellung der irreführenden Werbung, die Veröffentlichung des Urteils und die Sendung berichtigender Mitteilungen anordnen.

Schließlich ist zu erwähnen, daß nach Art. 44 »das Vergehen begangen ist, sobald die Werbung in Frankreich erfolgt, empfangen oder wahrgenommen ist«. Daher könnte diese Bestimmung auch auf Unternehmen Anwendung finden, die ihren Sitz im Ausland haben, aber Werbesendungen, die in Frankreich empfangen werden, ausstrahlen. Hierin findet sich zweifellos ein allgemeiner Grundsatz wieder, wonach französische Gesetze und Verordnungen hinsichtlich der an die Öffentlichkeit gerichteten Mitteilungen für jede in Frankreich empfangene Sendung gelten, gleich wo das verantwortliche Sendeunternehmen seinen Sitz hat.

---

183 Cour de cassation, Strafsenat, 13. Dezember 1982, Bulletin, 1982, Nr. 767.

184 Aix, 13. Februar 1980, Recueil Dalloz 1980, 618, Anm. *Endreo*.

185 Art. 44 des Gesetzes vom 27. Dezember 1973, geändert durch Gesetz vom 10. Januar 1978.

Zweiter Teil: Telefon, Telematik und Datenübertragung

Die Telekommunikation ist aus der Entwicklung der Telegrafie und des Telefons entstanden und war lange Zeit nur auf diese beiden Übertragungsarten begrenzt. Aus politischen und wirtschaftlichen Gründen bildeten die Telegrafie und das Telefon Monopole, entstanden durch einfache Ausweitung des Fernmeldemonopols. Das Recht der Telekommunikation bildete deshalb mit dem Recht des öffentlichen Dienstes der Post eine Einheit.

Das Vordringen der Informatik in den Bereich der Telekommunikation hat die Entwicklung beschleunigt. Die Möglichkeit, daß Computer über Entfernungen hinweg kommunizieren können und die Integration von Computern in bestehende Netze haben zu einer Vervielfältigung der den Nutzern angebotenen Dienste geführt. So begann man seit 1980 neue »Mehrwertdienste« anzubieten, wie z.B. digitaler Mobilfunk, Paket-Datentransfer, Tele-Banking, Telefax, Telekonferenz, Tele-Einkauf oder Tele-Nachrichtenübermittlung.

Gleichzeitig wurde das Monopol zunehmend in Frage gestellt, und die öffentliche Hand begann, das Recht der Telekommunikation zu liberalisieren. Das Gesetz vom 29. Juli 1982 über die Audiovision hat der Privatwirtschaft Zugang zu den Telematikdiensten verschafft, die der Öffentlichkeit angeboten werden. Das Gesetz vom 30. September 1986 betreffend die Kommunikationsfreiheit ist in der Deregulierung noch weiter gegangen, indem es innerhalb einer Frist die Aufhebung des Monopols bei Anlagen sowie bei Diensten vorsah.

Indessen hat das Gesetz vom 17. Januar 1989, das das Gesetz von 1986 geändert hat, dem französischen Recht der Telekommunikation eine traditionellere Orientierung gegeben, indem es der Postverwaltung ihr Monopol über die Telekommunikationsanlagen zurückgegeben hat. Die Wiedererrichtung des öffentlichen Monopols ist vom Gesetz vom 29. Dezember 1990 über die Regulierung der Telekommunikation weitgehend bestätigt worden.

Es hat deshalb den Anschein, daß der 1986 gestartete Liberalisierungsversuch im Kommunikationssektor gescheitert ist. Nach zehn Jahren der Unsicherheit, die durch nicht endenwollende Reformgesetze und -verordnungen charakterisiert waren, darf die Überlegung erlaubt sein, daß das französische Recht jetzt in eine Phase relativer Stabilität übergegangen ist. Das heißt aber nicht, daß man an den Ausgangspunkt zurückkehrt und daß die gesetzgeberischen Bemühungen der letzten Jahre überflüssig gewesen wären. Im Gegenteil, im

Verlauf der Reformen haben sich die Ideen entwickelt und wurden die Konzeptionen modernisiert.
Das französische Recht der Telekommunikation beruht nunmehr auf der grundlegenden Unterscheidung zwischen der Errichtung und dem Betrieb der Telekommunikationsanlagen (Telekommunikationsinfrastrukur) einerseits und dem gewerblichen Angebot von Telekommunikationsdiensten andererseits.
Obwohl diese Unterscheidung nicht völlig konsequent durchgeführt wird, weil einige Mehrwertdienste häufig von den technischen Installationen nicht getrennt werden können, ist sie im allgemeinen ausreichend genau und entspricht vor allem der Systematik des französischen Rechts in diesem Bereich.
Was nun die Errichtung und den technischen Betrieb der Anlagen der Telekommunikation betrifft, so ist das französische Recht zu einem Monopolsystem zurückgekehrt - jedoch zu einem umgearbeiteten und genau begrenzten Monopol. Das Fernmeldemonopol hat in der Tat sein Gesicht gewandelt. Zur Wahrung der Orientierung des EG-Rechts und als Antwort auf das »Grünbuch« hat das Gesetz vom 2. Juli 1990 eine scharfe Trennung zwischen den Aufgaben der Regulierung und der Genehmigung (die im Zuständigkeitsbereich des Postministers verbleiben) einerseits und der Funktion der Errichtung und des technischen Betriebs der Netze andererseits herbeigeführt, wobei letztere France Télécom als Körperschaft des öffentlichen Rechts übertragen wurden. Der Staat hält also das Monopol der Errichtung und des Betriebs der Netze, übt aber über zwei unterschiedliche Funktionsträger, nämlich den Minister für das Poost- und Fernmeldewesen sowie France Télécom das Monopol aus. Allerdings erstreckt sich das Monopol nicht mehr auf den Bereich der Endgeräte; die Regelung hierüber ist weitgehend liberalisiert worden.
Im Bereich der Telekommunikationsdienste dagegen überwiegt das Prinzip der Angebotsfreiheit. Die meisten dieser Dienste sind der Privatinitiative überlassen und unterstehen dem verwaltungsrechtlichen Anmeldeverfahren. Lediglich der öffentliche Telefondienst verbleibt France Télécom. Deswegen werden nacheinander dargestellt

- die Errichtung und der technische Betrieb der Telekommunikationsnetze sowie anschließend
- die Schaffung und die gewerbliche Nutzung der Telekommunikationsdienste.

Kapitel I *Die Errichtung und der technische Betrieb der Telekommunikationsnetze*

Der Minister für das Post- und Fernmeldewesen behält zusammen mit dem öffentlichen Betreiber France Télécom die Kontrolle über die Installation und den technischen Betrieb der öffentlichen Telekommunikationsnetze. Das französische Recht wird daher in hohem Maße noch von der Existenz dieses Monopols geprägt. Dagegen hat die Verwaltung nicht mehr das Monopol der Lieferung von Endgeräten. Sie muß sich mit der Kompetenz zum Erlaß von Verordnungen und mit der Kontrolle über technische Normen begnügen. Ohne dereguliert zu sein, wurde schließlich das System der Mietleitungsnetze ganz erheblich liberalisiert. Somit werden nacheinander dargestellt:
- die Rechtsquellen
- das Monopol der Telekommunikation
- das für die Errichtung von Netzen geltende Recht
- das Recht der Endgeräte
- die Vermietung von Leitungen durch France Télécom.

Abschnitt 1 - *Die Rechtsquellen im Bereich der Errichtung und des Betriebs von Telekommunikationsnetzen*

Die Rechtsquellentheorie des französischen Rechts ist bereits im ersten Teil dieses Werks[1] vorgestellt worden. Daher werden wir nicht wieder auf die Verfassungsregeln zurückkommen, die auf die Telekommunikation anwendbar sind. Die Verfassungsprinzipien der Meinungsfreiheit, der Freiheit des Eigentums und der Gewerbefreiheit sind von großer Bedeutung, insbesondere wenn es sich darum handelt, die Rechtsgrundlagen des Fernmeldemonopols zu bestimmen. Der Inhalt des Fernmeldemonopols ist bereits oben dargestellt worden[2]. Der Conseil constitutionnel hatte noch keine Gelegenheit, die Tragweite dieser Grundsätze auf die Errichtung und die Benutzung der Netze zu beurteilen.

In diesem Abschnitt werden wir daher nur diejenigen Texte (über internationale Übereinkommen, Gesetze und Verordnungen) vorstellen, die ausdrücklich die Errichtung und die Nutzung der Netze betreffen. Es sollen daher zunächst die internationalen Übereinkommen untersucht werden und anschließend das Gesetzeswerk und die internationalen Verordnungen.

---

1 1. Teil, Kapitel 1, Abschnitt 3.

2 1. Teil, Kapitel 1, Abschnitt 3 und Kapitel 2, Abschnitt 2.

§ 1 *Internationale Konventionen*[3]

Zu unterscheiden sind die multilateralen Verträge einerseits und die bilateralen Abkommen andererseits. In beiden Fällen wird den nationalen Verwaltungen eine entscheidende Rolle zugewiesen.

A. *Internationale Telekommunikationsabkommen*

a) *Der Internationale Fernmeldevertrag*

Dieses Abkommen hat weltweit Geltung und ist das Instrument der Internationalen Fernmelde-Union (ITU). Es ist mehrfach revidiert worden, und der zur Zeit aktuelle und anwendbare Wortlaut dieses Abkommens ist der von Nairobi (1982)[4]. Der Internationale Fernmeldevertrag enthält die auf internationaler Ebene anwendbaren Grundregeln für die Gesamtheit der Telekommunikation, d.h. für sämtliche internationalen Fernverbindungen, gleich welcher Art der Übertragungsweg ist (Kabel, Funkwellen, Satellitenfunk). Dieser weite Anwendungsbereich des Fernmeldevertrages ist umso gerechtfertigter, als der internationale Fernmeldeverkehr gleichzeitig über terrestrische Funkwellen, über Satellitenfunk oder über Kabel geführt werden kann. Darüber hinaus erstreckt sich die Konvention auf das Telefon, die Telegrafie, auf Telematik-Verbindungen und auf die gesamte Radiokommunikation (insbesondere Hörfunk und Fernsehen).

In Art. 82 wird der Internationale Fernmeldevertrag ergänzt von den in seinem Anhang aufgeführten Verwaltungsanweisungen, welche in den internationalen Verwaltungskonferenzen - Organen der ITU - revidiert werden. Es handelt sich dabei um vier Anweisungen:

- die internationale Telegrafenregelung,
- die internationale Telefonregelung,
- die Vollzugsordnung für den Funkdienst,
- die zusätzliche Vollzugsordnung für den Funkdienst.

Der Internationale Fernmeldevertrag ist ein internationales Abkommen, das die Unterzeichnerstaaten rechtlich bindet. Den dazugehörigen Vollzugsordnungen wird dieselbe rechtliche Qualität wie dem Abkommen beigemessen. In diesem Zusammenhang ist die Rolle der internationalen Verwaltungskonferenzen hervorzuheben, die in Art. 7 der Konvention vorgesehen sind und welt-

---

3 In Zusammenarbeit mit Prof. *Jean Chappetz*, Universität von Besançon, dem der größte Teil der Ausführungen dieses Paragraphen zu verdanken ist.

4 Von Frankreich ratifiziert am 6. September 1984 und veröffentlicht am 24. März 1985.

weit oder regional, allgemein oder nur für einen Dienst definiert sein können. Sie werden einberufen, um Sonderfragen aus dem Telekommunikationsbereich zu behandeln und können die oben genannten Vollzugsordnungen teilweise oder gänzlich revidieren. Diese Vollzugsordnungen stellen neben den allgemeinen Vorschriften der Konvention die wesentliche Rechtsquelle der internationalen Regeln dar.

Die Internationalen Beratenden Ausschüsse spielen ebenfalls eine wichtige Rolle bei der Erarbeitung der internationalen Telekommunikationsordnung. Diese Ausschüsse sind ständige Organe der ITU[5]. Es gibt insgesamt drei.

Für den internationalen Telefonbereich ist der Internationale Beratende Ausschuß für das Telegrafen- und Fernsprechwesen (CCITT) zuständig. Im Bereich des Funkwesens sind dies der internationale Ausschuß zur Frequenzregistrierung (IFRB) und der Internationale Beratende Ausschuß für das Funkwesen (CCIR). Aufgabe dieser beiden Ausschüsse ist es, für internationale oder interkontinentale Fernsprechverbindungen über Funkwellen oder Satelliten zu sorgen und die Zuweisung von Frequenzen für jeden Dienst (hier: internationaler Fernsprechdienst) sowie die Zuweisung von orbitalen Satellitenpositionen zu koordinieren.

Die Ausschüsse setzen sich aus Vertretern der jeweiligen Postverwaltungen der Mitgliedstaaten der ITU zusammen oder aus Vertretern der anerkannten privaten Nutzer, wenn der Staat die Telekommunikationsdienste nicht selbst anbietet. Die Beratenden Ausschüsse haben Untersuchungen anzustellen und Stellungnahmen und Empfehlungen zu Fragen der Technik oder verschiedener Nutzergruppen abzugeben, die in ihren Kompetenzbereich fallen. Obwohl diese Stellungnahmen oder Empfehlungen für die Staaten nicht rechtlich verbindlich sind, werden sie von den nationalen Fernmeldeverwaltungen dennoch befolgt. Dies gilt jedenfalls für die französische Verwaltung. Diese Stellungnahmen oder Empfehlungen stellen deshalb ein wesentliches Element der internationalen Ordnung dar.

Die Internationalen Beratenden Ausschüsse (CCIR und CCITT) haben einen weltweiten Planungsausschuß sowie regionale Planungsausschüsse gebildet. Diese Ausschüsse erstellen einen Generalplan für das internationale Sendenetz, um so eine koordinierte Entwicklung der internationalen Fernmeldedienste zu erleichtern[6].

---

5 Art. 5 der Konvention.

6 Art. 11 Abs. 4 ITU.

b) *Das Abkommen von Montreux* (CEPT)

Bei dem Abkommen von Montreux vom 26. Juni 1959 handelt es sich um eine regionale Übereinkunft, die mehrfach revidiert wurde, insbesondere am 21. März 1980. Mit ihr wurde die »Europäische Konferenz der Verwaltungen für Post- und Fernmeldewesen« (CEPT) gegründet. Das Abkommen von Montreux ist von den jeweiligen Post- und Fernmeldeverwaltungen abgeschlossen worden und nicht von den Staaten. Ihm gehören heute 30 Postverwaltungen aus 26 Ländern an[7].

Die französische Post- und Fernmeldeverwaltung ist an diesem Abkommen beteiligt und somit Mitglied der Europäischen Konferenz für Post- und Fernmeldewesen. In Bern residiert ein ständiges Büro, »Verbindungsbüro« genannt. Aufgabe der CEPT ist die Koordinierung des Post- und Fernmeldewesens auf europäischer Ebene. Ihre Vollversammlung sowie ihre zwei Ausschüsse »Post« und »Fernmeldewesen« stellen Untersuchungen über Nutzung, Technik und Tariffragen an. Die CEPT koordiniert die Ansichten der europäischen Post- und Fernmeldeverwaltungen innerhalb der entsprechenden internationalen Gremien (insbesondere bei der ITU) sowie innerhalb ihrer technischen Gremien (z.B. CCITT).

Die CEPT setzt ihre Aufgaben mit Empfehlungen durch. Auch hier ist es so, daß diese Empfehlungen trotz ihres rechtlich nicht verbindlichen Charakters im allgemeinen von den Mitgliedstaaten angenommen werden, indem diese sie ins nationale Recht übernehmen.

c) *Das Abkommen vom 20. August 1971 (INTELSAT)*

Das internationale Abkommen vom 20. August 1971 zur Gründung von INTELSAT (Internationale Organisation für Fernmeldesatelliten) und das Betriebsabkommen vom gleichen Tag zwischen den nationalen Fernmeldeverwaltungen als Gründungsmitgliedern haben die internationale kommerzielle Geschäftsführung der Satelliten-Telekommunikation zum Ziel.

Die meisten Staaten der Erde (mit Ausnahme der Länder des Ostens, die ihre eigene Organisation, INTERSPUTNIK, haben) sind Mitglied bei INTELSAT. Auch Frankreich hat dieses Übereinkommen ratifiziert und ist Mitglied der Organisation[8].

---

7 Die unterschiedliche Zahl ergibt sich daraus, daß vier Länder, nämlich Belgien, Griechenland, Norwegen und Schweden sogar zwei voneinander unterschiedliche Verwaltungen haben, eine für das Postwesen und eine für das Fernmeldewesen.

8 Siehe Dekret Nr. 76-294 vom 24. März 1976 vor Veröffentlichung dieses Abkommens, JO vom 6. April 1976, S. 2071.

Die Organisation hat ein »Gesellschaftskapital«, dessen Anteile unter den Mitgliedstaaten im Verhältnis zu ihrem jeweiligen Nutzungsgrad des Satellitensystems INTELSAT verteilt werden. Nach demselben Schlüssel wird der Gewinn zwischen den Mitgliedstaaten verteilt. INTELSAT ist Eigentümer der für Rechung der Organisation auf den geostationären Orbit gebrachten Satelliten und vermietet die Positionen dieser Satelliten an die Mitgliedstaaten über direkte Verträge. Diese Positionen werden dann für die Herstellung internationaler Telefonverbindungen genutzt (kontintal und interkontinental).
Die Nutzungsgebühr eines für internationale Verbindungen benutzten Raumsegments wird von INTELSAT pauschal festgelegt und ist an die Organisation direkt zahlbar. Für die Nutzung werden von den nationalen Fernmeldegesellschaften untereinander Quoten vereinbart[9].

d) *Das Abkommen vom 15. Juli 1982 (EUTELSAT)*

Das Abkommen vom 15. Juli 1982 zur Gründung von EUTELSAT ist das Pendent zu INTELSAT auf europäischer Ebene. Frankreich hat dieses Abkommen ratifiziert[10]. Mitglied dieser Organisation sind sechs europäische Länder sowie Anrainerstaaten des Mittelmeeres, alle Mitglieder der CEPT. Die Organisation verwendet Satelliten der Baureihe ECS und wird auf kommerzieller Basis unter Bedingungen betrieben, die ähnlich denen von INTELSAT sind; d.h., daß die Mitgliedstaaten in Übereinstimmung mit der Organisation Satellitenbahnen mieten und sie für ihre internationalen Verbindungen nutzen können, wobei für den innereuropäischen Verkehr zum Teil ein Zwang zur Benutzung von EUTELSAT besteht.

B. *Bilaterale Verträge*

Eine der Besonderheiten des internationalen Telekommunikationsrechts ist die Abwesenheit jeglicher bilateraler zwischenstaatlicher Abkommen. Zugang und Betrieb der internationalen Telekommunikationsnetze sind in einfachen bilateralen Vereinbarungen zwischen den Telekommunikationsverwaltungen der betreffenden Staaten geregelt. Für Frankreich ist dies die Direktion für das allgemeine Regelungswesen innerhalb des Post- und Fernmeldeministeriums, welche diese Vereinbarungen abschließt[11]. Ihre Aufgabe ist es, die Beteili-

---

9 Siehe Anhang D zur Empfehlung D 300 R der CCITT.
10 JO vom 25./26./27. Dezember 1983.
11 Die Direktion für das allgemeine Regelungswesen ist durch Dekret vom 19. Mai 1989 (JO vom 21. Mai 1989, S. 6412) gegründet worden.

gung des Ministeriums an sämtlichen allgemeinen Rechtsfragen zu koordinieren. Sie untersteht dem Minister unmittelbar.
Im Bereich der Telekommunikation stellen die internationalen Vollzugsordnungen (Internationaler Fernmeldevertrag sowie eine Reihe weiterer Vollzugsordnungen, die von Gremien der ITU erstellt wurden) ein wichtiges einheitliches Regelungswerk dar. Im Hinblick auf den ausgesprochen technischen Charakter dieser internationalen Texte und im Hinblick auf die notwendige Gegenseitigkeit des Funktionierens der internationalen Telekommunikation sind die Staaten in gewisser Weise zu einem kooperativen Verhalten gezwungen. Diese Feststellung gilt für sämtliche technischen Modalitäten der Telekommunikation, besonders aber für die Frequenzzuteilung, wo jede Uneinigkeit zu Störungen führen kann.
Es ist bezeichnend, daß es bei den internationalen Fernmeldediensten bis jetzt noch zu keinerlei Streitigkeiten gekommen ist. Auch wenn es zu wirtschaftlichen Nachteilen kommt, erkennen die Staaten im allgemeinen Änderungen beim Betrieb des internationalen Netzes an, welche von ihren Partnerstaaten vorgeschlagen oder beschlossen wurde. Als beispielsweise die Sowjetunion am 15. Juli 1982 beschloß, die automatischen Telefonverbindungen mit Frankreich, Großbritannien, der Bundesrepublik Deutschland, der Schweiz, Österreich und Belgien zeitweilig einzustellen, haben diese Länder nach Kundgabe ihres Protestes diese neue Situation anerkannt, obwohl ihnen aus der Verringerung des Telefonverkehrs ein Schaden entstand.
Die meisten bilateralen Verträge zwischen den nationalen Verwaltungen stellen eine Einigkeit der Parteien darüber fest, daß beim Aufbau eines internationalen Telekommunikationsdienstes die Regeln der ITU, insbesondere die vielen Stellungnahmen und Empfehlungen der CCITT, anzuwenden seien.
Diese bilateralen Verträge zwischen den betreffenden Verwaltungen erfordern keinerlei Formalismus. Sie werden nicht im Journal officiel publiziert und können sogar lediglich in einem mehrfachen Austausch von Telexen zwischen den betreffenden Fernmeldeverwaltungen bestehen. Diese Vereinbarungen erscheinen in Frankreich offiziell nur, wenn es sich um die Errichtung eines neuen internationalen Dienstes handelt und auf sie in den Einleitungen internationaler Verordnungen und Anweisungen Bezug genommen wird oder anläßlich der Festlegung von Tarifen oder Verteilung der Einnahmen zwischen den beteiligten Staaten.
Natürlich sind solche einfachen bilateralen, häufig informellen Abkommen zwischen Verwaltungen im internationalen Recht nicht außergewöhnlich[12].

---

12 Siehe of. *G. Burdeau*, »Les accords conclus entre autorités administratives ou organismes publics de pays différents«, Mélanges offerts à Reuter, Paris 1981, S. 103.

Dennoch sind sie, was ihre rechtliche Wirksamkeit und ihre zwangsweise Durchsetzbarkeit angeht, für die Staaten nicht unproblematisch. Allerdings scheint dies in der Praxis eine weniger große Bedeutung zu haben. Der Umstand, daß sich die nationalen Verordnungstexte auf diese Vereinbarungen beziehen, stellt schon die Anerkennung einer gewissen Rechtswirksamkeit dar. Im übrigen ist das internationale öffentliche Recht generell ein wenig formalisiertes Recht.

Die bilateralen Verträge zwischen Fernmeldeverwaltungen regeln viele Fragen, die sich auf die Errichtung und die Nutzung von internationalen Fernmeldegesetzen beziehen. Sie bestimmen die Eröffnung neuer internationaler Netze genauso wie das Datum, an welchem das Dienste-Angebot beginnt. Darüber hinaus enthalten sie technische und tarifliche Grundregeln[13].

§ 2 *Das innerfranzösische Gesetzes- und Verordnungssystem*

In der Präambel des internationalen Fernmeldevertrages wird jedem Land das Hoheitsrecht, sein eigenes Telekommunikationswesen zu regeln, anerkannt. Dieses enthält das Recht jedes Staates, rein nationale Fernmeldenetze zu errichten und zu organisieren. Eingeschränkt wird diese Hoheitsbefugnis jedoch durch das Erfordernis, das nationale Netz mit den ausländischen Netzen zu verbinden, um internationale Netze betreiben zu können. Ebenfalls geregelt werden Fragen der nationalen Verlängerung von internationalen Netzen: d.h. zu dem Teil der Leitung, der eine internationale Schaltstation, die sich auf nationalem Territorium befindet, mit den verschiedenen sich ebenfalls auf nationalem Territorium befindlichen Nutzern verbindet. Die auf französischem Territorium befindliche internationale Schaltstation (solche gibt es z.B. in Reims, Paris, Marseille usw.) wird als dem internationalen Netz zugehörig betrachtet, so daß auf diesen Teil die internationalen Vorschriften anwendbar sind. Die internationale Leitung, die sich auf französischem Gebiet befindet, und die nationale Verlängerung werden also nicht gleichbehandelt. Der jeweilige Staat übt seine Hoheitsrechte also nur bezüglich der nationalen Verlängerung aus. So sieht die Empfehlung D 300 R des CCITT vor, daß jeder Staat zu dem Anteil, der ihm an der Nutzung eines internationalen Netzes zukommt, einen weiteren Anteil zufügen kann, der die Kosten für die

13 Zu diesem Bereich gehören auch Regeln über die Installation von Tiefsee-Kommunikationskabeln, insbesondere des transatlantische Kabels, die ebenfalls auf Vereinbarungen zwischen den Fernmeldeverwaltungen der betreffenden Länder beruhen. Ein Beispiel hierfür sind die Transatlantikkabel der Vereinigten Staaten mit Großbritannien oder Frankreich, aber auch anderen europäischen oder nichteuropäischen, an der Nutzung des Kabels interessierten Staaten.

nationale Verlängerung deckt. Trotzdem wird den Staaten empfohlen, eine angegebene Maximum-Quote nicht zu überschreiten.
Ebenso fällt in den nationalen Hoheitsbereich die Entscheidung eines Staates darüber, ob er für die Errichtung und den Betrieb eines Fernmeldenetzes die Form eines Staatsmonopols wählen will wie in Frankreich oder ob diese Aufgabe einem Privatunternehmen übertragen werden soll.
Der größte Teil der Gesetzes- und Versorgungsvorschriften ist im Post- und Fernmeldegesetz zusammengefaßt. Darüber hinaus sind inzwischen eine Reihe von allgemeinen Vorschriften zu beachten.

A. *Das Post- und Fernmeldegesetz*

Das Post- und Fernmeldegesetz datiert vom 27. Februar 1952 und ist durch drei Verordnungen vom 12. März 1962 vollständig revidiert worden. Es wird periodisch auf den neuesten Stand gebracht[14]. Dieses Gesetzeswerk enthält drei Teile:

- Teil 1: Gesetzesteil (Art. L 1 - L 128)
- Teil 2: Verordnungen des Conseil d'Etat (Art. R 1 - § 104)
- Teil 3: Verordnungen (Art. D 1 - D 579)[15].

Jeder dieser drei Teile ist nach einem gleichen Schema aufgebaut:

- Buch I, Der Postdienst
- Buch II, Das Fernmeldewesen
  - Titel 1: Allgemeine Vorschriften
  - Titel 2: Errichtung und Wartung der Leitungen und der Fernmeldeanlagen
  - Titel 3: Einrichtungen für drahtlose Dienste
  - Titel 4: Überwachung der Leitungen und Anlagen des Fernmeldenetzes
  - Titel 5: Schutz der Tiefseekabel
  - Titel 6: Drahtlose Dienste
- Buch III, Die Finanzdienste
- Buch IV, Die Finanzorganisation

Das französische Recht gewährt den Unternehmen und ihren Vereinen keinerlei Regelungsbefugnis. Technische Normen können von Privatorganisa-

14 Siehe die Ausgabe von Februar 1989, Direction des Journaux Officiels, ISBN 2-11-072539-7.
15 Zu den Zuständigkeiten kraft Gesetzes und Verordnungen siehe oben, 1. Teil, Kapitel 1, Abschnitt 3 § 4.

tionen erstellt werden, bedürfen aber der Genehmigung durch den Post- und Fernmeldeminister[16].

Das Post- und Fernmeldegesetz ist nicht nur auf die Telefondienste anwendbar. Es ist anwendbar auf die gesamte Telekommunikation im weitesten Sinne, wie es in Art. L 32 des Gesetzes sehr deutlich zum Ausdruck kommt:

> »Unter Telekommunikation wird jede Übermittlung, Sendung oder jeder Empfang von Zeichen, Signalen, Schreiben, Bildern, Tönen oder Nachrichten jeder Art über Draht, Optik, Funk oder andere elektromagnetische Systeme verstanden.«

B. *Allgemeine Gesetzestexte zum Nachrichtenverkehr*

Bis 1982 war das Post- und Fernmeldegesetz die wesentliche und fast einzige Rechtsquelle in diesem Bereich[17]. Dies hat sich geändert, als das Audiovisionsgesetz Nr. 82-652 vom 29. Juli 1982 veröffentlicht wurde. In der Tat findet das Gesetz nach seinem Art. 1 Anwendung auf »die der Bevölkerung zur Verfügung gestellten Daten oder Nachrichten jeder Art, und zwar über Funk oder über Kabel«. Somit wurde es erforderlich, die Vorschriften des Post- und Fernmeldegesetzes und die des Gesetzes vom 29. Juli 1982 und seiner Anwendungstexte zusammenzufügen, und zwar jedesmal, wenn es sich um für die der Bevölkerung zur Verfügung gestellte Telekommunikationsdienste handelte. Hier ging es weniger um das Telefon als vielmehr um die Telematikdienste, die dem Publikum von privater Seite angeboten wurden (Befragung von Datenbanken, Sendung von verschiedener Art von Informationen über den Teletel-Dienst). Der Dualismus in der französischen Gesetzgebung ist auch noch im Gesetz Nr. 86-1067 vom 30. September 1986 über die Nachrichtenfreiheit erhalten, das an die Stelle des Gesetzes vom 29. Juli 1982 trat. Die sich nach dem Inkrafttreten des Gesetzes von 1986 ergebende Situation wurde zusätzlich verkompliziert, da dieses neue Gesetz nicht nur die audiovisuelle, für die Öffentlichkeit bestimmte Telekommunikation betraf, sondern jede Art von öffentlicher oder privater Nachrichtensendung. Das Gesetz Nr. 89-25 vom 17. Januar 1989 hat seinerseits das Gesetz vom 30. September 1986 abgeändert. Es hat dessen Anwendungsbereich eingeschränkt, so daß heute eine Übereinstimmung zwischen den Vorschriften des Post- und Fernmeldegesetzes sowie denen des 1989 modifizierten Gesetzes von 1986 herbeigeführt werden muß.

Mittels der Darstellung des Systems des Fernmeldemonopols soll in dem nächsten Abschnitt eine solche Angleichung versucht werden.

---

16 Siehe unten betr. die Genehmigung von Endgeräten, Abschnitt 4.

17 Siehe oben 1. Teil, Kapitel 1, Abschnitt 3, § 3.

Abschnitt 2 - *Das Fernmeldemonopol*

In Frankreich waren traditionsgemäß die Errichtung und der technische Betrieb der Telekommunikationsnetze unter das Staatsmonopol gestellt. Dieses Monopol wurde von der Postverwaltung ausgeübt. Das Gesetz vom 29. Juli 1982 hat erhebliche Beschränkungen eingeführt und das Gesetz vom 39. September 1986 hätte im Prinzip zu seiner Beseitigung führen müssen. Während man also die Beseitigung des Fernmeldemonopols sowie die Deregulierung der Telekommunikation als sicher ansah, haben das Gesetz vom 17. Januar 1989 und das Gesetz vom 29. Dezember 1990, die von einem wiedererstarkten Einfluß der Postverwaltung geprägt sind, diese gesamte Entwicklung wieder in Frage gestellt und das Monopol in moderner Form wieder eingeführt.
Zunächst werden die Etappen dieser Entwicklung dargestellt, sodann das zur Zeit geltende Recht.

§ 1 *Die Entwicklung des französischen Rechts von 1982 bis 1990*

A. *Das Fernmeldemonopol von 1982*

Die Rechtsgrundlage für das Fernmeldemonopol war Art. L 33 des Postgesetzes: nur der Postminister oder mit dessen Erlaubnis dürfen Fernmeldeeinrichtungen errichtet oder für die Übermittlung von Nachrichten benutzt werden.
Die Vorschriften dieses Artikels gelten für Sendung und Empfang jeder Art von Funksignalen. Rechtlich gesehen war der Begriff eines Monopols außerordentlich weit. Einerseits war der Begriff »Telekommunikation« durch Art. L 32 des Gesetzbuches extensiv gefaßt, der den auf dem Kongreß von Atlantic City 1947 erarbeiteten Begriff der ITU übernahm.

> »Unter Telekommunikation wird jede Übermittlung, Sendung oder jeder Empfang von Zeichen, Signalen, Schreiben, Bildern, Tönen oder Nachrichten jeder Art über Draht, Optik, Funk oder andere elektromagnetische Systeme verstanden.«

Andererseits bezog sich das Monopol entsprechend Art. L 33 nicht nur auf die Errichtung von Telekommunikationsanlagen, sondern auch auf deren Nutzung. Sämtliche Telekommunikationsdienste fielen unter das Monopol. Das Wort »Korrespondenz«, das in Art. L 33 auftaucht, wurde weit ausgelegt und nicht etwa im Sinne von »Privatkorrespondenz«.
Richtig ist, daß Art. L 33 von Rechts wegen nicht verlangte, daß das Monopol von der Verwaltung selbst ausgeübt wurde, da er ebenfalls ein Genehmi-

gungsverfahren vorsah. Man hätte also meinen müssen, daß diese Genehmigungen denjenigen Privatunternehmen problemlos gewährt würden, die sie beantragt hatten. Die Realität sah allerdings anders aus, und Genehmigungen für die Errichtung von Privatnetzen gab es nur ausnahmsweise. Genehmigungen für den Betrieb posteigener Leitungen wurden nur zur persönlichen Nutzung erteilt; sie wurden auch sorgfältig definiert, so daß die Mieter solcher Leitungen nicht ihrerseits diese Leitung Dritten zur Nutzung weitervermieten konnten.

Indessen erfuhr das Monopol erhebliche Einschränkungen zugunsten von Rundfunk und Fernsehen, die Ton und Bilder im wesentlichen über Funkwellen und in kleinerem Maßstab über Kabel sendeten. Hierbei handelt es sich zwar um »Telekommunikation« im Sinne von Art. L 32 des Gesetzbuches, die unter das in Art. L 33 geregelte Monopol fiel. Aber diejenigen Gesetze (insbesondere 1972 und 1974), die das Rundfunk- und Fernsehwesen regelten, wichen implizit vom Monopol ab, und zwar zugunsten der öffentlichen Hand und nicht zugunsten von Privatpersonen[18].

B. *Die Liberalisierung der audiovisuellen Kommunikation durch das Gesetz vom 29. Juli 1982*

Das Audiovisionsgesetz vom 29. Juli 1982 ließ das Fernmeldemonopol hinsichtlich der Errichtung von Telekommunikationsnetzen bestehen, obwohl es in seinem Art. 1 die Freiheit der audiovisuellen Kommunikation proklamiert. Tatsächlich betraf, was für das Verständnis wichtig ist, die mit diesem neuen Gesetz verwirklichte Liberalisierung ausdrücklich das Angebot von Telekommunikationsdiensten[19] und keineswegs die Errichtung von Netzen.

Was die Kommunikationsnetze betraf, d.h. die Träger der Telekommunikation, so gab es in dem neuen Gesetz eine Unterscheidung. Einerseits fiel die Errichtung von privatgenutzten Fernmeldenetzen (Telefon, Telex, Datenübertragung innerhalb eines geschlossenen Kreises von Nutzern) nicht unter das neue Gesetz, da dieses nach seiner Definition sich nur auf die Bereitstellung audiovisueller Kommunikationseinrichtungen für die Öffentlichkeit erstreckte. Das Fernmeldemonopol blieb also unangetastet, soweit es sich um Netze für die private Kommunikation handelte. Andererseits fielen Fernmeldenetze für die audiovisuelle Kommunikation in den Anwendungsbereich des neuen Gesetzes, blieben aber von staatlicher Genehmigung abhängig. In der Tat regelt Art. 8 Abs. 1 des Gesetzes von 1982:

18 Siehe ebenda.
19 Siehe weiter unten Kapitel 2.

»Der Staat betreibt selbst oder genehmigt die Übertragung mittels Funkwellen, sowie den Aufbau der Infrastrukturen und Anlagen der audiovisuellen Kommunikation:
- die über staatliches Gebiet führen,
- oder solchen, die in kollektiver Hand sind und sich auf Privatgrund befinden oder die über Dritteigentum führen.«

Indessen hatte das neue Gesetz den das Fernmeldemonopol begründenden Art. L 33 des Postgesetzes weder abgeschafft noch abgeändert. Es war schwierig, Art. 8 des Gesetzes von 1982 mit der Wahrung der alten Prärogative der Postverwaltung zu vereinbaren. Es scheint so, daß die Urheber des Gesetzes von 1982 dadurch eine Bresche in das Fernmeldemonopol schlagen wollten, daß sie dem Postminister einen Teil seiner sich aus Art. L 33 des Gesetzes ergebenden Macht wegnehmen wollten, indem sie diese Macht der mit Audiovision befaßten Behörde übertrugen. So war die Befugnis, Genehmigungen hinsichtlich der »Infrastrukturen und Anlagen der audivisuellen Kommunikation« zu erteilen, von nun an einer besonderen Behörde übertragen und nicht mehr im Zuständigkeitsbereich des Postministers. Dies betraf insbesondere solche Netze, die für die Öffentlichkeit bestimmte Telematikdienste übermittelten.

In Wirklichkeit war diese neue Aufteilung der Zuständigkeiten zwischen der Hohen Behörde und dem Postminister schwer vorstellbar, da es in der Praxis unmöglich ist, zwischen denjenigen Netzen zu unterscheiden, die für die Bevölkerung bestimmte Telematikdienste vorsehen und solchen, die der privaten Nachrichtenübermittlung dienen. Denn tatsächlich liefen öffentliche und private Dienste über dieselben Netze. Art. 8 konnte daher nur als eine Übergangsetappe zur völligen Aufhebung des Fernmeldemonopols gesehen werden. Tatsächlich geschah dann aber das Gegenteil, und man wurde in den Jahren nach dem Gesetz von 1982 Zeuge einer Wiederherstellung der Befugnisse im Genehmigungsbereich von Anlagen durch die Postverwaltung. Zunächst wurde der Text des Art. 8 in Art. 34-1 des Postgesetzes aufgenommen[20], was wohl implizit hieß, daß die in Art. 8 anerkannten Vorrechte des Staates von dem Postminister ausgeübt wurden. Weiterhin griff dann das Dekret Nr. 83-769 vom 25. August 1983 ein, welches vorsah: »Die in Art. 8 des Gesetzes Nr. 82-652 vom 29. Juli 1982 über die Audiovision vorgesehenen Genehmigungen werden vom Postminister erteilt«. So blieb also das Fernmeldemonopol, was die Errichtung und den technischen Betrieb von Telekommunikationsnetzen anging, die nicht für Funk und Fernsehen reserviert waren, erhalten. Der Wechsel der Mehrheitsverhältnisse im Parlament nach den Wahlen von 1986 führte allerdings eine Veränderung herbei.

20 Gesetz Nr. 84-939 vom 23. Oktober 1984, Art. 6. Derselbe Wortlaut stand also sowohl in Art. 8 des Gesetzes von 1982 als auch in Art. L 34-1 des Gesetzes.

C. *Die Liberalisierung der Telekommunikationsanlagen durch das Gesetz vom 30. September 1986*

Das Gesetz vom 30. September 1986 wurde bezeichnet als das Gesetz »über die Freiheit der Kommunikation«, was sehr treffend seinen Ausdehnungsbereich im Verhältnis zum Audiovisionsgesetz von 1982 markierte[21]. Erklärtes Ziel war vor allem, den Telekommunikationsbereich dem Wettbewerb der Privatunternehmen zu öffnen. Der Bericht des Senators Gouteyron[22] war in dieser Hinsicht außerordentlich deutlich:

> »Dieser Gesetzentwurf enthält den Grundsatz der Trennung von Regulierungsfunktion und Betriebsfunktion, die beide fast anderthalb Jahrhunderte vom Postminister ausgeübt wurden. Die neuen Entwicklungen der Spitzentechnologie, die Notwendigkeit, Mehrwertdienste kommerziell zu nutzen sowie der Zwang für die französische Telekommunikation, sich der internationalen Konkurrenz zu stellen, zwingen dazu, daß die aus dem 19. Jahrhundert geerbte Situation der Vermengung der Verantwortlichkeiten beseitigt wird.
> Die von der Regierung gewählte und als Grundprinzip in diesem Gesetzesvorhaben niedergelegte Richtung ist, daß die Genehmigungsbefugnis sowie die Regulierungsfunktion einer Nationalen Kommission für Kommunikation und Liberalisierung anvertraut werden, d.h. einer vom Postminister im Postministerium unabhängigen Behörde.«

Der Kern des Gesetzes von 1986 besteht darin, ein und derselben Verwaltungskommission die Zuständigkeiten sowohl für die Audiovision als auch für die Telekommunikation zu übertragen. Diese Neuerung, die als eine der wichtigsten des Gesetzes von 1986 angesehen wird[23], hatte zum Ziel, die progressive Liberalisierung des Fernmeldebereichs einzuleiten.
Diesen Grundsätzen entsprach die Abschaffung des Fernmeldemonopols, insbesondere bei der Erteilung von Genehmigungen hinsichtlich der Infrastruktur. Jedoch haben die Verfasser des Gesetzes von 1986 gleichzeitig mit der Proklamierung der Liberalisierung eine gewisse Vorsicht bei der Konkretisierung dieses Grundsatzes an den Tag gelegt.

a) *Der Grundsatz der Beseitigung des Fernmeldemonopols*

Dieser Grundsatz resultiert aus Art. 1 Abs. 1 des neuen Gesetzes:

> »Die Errichtung und der Betrieb von Fernmeldeanlagen und das Angebot von Telekommunikationsdiensten sind frei.«

Dieser Wortlaut ist sehr deutlich, denn die Verfasser dieses Gesetzes wollten besonders die »Errichtung« und die »Dienste« hervorheben. Ohne Zweifel waren nun die Errichtung und der technische Betrieb von Netzen (Kabel,

21 Siehe oben 1. Teil, Kapitel 1, Abschnitt 3, § 3.
22 JO 1986, Doc. Senat Nr. 413, Bericht im Namen der Sonderkommission, S. 91.
23 *P. Huet*, La loi du 17 janvier 1989 sur la liberté de communication, D. 1989, chr. 179, Nr. 22.

terrestrische oder Satelliten-Funkwellen) sowie die private oder öffentliche Nachrichtenübermittlung für die Privatinitiative freigegeben.

b) *Die Umsetzung der Befreiung vom Monopol*

Mit Wirksamwerden des Gesetzes von 1986 verschwand jedoch das Monopol nicht, denn die Verfasser des Gesetzes hatten eine überaus große Vorsicht an den Tag gelegt, als es darum ging, die Modalitäten der Umsetzung dieser neuen Freiheit zu präzisieren. Die Modalitäten waren in Art. 10 des Gesetzes niedergelegt.

»Die Nationale Kommission für Kommunikation und Freiheitsrechte genehmigt:

1. Die Errichtung und die Benutzung von Telekommunikationseinrichtungen, die nicht staatlich sind:
   - für den Privatgebrauch der Antragsteller auf der Grundlage der Art. L 34 und L 89 des Postgesetzes;
   - für die Ausstrahlung der in den Art. 25 und 31 des vorgesehenen Gesetzes erwähnten Dienste[24];
2. Das Betreiben der in Art. 34 des vorliegenden Gesetzes erwähnten Anlagen:
   Sie wird bei Genehmigungsanträgen nach Art. L 33 und L. 34 des Postgesetzes über die Errichtung und Nutzung von für Dritte freigegebenen Kommunikationsanlagen konsultiert.«

Mit Inkrafttreten eines Gesetzes sollte die Nationale Kommission für Kommunikation und Freiheitsrechte (CNCL) die in den Art. L 33 und L 34 des Postgesetzes vorgesehenen Genehmigungen für die Errichtung und die Nutzung jeder Art von Leitungen und Telekommunikationsanlagen, mit Ausnahme der staatlichen, erteilen.

Aus dieser Vorschrift war zu erkennen, daß die Errichtung und die Nutzung von Fernmeldeanlagen trotz des in Art. 1 erwähnten Grundsatzes der freien Ausübung einem Genehmigungsverfahren unterworfen war. Aber das Zusammenspiel dieser beiden Vorschriften führte zu der Überlegung, daß die Genehmigungen jedenfalls nicht willkürlich verweigert werden konnten.

Die für die Erteilung der Genehmigung für die Installation und den Betrieb privater Fernmeldeanlagen zuständige Behörde war nunmehr die CNCL[25] und nicht mehr der Postminister.

Die Verfasser von Art. 10 hatten jedoch beabsichtigt, die Gesamtheit der dem Postminister zustehenden Befugnisse sofort auf die CNCL zu übertragen. Art. 10 machte eine Unterscheidung zwischen den Befugnissen, die sofort auf die

---

24 Die Einbeziehung von Art. 31, der Radio- und Fernsehdienste über Satelliten betraf, wurde durch die Entscheidung des Conseil constitutionnel vom 18. September 1986 für verfassungswidrig erklärt, jedoch mit Gesetz vom 27. November 1986 Art. 4 wiederhergestellt.

25 Über die CNCL, siehe oben 1. Teil, Kapitel 1.

CNCL zu übertragen waren und jenen, die später nach einer Übergangszeit zu übertragen seien.

1. Nach Art. 10 standen der CNCL sofort folgende Genehmigungsbefugnisse zu, und zwar in zwei Arten von Fällen. In erster Linie war die CNCL sofort zuständig für die Erteilung von Genehmigungen für die Errichtung und die Nutzung von privatgenutzten Netzen. Hierbei handelte es sich um die Errichtung und den Betrieb der Telekommunikationsinfrastruktur für ein Unternehmen oder für eine Gruppe von Unternehmen, und zwar für ihren eigenen Bedarf[26]. In zweiter Linie erhielt die CNCL ebenfalls sofort die Genehmigungsbefugnis für die Errichtung und den Betrieb von Anlagen, die der Sendung von Diensten dienen, wie sie in Art. 25 und Art 31 erwähnt sind. Das sind Dienste der audiovisuellen Kommunikation über Funk und die Radio- und Fernsehdienste über Satellit. Zu den letzteren gehören vor allem private oder öffentliche Radio- und Fernsehsendungen.

Im ersten Fall vollzog Art. 10 eine echte Zuständigkeitsübertragung, denn vorher erteilte der Postminister die Genehmigungen. Im zweiten Fall dagegen veränderte das neue Gesetz die frühere Situation nicht, denn seit langem schon erstreckte sich die Zuständigkeit des Postministers nicht mehr auf den Radio- und Fernsehbereich, da dieser von anderen Staatsdiensten abhängig war.

Das Problem war und blieb die Erlaubnis für private Unternehmer, Telekommunikationsnetze zu bauen, die Dritten offenstehen. In dieser Hinsicht hat das Parlament die sofortige Aufhebung des Monopols nicht verwirklicht, sondern schließlich für eine Wartelösung optiert.

2. Hinsichtlich der Erlaubnis zur Errichtung und zur Nutzung von »Telekommunikationsanlagen, die Dritten offenstehen« wie z.B. ein Funktelefonnetz oder ein Datenübertragungsnetz und die im Wettbewerb mit der Post stehen, sieht Art. 10 des Gesetzes von 1986 eine Übergangsperiode vor. Während dieser Übergangszeit fallen die auf der Grundlage von Art. L 33 des Postgesetzes erteilten Genehmigungen wie früher in die Zuständigkeit des Postministers. Art. 10 sah lediglich vor, daß die CNCL zu den Anträgen gehört werden solle.

Nach Art. 10 sollte die Übergangszeit mit dem Inkrafttreten eines Gesetzes beendet sein, welches die Wettbewerbsgrundsätze im Telekommunikationsbereich präzisieren sollte. Diese Vorschrift war konsequent, denn es war in der Tat schwer vorstellbar, den Fernmeldemarkt zu liberalisieren, ohne dabei ein besonderes Wettbewerbsrecht vorzusehen. Das Inkrafttreten eines solchen

26 Im Gegensatz zu den - wie Art. 10 zeigt - für »Dritte freigegebenen Anlagen«.

Gesetzes war übrigens »spätestens bis zum 31. Dezember 1987« vorgesehen. Mit Beendigung dieser Übergangszeit sollte die Befugnis auf die CNCL übertragen werden, die sodann sämtliche, in den Art. L 33 und L 34 des Postgesetzes vorgesehenen Genehmigungen für die Errichtung und die Nutzung jeder Art von Leitung oder Telekommunikationsanlage, mit Ausnahme der staatlichen, zu erteilen hätte.

So hätte auf Dauer das Gesetz von 1986 eine tiefgreifende Änderung der Funktionsregeln im Fernmeldebereich herbeiführen müssen. Hinzu kamen zwei weitere Aspekte. Einmal sah das neue Gesetz vor, daß nach Beendigung der Übergangsphase eine vollständige Trennung von Reglementierungs-, Überwachungs- und Genehmigungsfunktion einerseits und der technischen Betriebsfunktion für den Bau und die Nutzung solcher Netze andererseits vorgesehen sein sollte. Der eine Teil dieses Funktionsbündels wurde der CNCL als unabhängiger Verwaltungsbehörde übertragen. Die anderen Funktionen blieben bei der Postverwaltung. Der zweite Aspekt war, daß sich die Postverwaltung als Bauherr und technischer Betreiber von Netzen dem Wettbewerb mit Privatunternehmen zu stellen hatte.

Art. L 34-1 des Postgesetzes, der Art. 8 des Gesetzes von 1982 übernommen hatte[27], wurde überflüssig und durch das Gesetz von 1986 aufgehoben, da er die Zuständigkeit des Staates für die Erteilung von Installations- und Nutzungsgenehmigungen für Leitungen für audiovisuelle Dienste enthielt[28].

Dagegen blieben die Art. L 33 und L. 34 des Gesetzes in Kraft. Dies war unausweichlich, denn Art. 10 des Gesetzes von 1986 bezog sich ausdrücklich auf diese beiden Vorschriften, um die Zuständigkeit der CNCL im Genehmigungsbereich zu bestimmen. Die Annahme war berechtigt, daß das zukünftige in Art. 10 verkündete Gesetz über den Wettbewerb das Monopol beenden und diese beiden dann überholten Vorschriften aufheben würde. Aber der Gesetzgeber von 1986 begnügte sich damit, dem Art. L 33 Abs. 1 provisorisch einen Satz hinzuzufügen[29]:

> »Fernmeldeanlagen können nur durch den Postminister oder aber mit seiner Genehmigung oder in den in Art. 10 des Gesetzes 86-1067 über Nachrichtenfreiheit vorgesehenen Fällen mit Genehmigung der Nationalen Kommission für Kommunikation und Freiheitsrechte errichtet oder für die Nachrichtenübertragung genutzt werden.«

Die Frist des 31. Dezember 1987, die für das Inkrafttreten dieses neuen Gesetzes über den Wettbewerb im Telekommunikationsbereich vorgesehen war, wurde nicht eingehalten. In Erwartung dieses Gesetzes verfestigte sich die Übergangsregelung. Ein Vorentwurf des Gesetzes wurde erarbeitet und

27 Siehe oben B.
28 Art. 110 des Gesetzes vom 30. September 1986.
29 Art. 82 des Gesetzes vom 30. September 1986.

1988 veröffentlicht[30]. Art. 3 dieses Vorentwurfs präzisierte: »[...] die Errichtung und die Nutzung eines Fernmeldenetzes werden von der CNCL auf Vorschlag des Fernmeldeministers genehmigt«. Im übrigen sah Art. 12 dieses Vorentwurfs vor, daß die Generaldirektion für Telekommunikation in eine Gesellschaft umgewandelt werden würde, deren Kapitaleigner allein der Staat wäre.

Aus diesem Vorprojekt wurde schließlich nichts, denn die neue, aus den Wahlen von 1988 hervorgegangene Mehrheit in der Nationalversammlung war einer zu starken Deregulierung im Telekommunikationsbereich nicht gewogen. Das Gesetz vom 17. Januar 1989, das das Gesetz vom 30. September 1986 abänderte, brachte noch einmal eine andere Orientierung hervor und öffnete neue Perspektiven.

D. *Die Einschränkung der Liberalisierung der Fernmeldeanlagen durch das Gesetz vom 17. Januar 1989*

Dieses Gesetz hat die gesamte Fernmeldegesetzgebung nicht etwa neu geordnet. Sie hat vielmehr das Gesetz vom 30. September 1986 beibehalten, jedoch unter Beifügung mehrerer wesentlicher Änderungen[31]. So hat das neue Gesetz wieder einmal die Zusammensetzung und die Organisation der Regelungsinstanz verändert, welche nunmehr »Oberster Rundfunkrat« (CSA) heißt[32]. Was die Errichtung und Nutzung der Telekommunikationsmittel angeht, so enthält das Gesetz Lösungen, die, verglichen mit den Ambitionen des Gesetzes von 1986, eindeutig weniger weit gehen.

Die Einschränkung erscheint schon in der Fassung des Art. 1 des Gesetzes von 1986, in dem das Grundrecht der Freiheit der Nachrichten enthalten ist. Es ist durchaus von Interesse, die beiden nachfolgenden Fassungen dieses ersten Absatzes des Art. 1 zu vergleichen.

> Fassung von 1986 (Art. 1 Abs. 1):
> »Die Errichtung und die Nutzung von Fernmeldeanlagen, der Betrieb und die Benutzung von Fernmeldediensten sind frei.«
> Fassung von 1989 (Art. 1 Abs. 1):
> »Die audiovisuelle Kommunikation ist frei.«

---

30 Vorentwurf des Gesetzes »Über die Telekommunikation«. Siehe den Wortlaut Semaine juridique, 1988. I. 3315, im Anhang zu der Studie von *A. Lucas*, La libéralisation du monopole des télécommunications«.

31 Über dieses Gesetz vom 17. Januar 1989, siehe teilweise *Delcros*, Rev. de dr. de l'informatique, 1988, S. 107; *Pierre Huet*, La loi du 17 janvier 1989 sur la liberté de communication, D. 1989, chron. S. 170.

32 Siehe oben 1. Teil, Kapitel 1.

Das Gesetz kehrt also zu dem 1982 normierten Grundsatz zurück. Der freiheitliche Bereich wird erheblich eingeschränkt. Es gibt nicht mehr die Fernmeldefreiheit im weiten Sinne (öffentlich oder privat), sondern nur noch die Freiheit der audiovisuellen Kommunikation, d.h. die Bereitstellung für das Publikum[33]. Außerdem verweist der Art. 1 nicht mehr auf die Freiheit der Errichtung von Fernmeldeanlagen; dies ist kennzeichnend für den Geist, der die Reform von 1989 bewegt hat.
Der in das Gesetz vom 17. Januar 1989 mündende Gesetzesentwurf sah im übrigen die schlichte Abschaffung des 2. Absatzes des Art. 10 Gesetz von 1986 vor, womit der neuen Verwaltungsinstanz, dem CSA, jede Zuständigkeit für die Genehmigung der Errichtung und den Betrieb von Fernmeldenetzen durch Dritte genommen wurde. Der Entwurf wollte damit die Situation vor 1986 und die Gesamtheit der Machtbefugnisse für den Post- und Fernmeldeminister wiederherstellen - zumindest diejenigen für die dem Publikum zugänglichen Netze.
Die Frage wurde im Parlament nicht diskutiert, denn man war sich bewußt, was politisch und wirtschaftlich auf dem Spiel stand, wenn man dies tun würde. Daher entstand ein Konsens über die Verschiebung der Debatte über die Fernmeldeanlagen. Die Kommission für das Kulturwesen sah die Einreichung eines Gesetzentwurfs noch vor dem 31. Dezember 1989 vor, der den Betrieb des öffentlichen Fernmeldedienstes betraf sowie die Wettbewerbsvorschriften in diesem Bereich und die Befugnisse der Aufsichtsinstanzen. Dieser Abänderungvorschlag wurde jedoch nicht übernommen, und das Parlament entschied sich für eine weitaus ungenauere Lösung, nämlich für ein Gesetz, das »die Ausübung der Regulierungsbefugnis im Fernmeldebereich« organisiert. Es ist nicht ohne Bedeutung, daß in diesem Gesetzestext jeder Hinweis auf den Wettbewerb im Fernmeldebereich unterblieben ist.
Art. 7 des Gesetzes vom 17. Januar 1989 ändert den letzten Absatz des Art. 10 des Gesetzes vom 30. September 1986 ab, der nunmehr lautet:

> »Bis zum Inkrafttreten eines Gesetzes bis spätestens zum 31. März 1990, das die Ausübung der Regulierungsbefugnis im Fernmeldebereich vorsieht, übt der Oberste Rundfunkrat die Zuständigkeit betr. das Fernmeldewesen aus, die die Nationale Kommission für Kommunikation und Freiheitsrechte seit dem Gesetz vom 30. September 1986 innehat.«

So hat also das Gesetz vom 17. Januar 1989 im Bereich der Errichtung und des Betriebes von Fernmeldeanlagen ein lediglich provisorisches Regelungswerk bereitgestellt, in der Erwartung eines Gesetzes, das die Ausübung der Regulierungsbefugnis vorsieht. Der Zeitpunkt des 31. März 1990 ist nicht

33 Art. 2 des Gesetzes von 1986, der eine Definition des Fernmeldewesens und der audiovisuellen Kommunikation enthält, bleibt unangetastet.

eingehalten worden und erst im Dezember desselben Jahres wurde endlich das Gesetz verabschiedet. In der Zwischenzeit hat das Parlament für das Gesetz vom 2. Juli 1990 votiert, das Aufbau und Organisation des öffentlchen Post- und Fernmeldedienstes ganz erheblich veränderte.

§ 2 *Das positive Recht*

A. *Das Gesetz vom 2. Juli 1990*

Das Gesetz Nr. 90-568 vom 2. Juli 1990[34] ist deswegen so bedeutsam, weil es mit Wirkung vom 1. Januar 1991 eine Trennung zwischen der Post und der Telekommunikation vollzieht, wobei beide Bereiche jeweils eine juristische Person des öffentlichen Rechts bilden.

> Art. 1 des Gesetzes:
> »Mit Wirkung vom 1. Januar 1991 werden zwei juristische Personen des öffentlichen Rechts errichtet, die der Aufsicht des Ministers für das Post- und Telekommunikationswesen unterstellt sind und die jeweils die Benennung 'Die Post' und 'France Télécom' erhalten und nachstehend als öffentliche Betreiber bezeichnet werden.«

Die Post und France Télécom sind rechtlich und finanziell unabhängig und vom Post- und Fernmeldeministerium getrennte Einheiten.

Das neue Gesetz führt also eine zweifache Trennung durch. In erster Linie bestätigt das Gesetz vom 2. Juli implizit die Trennung zwischen der Regulierungs- und Genehmigungsfunktion einerseits, die im Zuständigkeitsbereich des Ministers für Post- und Fernmeldewesen bleibt[35] und die auf France Télécom übertragene Funktion der Errichtung und des Betriebs der Telekommunikationsinfrastruktur andererseits. In Art. 22 werden die Rechte und Pflichten des Staates, die früher von der Generaldirektion für Telekommunikation wahrgenommen wurden, auf France Télécom übertragen.

In zweiter Linie enthält das Gesetz eine vollständige Trennung zwischen Post- und Fernmeldewesen. Art. 3 des Gesetzes bestimmt den Gegenstand von France Télécom mit folgenden Worten:

> »Gegenstand von France Télécom ist, entsprechend der für jeden ihrer Tätigkeitsbereiche gegebenen Vorschriften, welche insbesondere im Post- und Fernmeldegesetz enthalten sind:
> - die Erbringung aller öffentlichen Telekommunikationsdienste, intern und international, und insbesondere

---

34 JO vom 8. Juli 1990, S. 8069.

35 In Wahrheit war diese Zuständigkeit noch zwischen dem Post- und Fernmeldeministerium und dem CSA aufgeteilt, als über das Gesetz abgestimmt wurde (s.o. C u. D). Aber das Gesetz vom 29. Dezember 1990 hat dem Post- und Fernmeldeminister wieder die Gesamtheit aller Kompetenzen über die Reglementierung und Genehmigung im Rahmen des Fernmeldewesens übertragen.

- die Gewährleistung des Zugangs zu Telefondiensten für jede Person, die dies beantragt;
- die Errichtung, die Entwicklung und die Nutzung öffentlicher Netze, die zur Erbringung dieser Dienste notwendig sind, und die Gewährleistung ihres Anschlusses an internationale Netze;
- die Erbringung von anderen Diensten, Anlagen und Telekommunikationsnetzen sowie die Errichtung von Netzen, die über Kabel, Hörfunk oder Fernsehen Dienste vertreiben, und zwar durch Beteiligung am Betrieb dieser letztgenannten Netze im Rahmen der geltenden Vorschriften und unter Beachtung des Wettbewerbsrechts.

Der Hinweis sei erlaubt, daß die Beachtung der Wettbewerbsregeln nur für die Dienste, Anlagen und Netze gefordert wird, die nicht die öffentlichen Telekommunikationsdienste sowie die Annexnetze betreffen. Auf dem Hintergrund des Art. 3 zeichnet sich also ein Monopol im Bereich der öffentlichen Telekommunikationsdienste ab, welches dem Wettbewerb entzogen ist und dessen Existenz zugunsten von France Télécom nunmehr bestätigt wird. Dieses Monopol, das implizit im Gesetz vom 2. Juli vorhanden war, ist anschließend ausdrücklich durch das Gesetz vom 29. Dezember 1990 bestätigt worden.

B. *Die Rechtsstellung von France Télécom*

a) *Die Struktur von France Télécom*

Der Betreiber von Telecom ist eine juristische Person des öffentlichen Rechts. Er hat einen aus 21 Mitgliedern bestehenden Verwaltungsrat, der gemäß Art. 10 des Gesetzes »die allgemeine Politik der Gruppe festlegt und durchführt, und zwar im Rahmen der von der Regierung festgelegten Leistungsgrundsätze«. Der Präsident des Verwaltungsrats vertritt France Télécom im Rechtsverkehr.

France Télécom ist mit finanzieller Autonomie versehen[36]. Ab dem 1. Januar 1991 gehen die Rechte und Pflichten des Staates, die von den Diensten der ehemaligen Generaldirektion der Telekommunikation (DGT) wahrgenommen wurden, kraft Gesetzes auf France Télécom über. Ebenso wird das öffentliche oder private Eigentum des Staates, das vorher mit diesen Diensten verknüpft war, ipso jure Eigentum von France Télécom; diese Institution kann mit ihrem Vermögen frei wirtschaften. France Télécom »bestimmt Natur und Umfang ihrer Investitionen, bewertet selbst ihren Finanzierungsbedarf und verfügt selbst über ihre Geldmittel«[37]. France Télécom unterliegt jedoch der Kontrolle durch Wirtschaftsprüfer, die vom Wirtschaftsminister und vom

36 Art. 14 des Gesetzes vom 2. Juli 1990.
37 Art. 14 des Gesetzes vom 2. Juli 1990.

Postminister ernannt werden. France Télécom kann Filialen gründen und sich an Gesellschaften beteiligen, deren Gesellschaftszweck den von France Télécom ergänzt oder mit ihm zusammenhängt.
Die Rechtsaufsicht wird vom Minister für das Post- und Fernmeldewesen wahrgenommen. Er kontrolliert, ob die Gesetze und Verordnungen im Telekommunikationsbereich eingehalten werden. Er erarbeitet das Lastenheft für France Télécom sowie den »Planvertrag« und überwacht seine Ausführung.

b) *Die Funktion von France Télécom*

Der genannte Artikel 3 bestimmt die Funktion von France Télécom. Sie umfaßt zwei Aufgaben. Einmal ist France Télécom mit der Bereitstellung der Telekommunikationsdienste beauftragt, insbesondere mit dem Telefondienst. Hierfür errichtet und betreibt sie die öffentlichen Netze, die für diese Dienste erforderlich sind und gewährleistet den Anschluß an die ausländischen Netze. Zweitens kann France Télécom im Wettbewerb mit anderen Betreibern jedweden »anderen Dienst« (d.h. nicht öffentlichen Dienst) zusammen mit den hierfür erforderlichen Anlagen und Netzen erbringen. Art. 3 Abs. 4 erwähnt vor allem die Errichtung von Netzen, die über Kabel, Hörfunk und Fernsehen senden. France Télécom kann sich auch an dem Betrieb von Kabelnetzen beteiligen, indem sie Anteile in den entsprechenden Gesellschaften übernimmt.
Nach Art. 7 kann France Télécom »in Frankreich sowie im Ausland jede Tätigkeit ausüben, die direkt oder indirekt mit ihrem Gegenstand zusammenhängt«. Indessen ist die Handlungsautonomie durch das Lastenheft beschränkt, welches in Art. 8 vorgesehen ist[38]. Das durch Verordnung nach Beratung mit dem Conseil d'Etat errichtete Lastenheft bestimmt die Rechte und Pflichten von France Télécom, die »Leistungsgrundsätze, nach denen sie ihre Tätigkeit ausübt«, die Grundsätze der Leistungsentgelte sowie die Ausführungsbedingungen für diejenigen öffentlichen Dienste, die France Télécom zu erbringen hat.
Das Lastenheft enthält insbesondere konkrete Angaben zu
- der Versorgung des gesamten nationalen Territoriums,
- dem Grundsatz der Gleichbehandlung der Benutzer,
- der Qualität und der Verfügbarkeit der angebotenen Dienste,
- der Neutralität und der Geheimhaltungspflicht der Dienste,
- der Beteiligung an der Raumplanung,

38 Das zur Zeit für France Télécom gültige Lastenheft entstand durch Dekret Nr. 90-1213 vom 29. Dezember 1990, JO vom 30. Dezember 1990, S. 16568.

- den Aufgaben der Verteidigung und der öffentlichen Sicherheit.

Das Gesetz sieht ebenso die Erarbeitung eines »mehrjährigen Planvertrages« vor, der zwischen dem Staat und France Télécom abgeschlossen wird, und der die allgemeinen Zielvorgaben für die Tätigkeit von France Télécom enthält. Er bezieht sich insbesondere auf Finanzierung und Investition.

C. *Das Gesetz vom 29. Dezember 1990*

Dieses Gesetz, welches »Gesetz zur Regulierung der Telekommunikation«[39] genannt wird, hat zwei wesentliche Ziele: dem Minister für Post- und Fernmeldewesen soll seine ursprüngliche Kompetenz im Bereich der Genehmigung von Telekommunikationsanlagen wiedergegeben werden. Außerdem soll das Monopol von France Télécom für die Errichtung öffentlicher Netze und für die Bereitstellung des Telefondienstes bestätigt werden.

1. Das Gesetz hat eine klare Trennung zwischen dem Telekommunikationsbereich und dem der audiovisuellen Kommunikation wiederhergestellt. Der Bereich der Telekommunikation, der die Errichtung von Netzen, ihre technische Verwaltung und die Individualkommunikation zum Gegenstand hat, fällt in die Zuständigkeit des Ministers für Post- und Fernmeldewesen und des Betreibers France Télécom. Der Audiovisionsbereich, der die Anlagen und die Dienste für Hörfunk und Fernsehen umfaßt, sowie die Lieferung von öffentlich zugänglichen Telematikdiensten stehen unter der Aufsicht des CSA. Diejenigen der Öffentlichkeit zugänglichen Telematikdienste, die die Netze von France Télécom oder verkabelte Netze benutzen, unterstehen einer komplizierten Regelung. Sie stehen unter Aufsicht des CSA und müssen dem Minister angezeigt werden oder eine Genehmigung von ihm einholen. Daneben unterstehen sie in technischer Hinsicht der Aufsicht von France Télécom[40].

Folglich ändert das Gesetz[41] den Artikel 10 des Gesetzes vom 30. September 1986 über die Freiheit der Kommunikation ab. Artikel 10 bestimmt nunmehr:

> »Der Conseil supérieur de l'audiovisuel genehmigt:
> 1. Die Errichtung und den Betrieb von nichtstaatlichen Fernmeldeanlagen für die Sendung der in den Art. 25 und 31 dieses Gesetzes erwähnten Dienste;
> 2. Den Betrieb der in Art. 34 des vorliegenden Gesetzes erwähnten Anlagen.«

Erinnern wir uns, daß die in Art. 25 erwähnten Dienste die über terrestische Funkwellen gesendeten Dienste der audiovisuellen Kommunikation sind, insbesondere Rundfunk und Fernsehen über Funkwellen, und daß die in Art.

39 JO vom 30. Dezember 1990, S. 16439.

40 Siehe unten, wegen Sonderverbindungen (-Leitungen).

41 Art. 11 des Gesetzes vom 29. Dezember 1990.

31 erwähnten Dienste die über Satellit gesendeten Radio- und Fernsehdienste sind. Was Art. 34 betrifft, so bezieht er sich auf Kabelnetze, über die Rundfunk und Fernsehen gesendet werden.
Somit werden sämtliche Zuständigkeiten des CSA für solche Telekommunikationsanlagen beendet, die nicht Hörfunk und Fernsehen betreffen. Das Gesetz vom 29. Dezember 1990 setzt somit dem Versuch, Genehmigungszuständigkeiten im Bereich der Telekommunikation zugunsten des CSA zu übertragen und mit dem in Art. 10 des Gesetzes vom 30. September 1986 begonnen wurde, ein Ende.
Das Gesetz vom 29. Dezember 1990 hebt infolgedessen die Art. 11, 12, 18, 23, 24 des Gesetzes vom 30. September 1986 auf oder verändert sie insoweit, als sie dem CSA gewisse Kompetenzen im Bereich der Telekommunikation zuweisen.
2. Das Gesetz von 29. Dezember 1990 bestätigt im übrigen die exklusiven Rechte von France Télécom. So können der Öffentlichkeit zugängliche Nachrichtennetze nur von France Télécom eingerichtet werden[42]. Das neue Gesetz sieht ebenfalls vor, daß der Telefondienst zwischen zwei festen Punkten und der Telexdienst nur von France Télécom erbracht werden können[43]. Dagegen ist die Regelung der Anlagen und Telekommunikationsdienste ziemlich weitgehend liberalisiert.

Abschnitt 3 - *Die rechtlichen Grundlagen des Baus von Leitungen*

Trotz des in Art. 1 des Gesetzes vom 30. September 1986[44] postulierten Prinzips der Angebotsfreiheit hatte sich der Staat das Monopol der Errichtung von öffentlichen Fernmeldenetzen vorbehalten. Nur in außerordentlichen Fällen hatten andere als der Staat das Recht zum Bau von Netzen erhalten, und zwar ausschließlich für den Privatgebrauch. Außerdem blieben sämtliche vom Staat erbauten Netze in seinem Eigentum. Der Staat war also der einzige Erbauer und der einzige Eigentümer der öffentlichen Netze, d.h. solcher Netze, die jeder Kategorie von Personen zugänglich waren.
Die Gesetze vom 2. Juli 1990 und vom 29. Dezember 1990 haben diesen Zustand nicht grundlegend verändert, wenngleich der Staat durch den öffentlichen Betreiber France Télécom ersetzt wurde.

---

42 Neuer Art. L 33-1 des Post- und Fernmeldegesetzes, siehe unten.
43 Neuer Art. L 34-1 des Post- und Fernmeldegesetzes, siehe unten hinsichtlich der Telekommunikationsdienste.
44 Siehe unten, Abschnitt 2.

Zunächst wollen wir das allgemeine Prinzip der Zuständigkeit von France Télécom erörtern, sodann ihre Rechte sowie das Verfahren beim Bau der Leitungen.

§ 1 *Grundsätze*

A. *Bau der Netze durch France Télécom*

Titel II des II. Buches des Post- und Fernmeldegesetzes lautet: »Die Errichtung und die Unterhaltung von Telekommunikationsleitungen und -anlagen«. Vor der Reform vom 2. Juli 1990 bestimmte Art. L 47 des Gesetzes, daß die Arbeiten für den Bau und die Unterhaltung der Telekommunikationsleitungen »vom Staat« durchgeführt werden. Besser konnte man die Zuständigkeit der zentralen Verwaltung in diesem Bereich nicht dokumentieren. Art. D 407 verfügte:[45]

> »Fernmeldeleitungen, die öffentliche Wege oder Eigentum eines Dritten mitbenutzen, sind ausschließlich von der Post- und Fernmeldeverwaltung zu errichten, die alleine ihren Verkauf bestimmt.«

Der neue, aus der Reform vom 29. Dezember 1990 hervorgegangene Art. L 33-1 des Post- und Fernmeldegesetzes bestimmt nunmehr, daß »die öffentlich zugänglichen Telekommunikationsnetze nur vom öffentlichen Betreiber errichtet werden können«[46]. Somit verfügt France Télécom über ein aussschließliches Recht zum Bau der Leitungsnetze.
Das Gesetz definiert aber nicht genau den Begriff des »öffentlich zugänglichen Netzes«. Man kann daher denken, daß er verwandt ist mit dem Begriff des »öffentlichen Netzes«, welcher in Art. L 32 Abs. 14 wie folgt definiert wird:

> »Unter 'öffentlichem Netz' wird die Gesamtheit der Telekommunikationsnetze verstanden, die vom öffentlichen Betreiber für den öffentlichen Bedarf gebaut und genutzt werden.«

Insgesamt gesehen hat sich die Situation nicht grundlegend geändert, abgesehen davon, daß der Staat durch France Télécom ersetzt wurde. France Télécom ist beauftragt, die öffentlich zugänglichen Telekommunikationsnetze zu errichten.
Außerdem behält France Télécom das Eigentum an den Netzen, die sie errichtet. Das Eigentum an den alten Netzen des Staates ist ihr mit Wirkung

---

45 Der Wortlaut dieses Textes stimmt nicht mehr mit dem Gesetz vom 2. Juli 1990 überein. Eine Verordnung muß ergehen, um den Begriff »öffentlicher Betreiber« in der Post- und Fernmeldeverwaltung zu ersetzen.

46 Erinnern wir uns, daß heute France Télécom als öffentlicher Betreiber anzusehen ist (Art. 1 des Gesetzes vom 2. Juli 1990).

vom 1. Januar 1991 übertragen worden[47]. Art. 23 des Gesetzes vom 2. Juli 1990 verfügt im übrigen, daß France Télécom öffentliches Eigentum hat. Das Lastenheft[48] organisiert die Rechte von France Télécom in der Weise, daß sie ohne Einschränkungen alle zur Verwaltung ihres Grundvermögens erforderlichen Tätigkeiten wie Erwerb, Tausch und Miete vornehmen kann.
Schließlich hat France Télécom gemäß des neuen Art. L 34-1, Abs. 2 des Post- und Fernmeldegesetzes das Monopol für die Errichtung und den Betrieb der öffentlichen Telefonzellen.

B. *Netze von anderen als Télécom*

Wenn man sich daran erinnert, daß gemäß Art. L 33 des Gesetzes (in seiner vor der Reform vom 29. Dezember 1990 geltenden Fassung) die Fernmeldeanlagen »vom Post- und Fernmeldeminister oder mit seiner Genehmigung« errichtet wurden, konnte man sich theoretisch nicht vorstellen, daß Privatunternehmen die Errichtung von Fernmeldeleitungen genehmigt würde. In der Realität war diese Möglichkeit nur in sehr engen Grenzen gegeben. In der Tat verfügte Art. D 407, 1. und 2. Abs. des Gesetzes:

> »[...] die Telekommunikations- oder Fernmeldelinien, welche über öffentliche Wege oder drittes Eigentum führen, werden ausschließlich von der Post- und Fernmeldeverwaltung gebaut, welche auch allein ihren Verlauf bestimmt.
> Jedoch können Leitungen, die nicht zum allgemeinen Telekommunikationsnetz gehören[49] und die für dieses Netz ohne Bedeutung sind, nach besonderer Genehmigung und Billigung ihres Verlaufs von Lizenznehmern gebaut und unterhalten werden.«

Man sieht, daß die Formulierung außerordentlich restriktiv war. Die Genehmigung konnte nur für Leitungen gegeben werden, die nicht zum allgemeinen Netz gehörten, was wohl bedeutet, daß es sich um Leitungen handelte, die mit dem öffentlichen Netz nicht zusammenschaltbar waren[50]. Derselbe Art. D 407 betraf vor allem zwei Arten von Leitungen, die von anderen Institutionen als der staatlichen Postverwaltung gebaut werden konnten. Es handelte sich einmal um von den Eisenbahngesellschaften erbaute Leitungen, insbesondere der Staatlichen Französischen Eisenbahngesellschaft (SNCF) und, zum zweiten, um sogenannte »Sicherungs«-leitungen, die von den Elektrizitätswerken erbaut wurden. Jedoch sah die Verordnung Nr. 84-313 vom 26. April

---

47 Art. 22 Abs. 2 des Gesetzes vom 2. Juli 1990.
48 Siehe oben Abschnitt 2.
49 Von nun an muß man lesen: »Telekommunikationsleitungen, die nicht zum Netz von France Télécom gehören...«.
50 Nach Abschnitt III, der die Art. D 426 und D 427 des Gesetzes vereint und der lautet: »Telekommunikationsleitungen, die nicht zum staatlichen Netz gehören, sind sogenannte Leitungen im privaten Interesse«.

1984, in Abänderung des Art. D 386 ff. des Post- und Fernmeldegesetzes die Möglichkeit vor, Leitungen im privaten Interesse zu genehmigen. Man nannte Leitungen im privaten Interesse eine vom Betreiber gebaute und unterhaltene Verbindung«, ohne daß der Übermittlungsträger teilweise oder zur Gänze die Infrastruktur des allgemeinen Post- und Fernmeldenetzes benutzt«. Eine solche Leitung sollte also ohne Verbindung zum öffentlichen Netz funktionieren und konnte daher nur zwei Endeinrichtungen verbinden, die einem einzigen Begünstigten gehörten. Sie unterlagen einem Genehmigungsverfahren; die Genehmigung wurde von dem Minister ausnahmsweise und widerruflich erteilt; außerdem war hierfür ein Nutzungsentgelt zu zahlen.
Das Gesetz vom 29. Dezember 1990 enthält ein Regelwerk, das vom Grundsatz her viel liberaler ist. Zwar enthält es auch das Prinzip, wonach die öffentlich zugänglichen Telekommunikationsnetze nur von France Télécom eingerichtet werden können; der neue Art. L 33-1 enthält aber einige Abweichungen.

a) *Öffentlich zugängliche Netze von anderen als France Télécom*

Der Post- und Fernmeldeminister kann aufgrund des neuen Art. L 33-1 I jeder anderen Person neben France Télécom den Bau und Betrieb eines Netzes zum Zwecke der Lieferung eines Telekommunikationsdienstes für die Öffentlichkeit genehmigen. Jedoch darf es sich dabei nur um ein Funknetz handeln, was die Drahtnetze ausschließt[51]. Hierbei denkt man insbesondere an mobile Funktelefonnetze. Außerdem muß der Dienst einem im allgemeinen Interesse stehenden Bedarf entspechen und mit den Aufgaben des öffentlichen Dienstes, die France Télécom wahrzunehmen hat, vereinbar sein. Dieser Wortlaut bezieht sich auf die Entgeltlichkeit und die geografische Ausbreitung und bedeutet, daß die Konstruktions- und Betriebsgenehmigungen für solche Netze einige der Einnahmequellen von France Télécom nicht beeinträchtigen dürfen. Die Genehmigung ist von der Beachtung des Lastenheftes abhängig. Diese muß eine Reihe von Vorschriften enthalten, die im neuen Art. L 33-1 in 11 Rubriken aufgezählt sind. Einer Gesellschaft, bei der mehr als 20 Prozent des Kapitals oder der Stimmrechte direkt oder indirekt in ausländischer Hand ist, wird die Genehmigung versagt. Diese Vorschrift gilt aber nicht für Anteilseigner aus den Staaten der Europäischen Gemeinschaft. Sie gilt ebenfalls nicht für Anteilseigner aus solchen Staaten, mit denen Frankreich eine internatio-

51 Der neue Art. L 32 in seinem Abs 11. definiert das Funknetz als eines, welches für die Ausbreitung der Wellen die (Hertz-)Frequenzen im freien Raum benutzt. Elektromagnetische Netze sind insbesondere diejenigen, welche sich Satelliten bedienen.

nale Konvention geschlossen hat, die eine Gegenseitigkeitsklausel enthält. Als ausländisch wird eine solche Gesellschaft betrachtet, deren Stammkapital weder direkt noch indirekt von französischen natürlichen oder juristischen Personen gehalten wird.

b) *Freie Leitungsnetze*

Der neue Art. L 33-3 des Post- und Fernmeldegesetzes bestimmt die freie Errichtung von:

- internen Netzen, d.h. (gemäß der Definition des neuen Artikel L 32 Abs. 5) unabhängigen Netzen die ausschließlich auf einem Grundstück errichtet werden, ohne dabei den öffentlichen Bereich (einschließlich Funkwellen) oder Dritteigentum zu berühren;
- unabhängigen Netzen[52], und zwar anderen als elektromagnetischen Netzen, deren Endeinrichtungen weniger als 300 Meter entfernt sind;
- drahtlosen Anlagen, die ausschließlich auf Sendern mit geringer Leistung bestehen.

Die Anlagen und Endeinrichtungen müssen den vom Minister genehmigten Normen entsprechen.

c) *Unabhängige Netze*

Nach dem neuen Art. L 32 Abs. 4, versteht man unter unabhängigem Netz

> »[...] ein Telekommunikationsnetz für den privaten oder Gemeinschaftsgebrauch.
> Ein unabhängiges Netz wird als 'für den privaten Gebrauch' bezeichnet, wenn es von den natürlichen und juristischen Personen benutzt wird, die es errichtet haben. Gemeinschaftsgebrauch ist, wenn es der Benutzung durch mehrere natürliche oder juristische Personen vorbehalten bleibt, welche aus einer oder mehreren geschlossenen Benutzergruppen bestehen und dem Zweck des internen Austausches von Nachrichten innerhalb einer Gruppe dient«.

In dem neuen Art. L 33-2 ist vorgesehen, daß die Errichtung solcher unabhängigen Kommunikationsnetze vom Minister für Post- und Fernmeldewesen zu genehmigen ist. Eine Verordnung des Ministers präzisiert die Bedingungen, unter welchen solche unabhängigen Netze an ein öffentlich zugängliches Netz angeschlossen werden können. Eine solche Genehmigung erfolgt nur im Ausnahmefall. Sie ist von einer strikten Bedingung abhängig, nämlich, daß der Kommunikationsaustausch nur zwischen solchen Personen erfolgt, denen die Benutzung genehmigt wurde und keinen anderen Personen.

---

52 Zur Definition der unabhängigen Netze, siehe Unten c).

Dieses neue System der unabhängigen Netze dürfte wohl das Verschwinden der alten Leitungen im privaten Interesse gemäß der Art. D 386 ff. des Post- und Fernmeldegesetzes sowie der »alten Spezialnetze« gemäß Art. D 401 ff. zur Folge haben.

§ 2 *Die Rechte von France Télécom*

Ursprünglich hatte die Post- und Fernmeldeverwaltung weitgehende Befugnisse für den Bau der Netze sowohl auf öffentlichem als auch auf privatem Grund. Diese Rechte und Pflichten sind ohne Änderung auf den neuen Betreiber, France Télécom, übertragen worden. Sie sind indessen nicht schrankenlos.
Wenn es sich um oberirdische oder unterirdische Leitungen auf öffentlichen Wegen handelt, muß der Verlauf im Einvernehmen mit der für diesen Weg verantwortlichen Behörde festgelegt werden. In Städten und Ballungszentren hält der Bürgermeister die Kontrolle über die Koordination sämtlicher Arbeiten an öffentlichen Wegen sowohl oberirdisch als auch unterirdisch[53]. Der Bürgermeister legt den zeitlichen Ablauf der Arbeiten fest und teilt dies den entsprechenden Behörden mit. Auf den Wegen außerhalb von Ballungszentren hat der Bürgermeister dieselben Befugnisse, wenn es sich um gemeindliche Wege handelt. Handelt es sich um Straßen des Departements, so nimmt der Präsident des Conseil Général diese Befugnisse wahr[54].
Führen die Leitungen über Privatgrund, so unterscheidet das Post- und Fernmeldegesetz zwischen bebautem und unbebautem Grund. Auf bebautem Grund »kann der Staat Vorrichtungen anbringen an Mauern oder Fassaden, die an öffentlichen Wegen gelegen sind oder sogar auf Dächern oder Terrassen, vorausgesetzt, daß man sie von außen erreichen kann«[55].
Handelt es sich um Gebäude, die im Gemeinschaftseigentum stehen, kann die Verwaltung dann Leitungen in die im gemeinschaftlichen Eigentum liegenden Teile legen, wenn diese Leitungen für die Verbindung der Bewohner des Gebäudes untereinander oder mit Nachbargebäuden erforderlich sind. Bei unbebauten und nicht abgegrenzten Grundstücken hat die Verwaltung umfangreichere Rechte. Sie kann Vorkehrungen, Träger und Leitungen über der Erde oder unter der Erde anlegen[56].

---

53 Art. 119 des Gesetzes vom 22. Juli 1983 über die Zuständigkeitsaufteilung zwischen den Gemeinden, den Departements, den Regionen und dem Staat, auf welchen Art. L 47-1 des Post- und Fernmeldegesetzes ausdrücklich verweist.
54 Art. 120 und 122 des vorgenannten Gesetzes vom 22. Juli 1983.
55 Art. L 48 Abs. 1 Post- und Fernmeldegesetz.
56 Art. L 48 Abs. 2 Post- und Fernmeldegesetz.

Bis auf Entschädigungen für Schäden, die beim Bau der Leitung entstehen, gibt es keinerlei Entschädigungen. Scheitert eine gütliche Einigung, wird die Entschädigung vom Verwaltungsgericht festgelegt. Bestimmt das Gericht einen Sachverständigen, so darf dieser nicht aus der Post- und Fernmeldeverwaltung kommen[57].

Einige Vorschriften des Post- und Fernmeldegesetzes gewähren der Postverwaltung exorbitante und kaum zu rechtfertigende Vorrechte. So sieht Art. D 414 vor, daß die Entscheidung über die Beteiligung an den Kosten der Einrichtung einer Leitung in jedem Fall der Postverwaltung obliegt. Ein Beispiel: nach Art. D 417 wird die Reparatur jeden Schadens, der aus der Installierung von Telefon oder Telegrafen herrührt, dem Mieter, dem Nutzer oder dem Miteigentümer auferlegt.

Das Verfahren nach Art. D 408 ff. sieht vor, daß die Post- und Fernmeldeverwaltung zunächst einen Plan über den Verlauf der Fernmeldeleitung aufstellt. Wie oben bereits erwähnt, wird dieser Plan, wenn die Leitung einen öffentlichen Verkehrsweg benutzen soll, im Einvernehmen mit der jeweils zuständigen Behörde aufgestellt (Bürgermeister, Präsident des conseil général). Von diesen Behörden wird er dann im Rahmen der Koordinierung sämtlicher Straßenarbeiten auch durchgeführt. Die Post- und Fernmeldeverwaltung hinterlegt den Plan im Bürgermeisteramt. In dem Plan sind die Privatgrundstücke aufgeführt, auf denen Leitungen oder Stützpfosten vorgesehen sind. Der Plan wird dann veröffentlicht und die Beteiligten haben drei Tage Zeit, um ihn zur Kenntnis zu nehmen[58]. Über die Äußerungen der Beteiligten hat der Bürgermeister ein Protokoll zu erstellen, welches er dem Präfekten übermittelt.

Der Präfekt erläßt einen Beschluß, in welchem er die durchzuführenden Arbeiten bestimmt. Dieser Beschluß wird veröffentlicht und den Beteiligten einzeln bekanntgemacht.

Nach Art. D 410 Abs. 1 können die Arbeiten drei Tage nach dieser Bekanntmachung beginnen. Tatsächlich aber muß auf jeden Fall der Arbeitsplan berücksichtigt werden, wie er vom Bürgermeister aufgrund von Art. 119 des Gesetzes vom 22. Juli 1983 aufgestellt wurde, denn Art. 410, welcher lediglich eine Verordnung zur Rechtsgrundlage hat, kann nicht Art. L 47, der auf einem Gesetz basiert, vorgehen. Allerdings kann aufgrund von Art. D 410 Abs. 4 der Präfekt die sofortige Ausführung der Arbeiten anordnen, wenn aus Gründen der öffentlichen Sicherheit und Ordnung die Errichtung oder Wiederherstellung einer Leitung dringend erforderlich ist.

57 Art. D 413 Post- und Fernmeldegesetz.

58 Art. D 408 Post- und Fernmeldegesetz.

§ 1 *Anschlußleitungen*

Der Gesetzesteil »Fernmeldegesetz« enthält keine Vorschriften über Anschlußleitungen. Diese Vorschriften sind im 3. Teil (Verordnungen) des Gesetzbuches enthalten, nämlich in den Art. D 420 ff.

Die endende Leitung ist der Teil einer Leitung, der einem einzigen Teilnehmer dient. Sie verbindet das allgemeine Netz (Wählnetz) mit dem Schaltgerät des Endapparats. Art. B 420 präzisiert, daß es sich entweder um die endende Leitung eines Telefons oder eines Telex-Gerätes handeln kann oder auch um den endenden Teil einer Spezialverbindung. Anschlußleitungen gehören also zum allgemeinen Netz, so daß das in Art. D 407 angesprochene Prinzip gilt: sie werden von der Post- und Fernmeldeverwaltung eingerichtet, die allein über ihren Verlauf entscheidet. In anderen Worten: die Nutzer können das endende Teil ihrer Leitungen weder bauen noch verändern. Jedoch muß der Teilnehmer, wenn das endende Teil der Leitung über seinen Grund führt, Rohre oder horizontale Durchgänge vorhalten. Die Verwaltung legt lediglich die Kabel oder das Schaltmaterial[59].

Die Verlegung der Anschlußleitung erfolgt gegen Erstattung der Kosten, die der Verwaltung daraus entstehen. Grundsätzlich sind diese Kosten Pauschalbeträge[60]. Ein Zusatzbeitrag kann verlangt werden, wenn es bei der Verlegung der Leitung zu außergewöhnlichen Schwierigkeiten gekommen ist. Die gesamten Kosten werden erstattet, wenn nach besonderen Normen verlegt werden mußte[61].

§ 2 *Endgeräte*

Vor einigen Jahren fielen die beiden Märkte der Datenverarbeitung und der Datenübertragung in zwei völlig verschiedene rechtliche Kategorien. Im Bereich der Datenverarbeitung galt, daß Herstellung und Kommerzialisierung von EDV-Anlagen vollständig frei und der Privatinitiative überlassen waren. Die öffentliche Hand hatte keinerlei Funktionen, weder bei der Produktion noch bei der Normierung. Im Bereich der Übertragung von Daten und Nachrichten dagegen übte der Staat sein Monopol aus und beherrschte den Gerätebereich.

59 Art. D 407-2 Post- und Fernmeldegesetz.
60 Art. D 407-1 Post- und Fernmeldegesetz.
61 Art. D 421 Abs. 3 Post- und Fernmeldegesetz.

Durch den technischen Fortschritt wird diese Unterscheidung in Frage gestellt. Die Netzwerke von Mehrwertdiensten integrieren die Datenverarbeitungsfunktionen in ihre Übertragungsfunktion. Die öffentliche Hand war gezwungen, diese neue Realität zu berücksichtigen. Die Verwaltung hat daher auf ihr Alleinlieferungsrecht von Endausrüstungen verzichtet und Raum für private Tätigkeit und für Wettbewerb gelassen. Allerdings hat sie die Anforderungen an die Normierung der Geräte erhöht.

Der neue Art. L 32 Abs. 10[62] des Post- und Fernmeldegesetzes definiert als Endausrüstung:

> »Unter Endausrüstung wird verstanden jeder Apparat, jede Einrichtung oder jede Gesamtheit von Einrichtungen, die mit dem Endpunkt eines Netzwerkes verbunden werden soll und Nachrichtensignale sendet, empfängt oder verarbeitet. Hierzu gehören Ausrüstungen, mit welchen man Zugang zu audiovisuellen Diensten über Funkwellen oder Kabel erlangen kann, es sei denn, sie ermöglichen gleichzeitig Zugang zu Nachrichtendiensten.«

Und nach dem neuen Art. L 32 Abs. 3:

> »Unter Endpunkt versteht man die Verbindungspunkte, die aufgrund besonderer technischer Spezifikationen den Zugang zum Netzwerk sowie die wirksame Nachrichtenübermittlung über das Netzwerk ermöglichen. Sie sind integrierender Bestandteil des Netzwerkes. Ist ein Fernmeldenetz mit einem ausländischen Netz verbunden, gelten die Verbindungsstellen zu diesem Netz als Endpunkte.«

Das Gesetz vom 29. Dezember 1990 hat im Post- und Fernmeldegesetz einen neuen Art. L 34-9 eingeführt, in dessen Abs. 1 der Grundsatz der freien Lieferung von Endausrüstungen postuliert wird:

> »Endausrüstungen können frei geliefert werden. Sollen sie an ein öffentlich zugängliches Netzwerk angeschlossen werden, bedürfen sie einer vorherigen Zulassung durch den Fernmeldeminister. Diese Zulassung ist zwingend erforderlich für Funkanlagen, und zwar unabhängig davon, ob sie mit einem öffentlich zugänglichen Netzwerk verbunden werden sollen oder nicht.«

Art. D 440 Abs. 1 des Post- und Fernmeldegesetzes bestimmt:

> »Fernmeldeapparate und -anlagen, die für eine Mietleitung, einen Funkkanal, eine besondere Verbindung oder eine private Leitung bestimmt sind, können sowohl von der Post- und Fernmeldeverwaltung als auch vom Nutzer gestellt werden. Jedoch sind die in Telekommunikationzentren aufgestellten Apparate ausschließlich von der Post- und Fernmeldeverwaltung gestellt.«

Seit dem Gesetz vom 2. Juli 1990 hat in dieser Hinsicht France Télécom die Post- und Fernmeldeverwaltung abgelöst[63].

Der in den Art. L 34-9 und D 440 enthaltene Grundsatz ist sehr weit gefaßt. Er ist auf alle Endeinrichtungen anwendbar (klassisches Telefon, Funktelefon, Faxgeräte, Minitel-Endgeräte etc.), ebenso wie auf alle Arten von Verbin-

---

62 Eingeführt durch das Gesetz vom 29. Dezember 1990.

63 Damit im Verordnungsteil des Post- und Fernmeldegesetzes France Télécom die Post- und Fernmeldeverwaltung formell ersetzt, bedarf es einer noch zu erlassenden Verordnung.

dungsleitungen. Der Nutzer hat also die Wahl zwischen zwei Möglichkeiten: entweder beantragt er bei der Verwaltung die Lieferung der erforderlichen Apparate oder er beschafft sie sich selbst auf dem Markt.

A. *Endgeräte, gestellt von France Télécom*

Art. D 441 des Post- und Fernmeldegesetzes geht von zwei Möglichkeiten aus: Verkauf und Vermietung der Ausrüstung durch France Télécom. Beim Verkauf verhält sich France Télécom wie ein Privatunternehmen; die Geräte werden im Hinblick auf die Pflichten des Nutzers - insbesondere Wartung und Einhaltung des aktuellen technischen Standards - wie »vom Nutzer gelieferte Geräte« behandelt. Bei der Vermietung bleibt France Télécom Eigentümer der Geräte und führt auch die Wartung durch.
Die Bereitstellung, die Einrichtung, die Vermietung und die Wartung von Geräten unterliegen einer Steuer, die durch Verordnung bestimmt wird. Wenn kein Preis vorgesehen ist, müssen für die Nebenleistungen die tatsächlich entstandenen Kosten bezahlt werden, jedoch erhöht um einen Pauschalbetrag.

B. *Endgeräte, gestellt vom Nutzer*

Der Teilnehmer kann sich die Geräte bei jedem beliebigen privaten Lieferanten beschaffen.

a) *Grundsatz*

Die Geräte müssen zugelassen oder angemeldet sein. Allgemein gilt das Prinzip der »vorherigen Betriebserlaubnis«[64]. Ausnahmen gibt es für andere Endgeräte, die den Normen der Verwaltung entsprechen[65].
Die Zulassung und Erlaubnis wird nicht etwa vom öffentlichen Betreiber France Télécom gewährt, sondern von der Generaldirektion der Post- und Fernmeldeverwaltung. Diese Zuständigkeit ist eine Folge der Trennung von Regulierung und Zulassungskompetenz einerseits und der Betriebsfunktion andererseits.

---

64 Art. D 442 Abs. 1 Post- und Fernmeldegesetz.
65 Art. D 442 Abs. 2 Post- und Fernmeldegesetz.

b) *Zulassungsverfahren*

In der Zwischenzeit hat die Europäische Gemeinschaft im Rahmen der Förderung des freien Warenverkehrs und des freien Wettbewerbs eine Reihe von Vorschriften erlassen, um die Mitgliedsländer zur Liberalisierung des Endgerätesektors zu veranlassen. Das von der Gemeinschaft verfolgte Ziel ist die Schaffung eines freien und gemeinsamen Marktes für Endgeräte und deren Verbindung mit den Netzen. Die Richtlinie des Rates Nr. 86/361 vom 24. Juli 1986 fordert die gegenseitige Anerkennung der Allgemeinzulassungen von Telekommunikationsendgeräten[66].

Der Beschluß vom 2. April 1990 über die »gemeinsamen Konformitäts-Spezifikationen« im Telekommunikations-Endgerätebereich[67] dient der Umsetzung der oben genannten Richtlinie des Rates vom 24. Juli 1986.

Die Generaldirektion des französischen Postministeriums erteilt die Genehmigungen für Endgeräte. Zunächst erfolgt eine technische Überprüfung auf der Grundlage der gemeinsamen Konformitäts-Spezifikationen, soweit diese verfügbar und in Kraft sind. Diese gemeinsamen Konformitäts-Spezifikationen sind Spezifikationen, die in sämtlichen Mitgliedstaaten von den zuständigen Behörden auf der Grundlage der Europäischen Fernmeldenorm (NET) angewendet werden.

1. *Konformitätsprüfung*

Wenn der Antragsteller mit seinem Antrag ein Konformitätszeugnis vorlegt, das von einer in einem anderen Mitgliedstaat zugelassenen Stelle ausgestellt wurde, werden grundsätzlich keine zusätzlichen Prüfungen unternommen.

Die Generaldirektion kann jedoch die Erteilung der Erlaubnis aussetzen und Versuche durchführen, um zu prüfen, ob die nationalspezifischen Vorschriften beachtet sind. In der Tat können gemeinsame Konformitäts-Spezifikationen auch nationale Vorschriften enthalten, die aus historischen oder anderen Gründen für die Frequenzbenutzung vorhanden sind[68].

Außerdem kann die Generaldirektion die Zulassung dann aussetzen, wenn sie feststellt, daß die gemeinsamen Konformitäts-Spezifikationen nicht erfüllt sind. Sie teilt dies dann unverzüglich der EG-Kommission sowie den in den Mitgliedsländern für die Erteilung der Genehmigung zuständigen Behörden mit.

---

66 ABl. L 217 vom 5. August 1986, S. 21.

67 JO vom 11. April 1990, S. 4414.

68 Art. 2, Punkt 13 der Richtlinie vom 24. Juli 1986.

Die NET werden entsprechend den Vorschriften der Gemeinsamen Erklärung vom 15. November 1985 angenommen.
Ein anderer Beschluß vom 2. April 1990 bestimmt das nationale Zentrum für Telekommunikationsstudien - le Centre National d'Etudes des Télécommunications (CNET) - als zuständige Prüfstelle für die Konformitätsprüfungen. Die CNET verfaßt für jedes von ihr geprüfte Telekommunikations-Endgerät einen Bericht an die Generaldirektion. Dieser Bericht enthält Elemente zur Identifizierung des Endgeräts, Angaben über die allgemeine Konformitäts-Spezifikation, von der die Prüfung ausgegangen ist, sowie Angaben über das Ergebnis der Prüfung.

2. *Gegenseitige Anerkennung der Zulassung*

Die wesentlichen Anforderungen an die Endgeräte sind in Art. 2.17 der Richtlinie vom 24. April 1986 enthalten. Sie betreffen im wesentlichen die Sicherheit der Benutzer und Angestellten, den Schutz der staatlichen Netze gegen Schädigung und die Interoperabilität von Endgeräten.

c) *Errichtung und Wartung*

Die vom Benutzer gestellten Geräte werden auf seine Kosten installiert und gewartet, und zwar durch einen von der Post- und Fernmeldeverwaltung zugelassenen Fachmann. Die Geräte können in periodischen Abständen von der Postverwaltung geprüft werden.
Der Teilnehmer, der ein Endgerät stellt, verpflichtet sich, es auf seine Kosten zu ersetzen oder zu verändern. Wird der Ersatz oder die Veränderung des Gerätes im Rahmen des Betriebs des Netzes erforderlich, so erfolgt dies nach den Angaben der Verwaltung. Die Verwaltung muß den Benutzer 18 Monate im voraus davon informieren.
Der Teilnehmer trägt sämtliche Risiken, die sich aus der Errichtung der Anlage ergeben können und haftet persönlich gegenüber Dritten für Schäden, die beim Betrieb dieser Anlage entstehen.
Auch hier sei angemerkt, daß die Ersetzung der Post- und Fernmeldeverwaltung durch France Télécom einer Verordnung vorbehalten ist.

Abschnitt 5 - *Vermietung von Leitungen durch France Télécom*

Gemäß Art. D 368 des Post- und Fernmeldegesetzbuches können Telekommunikationsleitungen den Benutzern entweder in Form von Spezialverbindungen oder als Leitungen im Privatinteresse zur Verfügung gestellt werden. In der Tat gehören nur die Spezialleitungen France Télécom und werden von ihr vermietet. Die Leitungen im Privatinteresse werden dagegen von dem Begünstigten errichtet und gewartet und fallen in die Kategorie der unabhängigen Netze[69].

§ 1 *Allgemeine Grundlagen der Spezialnetze*

Die zur Zeit geltende Rechtsgrundlage für Spezialverbindungen ist die Verordnung Nr. 87-775 vom 24. September 1987, welche die Art. D 369 - D 385-14 des Post- und Fernmeldegesetzbuches abgeändert hat. Die Spezialleitung ist in Art. D 369 definiert. Sie hat mehrere Eigenschaften.

Zunächst handelt es sich um eine Mietleitung. Der Begünstigte ist also nicht Eigentümer der Leitung oder Anlage. Er nutzt nicht einmal die Anlage. Er nutzt die Leitung, d.h., er hat die Gewähr, sich jederzeit einer Telekommunikationsleitung bedienen zu können. So können beispielsweise Zeitungen und Presseagenturen eine Spezialleitung benutzen, sogenannte »Presseleitungen«. Dasselbe gilt für öffentliche Institutionen, die solche Leitungen zur Erhaltung der öffentlichen Sicherheit benutzen.

Die Spezialleitung steht ausschließlich demjenigen zur Verfügung, der den Mietvertrag geschlossen hat. Sie kann zwei Endgeräte verbinden (sogenannte point à point-Verbindung) oder ein Endgerät und ein Gerät von France Télécom, das die Schaltung mit bestimmten Empfängern erlaubt (sogenannte »Multipoint«-Verbindung). Eine Spezialverbindung kann auch ein Endgerät mit einer Anlage von France Télécom verbinden, und zwar um von France Télécom angebotene Dienste wie Stunden-Signale oder verschiedene andere Auskunftsdienste in Anspruch zu nehmen.

Schließlich kann die Spezialverbindung nur für die eigenen Bedürfnisse des Nutzers verwendet werden, d.h. für die innerbetriebliche Kommunikation oder die Kommunikation mit im Vertrag benannten Dritten. Grundsätzlich darf der Nutzer seine Verbindung weder untervermieten noch darf er Übertragungskapazitäten verkaufen. Auch darf er die Leitung nicht zur Kommunikation mit Dritten nutzen, die im Mietvertrag nicht genannt sind. Jedoch läßt Art. D 369 von dem Grundsatz der persönlichen Nutzung Abweichungen zu.

---

69 Vgl. oben Abschnitt 3.

§ 2 *Besonderheiten der für Dritte zugänglichen Telematik-Netze*

A. *Begriff*

Eine Spezialleitung kann auch an solche Unternehmen vermietet werden, die im Mietvertrag nicht genannten Dritten Telematikdienste anbieten. Der Telematikdienst wird durch den Umstand charakterisiert, daß er Datenverarbeitung und -übertragung umfaßt.

Wieder einmal treffen wir hier auf das Bemühen, das Monopol von France Télécom über die einfache Signalübertragung zu erhalten. Dieses Bemühen manifestiert sich in der Errichtung von starren Grenzen für die Nutzer dieser Leitung. Zunächst einmal muß der Dienst eine Datenverarbeitung enthalten, was annehmen läßt, daß es sich um einen interaktiven[70] Telematikdienst handelt. Der Verarbeitungsanteil muß außerdem höher sein als der Übertragungsanteil. Außerdem wird in Art. D 385-4 bestimmt, daß der Anbieter das Netz nicht zur Übermittlung von Tonsignalen benutzen darf.

Andere Vorschriften sollen die Rentabilität von France Télécom gewährleisten. So muß ein gewisser Anteil der jährlichen, sich aus der Datenübertragung ergebenden Kosten an dem gesamten Umsatz des Telematikdienstes beachtet werden. Dieser Anteil wird vom Minister festgelegt und darf nicht weniger als 15 Prozent betragen[71].

B. *Verwaltung*

Die Dritten zugänglichen Telematikdienste sind in die Kategorien I und II aufgeteilt.

Im Prinzip fallen diese Netze unter die Kategorie I. Dann gilt für sie die vorherige Anmeldung beim Post- und Fernmeldeminister. Die Bedingungen werden in Art. D 385-5 präzisiert.

Die Netze der Kategorie II haben eine Übertragungskapazität (Mbit/s), die gewisse Schwellenwerte überschreiten. Diese Schwellenwerte werden durch ministeriellen Erlaß festgelegt. Sie sind insbesondere dann höher, wenn es sich um Dienste handelt, die ausschließlich für eine Gesamtheit von Nutzern bestimmt sind, die denselben oder einen ähnlichen Beruf ausüben. Die Netze der Kategorie II bedürfen der vorherigen Zulassung. Diese wird vom Minister nach Erfüllung der Bedingungen erteilt, wie sie in den Art. D 385-5 und D 386-6 vorgesehen sind. Insbesondere muß sich der Anbieter verpflichten, den

70 Siehe oben, Einleitung zu diesem Kapitel.

71 Art. D 385-4 Post- und Fernmeldegesetz.

Benutzern die Kosten der Datenverarbeitung und die Kosten der Datenübertragung getrennt zu berechnen.
Diese Verbindungen können entweder an Einzelunternehmen oder an Gesellschaften vermietet werden, die einer Unternehmensgruppe angehören.
Ein Erlaß des Postministers enthält besondere technische Vorschriften, deren Beachtung von solchen Unternehmen verlangt wird, die besonders große Übertragungskapazitäten nutzen.
Eine technische Kommission mit beratendem Status ist beim Ministerium angesiedelt und gibt Stellungnahmen über die Zulassungsanträge ab. Im Falle der Ablehnung oder des Widerrufs einer Genehmigung kann sie vom Betroffenen angerufen werden[72].

Kapitel II *Das Angebot von Telekommunikationsdiensten*

Im französischen Recht unterscheidet man drei Arten von Kommunikationsdiensten:

- Die Rundfunk- und Fernsehdienste[73];
- Dienste der audiovisuellen Kommunikation, die nicht Rundfunk- und Fernsehdienste sind und die dem Gesetz vom 30. September 1986 über die Freiheit der Kommunikation zuzuordnen sind;
- Private Kommunikationsdienste, die dem Post- und Fernmeldegesetz zuzuordnen sind.

In der offiziellen Terminologie setzt sich zunehmend der Begriff »Telekommunikationsdienst«[74] für diese Dienste durch. Es handelt sich um point-to-point-Leitungen zwischen zwei Teilnehmern oder einer bestimmten Anzahl von Teilnehmern. Diese Dienste stellen Telekommunikationsdienste im engeren Sinne dar. Im weiteren Sinne sind Telekommunikationsdienste solche Dienste, die die private oder audiovisuelle Kommunikation ermöglichen und die dafür Telekommunikationsnetze benutzen, insbesondere Netze von France Télécom. Sie werden in diesem Kapitel näher behandelt.

---

72 Art. D 385-13 Post- und Fernmeldegesetz.
73 Die Rundfunk- und Fernsehdienste werden im 3. Teil dieser Arbeit behandelt.
74 So definiert der neue Art. L 32 des Post- und Fernmeldegesetzes, abgeändert durch das Gesetz vom 29. Dezember 1990, in seinem Abs. 6 die Telekommunikationsdienste als »jede Leistung, die die Übertragung oder Beförderung von Signalen oder eine Kombination dieser Funktionen beinhaltet, und zwar mit den Mitteln der Telekommunikation. Hierunter fallen nicht die Dienste der audiovisuellen Kommunikation, soweit sie vom erwähnten Gesetz Nr. 86-1067 vom 30. September 1986 erfaßt sind.«

Man kann drei große Kategorien von Diensten unterscheiden:

- Die Übermittlung von Tönen:
  Hier handelt es sich im wesentlichen um das Telefon; dazu gehört auch das Autotelefon.
- Die Übertragung von geschriebenen Texten:
  Telegrafie, Telex und Telefax. Diese Dienste sind, was die Betriebsbedingungen angeht, den vorherigen Diensten sehr ähnlich.
- Die Datenübertragung:
  Diesen Begriff gilt es, auf solche Dienste zu beschränken, die den Nutzern die Kommunikation über Entfernungen mittels Computer ermöglichen. Es kann sich hierbei um hochentwickelte Computer handeln, aber auch um völlig elementare Endgeräte wie das »Minitel«.

Die Datenübertragungsdienste enthalten im wesentlichen:

- Die Teleinformatik im engeren Sinne des Wortes, d.h. die Nutzung der Verarbeitungskapazität eines Computers über Entfernungen hinweg für wissenschaftliche Berechnungen sowie für Arbeiten und Aufgaben im Bereich der Technik, der Betriebsführung und der Buchhaltung.
- Der Datenaustausch, um einen Computer über Entfernungen hinweg mit Informationen zu versehen.
- Der Informationsabruf bei Datenbanken, Adreßbüchern oder Katalogen.
- Sogenannte »Transaktionssysteme«:
  Reservierungen und Buchungen von Transportmitteln, Hotels etc. oder Operationen im Bankbereich.
- Benutzung von Terminals für point of sale-Systeme oder Tele-Shopping.
- Nachrichtendienste, die Mitteilungen weiterleiten oder auch den direkten Dialog zwischen Nutzern ermöglichen, wie z.B. »Minitel« (wenn auch diese Form dem Nachrichtenaustausch über Telex sehr ähnlich ist).

Eine wichtige Präzisierung ist im Hinblick auf die Datenübertragung im Wege der Telekommunikation zu machen.

Es ist zwar so, daß die meisten Telekommunikationsverbindungen aus technischen Gründen einen oder mehrere Computer benutzen. Dennoch darf man die Technik der Übermittlung nicht mit dem Dienst verwechseln. Während erstere nur den Übertragungsvorgang betrifft, erlaubt der Dienst dem Nutzer die Kommunikation mit Computern über Entfernungen hinweg, beispielsweise eine Datenbank abzufragen.

Außerdem ist zu bemerken, daß die meisten Datenübertragungsdienste ihrer Natur nach immer Dienste sind, die man in der französischen Terminologie der Telekommunikation als »interaktive« Dienste bezeichnet. Als interaktiver Dienst wird ein solcher bezeichnet, bei dem der Nutzer des Dienstes -

meistens mittels eines entsprechenden Gerätes - eine Anfrage über Daten formuliert und dann bestimmte Ergebnisse erhält. Der Ministerbeschluß vom 27. April 1982, der die Telekommunikationsbegriffe präzisiert, stellt die interaktiven Dienste den gesendeten Diensten gegenüber: bei den interaktiven Diensten wird über ein Telekommunikationsnetz die Anfrage des Nutzers sowie die Antwort übermittelt. Bei den gesendeten Diensten dagegen werden die Nachrichten systematisch über ein Fernsehnetz gesendet. Der Datenübermittlungsdienst besteht also im wesentlichen in der Möglichkeit des Dialogs mit anderen Computern. Bei der Abfrage spielt der Typ des Computers keine Rolle. Ebensowenig kommt es auf den Komplexitätsstandard des Computers oder des Endgerätes an, wenn man die Art des Dienstes zu qualifizieren hat.
Schließlich muß im französischen Recht fundamental zwischen »audio-visueller« Kommunikation, die für die Öffentlichkeit bestimmt ist, und der privaten Kommunikation (Individualkommunikation), die direkt zwischen zwei bestimmten Personen abläuft, unterschieden werden. Die traditionellen Telefondienste und die Telexdienste gehören zur privaten Kommunikation. Die Datenübertragungsdienste dagegen können, je nachdem, entweder zur privaten Kommunikation oder zur audiovisuellen Kommunikation gehören. So kann die Konsultierung einer Datenbank oder eines Rechenzentrums vom Personal eines Unternehmens oder auch von Abonnenten vorgenommen werden, die mit dem Datenanbieter einen Vertrag geschlossen haben. In diesem Fall handelt es sich um private Kommunikation. Die Abfrage einer Datenbank oder eines Adreßbuchs kann aber auch der Öffentlichkeit zugänglich sein oder einer bestimmten Kategorie von Publikum, dann handelt es sich um audiovisuelle Kommunikation. Diese Unterscheidung ist wesentlich, da die Dienste der privaten Kommunikation im allgemeinen den Vorschriften des Post- und Fernmeldegesetzes unterstehen, während die Dienste der audiovisuellen Kommunikation der Regelung des Gesetzes vom 30. September 1986 über die Freiheiten der Kommunikation, abgeändert durch Gesetz vom 17. Januar 1989, unterstehen.
Nachfolgend wird zunächst das Angebot von Diensten der privaten Kommunikation und sodann von Diensten der audiovisuellen Kommunikation behandelt.

Abschnitt 1 - *Dienste der privaten Kommunikation*

Hierbei handelt es sich um Kommunikationsdienste im engeren Sinne. Diese Dienste ermöglichen einen privaten Informationsaustausch zwischen Abon-

nenenten eines geschlossenen Netzes oder zwischen Personen, die einer geschlossenen Gruppe von Nutzern angehören. Man spricht auch von »point-to-point-Verbindungen«, im Gegensatz zu den Diensten, die sich an eine unbestimmte Anzahl von Nutzern wenden und die in die Kategorie der öffentlich zugänglichen Dienste der audiovisuellen Kommunikation fallen.
Man muß unterscheiden zwischen den Telefon- und Telexdiensten, den anderen Telekommunikationsdiensten im engeren Sinne und der Bereitstellung von Leitungen für private Übermittlung.

§ 1 *Der Telefon- und Telexdienst*

Hier handelt es sich genauer gesagt um den Telefondienst auf dem geschalteten Netz von France Télécom. Der neue Art. L 32 Abs. 7[75] definiert den Telefondienst als »das kommerzielle Betreiben der direkten Übertragung der Stimme in einer bestimmten Zeit zwischen Nutzern, die an Endstellen eines Telekommunikationsnetzes angeschlossen sind«[76].
Das Gesetz vom 29. Dezember 1990 überträgt France Télécom das Monopol für den Telefon- und den Telexdienst. Der neue Art. L 43-1 Abs. 1 des Post- und Fernmeldegesetzes bestimmt: »Der Telefondienst zwischen zwei festen Stellen und der Telexdienst können nur vom öffentlichen Betreiber erbracht werden.« Außerdem hat France Télécom gemäß dem 2. Abs. des Art. L 43-1 das Monopol der Errichtung und des Betriebs der öffentlichen Telefonzellen.

A. *Zugang zum Telefon*

Es gilt der Grundsatz des freien Zugangs zum Telefondienst. Dieser Zugang ist in zwei Formen organisiert: einmal sieht Art. L 35 des Post- und Fernmeldegesetzes vor, daß jede Person die Übertragungsmöglichkeiten des öffentlichen Betreibers benutzen kann[77]. Einzige Bedingung ist, daß der Antragsteller seine Identität nachweist, wenn die Verwaltung es verlangt. Zweitens bestimmt Art. L 35-1 des Gesetzes, daß »jede Person auf Antrag ein Telefon erhält (Abonnement) zu den im Post- und Fernmeldegesetz bestimmten Bedingungen«.

---

75 Eingeführt durch das Gesetz vom 29. Dezember 1990.
76 Zu den Endstellen siehe neuer Art. L 32 Abs. 3 des Post- und Fernmeldegesetzes und auch oben, bezüglich der Endgeräte.
77 Abgeändert durch Art. 41-IV des Gesetzes vom 2. Juli 1990.

Der Post- und Fernmeldeminister kann jedoch den Dienst der privaten Kommunikation teilweise oder insgesamt auf dem gesamten Netz oder eines Teils davon aufheben[78].
Seit dem Gesetz vom 2. Juli 1990 werden sämtliche öffentlichen Telekommunikationsdienste im Innern und von außen von der juristischen Person des öffentlichen Rechts 'France Télécom' betrieben. Eine Verordnung soll den Verordnungsteil des Post- und Fernmeldegesetzes formell abändern, so daß der Ablösung der Postverwaltung (ehemalige Generaldirektion für Telekommunikation) durch France Télécom Rechnung getragen wird.
Der öffentliche Betreiber France Télécom haftet im Bereich der Telekommunikationsdienste nur bei schwerem Verschulden. Dieser Grundsatz ist im Gesetz vom 2. Juli 1990 beibehalten worden. Nach Art. 26 bleibt die Haftung des öffentlichen Betreibers gegenüber den Nutzern bestehen, und zwar entsprechend den Vorschriften des Post- und Fernmeldegesetzes, wobei vertragliche Abweichungen zugunsten der Nutzer zulässig sind[79].
Traditionsgemäß hielt man das Rechtsverhältnis zwischen den Fernsprechteilnehmern und der Verwaltung für ein öffentlich-rechtliches, den Vertrag über den Telefonanschluß dagegen für einen verwaltungsrechtlichen Vertrag[80]. Streitigkeiten aus diesem Vertrag oder daraus resultierenden Pflichten müssen vor die Verwaltungsgerichte gebracht werden. Eine Ausnahme hiervon war, daß aufgrund des Art. L 126 des Post- und Fernmeldegesetzes Streitigkeiten über die Zahlung von Telefongebühren vor die Zivilgerichte gehörten. Das Gesetz vom 2. Juli 1990, das den Betrieb der Telekommunikationsdienste auf France Télécom übertragen hatte, nahm eine grundlegende Änderung dieser beiden Punkte vor. Danach waren von nun an aufgrund des Art. 25 des Gesetzes vom 2. Juli 1990 die Rechtsbeziehungen zwischen France Télécom und den Teilnehmern dem »allgemeinen Recht unterworfen« und »die daraus resultierenden Streitigkeiten werden der ordentlichen Gerichtsbarkeit zugewiesen, mit Ausnahme derjenigen Streitigkeiten, die ihrer Natur nach der Verwaltungsgerichtsbarkeit unterliegen«. Damit steht fest, daß der Anschlußvertrag zwischen einem Teilnehmer und France Télécom heute ein zivilrechtlicher Vertrag ist.

---

78 Art. L 36 des Post- und Fernmeldegesetzes.

79 Art. L 37 des Post- und Fernmeldegesetzes, abgeändert durch Art. 8 des Gesetzes vom 29. Dezember 1990.

80 Tribunal des Conflits 24. Juni 1968, Dalloz 1969; 416 (Tribunal des Conflits: Oberstes Gericht, das über Zuständigkeisstreitigkeiten zwischen der Verwaltungs- und der ordentlichen Gerichtsbarkeit streitet).

Im übrigen ist nach Art. 28 des Gesetzes vom 2. Juli 1990 vorgesehen, daß France Télécom die Möglichkeit hat, Vergleiche abzuschließen und Schiedsvereinbarungen zu treffen.

B. *Erhebung der Gebühren*

a) *Innerstaatliche Regelung*

Die Regelungen über die Gebührenrechnung sind in den Art. R 12 bis R 20 und D 289 bis D 307 des Post- und Fernmeldegesetzes aufgeführt. Nachfolgend soll nur auf das Wesentliche dieser Vorschriften eingegangen werden.
Früher wurden die Telegafen- und Telefongebühren mittels einer ministeriellen Verordnung festgesetzt. Seit dem 1. Januar 1991 bestimmt France Télécom selbst die Gebühren ihrer Dienste, jedoch unter Berücksichtigung der im Lastenheft bestimmten Grundsätze und Verfahren[81].
Nach Art. D 293 des Post- und Fernmeldegesetzes bestimmen sich die Telefongebühren nach drei Kriterien:

- nach der Dauer,
- nach dem Zeitpunkt des Anrufs,
- der Entfernung.

Generell resultiert die Tarifierung aus einer Zählung von periodischen Impulsen (Stromstößen), die im Zähler des Teilnehmers registriert werden. Besondere Impulse entspechen besonderen Tarifen für bestimmte Verbindungen und für bestimmte Dienste. Der Preis jedes im Zähler registrierten Impulses heißt »Telekom-Einheit«. Wird die Fernsprechverbindung ausnahmsweise manuell hergestellt, so erfolgt die Tarifierung aufgrund von unteilbaren Minuten.
Ein Datenverarbeitungssystem speichert den täglichen Verbrauch der Telefonteilnehmer. Es soll hauptsächlich den Nutzer über seinen Verbrauch unterrichten. Es dient aber auch dem Zweck, den Einzug der Gebühren durch den Telefondienst abzuwickeln sowie eine technische Überwachung der Impulszählung zu gewährleisten. Die Einrichtung dieser Datei, die in der Verordnung vom 29. August 1989 vorgesehen ist, war von der Nationalen Kommission für Informatik und Freiheitsrechte (CNIL) genehmigt worden. Art. 34 des Gesetzes vom 6. Januar 1978 gibt den Teilnehmern das Recht auf Zugang zu den sie betreffenden Daten.

---

81 Art. 8 des Gesetzes vom 2. Juli 1990. Art. 14 desselben Gesetzes verpflichtet France Télécom »das finanzielle Gleichgewicht seiner Tätigkeiten zu überwachen«.

b) *Internationale Regelung*

Die Art. D 362 und D 367 regeln den internationalen Dienst. Internationale, von Frankreich ausgehende Fernsprechverbindungen unterliegen einem Spezialtarif, der früher durch Verordnung des Post- und Fernmeldeministers festgelegt wurde und der nunmehr im Rahmen des Lastenheftes von France Télécom bestimmt wird.
Die Berechnung erfolgt entsprechend der Dauer der Verbindung. Die Gesamtgebühr errechnet sich aus dem Vierfachen der Grundgebühr, d.h. des Preises pro im Zähler registrierten Impuls[82], eventuell erhöht um eine Gebühr für die Herstellung der Verbindung. Die zu zahlende Gesamtgebühr enthält die dem Zielland zustehende Endgebühr sowie die den Transitländern zustehenden Transitgebühren[83].

C. *Schutz der Fernsprechteilnehmer*

a) *Allgemeine Regelung*

Art. 8 des Gesetzes vom 2. Juli 1990 sieht vor, daß das Lastenheft von France Télécom die Voraussetzungen präzisiert für:
- die Versorgung im gesamten Land,
- die Gleichheit in der Behandlung der Teilnehmer,
- die Qualität und Verfügbarkeit der angebotenen Dienste,
- die Neutralität und Vertraulichkeit der Dienste.

Im übrigen sieht der neue Art. L 32-1 des Post- und Fernmeldegesetzes[84] vor, daß der Postminister darüber wacht, daß der öffentliche Betreiber und die Telekommunikationsdienstleistungsunternehmen das Gleichbehandlungsprinzip gegenüber den Teilnehmern beachten, und zwar ungeachtet des Inhalts der übermittelten Nachricht. Ebenso stellt er sicher, daß der Zugang zum öffentlichen Netz unter objektiven, durchschaubaren und nichtdiskriminierenden Bedingungen erfolgt. Der neue Art. L 32-2 wiederholt den Grundsatz der Geheimhaltung von Nachrichten.
Nach Art. 25 des Gesetzes vom 2. Juli 1990 unterliegen die Beziehungen zwischen France Télécom und den Teilnehmern dem allgemeinen Recht. Darunter versteht man, daß diese privatrechtlichen Verträge dem Zivilrecht

---

82 Telekom-Einheit, entsprechend der Terminologie des Art. D 291.
83 Art. D 363 und D 366 des Post- und Fernmeldegesetzes.
84 Eingeführt durch Gesetz vom 29. Dezember 1990.

oder dem Handelsrecht unterstehen. Streitigkeiten infolge dieser Rechtsbeziehungen kommen vor die ordentlichen Gerichte.
Nach Art. 26 richtet sich die Haftung von France Télécom gegenüber Teilnehmern wegen der Lieferung von Diensten nach den Vorschriften des Post- und Fernmeldegesetzes; der Abschluß von günstigeren Verträgen für die Teilnehmer ist zulässig.

b) *Sondervorschriften*

Einige Werbefirmen haben sehr schnell den Nutzen begriffen, den sie aus dem von France Télécom bereitgestellten Telefaxdienst ziehen konnten: systematisch werden über diesen Weg die Telefonteilnehmer mit Werbenachrichten versehen. Dieses Verfahren führt sehr schnell zum Mißbrauch. Die Nutzer werden von einer Unmenge - meistens überflüssiger - Werbung überflutet und vor allem werden dadurch ihre Leitungen blockiert. Diesem Werbungsmißbrauch hat der Gesetzgeber den Kampf angesagt.
Art. 10 des Gesetzes vom 31. Dezember 1989 sieht vor, daß die Teilnehmer verlangen können, von Kundenwerbung über Telex oder Telefax ausgeschlossen zu werden: dies erfolgt durch Eintragung in eine öffentliche Datei. Die Eintragung ist gratis. Eine Ausführungsverordnung wird die Tätigkeit dieser Datei sowie die Sanktionierung von Verstößen regeln.

§ 2 *Andere Telekommunikationsdienste*

Hierbei handelt es sich um Telekommunikationsdienste im engeren Sinne des Wortes, d.h. um solche, die der privaten Nachrichtenübermittlung dienen. Im Gegensatz dazu stehen die Dienste der audiovisuellen Kommunikation.
Grundsätzlich ist nach dem neuen Art. L 34-5 des Post- und Fernmeldegesetzes das Angebot solcher Dienste frei. Jedoch präzisiert das Gesetz die Modalitäten der Ausübung dieser Freiheit. Es enthält darüber hinaus Ausnahmeregelungen, wonach es für bestimmte Dienste doch der verwaltungsrechtlichen Genehmigung bedarf.

A. *Allgemeine Voraussetzungen für die Ausübung*

Der Lieferant muß gemäß Art. L 34-5 die »wesentlichen Erfordernisse« beachten. Diese sind in dem neuen Art. L 32 Abs. 12 definiert. Sie betreffen die Sicherheit von Personen (Teilnehmer und Personal), den Schutz der Netze, die Verknüpfung der Dienste (Interoperabilität) und den Datenschutz.

Wenn die Diensteanbieter Leitungen benutzen, die sie von France Télécom gemietet haben, müssen sie ein Anmelde- oder Genehmigungsverfahren durchlaufen. Die Anmeldung beim Post- und Fernmeldeminister reicht immer dann aus, wenn die erforderliche Leitungskapazität eine bestimmte Grenze nicht überschreitet. Oberhalb dieser Grenze muß der Lieferant die Genehmigung des Ministers einholen.

B. *Aufgrund ihrer Natur genehmigungspflichtige Dienste*

Davon gibt es drei Arten: zunächst handelt es sich gemäß der im Gesetz vom 29. Dezember 1990 verwendeten Terminologie um »Support-Dienste«. Der neue Art. L 32 Abs. 9 definiert sie als Dienste der einfachen Datenübermittlung, ohne daß die Signale einer Verarbeitung unterliegen - bis auf diejenigen Signale, die für ihre Übermittlung erforderlich sind. France Télécom kann ipso jure Support-Dienste erbringen. Andere Diensteanbieter bedürfen einer Genehmigung des Post- und Fernmeldeministers, die ebenfalls im Lastenheft geregelt ist.
Aus dem neuen Art. L 34-3 des Post- und Fernmeldegesetzes ergibt sich, daß auch alle anderen Fernmeldedienste genehmigungspflichtig sind, die nicht in Art. L 34-1 (Telefon zwischen zwei fixen Punkten) erwähnt sind und die mit Funk arbeiten«. Hierbei handelt es sich im wesentlichen um die Dienste des mobilen Funktelefons.
Schließlich bedürfen aufgrund des neuen Art. L 34-4 solche Telekommunikationsdienste einer Genehmigung, die über Kabelnetze geliefert werden und bei denen es sich nicht um Telefon und Telex handelt.

Abschnitt 2 - *Dienste der audiovisuellen Kommunikation: die interaktive Telematik*

Verschiedene Begriffe wurden gelegentlich in offiziellen Texten verwendet, um diese Art von Diensten zu bezeichnen. So hat man von der »interaktiven Videografie« geredet oder vom »System Teletel«, als es um die konkrete Anwendung der Telematik innerhalb des Fernsprechnetzes der Post ging. Immer mehr setzt sich jedoch der Begriff der »Interaktiven Telematik« oder einfacher der »Telematik« durch.
Die interaktive Telematik verschafft dem Benutzer die Möglichkeit, mit Hilfe eines eigens an das Telefonnetz adaptierten Computer-Endgeräts jede Art von Informationen abzurufen, die er aussucht (aktuelle Informationen wie sie in

der Presse erscheinen, z.B. Wettervorhersage, Informationen aus Wirtschaft, Werbung, Anzeigen, berufsbezogene Dokumentationen usw.). Auch kann der Teilnehmer Operationen durchführen wie z.B. den Kauf eines Produktes oder eine Banküberweisung.

Unter dem Einfluß der öffentlichen Hand und insbesondere der Postverwaltung wurde ein elektronisches Telefonverzeichnis erstellt, das die gedruckten Telefonbücher ersetzen sollte und damit das »Minitel« als einfaches Endgerät sehr populär gemacht hat. Anfangs wurde Minitel von der Post gratis zur Verfügung gestellt. Seit 1989 wird es für eine geringe Summe vermietet. Der Minitel-Aktion war in Frankreich ein großer Erfolg beschieden. Dank des Minitel hat sich die Telematik in Frankreich in bedeutendem Maße entwickelt.

In diesem System wird der Teilnehmer mit einem Anbieter von Informationsdiensten direkt verbunden. Der Anbieter kann in der Praxis ein Presseunternehmen sein, eine Berufsvereinigung, eine Verwaltung, eine Gemeinde, ein Versandhandelshaus, ein Reservierungs- oder Buchungssystem oder ein elektronischer Nachrichtendienst. Die Verarbeitung und die Speicherung der Daten wird von einem »Service-Zentrum« gewährleistet. Gelegentlich hat der Anbieter sein eigenes Service-Zentrum, aber häufiger ist das Service-Zentrum ein unabhängiges Unternehmen, das seine Dienste vielen Anbietern zur Verfügung stellt. Die Übertragung erfolgt über das normale Telefonnetz der Post. Der Teilehmer nimmt Verbindung mit dem Service-Zentrum auf und formuliert seine Wünsche mit Hilfe seines Gerätes. Er erhält die Antworten im Seitenformat auf seinem Bildschirm.

Die Postverwaltung selbst tritt ebenfalls als Datenlieferant in Erscheinung. Hierbei handelt es sich hauptsächlich um das elektronische Fernmeldeverzeichnis. Mit Ministerbeschluß vom 17. Juli 1984[85] erfolgte die Genehmigung, wonach die Postverwaltung diesen Dienst auf dem gesamten Staatsgebiet anbieten kann. Gemäß Art. D 359 des Post- und Fernmeldegesetzes kann der Fernsprechteilnehmer beantragen, daß ihm statt eines Fernsprechbuches ein »Endgerät zur Verfügung gestellt wird, das ihm einen elektronischen Anschluß an das Fernsprechverzeichnis gewährt«. Die ersten drei Abfrageminuten sind kostenfrei.

Bei den anderen Anbietern handelt es sich um staatliche Unternehmen (zentrale Verwaltungen, örtliche Verwaltungen, öffentliche Unternehmen) oder um private Unternehmen.

85 JO vom 11. August 1984.

§ 1 *Verwaltungsrechtliche Grundlagen der Telematikdienste*

A. *Entwicklung der verwaltungsrechtlichen Grundlagen von 1982 bis 1986*

Vor 1982 waren die Nachrichtendienste, die über das Telefonnetz liefen, dem Fernmeldemonopol zugeordnet. So bedurfte es damals aufgrund des Art. L 33 einer ministeriellen Genehmigung nicht nur für den Anschluß an das Netz, sondern auch für den Betrieb des Nachrichtendienstes. Die Verwaltung interpetierte den Art. L 33 in der Tat sehr weit.

Mit Gesetz vom 22. Juli 1982 über die audiovisuelle Kommunikation wurde die Zuständigkeit des Postministers für den Bereich des Angebots von audiovisuellen Diensten beendet. Das Gesetz unterschied grundlegend zwischen zwei großen Kategorien von Diensten:

- die Radio- und Fernsehdienste, einschließlich der gesendeten Videografie, wofür die Genehmigung entweder der Hohen Behörde oder der Regierung erforderlich war;
- die interaktiven Telematikdienste, die lediglich der Anmeldung bedurften. Übergangsweise (und sicherlich auch versuchsweise) war ein Genehmigungsverfahren vorgesehen. Die interaktiven Telematikdienste waren durch Art. 77 des Gesetzes geregelt:

> »Der dem Publikum oder den Publikumskategorien angebotene Dienst der audiovisuellen Kommunikation muß vorher angemeldet werden. Hierbei handelt es sich um einen Dienst, bei dem der Nutzer des angebotenen Dienstes selber über eine Entfernung hin eine Gesamtheit von Texten, Tönen, Bildern oder Dokumenten oder audiovisuellen Nachrichten jeder Art - mit Ausnahme von Kinofilmen - abfragt und wobei er nur die abgefragten Elemente empfängt.«
>
> »Für eine Übergangszeit, deren Beendigung durch Dekret bestimmt wird und die nicht länger als bis zum 1. Januar 1986 dauern darf, bedürfen diese Dienste der vorherigen Zustimmung.«

Es ist angebracht, das Zustimmungsverfahren kurz zu skizzieren, so wie es zwischen 1952 und 1986 bestand, denn damit werden die wesentlichen Eigenschaften des jetzigen Rechtszustandes erläutert.

Das Genehmigungsverfahren war in einem Dekret vom 17. Januar 1984 verankert[86]. Es handelt sich dabei um ein relativ starres System, denn über das Erfordernis der verwaltungsrechtlichen Zustimmung hinaus war eine Reihe von Pflichten zu erfüllen, die im Lastenheft aufgeführt waren. Die Art der Pflichten war in dem Dekret selbst beschrieben. Paradoxerweise war das aus dem Gesetz von 1982 hervorgegangene Zulassungssystem weniger liberal

86 Dekret Nr. 84-59 über das Zustimmungsverfahren, vorgesehen in Art. 77 des Gesetzes Nr. 82-652 vom 22. Juli 1982 über die audiovisuelle Kommunikation (JO vom 28. Januar 1984).

als das vorhergehende System. In der Tat bedurften die interaktiven Telematikdienste vor 1982 einer Genehmigung des Postministers und mußten sich einigen technischen Erfordernissen bezüglich der Benutzung des Netzes unterwerfen. Jedoch gab es keinerlei Vorschriften, die die Ausübung ihrer Tätigkeiten begrenzten.

a) *Antragsteller*

Nach den Vorschriften des Dekrets mußte der Antrag auf Genehmigung von dem Diensteanbieter gestellt werden. Außerdem mußte der Antrag den Namen der für den Inhalt des angebotenen Dienstes verantwortlichen Person enthalten sowie Angaben über Sitz und Eigentum der Informationszentren, die diesen Dienst erstellten. Was war also unter dem Begriff des »Diensteanbieters« zu verstehen?

b) *Genehmigungsverfahren*

Die für diese Genehmigung zuständige Behörde war der Kommunikationsminister. Die Zuweisung dieser Zuständigkeit an den Kommunikationsminister bestätigte den Willen der Initiatoren des Gesetzes von 1982, die Kontrolle über die audiovisuellen Dienste dem Postminister zu entziehen und dieses sogar für öffentlich angebotene Telematikdienste, die das Fernmeldenetz der Post benutzen. Die Trennung zwischen Dienst und Kommunikationsweg war offensichtlich.
Der Antrag mußte nicht nur den Namen der Personen enthalten, die an dem Angebot des Dienstes arbeiteten, sondern auch den Inhalt des Dienstes, die anvisierte Teilnehmergruppe und die Zahlungsbedingungen. Der Genehmigungsantrag wurde nicht direkt beim Minister gestellt. Dies geschah vielmehr beim Präfekten des Departements, in dessen Bereich die Gesellschaft des Antragstellers ihren Sitz hatte. Der Präfekt übermittelte den Antrag sodann an den Kommunikationsminister. Dieser mußte innerhalb einer Frist von zwei Monaten seine Entscheidung erlassen, sonst galt der Antrag als genehmigt. Im Falle einer Ablehnung oder im Falle einer Genehmigung unter besonderen Auflagen hatte der Minister die Stellungnahme der Beratenden Kommission einzuholen, die durch ein zweites Dekret vom 17. Januar 1984 eingerichtet wurde. Der Minister konnte weiterhin die Genehmigung aufheben oder zurücknehmen, wenn eine Pflichtverletzung oder ein öffentliches Interesse bestand.

c) *Auflagen*

Charakterisiert war das Zustimmungssystem dadurch, daß der Antragsteller sich verpflichtete, das Lastenheft zu beachten, das von der Regierung erarbeitet und dem Dekret als Anlage beigefügt war. Die Genehmigung war mit verwaltungsrechtlichen Auflagen derart belastet, daß der Unternehmer in seiner Handlungsfreiheit eingeschränkt wurde. Art. 5 des Dekrets präzisierte, daß das Lastenheft obligatorischen Charakter hatte. Es ist durchaus interessant, an dieser Stelle die im Lastenheft enthaltenen Pflichten zu nennen.
Zunächst galt im Lastenheft der sogenannte Grundsatz der »Spezialität«: ein Anbieterunternehmen für Telematikdienste konnte nicht irgendeine Art von Diensten anbieten, sondern ausschließlich solche Dienste, die seinem Gesellschaftszweck entsprachen. Das war nach französischem Recht die Art von Tätigkeit, für welche die juristische Person, sei sie nun öffentlich-rechtlich oder privatrechtlich, gegründet wurde. So ist die Tätigkeit der Körperschaften des öffentlichen Rechts, wie beispielsweise Gemeinden oder Universitäten, diejenige Aufgabe des öffentlichen Dienstes, die ihnen zugewiesen wurde. Für eine Gesellschaft des privaten Rechts ist es die in der Satzung der Gesellschaft vorgesehene Tätigkeit. Der Spezialitätsgrundsatz zwang somit das Unternehmen, sich auf eine bestimmte Art von Diensten zu beschränken. Dieses Hindernis war aber nicht unüberwindbar, denn die Unternehmen des privaten Sektors können ihre Satzungen ändern. Dagegen waren die Unternehmen der öffentlichen Hand durch das Spezialitätsprinzip in ganz erheblichem Maße behindert.
Die Lieferung von Anzeigen, d.h. Angeboten und Anfragen durch natürliche Personen, z.B. auf dem Immobilienmarkt oder auf dem Arbeitsmarkt, unterlag einem besonders restriktiven Modus. Nach Art. 4 des Lastenheftes waren diese Dienste den Presseunternehmen vorbehalten. Es war klar, daß die Regierung damit den Schutz der traditionellen Tagespresse bezweckte, insbesondere der großen Tagesblätter, die einen wichtigen Teil ihrer Einnahmen aus den Anzeigen beziehen. Sie sollten vor dem Wettbewerb durch Telematikdienste geschützt werden.
Das Lastenheft enthielt auch die Pflicht, die Öffentlichkeit zu informieren. Bekanntgegeben werden mußten Name und Adresse des Anbieters, der Name des für den Inhalt des Dienstes Verantwortlichen und die Zahlungsbedingungen. Beachtet werden mußte darüber hinaus der Datenschutz sowie der Schutz der Privatsphäre[87].

---

87 Siehe oben 1. Teil.

Schließlich konnte der Kommunikationsminister, wenn er es für erforderlich erachtete, besondere Vorschriften, die der Natur dieses Dienstes entsprachen, erlassen. In der Praxis ging es meistens um Begrenzung der kommerziellen Werbung, um die Übermittlung von Buchungsunterlagen des Unternehmens an die Verwaltung (Bilanzen usw.) sowie um die Übermittlung der Namen der zehn größten Anteilseigner.

Die damit verbundenen Belastungen für die Anbieter von interaktiven Telematikdiensten waren sehr groß. Die Verwaltung zeigte sich jedoch liberal. Denn die meisten Genehmigungen erfolgten in Form von stillschweigenden Genehmigungen aufgrund des über die Frist hinausgehenden Stillschweigens der zuständigen Beamten des Kommunikationsministers. Das bedeutete für die Anbieter also keinerlei zusätzliche Auflagen zur Genehmigung, bis natürlich auf die Pflichten des Lastenheftes. Im Endeffekt erwies sich allein das Verbot des Angebots von Anzeigen als hinderlich für andere als Presseunternehmen. Für die Höhe der Werbeeinnahmen gab es jedoch keine Begrenzung, da das Lastenheft hierzu nichts vorsah. Außerdem konnten die Unternehmen mehrere Genehmigungen erwerben, vorausgesetzt, sie beachteten das Spezialitätsprinzip.

In jedem Fall handelte es sich bei dem Zustimmungssystem lediglich um eine Übergangsregelung, die am 1. Januar 1986 abgeschafft werden sollte, um dem endgültigen System der einfachen Anmeldung Platz zu machen. Parallel hierzu hatte die Regierung eine Kommission gegründet, die das Experiment mit der Telematik mitverfolgen sollte[88]. Die Berichte dieser Kommission haben dann eine Orientierung zu dem nach 1986 geltenden System hin bewirkt.

B. *Das nach 1986 geltende System*

Das endgültige in Art. 77 des Gesetzes von 1982 über die audiovisuelle Kommunikation vorgesehene System, das eigentlich am 1. Januar 1986 in Kraft treten sollte, war das der vorherigen Anmeldung. Das Gesetz bestimmte keinerlei weitere Einzelheiten, umd man konnte sich fragen, wie dieses System konkret auszugestalten sei.

Normalerweise ist bei dem Anmeldungssystem die Zuständigkeit der Verwaltung eingeschränkt, und sie kann lediglich eingreifen, um den Inhalt der

88 Dekret Nr. 84-58 vom 17. Januar 1984, betr. die Errichtung der Beratenden Kommission für die Dienste der audiovisuellen Kommunikation, definiert in Art. 77 und für die Videografiedienste aufgrund des Art. 78 des Gesetzes vom 29. Juli 1982 über die audiovisuelle Kommunikation, JO vom 28. Januar 1984.

Anmeldung zu bestimmen. Unter Berücksichtigung des Grundsatzes der Freiheit der audiovisuellen Kommunikation - wie im Gesetz von 1982 postuliert - und in Anwesenheit ausdrücklicher Vorschriften konnte die Verwaltung den Unternehmen nichts hinsichtlich der Ausübung ihrer Tätigkeit vorschreiben. Das ergibt sich aus Art. 77. Sie konnte insbesondere nicht die Erfüllung eines Lastenheftes verlangen.

Auf der anderen Seite erschien es durchaus fraglich, ob die Verwaltung den Willen hatte, das seit 1984 wirksame System aufzugeben, vor allem die Kontrolle über das Angebot von Anzeigen und über die Werbung. Das hätte bedeutet, daß man dem Wettbewerb zwischen den Telematik-Dienstanbietern und der traditionellen Presse vollständig freien Lauf gelassen hätte. Es hätte auch die Aufgabe eines besonderen Konsumentenschutzes bedeutet. Man glaubte, daß das Parlament eingreifen würde, um den Art. 77 des Gesetzes von 1982 abzuändern.

Es wurde beschrieben, daß die die gesamte Audiovision und die Telekommunikation betreffende Gesetzgebung durch das Gesetz vom 30. September 1986 über die Freiheit der Kommunikation reformiert wurde. Das letztgenannte Gesetz ersetzte das Gesetz vom 29. Juli 1982 über die audiovisuelle Kommunikation (mit Ausnahme einiger Vorschriften). Vor allem wurde Art. 77 des Gesetzes von 1982 ersetzt durch Art. 43 des Gesetzes von 1986. Art. 43 ist dann noch einmal vom Gesetz vom 29. Dezember 1990 über die Regulierung des Nachrichtenwesens (Kommunikation) abgeändert worden, um damit die Befugnisse des CSA zu begrenzen[89].

Der Art. 43 ist heute Grundlage des positiven Rechts in diesem Bereich[90]. Die revidierte Fassung des Art. 43 lautet wie folgt:

»Eines vorherigen Antrags bedürfen:

1. Alle Dienste der audiovisuellen Kommunikation, die nicht in Kap. I und II dieses Titels und auch nicht in den Titeln III und IV des vorliegenden Gesetzes erwähnt sind;
2. In Abänderung der Art. 34 und 34-1 des vorliegenden Gesetzes:

a) Der Betrieb von Netzen, die mindestens 100 Haushalte bedienen und die lediglich Radio- und Fernsehdienste über Funk anbieten und in der Zone normal empfangen werden können. Der in Art. 34 vorgesehene ministerielle Erlaß bestimmt die technischen Spezifikationen, die in dieser Vorschrift vorgesehen sind;
b) Die audiovisuellen Kommunikationsdienste innerhalb eines Unternehmens oder für die Bereitstellung eines öffentlichen Dienstes.

Der Antrag für die Benutzung der Fernmeldenetze, der in § 1 des Art. L 33-1 des Post- und Fernmeldegesetzes definiert ist, ist beim Staatsanwalt einzureichen. In allen anderen

89 Siehe oben, Kapitel 1 wegen des Fernmeldemonopols.

90 Das Gesetz vom 30. September 1986 ist anschließend tiefgreifend geändert worden durch das Gesetz Nr. 89-25 vom 17. Januar 1989, aber der Art. 43 ist in seinem Originalwortlaut beibehalten worden (s. allerdings Anm. 6).

Fällen der obigen Nr. 1 und 2 des vorliegenden Art. muß die Anmeldung beim Staatsanwalt und beim Obersten Rundfunkrat eingereicht werden[91].
Werbesendungen, die im Rahmen der im vorliegenden Artikel genannten Dienste gesendet werden, müssen als solche bekantgegeben werden.
Der Anbieter hat den Teilnehmern zur Kenntnis zu geben:
1. Die in Art. 37 des vorliegenden Gesetzes erwähnten Punkte;
2. Die zu zahlenden Gebühren, falls der Dienst entgeltlich ist.
Das Dekret nach Beratung des Conseil d'Etat bestimmt die Regeln für den Fall der Sendung von Kinofilmen durch diese Dienste.«

Hinzuweisen ist auch auf das Dekret Nr. 87-227 vom 17. April 1987, welches in Ausführung des Art. 43 des Gesetzes vom 30. September 1986[92] ergangen ist, sowie auf das Rundschreiben vom 17. Februar 1988[93].
Art. 43 hat das System der vorherigen Anmeldung beibehalten. Es ist bereits gesagt worden, warum dieses System grundsätzlich liberaler ist als dasjenige der Zustimmung. In der Tat ist es der Verwaltung nicht erlaubt, dem Antragsteller besondere Bedingungen und Lasten aufzuerlegen, insbesondere ein Lastenheft zu führen. Man wird aber nachfolgend feststellen, daß die Verwaltung eine Möglichkeit wiedergefunden hat, um die Dienste gewissen Bedingungen zu unterwerfen, und zwar beim System der Rechnungserteilung.

a) *Dienste, die der vorherigen Anmeldepflicht unterliegen*

Hier handelt es sich aufgrund des Art. 43 im wesentlichen um solche Dienste, die nicht Rundfunk oder Fernsehen über Funk oder Kabel senden. Es handelt sich also um Dienste der interaktiven Kommunikation, die früher in Art. 77 des Gesetzes von 1982 bestimmt wurden und die übergangsweise dem Zustimmungssystem unterworfen waren.
Art. 43 ist ausschließlich auf Dienste der audiovisuellen Kommunikation anwendbar, also auf Dienste, die der Öffentlichkeit oder bestimmten Publikumskategorien angeboten werden. Das Rundschreiben vom 17. Februar 1988 präzisiert, daß folgende Dienste keine Dienste der audiovisuellen Kommunikation darstellen:
1. firmeninterne oder verwaltungsinterne Dienste zur ausschließlichen Benutzung durch die Angestellten (interne Dateien oder Datenbanken);
2. Dienste zur Übermittlung privater Nachrichten zwischen Teilnehmern oder zwischen einem Anbieter und einem bestimmten Teilnehmer (wie z.B. die Operationen, die ein Bankkunde auf seinem Bankkonto ausführt). Enthält der Dienst dagegen auch Informationen, die für die Öffentlichkeit

91 Welche seit dem Gesetz vom 17. Januar 1989 die CNCL ersetzt.
92 JO vom 19. April 1986.
93 JO vom 9. März 1988.

bestimmt sind, so fällt er unter Art. 43 (beispielsweise die Dienste, mit denen zwei Personen miteinander in Verbindung treten können, die aber auch Mitteilungen für andere Teilnehmer enthalten).

Art. 43 findet auch auf Dienste Anwendung, die nicht Radio und Fernsehen betreffen. Er bezieht sich somit (was von dem Rundschreiben von 1988 bestätigt wird) auf:

1. die interaktiven Telematikdienste: Pressedienste, Datenbanken, Kuriere, Anzeigen, Informationen über Produkte oder Dienstleistungen der Wirtschaft, Börsenkurse etc.
2. Telefondienste, die öffentliche Nachrichten mit Hilfe von Anrufbeantwortern anbieten. Demgegenüber steht die private Nachrichtenübermittlung, die ebenfalls über Anrufbeantworter erfolgen kann (berufliche Nachrichten über Öffnungszeiten von Lokalen oder irgendeines geleisteten Dienstes, beispielsweise der Anrufbeantworter eines Arztes oder eines Kinos). Für diese Fälle gilt Art. 43 nicht[94].
3. Die Dienste des Telekaufs, die ausschließlich über Kabel und nicht über die üblichen Fernsehkanäle (Funk) gesendet werden.
4. Ganz allgemein aufgrund von Art. 3 Abs. 1 Nr. 2 die Dienste der audiovisuellen Kommunikation für die Öffentlichkeit, wenn sie über ein Kabelnetz gesendet werden, das sich innerhalb eines Grundstücks, innerhalb eines Unternehmens oder innerhalb einer öffentlichen Einrichtung befindet. Als Beispiel können audiovisuelle Sendungen in einem Hotel oder in einem Gewerbezentrum dienen.

b) *Personen, welche den Dienst anmelden*

Art. 43 des Gesetzes von 1986 sagt nicht aus, wem die Anmeldepflicht obliegt. Da aber dieser Text in seinem Abs. 4 die dem Anbieter obliegenden Pflichten zur Unterrichtung erwähnt, könnte man denken, daß dieser auch die Pflicht zur Anmeldung hat. Der Anbieter ist die natürliche oder juristische Person, welche den Dienst konzipiert und organisiert und insbesondere die Daten zusammenträgt, derer sich dann der Teilnehmer bedient. Das Rundschreiben vom 17. Februar 1988 definiert ihn als »denjenigen, der die Aufsicht über den Inhalt des Dienstes hat«.

In Art. 1 des bereits beschriebenen Dekrets vom 17. April 1987 ist genauer erwähnt, daß die in Art. 43 des Gesetzes vorgesehene Anmeldung von »dem Direktor der Veröffentlichung« vorzunehmen ist. Man muß wissen, daß seit

---

94 Rundschreiben vom 17. Februar 1988, vorerwähnt.

1985 die Dienste der audiovisuellen Kommunikation einen Direktor der Veröffentlichungen haben müssen[95]. Diese Funktion ist dem Direktor für Veröffentlichungen nachgebildet, den es seit langem im Bereich der Presse gibt. Der Direktor der Veröffentlichungen ist meistens eine natürliche Person, welche die juristische Person, also den Anbieter des Dienstes, leitet. Das kann z.B. der Vorsitzende des Verwaltungsrates, der Vorstandsvorsitzende einer Aktiengesellschaft oder der Geschäftsführer einer GmbH sein. Der Direktor der Veröffentlichungen vertritt den Anbieter und in dieser Eigenschaft ist er verpflichtet, die Anmeldung vorzunehmen.

Hinsichtlich der Bedienungszentren gibt das Rundschreiben eine wichtige Präzision:

> »Ein Service-Zentrum ist als solches nicht anmeldepflichtig, wenn es sich darauf beschränkt, bereits angemeldete Dienste der audiovisuellen Kommunikation technisch zusammenzufassen. Nimmt ein Service-Zentrum selber direkt eine Leistung der audiovisuellen Kommunikation gegenüber den Teilnehmern vor, so ist es jedoch als Anbieter anzusehen und muß angemeldet werden.«

Das Rundschreiben definiert das Service-Zentrum:

> »Als Service-Zentrum (oder als Anbieter) gilt jede Einrichtung, die die Mittel und Techniken der Informatik bereitstellt, damit der Dienst den Teilnehmern angeboten werden kann.«

c) *Form und Inhalt der Anmeldung*

Nach Art. 43 des Gesetzes von 1986, und zwar in der Fassung von 1986, wurde die Anmeldung sowohl beim CSA als auch beim Staatsanwalt eingereicht[96].

Seit der Reform vom 29. Dezember 1990 muß man eine Unterscheidung vornehmen:

- Wenn der Dienst lediglich die Fernmeldenetze von France Télécom benutzt (oder irgendeiner anderen Organisation, die befugt ist, drahtlose Netze zu errichten[97]), so ist die Anmeldung lediglich beim Staatsanwalt vorzunehmen. Die CSA erhält keine Anmeldung. Es scheint also, daß die Reform von Dezember 1990 bewirkt, daß der CSA ein wesentlicher Teil

---

95 Art. 93-2 des Gesetzes vom 29. Juli 1982 über die audiovisuelle Kommunikation, eingeführt durch Art. 17 des Gesetzes vom 13. Dezember 1985, nicht aufgehobene, aber durch Art. 84-I des Gesetzes vom 30. September 1986 abgeänderte Vorschrift.

96 Der Staatsanwalt hat in Frankreich die Funktion, das öffentliche Interesse beim Großen Instanzgericht zu vertreten. Er leitet ein und verfolgt die Strafverfahren. Er wird von sämtlichen Vorgängen informiert, die die öffentliche Ordnung betreffen.

97 Das sind die im neuen, vom Gesetz vom 29. Dezember 1990 geschaffenen Artikel L 33-1 des Post- und Fernmeldegesetzes erwähnten Netze.

ihrer Befugnisse im Bereich der Telematikdienste, die über das Netz von France Télécom vertrieben werden, verlorengeht.

- In den anderen Fällen (interne Netze, Kabelnetze, Satellit etc.) muß die Anmeldung sowohl beim Staatsanwalt als auch bei der CSA vorgenommen werden.

Das Dekret vom 17. April 1987 erwähnt, daß der Staatsanwalt am Wohnsitz oder Geschäftssitz »des Anmelders« zuständig ist. Darunter ist der Anbieter des Dienstes zu verstehen und nicht der Direktor der Veröffentlichungen. Hat der Anmelder seinen Wohnsitz oder seinen Geschäftssitz im Ausland, muß die Anmeldung beim Staatsanwalt beim Großen Instanzgericht von Paris eingereicht werden.

Die Anmeldung enthält zunächst die in Art. 37 des Gesetzes von 1986 vorgesehenen Angaben[98]: Name oder Firmenname des Eigentümers, Namen des Leiters und der drei größten Anteilseigner, Name des Direktors der Veröffentlichungen und des Verantwortlichen für die Redaktion sowie eine Liste der Veröffentlichungen des Unternehmens und aller anderen Dienste der audiovisuellen Kommunikation, welche dieses Unternehmen betreibt.

Die Anmeldung enthält außerdem Angaben, wie sie im Dekret im 17. April 1987 selbst vorgesehen sind:

- Bezeichnung und Gegenstand des Dienstes,
- Name und Anschrift des Service-Zentrums.

Errichtet der Anbieter ein Datensystem mit namentlichen Informationen, muß er beweisen, daß er seine sich aus dem Gesetz vom 6. Januar 1978 über Informatik, Dateien und Liberalisierung ergebenden Verpflichtungen erfüllt hat, insbesondere seine Pflicht zur Hinterlegung bei der CNCL[99]. Das Gesetz vom 6. Januar 1978 findet jedesmal dann Anwendung, wenn der Dienst namentliche Daten einem Teilnehmer übermittelt oder, wenn umgekehrt, der Dienst eine Identifizierung des Teilnehmers enthält.

d) *Sanktionen*

Art. 5 des Dekrets vom 5. April 1987 bestraft mit einer Strafe von 2.500-5.000 FF den Direktor der Veröffentlichungen, der die Anmeldung nicht

---

98 Art. 37 betrifft die einer Genehmigung unterworfenen Unternehmen, d.h vor allem die Betreiber von Radio und Fernsehen. Diese Unternehmen müssen fortwährend die in Art. 37 vorgesehenen Angaben für die Öffentlichkeit zur Verfügung stellen. Für die der einfachen Anmeldung unterworfenen Dienste ist die Verpflichtung weniger zwingend. Sie haben lediglich diese Angaben in ihrer Anmeldung zu machen, aber sie nicht ständig für die Öffentlichkeit bereitzuhalten.

99 Siehe oben 1. Teil.

fristgerecht vorgenommen oder der eine ungenaue Anmeldung eingereicht hat.

§ 2 *Der Inhalt der Mitteilungen*

Hierbei muß unterschieden werden zwischen dem üblichen System der Telematik-Nachrichten und dem besonderen System der an Presseunternehmen gerichteten Nachrichten.

A. *Allgemeines System*

Die Telematikdienste müssen eine Reihe von Vorschriften beachten, die den Inhalt und die Präsentation ihrer Nachrichten betreffen. Diese Regeln sind übrigens nicht sehr zahlreich, da es für diese Dienste kein Lastenheft gibt. Es handelt sich ausschließlich um solche Bereiche, die sich aus Art. 43 und aus den Anwendungsdekreten selbst ergeben. Hierbei sind drei Arten zu unterscheiden:

a) *Information für die Teilnehmer*

Art. 43 sieht eine Minimalinformation für die Teilnehmer vor: es handelt sich hauptsächlich um die Gebühren, wenn der Dienst entgeltlich ist. In der Praxis wird der Preis pro Nachrichtenminute auf dem Bildschirm am Anfang der Übermittlung bekanntgegeben. Einige Dienste lassen auf dem Bildschirm auch den geschuldeten Gesamtpreis während der Übermittlung anzeigen.
Der Dienst muß dem Teilnehmer auch die »in Art. 37 des Gesetzes erwähnten Angaben machen«[100], insbesondere den Namen der Firma und den Geschäftssitz anzeigen.
Nicht präzisiert ist, ob diese Angaben am Anfang der Übermittlung erscheinen müssen. Das Rundschreiben vom 17. Februar 1988 sieht nur vor, daß die Anbieter nach Entstehen des Anschlusses ausdrücklich angeben müssen, wie die Teilnehmer von diesen Angaben Kenntnis erhalten können.
Mit welchen Mitteln diese Informationen der Öffentlichkeit zur Kenntnis gebracht werden müssen, ist in den Gesetzestexten nicht in allgemeiner Form präzisiert.

---

100 Hierbei handelt es sich um dieselben Angaben, die in der Anmeldung vorgesehen sind.

Jedoch gibt es strengere Erfordernisse, wenn der Telematikdienst Pressenachrichten sendet[101] und diese Pressemitteilungen in regelmäßigen Abständen erfolgen. In diesem Fall ist der Dienst tatsächlich den besonderen Bestimmungen des Pressegesetzes vom 1. August 1986 unterworfen. In diesem Fall müssen die oben erwähnten Informationen während der Abfrage des Dienstes auf der ersten Seite des Bildschirms mit der Bezeichnung des Dienstes erscheinen[102]. In derselben Weise müssen auch Änderungen bei den Kapitalverhältnissen des Presseunternehmens, welches diesen Dienst anbietet, sowie Änderungen in der Person seines Betreibers[103] publiziert werden. Verstöße hiergegen können mit Strafen geahndet werden, die bis zu 40.000 FF betragen können.
Im übrigen ist die Einsichtnahme in diese Anmeldungen öffentlich. Hierbei handelt es sich um Verwaltungsdokumente, die als solche der Öffentlichkeit zugänglich sind[104].

b) *Präsentation der Werbung*

Art. 43 enthält als einzige Pflicht, daß Werbesendungen als solche ausgewiesen werden müssen. In der Praxis reicht es aus, daß sie durch einen sichtbaren oder hörbaren Hinweis angekündigt werden. Für den Rest gibt es keine Sondervorschriften. Es gelten die allgemeinen Regeln für Werbung.

c) *Gegendarstellungsrecht*

Die Ausübung des Gegendarstellungsrechts im Bereich der audiovisuellen Kommunikation wird durch besondere Vorschriften geregelt, nämlich das Dekret vom 6. April 1987[105]. Um das Gegendarstellungsrecht zu erleichtern, müssen die Diensteanbieter die Sendungen acht Tage über den letzten Sendetermin hinaus aufbewahren. Die Gegendarstellung muß spätestens innerhalb von zwanzig Tagen, beginnend mit dem Datum des Widerspruchs, gesendet werden. Die Berichtigung oder die Rücknahme einer streitigen Nachricht muß innerhalb von zehn Tagen erfolgen.

---

101 Dann heißt der Dienst »Pressetelematik-Dienst«. In der Praxis gehören solche Dienste der Presse wie den großen Tageszeitungen.

102 Art. 5 des Gesetzes vom 1. August 1986.

103 Für weitere Einzelheiten, siehe Art. 6 des Gesetzes vom 1. August 1986.

104 In Anwendung des Gesetzes vom 17. Juli 1978 über die Verbesserung der Beziehungen zwischen der Verwaltung und dem Publikum.

105 JO vom 9. April 1987. Betreffend das Gegendarstellungsrecht im allgemeinen, siehe oben 1. Teil.

Die Beachtung dieser Vorschriften, insbesondere die Pflicht zur Speicherung, scheint den Diensteanbietern Probleme zu bereiten. Das ist vor allem der Fall, wenn sie nicht nur die Nachrichtenverbindung zwischen zwei Teilnehmern herstellen, sondern dem Nutzer auch erlauben, der Öffentlichkeit eine Mitteilung zu machen[106]. Die überaus große Anzahl von Nachrichten verkompliziert gleichzeitig ihre Überwachung und ihre Speicherung.

B. *Sondervorschriften für die Telematikdienste der Presse*

Die Reform des Presserechts im Gesetz vom 1. August 1986 hat insoweit gleichzeitig eine bemerkenswerte Neuheit in das französische Recht eingeführt, als es nunmehr nicht nur für die traditionelle Presse gilt, sondern auch für die sogenannte elektronische Presse. Damit ist die über Telematikdienste verbreitete Presse gemeint.

Eigentlich ergibt sich dies nicht ausdrücklich aus dem Wortlaut des Gesetzes, dessen Art. 1 lediglich in etwas ungenauer Art bestimmt, daß der Begriff »Pressepublikation« jeden Dienst umfaßt, der eine schriftliche Art der Verbreitung von Gedankengut verwendet und der in regelmäßigen Abständen erscheint. Aber der Begriff »schriftlich« heißt nicht notwendigerweise »gedruckt« und kann sich auch auf einen Computerbildschirm beziehen. Insbesondere die Vorarbeiten zum Gesetz vom 1. August 1986 lassen keinen Zweifel über den Willen des Parlaments, die Telematikdienste in die Pressedienste miteinzubeziehen.

Die elektronische Presse ist eine Art natürliche Verlängerung der großen Tageszeitungen.

Es ist an dieser Stelle nicht möglich, die Einzelheiten der Pflichten wiederzugeben, welche den Presseunternehmen aufgrund des Gesetzes vom 1. August 1986 obliegen. Lediglich seien erwähnt:

- Verbot eines Strohmannes;
- Pflicht zur Ausgabe von Namensaktien, wenn das Presseunternehmen als Aktiengesellschaft geführt wird;
- Pflicht, die Übertragung von Aktien vom Verwaltungsrat oder vom Aufsichtsrat genehmigen zu lassen;
- Sondervorschriften hinsichtlich der Zusammenschlüsse im Bereich der Presse.

Zu erwähnen sind auch die Spezialvorschriften hinsichtlich der Informationen der Nutzer, wie bereits oben dargestellt. Zu erwähnen ist schließlich, daß die

106 Siehe *Huet/Maisl*, Droit de l'Informatique et des télécommunications, Nr. 478.

allgemeinen Vorschriften des Gesetzes vom 29. Juli 1881 über die Pressefreiheit auch auf die Telematik-Pressedienste anwendbar sind.
Auf den außergewöhnlich wichtigen Art. 7, der Ausländer betrifft, muß besonders hingewiesen werden. Diese Vorschrift verbietet es Ausländern, mehr als 20 Prozent des Gesellschaftskapitals oder der Stimmrechte eines Unternehmens zu erwerben (direkt oder indirekt), das in französischer Sprache veröffentlicht. Als ausländische juristische Person gilt jede Gesellschaft, wenn ihr Kapital oder die Stimmrechte mehrheitlich von Ausländern gehalten werden. Das gilt auch für jeden Verein, dessen Leiter mehrheitlich Ausländer sind. Diese Vorschrift gilt jedoch »vorbehaltlich der von Frankreich eingegangenen internationalen Verpflichtungen, die eine Angleichungsklausel enthalten«. Dieses Verbot betrifft also nicht Staatsangehörige der EG-Mitgliedstaaten, da diese freies Niederlassungsrecht haben. Dieses Verbot gilt auch nicht für Staatsbürger aus denjenigen Staaten, mit denen Frankreich ein Abkommen geschlossen hat, das »eine Gegenseitigkeitsklausel im Pressebereich« enthält.
Streitig ist dagegen die Frage, ob die Telematikdienste dieselben steuerrechtlichen Vergünstigungen genießen sollen, wie die Presse. Der Conseil d'Etat hat beispielsweise die Anwendung eines günstigeren Umsatzsteuersatzes auf Telematik-Pressedienste verneint[107].
Schließlich ist darauf hinzuweisen daß das Strafrecht eine Reihe von Delikten verfolgt, die im Wege der audiovisuellen Kommunikation begangen werden können. So sind für die Telematik die Art. 23-46 des Gesetzes vom 29. Juli 1881 über die Presse einschlägig. Danach werden Verstöße bestraft, die im Rahmen der Presse oder jeder anderen Form der Veröffentlichung begangen werden, wie z.B. Anleitung zu Straftaten, Veröffentlichung falscher Nachrichten, Beleidigung und Verleumdung. Ebenso gelten die Art. 283-290 des Strafgesetzbuches, welche den Verstoß gegen die guten Sitten verfolgen[108].

§ 3 *Vorschriften über Rechnungserstellung und Zahlung*

Das System der Rechnungserstellung und Zahlung ist besonders interessant, weil es keine Aufspaltung des Preises für die von der Post gewährleistete Übertragung und des Preises für den Dienst kennt. Die Behörde berechnet dem Teilnehmer einen Globalpreis, der Übertragung und Dienstleistung

107 Conseil d'Etat, 23. November 1987, Rev.dr. de l'informatique et télécoms, 1988 Nr. 3, S. 42.
108 Zu Einzelheiten des Strafrechts der audiovisuellen Kommunikation, siehe die Ausführungen hierzu im 1. Teil.

einschließt. Sodann führt sie dem Telematik-Dienstleister den Teil ab, der ihm gebührt. Dieses System wird in Frankreich »Telematik-Kiosk« genannt und ist sowohl für den Teilnehmer als auch für den Anbieter außerordentlich bequem, was zum großen Teil auch den Erfolg von Minitel erklärt.
Die rechtliche Grundlage für das »Kiosk-System« ist Art. R 54-1 des Post- und Fernmeldegesetzes[109]:

> »Der Post- und Fernmeldeminister ist ermächtigt, Gebühren von den Nutzern von für die Öffentlichkeit bestimmten interaktiven Telematikdiensten oder Telefonansagediensten einzuziehen, wenn die Anbieter dieser Dienste mit dem Post- und Fernmeldeminister ein entsprechendes Abkommen geschlossen haben. Jedes Abkommen bestimmt die Berechnungsmodalitäten dieser Vergütung, die ein Teil der Tarifgebühren ist, welche von den Teilnehmern erhoben werden.
> Die Buchhaltungsstelle der Post führt an den Anbieter den Anteil der Einnahme ab, der ihm in Anwendung dieses Abkommens zukommt.«

Der Art. R 54-2[110] präzisiert, daß, wenn die Übermittlung das Netz »Transpac« benutzt (öffentliches Datenpaket Vermittlungsnetz), die Post diejenigen Gebühren an die Gesellschaft Transpac weiterleitet, die sie für deren Rechnung von den Teilnehmern eingezogen hat.
Ursprünglich war das Telematik-Kiosk ein Zahlungssystem für die Anbieter. Da es aber für die meisten Telematikanbieter unumgänglich ist, hat die öffentliche Hand dies folgendermaßen genutzt: in die Verträge zwischen Post und Anbietern wurde die Verpflichtung aufgenommen, Standesvorschriften über die audiovisuelle Kommunikation zu beachten. Um den Gebrauch des Telematik-Kiosks zu verankern, hat die öffentliche Hand das fehlende Lastenheft[111] dadurch ersetzt, daß für die Fakturierung ein Formularvertrag eingeführt wird. Dieser Formularvertrag enthält eine Art von Verhaltenskodex, dem praktisch sämtliche Anbieter unterworfen sind.
Zum einen wurde damit der Zugang zum Fakturierungs- und Zahlungssystem des Kiosks an einige Voraussetzungen geknüpft. Zum anderen müssen diejenigen Dienste, die vom Kiosk profitieren, gegenüber France Télécom besondere Leistungen erbringen.

A. *Zugang zum Telematik-Kiosk*

Es gibt zur Zeit (abgesehen vom Telefon-Kiosk) zwei Telematik-Kioske: der sogenannte Kiosk für das Publikum und der professionelle Kiosk.
Die Vergabe von Codes für den Zugang zum Teletel-Dienst ist in einem Erlaß vom 20. Juni 1987 geregelt. Es handelt sich um einen Code, der aus Buchsta-

109 Eingeführt in das Gesetz durch Dekret vom 4. Januar 1985, Art. 1.
110 Eingeführt in das Gesetz durch Dekret vom 2. Februar 1987, Art. 1.
111 Bestandteil des Anmeldesystems.

ben und Zahlen besteht und der einem Anbieter erteilt wird. So können die Teilnehmer über das Telefonnetz mit ihm Verbindung aufnehmen.

Gleichzeitig mit dem Erlaß vom 30. Juni 1987 wurde eine Konvention vom Typ »Telematik-Kiosk für das Publikum« veröffentlicht, die im Anhang Standesrichtlinien enthält. Nach diesem standardisierten Vertrag können drei Kategorien von Anbietern Zugang zum Kiosk »Publikum« haben:

- solche Unternehmen, die rechtlich als Presseunternehmen gelten[112];
- solche Unternehmen der audiovisuellen Kommunikation, die dem Zustimmungsverfahren unterliegen; es sei daran erinnert, daß es sich hier hauptsächlich um Rundfunk- und Fernsehdienste handelt, die über Funk oder Kabel senden;
- alle anderen Anbieter von Telematikdiensten (öffentliche Hand oder private Unternehmen) unter der Voraussetzung, daß sie einen Dienst anbieten, der mit ihrem Gesellschaftszweck übereinstimmt. Ausgeschlossen sind solche Dienste, die einen simultanen oder quasi-simultanen Nachrichten- oder Informationsaustausch zwischen Teilnehmern gestatten, die nicht genau identifiziert werden können.

Der Zweck dieser Formularverträge ist klar: die Telematik-Übermittlungsdienste (womit zwei Teilnehmer in Verbindung treten und schriftliche Nachrichten austauschen können) sollen den Presseunternehmen und den Radio- und Fernsehstationen vorbehalten bleiben. Die Verwaltung will offensichtlich den Gebrauch dieser Nachrichtenübermittlungssysteme besser kontrollieren, indem sie diese Art von Diensten nur an solche Unternehmen vergibt, deren Anzahl begrenzt und deren Verantwortliche leicht identifizierbar sind.

B. *Pflichten des Anbieters*

Diese Pflichten haben nichts mit dem Rechnungs- und Zahlungssystem des Kiosks zu tun. Sie sind in einem »Anhang 1« des Formularvertrages aufgeführt als eine Art Standesrichtlinie, die der Art. 3.3 des Formularvertrages als »Standespflichten« qualifiziert.

Worum geht es? Der Anhang 1 führt in einer kommentierten Liste die Gesamtheit der auf die Telematik anwendbaren Gesetze und Dekrete auf: die Gesetze über Presse und die audiovisuelle Kommunikation, Vorschriften des Strafgesetzbuches über die guten Sitten, Vorschriften für das Lotteriespiel, für Börseninformationen usw. Anschließend sind die beruflichen Standespflichten ausführlich beschrieben. Sie können hier in den Einzelheiten nicht erläutert

112 Siehe oben über die Häufung von Anbieter- und Pressefunktionen.

werden. Als Beispiel seien die Pflicht zur Erbringung eines ehrlichen Dienstes genannt, wie in Punkt 2.1.c) des Anhangs aufgeführt: »Der Teilnehmer darf über Inhalt und Möglichkeiten der angebotenen Erzeugnisse und Dienste nicht getäuscht werden [...].« Erwähnt sei auch Punkt 3 des Anhangs, der die Verbreitung von gesetzeswidrigen und sittenwidrigen Bildern betrifft, den Schutz von Minderjährigen, das Verbot der pornografischen Werbung, der Werbung für Tabak und alkoholische Getränke. Punkt 4 betrifft die Pflicht zur fortwährenden Überwachung der an die Öffentlichkeit gegebenen Informationen und wiederholt die Haftung des für die Veröffentlichung verantwortlichen Direktors. Punkt 5 enthält besondere Pflichten für Börseninformationen.

Dritter Teil: Das Rundfunk- und Fernsehwesen

Der dritte Teil dieser Studie betrifft, was man traditionell als Rundfunk- und Fernsehwesen bezeichnet. Der gewählte Begriff der »audiovisuellen Fernsendung« scheint dem Umstand gerecht zu werden, daß sich die Übertragungsmittel diversifiziert haben. Abgesehen von den terrestrischen oder spatialen Wellen verwenden der Rundfunk und das Fernsehen heute auch elektrische oder optische Signale, die per Kabel übertragen werden. Demzufolge beruht die Spezifik von Rundfunk und Fernsehen besonders darauf, daß die Interaktivität sehr gering ist (sie beschränkt sich zur Zeit nur auf die Wahl einer Sendeanstalt). Das Fernsehen weist gegenwärtig noch eine - allerdings in ihrer Spezifik im Untergang begriffene - Eigentümlichkeit auf, nämlich die Verwendung von Breitband für die Sendung von Bildern.
Die Darstellung des Rundfunk- und Fernsehwesens erfolgt nach demselben Konzept wie bereits die Darstellung des Fernsprechwesens und der Telematik: Aufbau und Funktionsweise der technischen Einrichtungen; die Ausstrahlung von Ton und Bild; die Herstellung und Sendung von Programmen; schließlich der Empfang durch den Endverbraucher. Eine solche Darstellung verdeutlicht am ehesten das neue System, welches sich immer mehr durchsetzt und das augenblickliche System verdrängt. Das letztere ist durch eine gewisse Vermischung von verschiedenen Funktionsbereichen wie technischer Betrieb, Produktion und Programmwesen gekennzeichnet.

Kapitel I *Errichtung und Betrieb der technischen Anlagen*

Die Übermittlung von Ton und Bild erfolgt in drei Etappen: die Ausstrahlung, der Übertragungsvorgang und der Empfang mit möglicherweise nachfolgender Weitersendung.
Für die jeweils angewendete Technik - Funkwellen bzw. elektrische oder optische Signale über Kabel - bestehen verschiedene Bestimmungen.

Vor 1982 galt der Grundsatz des Staatsmonopols. Die einzigen Abweichungen hiervon waren die sogenannten peripheren Rundfunksender, d.h. solche, die mit in Paris erstellten und mit staatlicher Genehmigung über Kabel an die Sendestation übertragenen Programmen arbeiteten, jedoch von ausländischen Territorien sendeten (Saarland, Luxemburg, Monaco, Andorra). Eine weitere Abweichung vom Grundsatz des Staatsmonopols bildete Radio Monte Carlo, das unter Verletzung dieses Grundsatzes auf französischem Territorium Anlagen errichtete[1]. Das Verwaltungsgericht Paris hat im Februar 1980 die Unzulässigkeit dessen bestätigt[2].
Das Gesetz vom 29. Juli 1982 hat den Grundsatz des Staatsmonopols aufgehoben, dem Staat jedoch eine wesentliche Rolle belassen. Das Gesetz vom 30. September 1986 hat diesen Weg noch weiter beschritten.

§ 1 *Das Gesetz vom 29. Juli 1982*

Die in diesem Kontext wesentlichen Vorschriften sind die Art. 7 und 8 des Gesetzes vom 29. Juli 1982.
Nach Art. 7 dieses Gesetzes »hängt die Benutzung von radioelektronischen Frequenzen auf dem Landesterritorium von einer staatlichen Genehmigung ab. Diese Genehmigung ist widerruflich«.
Nach Art. 8 »errichtet und genehmigt [der Staat] die Infrastrukturen und Einrichtungen der audiovisuellen Kommunikation, welche öffentlichen Grund benutzen oder welche, wenn sie sich auf Privatgrund befinden, gemeinschaftlich sind oder Grund überqueren, der im Eigentum Dritter steht. Diese Genehmigung enthält die Verpflichtung, eine technische Überwachung zuzulassen. Diese erfolgt durch den Staat und für seine Rechnung«.
Rechtlich gesehen liegt also die Aufhebung des Monopols vor, da ein Privatunternehmen die notwendigen »Sendemittel« selbst errichten kann. Im Funkwellenbereich gibt es also nur noch eine Überwachung, die von einem öffentlichen Unternehmen mit industriellem oder kommerziellem Charakter, der Télédiffusion de France (TDF), ausgeübt wird. Art. 34 desselben Gesetzes bestimmt daher: »In den vom Staat an die Rundfunk- und Fernsehsender vergebenen Frequenzbereichen errichtet das öffentliche Unternehmen den Frequenzverteilungsplan, kontrolliert die Nutzung der Frequenzen und schützt den Empfang der Signale. Es definiert und überwacht die technischen Daten

1 Sender von Remoules, Alpes de Haute-Provence seit 15. Oktober 1974.
2 Tribunal administratif de Paris, 6. Februar 1980, AJDA 1980, 296.

der Signale und der Sendeanlagen, welche von den Lizenzinhabern benutzt werden, aufgrund der gemäß Art. 78 des Gesetzes erteilten Genehmigungen«. Würde man nur diese beiden Vorschriften betrachten, könnte man daraus folgern, daß das Monopol schlicht und einfach beseitigt wurde: Lediglich die nationalen Rundfunk- und Fernsehgesellschaften waren verpflichtet, die technischen Einrichtungen der TDF zu benutzen[3]. Den Privatgesellschaften stand es nunmehr frei, sich der technischen Anlagen der TDF zu bedienen oder auch nicht. In Wirklichkeit aber war die Situation viel komplizierter. Bei der Darstellung ihrer rechtlichen Grundlagen muß unterschieden werden zwischen den Hörfunksendern im terrestrischen Wellenbereich, den Fernsehsendern im terrestrischen Wellenbereich und den Hörfunk- und Fernsehsendern im spatialen Wellenbereich.

A. *Hörfunksender im terrestrischen Wellenbereich*

Nach dem Gesetz von 1982 hat sich das Problem der Zulassung neuer privater nationaler Sender nicht gestellt, was das Fehlen jeglicher Spezialvorschrift erklärt. Die bereits erwähnten Art. 7 und 8 waren allein anwendbar. Allerdings bedurfte der Radio-Monte-Carlo-Fall einer rechtlichen Lösung. Wie bereits erwähnt, benutzte der Sender unrechtmäßig eine Sendestation auf französischem Territorium, obgleich nur die Nutzung von Sendestationen außerhalb des französischen Territoriums zulässig war. Deshalb wurde Art. 85 des Gesetzes vom 29. Juli 1982 wie folgt gefaßt: »Von den Art. 79 - 84 können Zulassungen zugunsten von Personen abweichen, welche aufgrund einer internationalen Übereinkunft, der Frankreich beigetreten ist, Sendestationen betreiben«. Diese Vorschrift ermöglichte es, die Rechtmäßigkeit von Radio Monte Carlo herzustellen.

Hinzu kommt, daß die Regierung auf Grundlage der Art. 7, 8, 78[4] und 85 des Gesetzes von 1982 verschiedenen peripheren Radiostationen wie Radio-Luxemburg, Europe I, Radio Monte Carlo und Sud-Radio (Andorra) die Erlaubnis erteilt, ihre Sendungen über TDF auf FM-Band zu senden[5]. Nach Art. 3 dieser Arrêtés errichtet, unterhält und betreibt das öffentliche Unternehmen TDF Sendeeinrichtungen an verschiedenen, im Anhang zum Gesetz aufgeführten Orten. Die technischen und finanziellen Bedingungen ihrer Benutzung sind in einer Vereinbarung zwischen TDF und den Gesellschaften zu definieren, welche insbesondere bestimmen muß: die von TDF erbrachten

---

3 Art. 34 des Gesetzes vom 29. Juli 1982.
4 Art. 78 wird im Zusammenhang mit der Programmgestaltung behandelt.
5 Interministerielle Arrêtés vom 7. März 1986, JO vom 13. März 1986.

Sendeleistungen und ihr Preis gemäß den in Art. 59 des Lastenheftes der TDF vorgesehenen und durch Dekret vom 3. Mai 1984 genehmigten Vergütungsbedingungen; die im Falle der Aufgabe der Investition vor ihrer Amortisierung durch die Gesellschaft an die TDF zu leistende Entschädigung; die Entschädigung zugunsten der Gesellschaft im Falle einer Unterbrechung der Leistung durch TDF; die Sendebedingungen sowie die technischen Daten und Normen der Sendungen; den Zeitplan für den Beginn der Sendungen und die Einrichtung der erforderlichen technischen Anlagen«. Die Stationen Europe I und RTL haben Sendeanlagen nördlich, die Stationen Sud-Radio und RMC südlich einer Linie Bordeaux-Lyon zugesprochen bekommen.

Dagegen stellte sich 1982 mit aller Heftigkeit die Problematik der Errichtung von privaten Radiostationen mit eigenen Sendeanlagen. Aus diesem Grunde enthalten das Gesetz von 1982 sowie die nachfolgenden Gesetzestexte besondere Vorschriften. Da gibt es einmal den Grundsatz, wonach diejenigen Vereinigungen, die ein lokales Radio betreiben wollen (bis zu 30 Kilometer Sendereichweite), hierzu die Erlaubnis einer unabhängigen Behörde, der sogenannten Hohen Behörde für audiovisuelle Kommunikation, einholen müssen. Die Erlaubnis wird nicht von der Regierung erteilt[6]. Darüber hinaus ist das Dekret Nr. 84-1060 vom 1. Dezember 1984 betreffend die lokalen Radiosender über Funkwelle[7] zu nennen, dessen Art. 6 bestimmt:

> »Die öffentliche Sendeanstalt (TDF) überwacht die Einhaltung der technischen Vorschriften des Lastenheftes jedes einzelnen Senders. Hat der Sender eine Nennleistung von über 500 Watt oder wird eine solche durch den Berechtigten beantragt, so erfolgt die Ausstrahlung durch eine öffentliche Sendeanstalt nach den in Art. 59 des Lastenheftes dieser Anstalt vorgesehenen Vergütungsbedingungen«[8].

In anderen Worten: Lediglich die kleinen Lokalsender dürfen selbst senden. Diese Vorschriften entsprechen im übrigen einer Vorschrift des Gesetzes vom 9. November 1981, welche bedauerlicherweise durch das Gesetz vom 22. Juli 1982 aufgehoben wurde. Der aufgehobene Art. 3 Abs. 7 lautete:

> »Wenn ein Sender eine höhere Leistung hat als der durch Dekret bestimmte Wert, so erfolgt die Sendung entweder auf Vorschlag der gemäß Art. 33 eingesetzten Kommission oder auf Antrag des Berechtigten durch die öffentliche Sendeanstalt (TDF); die Sendung erfolgt gegen eine zwischen der vorgenannten Anstalt und dem Berechtigten einvernehmlich festgelegte Vergütung«.

In der Praxis ist es jedoch so, daß die meisten freien Radios ihre eigenen Sendeanlagen errichtet haben, denn die ursprünglich von der Hohen Behörde erlaubten Leistungen überstiegen im allgemeinen nicht 250 Watt und jedenfalls nie 500 Watt. In der Praxis aber haben die Lokalsender ihre Leistungen

---

6 Art. 80 des Gesetzes vom 29. Juli 1982.

7 JO vom 2. Dezember 1984.

8 Art. 59 ist durch Dekret vom 3. Mai 1984 genehmigt worden.

häufig über die erlaubte Grenze hinaus erhöht. Hieraus resultierten viele Streitigkeiten. Wir geben nachfolgend einige Beispiele. Der erste Fall betrifft die Pariser Region: Im Januar 1984 stellte die Hohe Behörde fest, daß 8 der 22 Pariser Lokalsender mit einer Leistung von mehr als 1000 Watt sendeten. Sie drohte daher mit der Entziehung der Lizenzen[9]. Die erste Lizenzrücknahme erfolgte dann auch tatsächlich am 9. Februar 1984 gegen die »La Voix du Lézard« (die Stimme der Eidechse)[10]. Der Sendestation wurde unter anderem eine dreißigfache Überschreitung der erlaubten Leistung vorgeworfen. Am 4. Dezember 1984 bestrafte die Hohe Behörde 6 Pariser Lokalsender wegen der Überschreitung der zulässigen Sendeleistung, indem sie ihnen ein Sendeverbot von 10 bis 30 Tagen auferlegte[11]. Außerdem kam es zu Prozessen aufgrund von Klagen von Radio France und TDF. Am 11. März 1985 benannte der Präsident des Pariser Zivilgerichts einen Sachverständigen, der feststellen sollte, ob die Pariser Lokalsender 95,2 und Radio-Solidarité wegen ihrer extremen Leistung das Frequenzmodulationsband störten[12]. Im Juli 1985 legte das große Instanzgericht von Paris diesen beiden Lokalsendern die Verpflichtung auf, innerhalb von zwei Monaten eine Vereinbarung mit TDF auszuhandeln. Anderenfalls müßten sie ihre Leistung auf 500 Watt reduzieren[13]. Im Juli 1986 hat das Appellationsgericht diese Entscheidung jedoch zugunsten der beiden Sender aufgehoben, weil die die Mißachtung des Lastenheftes feststellenden Protokolle selbst mangelhaft waren[14]. Die anderen vier Pariser Sender, die ebenfalls wie die beiden oben genannten Gesellschaften betroffen waren, haben schließlich eine Vereinbarung mit TDF getroffen und so eine rechtmäßige Stellung erlangt[15].

Das zweite Beispiel betrifft die Region von Lyon: Aufgrund einer Anzeige von TDF wurden vier der populärsten Sender der Region (NRJ, Hit FM, Radio Nostalgie und Radio Scoop) auf Antrag eines Untersuchungsrichters des Instanzgerichts von Lyon beschlagnahmt. Diese Maßnahme »empörte« den Staatssekretär für Kultur und Kommunikation, was wiederum den Protest der Lyoner Richter gegen diesen »unerträglichen Angriff auf die richterliche Autorität und die Unabhängigkeit der Richterschaft« hervorrief[16]. Nach Auskunft des Präsidenten und Generaldirektors von Radio-France betrugen

9 Le Monde, 28. Januar 1984.
10 Le Monde, 18. Februar 1984.
11 Le Monde, 6. Dezember 1984; JO vom 9. Dezember 1984.
12 Le Monde, 3. März, 6. März und 13. März 1985.
13 Le Monde, 5. Juli 1985.
14 Le Monde, 12. Juli 1986.
15 Le Monde, 12. Juli 1986.
16 Le Monde, 24. Juli, 26. Juli und 29. Juli 1986.

die Leistungen der betroffenen Radiostationen jeweils zwischen 500 und 30 000 Watt[17]. Die Geschäftsführung von NRJ gab zu, daß die Leistung ihres Senders 9000 Watt betrug, was in jedem Falle erheblich über der erlaubten Leistung von 500 Watt lag. Diese außerordentlich restriktive Vorschrift ist dann mit dem Gesetz von 1986 aufgehoben worden.

B. *Die Fernsehsender im terrestrischen Wellenbereich*

Das Gesetz von 1982, abgeändert im Jahre 1985, enthält zwei unterschiedliche Regelungssysteme, je nachdem ob es sich um landesweites oder um lokales Fernsehen handelt.

Das private landesweite Fernsehen ist in Art. 79 des Gesetzes von 1982, abgeändert durch Art. 6 des Gesetzes Nr. 85-1317 vom 13. Dezember 1985, eindeutig geregelt. Dieser lautet:

> »Diejenigen Fernsehdienste im Funkwellenbereich, die nicht lokal, sondern für das allgemeine Publikum bestimmt sind, sind Gegenstand von Konzessionsverträgen über öffentliche Dienste zwischen dem Staat und juristischen Personen öffentlichen oder privaten Rechts«.

Gemäß Art. 6 des Dekrets Nr. 86-20 vom 7. Januar 1986 zur Anwendung des Art. 79 des Gesetzes Nr. 81-652 vom 29. Juli 1982 »werden die konzessionierten Programme von der öffentlichen Sendeanstalt (d.h. von TDF) unter den gleichen Bedingungen ausgestrahlt wie die Programme des öffentlichen Fernsehens. Die Bedingungen werden zwischen der öffentlichen Sendeanstalt und dem Konzessionsträger vertraglich vereinbart und durch gemeinsamen Beschluß des für das Post- und Fernmeldewesen zuständigen Ministers und des für die Fernmeldetechnik zuständigen Ministers genehmigt«.

Nach diesem Verfahren wurden während der Gültigkeit des Gesetzes von 1982 drei Konzessionen erteilt: für Canal-Plus[18], die fünfte Rundfunkstation, genannt France Cinq[19], und die sechste Rundfunkstation[20]. Zu erwähnen ist,

---

17 Le Monde, 29. Juli 1986.

18 Art. 3 der Konzessionsvereinbarung vom 3. Dezember 1983, abgeändert am 14. März 1986, genehmigt durch Dekret vom 14. März 1986 und Vertrag zwischen TDF und der Agentur Havas vom 28. Februar 1986, dieser genehmigt durch Arrêté vom 14. März 1986, JO vom 15. März 1986.

19 Konzessionsvereinbarung vom 17. Januar 1986, genehmigt durch Dekret Nr. 86-83 vom 18. Januar 1986, JO vom 19. Januar 1986, geändert am 17. Februar 1986 und erneut genehmigt durch Dekret Nr. 86-218 vom 18. Februar 1986, JO vom 19. Februar 1986. Das Dekret vom 18. Januar 1986 wurde vom Conseil d'Etat als nicht rechtswidrig erklärt (außerhalb Art. 4 des Lastenheftes): Conseil d'Etat, 16. April 1986 »Compagnie Luxembourgeoise de télévision«, Rec. 1986, S. 97, RDP 1986, S. 847 mit Schlußanträgen *Dutheil de Lamothe*.

20 Konzessionsvertrag vom 21. Februar 1986, genehmigt durch Dekret Nr. 86-234 vom 21. Februar 1986 und Vertrag zwischen TDF und dem Konzessionsträger des sechsten

daß die zwei letzten Konzessionen durch die Dekrete Nr. 86-900 und 86-901 vom 31. Juli 1986[21] gekündigt wurden. Nach der Annullierung einer dieser Kündigungen durch den Conseil d'Etat[22] erfolgte durch die Dekrete Nr. 87-50 und 87-51 vom 2. Februar 1987[23] eine erneute Kündigung[24].
Die lokalen Fernsehsender auf Funkwelle sind in Art. 80-1 des Gesetzes vom 29. Juli 1982, welcher durch Art. 8 des Gesetzes vom 13. Dezember 1985 ergänzt wurde, als Dienste definiert worden, »deren Sendezone 60 Kilometer nicht überschreiten darf«. Gemäß Art. 80-2 des Gesetzes vom 29. Juli 1982, wiederum ergänzt durch Art. 8 des Gesetzes von 1985, »darf die Betreibererlaubnis nur einer Gesellschaft gewährt werden«. Auf der Grundlage dieses Gesetzes hat die Regierung das Dekret Nr. 86-444 vom 14. März 1986[25] veröffentlicht. Dieses Dekret enthielt keine Pflicht, auf die Dienste der TDF zurückzugreifen. Infolge des Regierungswechsels nach den Wahlen vom 16. März 1986 ist dieses Dekret jedoch nie zur Anwendung gelangt.

C. *Rundfunk- und Fernsehprogramme über Satellit*

Grundsätzlich unterschied das Gesetz von 1982 nicht zwischen terrestrischen und spatialen Wellenbereichen. Für beide galt das Erfordernis der staatlichen Genehmigung (Art. 7 und 8). Allerdings mußten diese Vorschriften - wie noch zu zeigen sein wird - insbesondere in bezug auf Fernmelde- und Rundfunksatelliten abgeändert werden.
Die Fernmeldesatelliten werden üblicherweise von TDF für die Übermittlung von aus dem Ausland kommenden Bildern benutzt. So verwendet TDF für die Übertragung von Bildern der Mundial einen über dem Atlantik stationierten Satelliten von Intelsat[26]. Für die Übertragung der Programme von TV 5 (eine Zusammenstellung von Sendungen frankophoner öffentlicher Radiostationen) verwendet TDF die Satelliten ECS 1 und ECS 2 von Eutelsat[27]. Es kommt auch vor, daß die TDF einen Satelliten des Post- und Fernmeldeministeriums verwendet, nämlich Télécom 1[28]. Was aber für die Zukunft interessant sein

---

Rundfunks vom 21. Februar 1986, genehmigt durch Arrêté vom 21. Februar 1986, JO vom 22. Februar 1986.

21 JO vom 2. August 1986.

22 Conseil d'Etat, 2. Februar 1987, »Société TV6«, Rec. 1987, S. 29, RFDA, 1987, S. 29 (Schlußanträge von *Fornacciari*).

23 JO vom 3. Februar 1987.

24 Der Conseil d'Etat erklärte dieses Dekret als gesetzeskonform wegen der Änderung der Gesetzgebung: Conseil d'Etat, 22. April 1988 »Société France 5«, Rec. 1988, S. 157.

25 JO vom 16. März 1986.

26 Le Monde, 8. Juni 1986.

27 Le Monde, 19. August 1984.

28 Le Monde, 8. August 1984.

wird, ist die Nutzung des Satelliten Télécom 1 durch lokale Radiosender. So hat das Post- und Fernmeldeministerium mehreren Pariser Radiostationen gestattet, diesen Satelliten ab dem 1. November 1985 für die Übertragung von Gemeinschaftsprogrammen an private Radios in der Provinz zu benutzen. Das Ministerium hatte sich lange Zeit hiergegen gewehrt, um die nach dem Gesetz 1982 verbotene Errichtung echter Radionetze zu verhindern[29]. Schließlich hat es aber seine Haltung aufgegeben, da andernfalls die Transparenz der Informationsübermittlung durch das Post- und Fernmeldewesen gefährdet gewesen wäre[30]. Somit benutzen fünf Netze den Télécom 1, nämlich AFC (Hersant), CFM, Citicom, NRJ und Nostalgie[31].
Was die Rundfunksatelliten angeht, so hat der französische Staat nicht die Möglichkeit, die Verwendung von einer vorherigen Genehmigung abhängig zu machen, soweit diese Satelliten entsprechend den Entscheidungen der zuständigen internationalen Satellitenorganisationen plaziert worden sind. TDF hat 1988 einen eigenen, TDF 1 genannten Satelliten gestartet, dem der Satellit TDF 2 folgen soll[32]. Durch ein interministerielles Arrêté vom 11. März 1986 wurde außerdem einem europäischen Konsortium die Ausstrahlung eines kommerziellen Fernsehprogramms gestattet. Die Ausstrahlung erfolgt über den Satellitenkanal Nr. 1, der durch die Verträge von Genf Frankreich zugewiesen ist. Die Erlaubnis sieht vor, daß die technischen und finanziellen Bedingungen der Ausstrahlung durch einen Vertrag zwischen der Betreibergesellschaft und der öffentlichen Sendeanstalt zu regeln sind[33]. Ein anderes Arrêté des gleichen Tages gewährt derselben Gesellschaft eine Erlaubnis für den Kanal Nr. 13[34]. Weitere Lizenzen wurden einer Gesellschaft erteilt, welche aus einem englischen (der Maxwell-Gruppe), einem deutschen (Leo Kirch), einem italienischen (Silvio Berlusconi) und einem französischen (Jérôme Seydoux) Gesellschafter bestand. Nach diesen Lizenzen können - bis auf französische Programme - alle Programme aus anderen Ländern der Europäischen Gemeinschaft gesendet werden. Das Gesetz vom 30. September 1986 beendete dieses Lizenzsystem, sah aber Entschädigungen für die Lizenzinhaber vor, falls ihnen hierdurch Schaden entstanden war.

---

29 Weitere Ausführungen hierzu im Abschnitt über die Genehmigung der Programme.
30 Le Monde, 5. November 1985.
31 Le Monde, 22. April 1986.
32 Dieses Programm ist am 29. Juli 1986 von der Regierung bestätigt worden, Le Monde, 30. Juli 1986.
33 JO vom 14. März 1986.
34 A.a.O.

§ 2 *Das Gesetz vom 30. September 1986*

Das Gesetz vom 30. September 1986[35] enthält getrennte Vorschriften über die Dienste der audiovisuellen Kommunikation mittels terrestrischer Funkwellen und über die Dienste der audiovisuellen Kommunikation über Satellit.

A. *Die Dienste der audiovisuellen Kommunikation mittels terrestrischer Funkwellen*

a) *Allgemeine Regelung*

Gemäß Art. 21 »definiert der Premierminister nach Stellungnahme des obersten Rundfunkrates die Frequenzbereiche oder die Frequenzen, welche den staatlichen Diensten zur Verfügung stehen sollen (i.e. für Inneres, Militär usw.) und diejenigen, deren Zuweisung dem Rat übertragen wird«. Kraft dieser Gesetzesbestimmung hat der Premierminister die Frequenzen unter den öffentlichen Verwaltungen und den audiovisuellen Kommunikationsdiensten neu verteilt[36]. Die Zahl der Frequenzen, die den audiovisuellen Kommunikationsdiensten zugeteilt werden dürfen, wurde damit etwas erhöht. Gemäß Art. 25 Abs. 1 des Gesetzes von 1986

»müssen bei der Benutzung der Frequenzen zur Ausstrahlung der Dienste mittels terrestrischer Funkwellen die von dem obersten Rundfunkrat definierten technischen Bedingungen beachtet werden. Diese betreffen insbesondere:
1. die Charakteristika der ausgestrahlten Signale und die für die Sendung benutzte technische Ausstattung;
2. den Ort der Sendung;
3. die Obergrenze der ausgestrahlten Energiemenge;
4. den Schutz gegen mögliche Interferenzen mit dem Betrieb anderer Fernmeldeeinrichtungen«.

Auf dieser gesetzlichen Grundlage hat die Nationale Kommission für Kommunikation und Freiheitsrechte (CNCL) zwei Entscheidungen getroffen: die eine definiert »die technischen Bedingungen der Frequenznutzung für Hörfunksendungen mittels UKW«[37], die andere definiert »die technischen Bedingungen der Frequenznutzung für Fernsehsendungen mittels Funkwellen[38].

---

35 Ergänzt durch das Gesetz vom 27. November 1986 und die gesetzesändernden Verordnungen vom 1. Dezember 1986 und die Gesetze vom 30. Juli 1987, 11. März 1988, 17. Januar 1989, 2. August 1989, 29. Dezember 1989, 15. Januar 1990.

36 Arrêté vom 27. April 1987, JO vom 29. April 1987.

37 Entscheidung Nr. 87-23 vom 6. März 1987, JO vom 28. März 1983.

38 Entscheidung Nr. 87-3 vom 26. Januar 1987, JO vom 28. Januar 1987; abgeändert durch die Entscheidung Nr. 90-793 vom 26. Oktober 1990, JO vom 24. November 1990.

b) *Die Benutzung von Frequenzen durch öffentliche Programmgesellschaften*

Gemäß Art. 26 Abs. 1 des Gesetzes dürfen die nationalen Programmgesellschaften, d.h. die öffentliche Hand, weiter Frequenzen benutzen, die ihnen früher zugeteilt wurden. Aber der Oberste Rundfunkrat (CSA) kann ihnen einen Teil davon abnehmen, »wenn technische Notwendigkeiten dies erfordern, jedoch unter der Bedingung, daß ihnen andere Frequenzen zugewiesen werden, die einen Empfang gleichwertiger Qualität erlauben und ohne daß dabei Unterbrechungen erfolgen« (Abs. 2). Ebenso kann der CSA Frequenzen zurücknehmen, derer es bei der Erfüllung bestimmter, im Lastenheft aufgeführter Aufgaben nicht mehr bedarf (Abs. 3). Zweifellos hatte der Gesetzgeber die unabhängige Kommunikationsbehörde veranlassen wollen, die Frequenzverteilungspraxis grundlegend zugunsten einer Entwicklung des privaten Sektors zu ändern. Von dieser Möglichkeit hat aber weder die CNCL noch der CSA viel Gebrauch gemacht.
Die Benutzung der Frequenzen durch die öffentlichen Programmgesellschaften ist nur mittelbar. Kraft Art. 51 des Gesetzes hat die öffentliche Gesellschaft TDF »die Sendung und Übermittlung der Programme der öffentlichen Programmgesellschaften nach Frankreich und ins Ausland, mittels jedes Telekommunikationsverfahrens durchzuführen«.

c) *Die Benutzung von Frequenzen durch private Programmgesellschaften*

Ebenso wie das Gesetz vom 29. Juli 1982 macht das Gesetz vom 30. September 1986 die Nutzung des Frequenbereichs und die Errichtung technischer Anlagen von einer staatlichen Genehmigung abhängig. Die dafür zuständige Behörde ist nunmehr der CSA. Gemäß Art. 22 Abs. 2 und 3 des Gesetzes »erteilt der Oberste Rundfunkrat in Beachtung der von Frankreich unterzeichneten internationalen Verträge und Abkommen die Genehmigung für die Benutzung derjenigen Frequenzbereiche und Frequenzen, deren Zuteilung ihm übertragen wurde. Er überwacht die Benutzung und ergreift die notwenigen Maßnahmen, um einen guten Empfang der Signale zu gewährleisten«. Gemäß Art. 25 Abs. 2 und 3 des Gesetzes »kann der Oberste Rat den Benutzer eines Sendeortes besonderen Pflichten unterwerfen, vor allem bei Knappheit von Sendeorten in einer bestimmten Gegend. Er kann insbesondere bestimmen, daß mehrere Betreiber denselben Sendeort benutzen. Er bestimmt die Frist, in welcher der Lizenzinhaber tatsächlich anfängt, die ihm gewährten Frequenzen zu den Bedingungen der Lizenz zu benutzen«.

Die Frequenzzuteilung ist jedoch mit der Programmsendeerlaubnis verbunden. Gemäß Art. 28 des Gesetzes ist »die Erteilung der Frequenzenbenutzungserlaubnis für jeden neuen Rundfunk- bzw. Fernsehdienst [...] vom Abschluß eines Vertrages zwischen dem Obersten Rundfunkrat und dem Bewerber abhängig«.

Das Gesetz macht auch nähere Angaben über das Verfahren zur Erlangung der Erlaubnis. So muß der CSA gemäß Art. 29, 29-1 und 30[39] die Liste der verfügbaren Frequenzen für bestimmte geographische Zonen, die Aufforderung, welche insbesondere Fristen für die Bewerbungen enthält[40], und schließlich die Lizenzen mit den dazugehörigen Auflagen im Journal officiel veröffentlichen. Ablehnungen sind zu begründen und den Betroffenen zuzustellen[41].

Die Benutzung der zugeteilten Frequenzen kann grundsätzlich mittelbar bzw. unmittelbar erfolgen. Gemäß Art. 55 des Gesetzes hat die nationale Gesellschaft TDF kein Monopol mehr, sie kann aber anderen Betreibern von Audiovisionsdiensten im Wettbewerb mit anderen Diensten Sendungs- und Übermittlungsdienste anbieten. Vor dem Inkrafttreten des Gesetzes von 1986 wurden sämtliche Lizenzen unter dem Vorbehalt der Sendung durch TDF erteilt, mit Ausnahme der örtlichen Stationen, welche Sender mit weniger als 500 Watt Leistung benutzten[42]. Nach dem Inkrafttreten des Gesetzes von 1986 werden die meisten lokalen privaten Hörfunkprogramme mittels eigener Sendungseinrichtungen von den Programmgesellschaften ausgestrahlt. Aber die meisten privaten national verbreiteten Hörfunkprogramme werden von TDF (jedenfalls teilweise) ausgestrahlt. Das ist zum Beispiel der Fall für Radio Luxembourg, Europe I, Radio-Monte-Carlo und Sud-Radio, soweit diese Gesellschaften ihre Programme mittels UKW senden[43]. Die Ausstrahlung der meisten regional verbreiteten Fernsehprogramme wird in der Praxis ebenfalls von TDF wahrgenommen. Zwei unter den drei zuerst gegründeten lokalen Fernsehdiensten werden durch TDF ausgestrahlt[44].

---

39 Durch die Novelle 1989 geändert.

40 Zum Beispiel, Conseil d'Etat, 21. Oktober 1988, »SA. Télévision française« (TF 1), Rec. 1988, S. 365, 367, 368, 369 und 370.

41 Zum Beispiel, Conseil d'Etat, 18. Mai 1990, »Association Radio-Panoramas« und »Association arménienne d'aide sociale«, Rec. 1990, S. 127 und 128.

42 Dekret vom 1. Dezember 1984.

43 Arrêtés vom 7. März 1986, JO vom 13. März 1986, insbesondere Art. 2 und 3.

44 Haute-Savoie: Art. 9, Entscheidung Nr. 88-270 vom 17. Juni 1988, JO vom 30. Juni 1988 und 24. Juli 1988; Lyon: Art. 9, Entscheidung Nr. 88-298 vom 11. Juli 1988, JO 13. Juli 1988; dagegen Toulouse: Entscheidung Nr. 87-333 vom 7. Dezember 1987, JO vom 8. Januar 1988, abgeändert durch Entscheidungen Nr. 88-126 vom 31. März 1988, JO vom 21. April 1988 und Nr. 89-194 vom 6. Oktober 1989, JO vom 7. November 1989.

Trotz der Zulässigkeit der Ausstrahlung durch eigene Einrichtungen werden alle privaten national verbreiteten Fernsehdienste weiter durch TDF ausgestrahlt[45]. Zum Beispiel enthalten die der Gesellschaft »La Cinq« und der Metropole TV 6 erteilten Genehmigungen einen Art. 9, der wie folgt lautet: »Die CNCL (heute CSA) nimmt zur Kenntnis [...] die Absicht der Gesellschaft, die Ausstrahlung ihrer Programme durch TDF vornehmen zu lassen«. Die der Télévision Française 1 (TF 1) erteilte Genehmigung[46] enthält eine gleichlautende Bestimmung (Art. 12). Das Dekret[47] vom 7. Januar 1986 und der Konzessionsvertrag zwischen dem Staat und der Programmgesellschaft Canal Plus[48] erlegen der Gesellschaft die Pflicht der Sendung ihrer Programme durch TDF auf (Art. 6 bzw. 3).

B. *Dienste der audiovisuellen Kommunikation mittels Satelliten*

Die rechtlichen Regelungen in diesem Bereich enthalten ebenfalls zwei Aspekte: einerseits die Erteilung von Genehmigungen zur Frequenznutzung und andererseits die Aufgabenstellung der öffentlichen Institution TDF. Die im Gesetz von 1986 enthaltenen Lösungen entsprechen dem eben Dargelegten.

Zunächst ist zu sagen, daß die Genehmigung zur Frequenznutzung ebenfalls vom CSA erteilt wird. Das Gesetz vom 30. September 1986 hat zuerst die früheren Lizenzen widerrufen: Nach Art. 107 werden die »Lizenzen zur Sendung von Programmen über Rundfunksatelliten, die in Anwendung des Art. 7 des Gesetzes Nr. 82-652 vom 29. Juli 1982 erteilt wurden, mit dem Tage der Veröffentlichung des Gesetzes unwirksam«. Sinn dieser Vorschrift ist es, diejenigen Lizenzen aufzuheben, die durch interministerielles Arrêté vom 11. März 1986 der Gesellschaft »Consortium européen pour la télévision commerciale« erteilt wurden. Diese Gesellschaft durfte die in den Genfer Abkommen zugeteilten Kanäle 1 und 13 betreiben. Die Ausstrahlung mittels des Satelliten TDF 1, der 1988 plaziert werden sollte, fiel in den Zuständigkeitsbereich der TDF[49]. Das Gesetz erwähnt außerdem, daß die Zurücknahme

45 Entscheidung Nr. 87-12 vom 25. Februar 1987, JO vom 27. Februar 1987, abgeändert durch Entscheidungen Nr. 87-41 vom 26. Mai 1987, JO vom 5. Juni 1987 und Nr. 89-137 vom 18. Juli 1989, JO vom 13. August 1989. - Entscheidung Nr. 87-13 vom 25. Februar 1987, JO vom 27. Februar 1987, abgeändert durch Entscheidungen vom 26.5.1987, JO vom 10. Juni 1987, und Nr. 89-13 vom 18. Juli 1989, JO vom 13. August 1989.

46 Entscheidung Nr. 87-26 vom 4. April 1987, JO vom 8. April 1987.

47 Dekret Nr. 86-20, JO vom 8. Januar 1986.

48 Durch das Dekret vom 14. März 1986, JO vom 15. März 1986 genehmigt.

49 Zu diesen Genehmigungen siehe oben § 1 C.

der Genehmigung einen Schadensersatzanspruch zugunsten des Lizenzinhabers begründet[50].

Das Gesetz vom 30. September 1986 hat der früheren Kommission (CNCL), heute CSA, die Befugnis gegeben, Frequenznutzungen im Satellitenbereich zu vergeben (Art. 31). Das Ausführungsdekret vom 4. Juni 1987[51] »zur Ausführung des Art. 31 des Gesetzes vom 30. September 1986« und die Entscheidung vom 15. Dezember 1988[52] definieren das Ausschreibungsverfahren für Satelliten.

Das Ausführungsdekret 4. Juni 1987[53] schreibt die Vergabe für die Benutzung von vier der fünf Frankreich zugeteilten Frequenzen (Kanal 1, Kanal 5, Kanal 9, Kanal 13 und Kanal 17) für Hörfunk und Fernsehen über Satellit (Art. 19) aus. Die Satelliten TDF 1 und TDF 2 übertragen also auf diesen vier Kanälen. Am 10. Juli 1987[54] hat die CNCL folgende Bewerber provisorisch zugelassen: für einen Hörfunkkanal: Radio France, Radio-France Internationale (RFI) und die Deutsche Bundespost. Für einen Fernsehkanal: Canal Plus, la Cinq, M 6 und die Gesellschaft Société d'édition de programmes de télévision (La SEPT)[55].

Aber wegen der Verspätung des Starts der Satelliten TDF 1 und TDF 2 und der Finanzierungsschwierigkeiten von TDF 2 wurde diese Auswahl nicht bestätigt. Stattdessen hat der CSA Anfang 1989 nochmals ein Ausschreibungsverfahren eingeleitet. Durch Entscheidung vom 20. April 1989 hat der CSA fünf Fernsehkanäle und drei Radiokanäle verteilt. Für einen vollen Fernsehkanal hat der CSA folgende Bewerber endgültig zugelassen: La SEPT[56], Sport 2-3, Canal Plus, Canal Plus Deutschland; die zwei Bewerber Canal Enfants und Euromusique müssen denselben Kanal unter sich teilen[57]. Die drei Radiokanäle werden Radio-France (zwei Kanäle) und Radio France Internationale (ein Kanal) zugeteilt[58].

Die beiden Satelliten haben jedoch technische Betriebsstörungen. Der Satellit TDF 1, der erst am 27. Oktober 1988 ins All gebracht wurde[59], hat seit dem

50 Art. 107 in fine.
51 Dekret Nr. 87-364, JO vom 5. Juni 1987.
52 Dekret Nr. 88-531, JO vom 17. Dezember 1988.
53 Entscheidung Nr. 87-42, JO vom 5. Juni 1987.
54 Entscheidung Nr. 87-52, JO vom 11. Juli 1987.
55 Am 30. September 1986 war das Kapital des SEPT wie folgt aufgeteilt: FR 3 45%, Staat 25%, Radio-France und INA jeweils 15% (Le Monde, 2. Okober 1986).
56 Sie ist eine staatliche Gesellschaft, die vom Art. 45 des Gesetzes von 1986 vorgesehen ist.
57 Entscheidungen Nr. 43 bis 48 vom 20. April 1989, JO vom 14. Mai 1989.
58 Entscheidungen Nr. 49 bis 51 vom 20. April 1989, JO vom 14. Mai 1989.
59 Frankfurter Allgemeine Zeitung, 29. Oktober 1988.

Sommer 1990 nur noch vier statt sechs betriebsfähige Transponder[60]. Auch der Satellit TDF 2, der erst am 24. Juli 1990 ins All gebracht wurde[61], hat seit Oktober 1990 nur noch vier statt sechs betriebsfähige Transponder[62]. Nach Verhandlungen mit der deutschen Bundesregierung hat sich das deutsche Programm Canal Plus Premiere vom Projekt zurückgezogen. Stattdessen soll die französische Programmgesellschaft »Antenne 2« ein nicht verschlüsseltes Programm senden lassen. Die Programmgesellschaft »Sports 2-3« hat sich im Februar 1991 ebenfalls zurückgezogen[63]. Gleichzeitig hat Canal J (Jugendprogramm) im April 1991 auf seinen Kanal verzichtet[64]. Zur Zeit (Juni 1991) werden nur Fernsehprogramme von La Sept, Canal Plus und Euromusique mittels TDF 1 und TDF 2 ausgestrahlt.

Das Gesetz Nr. 90-1170 vom 29. Dezember 1990 zur Regelung der Telekommunikation hat den Art. 24 des Gesetzes von 1986 ganz neu geschrieben. Der Zweck der neuen Vorschrift ist die Regelung der Benutzung von sog. Telekommunikationsfrequenzen, d.h. Frequenzen, die von Télécom für audiovisuelle Dienste benutzt werden. Zum Beispiel werden die Programme der frankophonen Programmgesellschaft TV 5 unmittelbar durch einen Satellit ausgestrahlt, der von Télécom betrieben wird, nämlich Télécom 1. In solchen Fällen ist nun eine Genehmigung auch des CSA zu verlangen. Diese Genehmigung ist zu erteilen, soweit es sich um die volle und simultane Weiterverbreitung von öffentlichen oder für mehr als sechs Millionen Einwohner genehmigte Programme handelt. In den anderen Fällen setzt die Genehmigung den Abschluß eines Vertrages voraus, der die besonderen Verpflichtungen des mittelbaren Benutzers sowie die Aufsichtsbefugnisse festsetzt. Solche Betreiber benutzen auch öfters Kabelnetze.

Weiterhin ist zu bemerken, daß das Gesetz vom 30. September 1986 die Verwaltung der Satellitenkanäle nicht verändert. Wie in der Vergangenheit und wie bei den Funkwellen hat TDF lediglich das Sendemonopol für die öffentlichen Programmgesellschaften und befindet sich im privaten Bereich in Konkurrenz bei der Anbietung seiner Dienste. Augenblicklich gibt es nur zwei französische Rundfunksatelliten, nämlich TDF 1 und TDF 2. Die Kosten dieser Satellitenprojekte werden von TDF getragen. Diese beiden Satelliten nutzen vier der fünf Frankreich zugeteilten Fernsehkanäle.

---

60 Le Monde, 12. September 1990 und 13. September 1990.
61 Le Monde, 20. Juli 1990.
62 Le Monde, 14./15. Oktober 1990.
63 Tribune de l'Expansion, 13. Februar 1991.
64 Le Monde, 13. April 1991.

Abschnitt 2 - *Sendung und Übertragung elektrischer oder optischer Signale durch Kabel*

Die Übertragung von Nachrichtensignalen per Kabel ist eine junge Technik. Sie erfordert eine Infrastruktur, die der des Telefonnetzes entspricht oder doch zumindest angenähert ist. Naturgemäß bestand bis 1982 unangefochten ein Staatsmonopol. Die Notwendigkeit, die Kabelnetze den Bedürfnissen der einzelnen Nachfragekonstellationen anzupassen, hat den Gesetzgeber von 1982 zu einer Entflechtung des Staatsmonopols veranlaßt. Das Gesetz von 1986 geht noch weiter, indem schrittweise von einem System der öffentlichen Errichtung zu einem Lizenzsystem für die private Einrichtung übergegangen wird.

§ 1 *Das Gesetz vom 29. Juli 1982*

Kraft des Gesetzes vom 29. Juli 1982 wurden die technischen Einrichtungen für die audiovisuelle Kommunikation ausschließlich vom Staat errichtet und verwaltet. Dies galt, obwohl Art. 8 des Gesetzes von 1982[65] bestimmte: »Der Staat errichtet und genehmigt [...] die Infrastrukturen und Einrichtungen der audiovisuellen Kommunikation, welche öffentlichen Grund benutzen oder welche, wenn sie sich auf Privatgrund befinden, gemeinschaftlich sind oder Grund überqueren, der im Eigentum Dritter steht. Diese Genehmigung enthält die Verpflichtung, eine technische Überwachung zuzulassen. Diese erfolgt durch den Staat oder im Auftrag«. Obwohl das Monopol damit eigentlich abgeschafft war - denn es bedurfte lediglich einer einfachen Genehmigung - wurde tatsächlich niemals eine Genehmigung erteilt. Sämtliche Einrichtungen wurden vom Staat aufgrund von Absprachen mit den Gemeinden errichtet. Diese Absprachen sahen vor, daß die Kabel von der Generaldirektion für Fernmeldewesen des Postministeriums (DGT) gelegt werden, und daß die Netzzentrale von TDF gebaut und verwaltet wird.

In der Praxis wurden bis zum 16. März 1986 28 Vereinbarungen dieser Art zwischen den Gemeinden und der DGT geschlossen, darunter für die Städte Paris, Rennes und Montpellier. Außerdem gab es mehr als zwanzig andere Vereinbarungen, die kurz vor der Unterzeichnung standen[66]. Im März 1986 waren 1,1 Millionen Anschlüsse bestellt[67], aber im Juni 1986 betrug die Zahl

---

65 Im übrigen wörtlich von dem Gesetz Nr. 84-939 vom 23. Oktober 1984 betreffend den öffentlichen Fernmeldedienst und in das Post und Fernmeldegesetz in Art. L 341 übernommen.

66 Le Monde, 15. Juli und 24. Juli 1986.

67 Le Monde, 24. Juli 1986.

der Abonnenten nur ungefähr 50.000[68]. Grund für diesen äußerst langsamen Realisierungsprozeß ist die Kompliziertheit der juristischen Konstruktion: Bevor der Vertrag über die Einrichtung des Netzes unterschrieben werden kann, muß die Gemeinde eine »gemischte Wirtschaftsgesellschaft« (société d'économie mixte) für die Bewirtschaftung des Netzes gründen. Außerdem müssen zwei öffentliche Institutionen, die DGT und die TDF, übereinstimmend handeln[69]. Hinzu kommt, daß der »plan câble« ursprünglich vorsah, alle Städte mit Glasfaser zu verkabeln, obwohl dies eine teuere und komplizierte Technik ist.
Zu erwähnen ist, daß zu denjenigen Gemeinden, die im Rahmen des »plan câble« mit der DGT und der TDF Verträge geschlossen haben, noch die Städte hinzuzurechnen sind, die bereits vorher Gegenstand von Pilotprojekten der DGT waren. Hierzu gehören insbesondere die Städte Metz, Nizza, Dunkirchen und Biarritz. Mit Arrêté vom 27. Juli 1984 wurden in Biarritz zu Versuchszwecken ein dienstintegriertes Breitbandkabelnetz, »Glasfasernetz« genannt, installiert sowie die Gebühren provisorisch festgelegt[70].

§ 2 *Das Gesetz vom 30. September 1986*

A. Das ursprüngliche oberste Anliegen des Gesetzgebers von 1986 war, das de-facto-Monopol der DGT (heute der France Télécom) im Bereich der Kabelnetze zu »brechen«. Deswegen waren die Gemeinden bzw. Gemeindeverbände nicht mehr verpflichtet, der staatlichen Verwaltung die Errichtung des Netzes zu überlassen. Art. 34 Abs. 1 des Gesetzes lautete: »Die Gemeinden oder die Gemeindeverbände errichten Kabelnetze oder genehmigen die Errichtung von Kabelnetzen für Hörfunk- und Fernsehdienste auf ihrem Gebiet«. Sie haben nun die Wahl zwischen mehreren Verfahren: selbst aufzubauen oder einen Vertrag mit France Télécom oder einer Privatgesellschaft abzuschließen.
Aber der Betrieb des Kabelnetzes hing weiter von einer staatlichen Genehmigung der CNCL (heute CSA) ab. Die Gemeinden haben nur das Recht, den Betreiber vorzuschlagen. Das Verfahren der Genehmigungserteilung und die Dauer der Genehmigung wurden durch das Dekret vom 29. September 1987[71]

68 Bericht des Senats über das Gesetzesvorhaben betreffend die Freiheit der Kommunikation, Senat, 2. ordentliche Sitzung 1985-86, Nr. 415, Band II, S. 47.
69 Siehe das Handbuch für die Gemeinden: Le câble, la télévision au pluriel (sous la direction de Philippe Chauvet), Entreprise moderne d'édition, Paris 1986.
70 JO NC vom 27. Juli 1984 und Arrêté vom 22. Januar 1987.
71 Dekret Nr. 87-796, JO vom 30. September 1987, abgeändert durch das Dekret Nr. 88-608 vom 6. Mai 1988, JO vom 8. Mai 1988.

bestimmt. Insbesondere wurde die Dauer auf 20 Jahre festgesetzt. Der CSA hat seinerseits die technische Norm der Signale definiert, nämlich D2 MAC/Paquet[72].

Anfang 1990 gab es insgesamt 80 Kabelnetze, 2,3 Millionen Kabelanschlüsse und 250.000 Abonnenten[73]. Etwa 50 Kabelnetze wurden von France Télécom errichtet; die übrigen von privaten Gesellschaften, deren Anlagekapital mehrheitlich privaten Wasserversorgungsgesellschaften bzw. der öffentlichen Kreditanstalt »Caisse des dépôts et consignations« gehört.

B. Am 7. Februar 1990 hat die Regierung verschiedene Beschlüsse gefaßt, um der Entwicklung des Kabelfernsehens einen neuen Impuls zu geben[74]. Im Rahmen dieser Politik wurden die Vorschriften des Gesetzes von 1986, die die Kabelnetze regeln, durch das Gesetz vom 29. Dezember 1990 neu gestaltet. Nunmehr dürfen die Gemeinden bzw. Gemeindeverbände die Kabelnetze unter der technischen Aufsicht des Industrie-, des Telekommunikations- und des Kommunikationsministers selbst errichten oder errichten lassen (Art. 34 Abs. 2). Die Betriebsgenehmigung, die automatisch mit der Errichtung des Kabelnetzes verbunden ist, konnte bisher nur Privatgesellschaften erteilt werden. Nunmehr darf sie auch kommunalen rechtsfähigen Anstalten durch den CSA erteilt werden. Soweit es sich nicht um simultane und volle Weiterverbreitung von Programmen entweder durch nationale (d.h. öffentliche) Programmgesellschaften oder durch national genehmigte Privatgesellschaften handelt, setzt die Erteilung der Genehmigung den Abschluß eines Vertrages über besondere Verpflichtungen des Betreibers voraus (Art. 43 Abs. 1).

Die Kabelnetze entwickeln sich nun etwas stärker. Im März 1991 gab es insgesamt 3 Millionen anschließbare Wohnungen, 136 Kabelnetze im Betrieb und 575.000 Abonnenten[75]. Unter den 136 Kabelnetzen werden insbesondere 53 von Générale des Eaux, 37 von Communication-Développement (Caisse des dépôts), 11 von Lyonnaise Communication, 10 von Citécâble, 5 von Réseaux câblés de France und 3 von Eurocâble errichtet und betrieben.

---

72 Entscheidung Nr. 89-33 vom 5. April 1989, JO vom 18. April 1989.
73 Kommuniqué des Ministerrats vom 7. Januar 1990, Le Monde, 9. Januar 1990.
74 Le Monde, 8. Februar 1990 und 9. Februar 1990.
75 Le Monde, 26. Mai 1991.

Kapitel II *Die audiovisuelle Industrie*

Die audiovisuelle Industrie beschäftigt sich mit der Herstellung von mechanischen, elektronischen oder optischen Aufzeichnungen zum Zwecke einer späteren Ausstrahlung in Radio- oder Fernsehsendungen. Lange Zeit waren die Produzenten gleichzeitig die Programmgestalter. Erst seit 1974 und besonders seit 1986 kam es zu einer Trennung dieser beiden Funktionen. Sie ist allerdings nicht völlig vollzogen, was die rechtliche Untersuchung erschwert.

Rechtlich gesehen unterscheidet sich die Produktion im Radiobereich von der des Fernsehbereiches. Während im ersten Bereich die Beziehungen zwischen Presse, Presseagenturen und der Schallplattenindustrie einfacher strukturiert sind, bereiten die Beziehungen zwischen dem Filmwesen, den privaten und den öffentlichen Filmproduzenten große Schwierigkeiten. So gesehen erscheinen die beiden Gesetze von 1986 eher als eine neue Etappe in einer seit 1982 begonnenen Entwicklung und nicht als eine echte Umwälzung des französischen Audiovisionsrechts.

Abschnitt 1 - *Die Hörfunkproduktion*

Die diesbezüglichen Vorschriften enthalten einerseits protektionistische Maßnahmen zugunsten der französischen und der EG-Industrie sowie andererseits Vorschriften zur Vermeidung vertikaler Zusammenschlüsse.

§ 1 *Schutz der französischen und EG-Produktion*

A. *Das Gesetz vom 29. Juli 1982*

Unter dem Geltungsbereich des Gesetzes vom 29. Juli 1982 wurde dem öffentlichen Unternehmen, der staatlichen Gesellschaft für Hörfunkprogramme »Radio France«, lediglich die Verpflichtung auferlegt, bestimmte musikalische Vereinigungen zu verwalten und zu fördern (Orchestre national de France, Neues Philharmonisches Orchester, Chöre und maîtrise von Radio-France)[76]. Das durch Dekret vom 3. Mai 1984[77] gebilligte Lastenheft schwieg zu diesem Punkt. Sein Art. 29 beschränkte sich auf die folgende

76 Art. 38 des Gesetzes vom 29. Juli 1982.

77 JO NC, Gesetz und Dekret vom 11. Mai 1984 und JO Documents administratifs vom 11. Mai 1984.

Aussage: »In der Musik soll die Gesellschaft die künstlerische Schöpfung fördern, wobei sie den Werken nationaler Herkunft einen bedeutsamen Platz einzuräumen hat«. Diese Vorschrift betrifft aber eher das Programmwesen als die Produktion.

Das gleiche galt für die Lastenhefte, die den lokalen Radiosendern mit Dekreten vom 4. Mai 1982[78] und vom 1. Dezember 1984[79] auferlegt wurden: auch sie enthielten keinerlei protektionistische Vorschriften.

Auch diejenigen privaten Radiostationen, an denen der Staat über die Société financière de radiodiffusion (SOFIRAD) beteiligt war und die aufgrund ihrer außerhalb des Staatsgebietes errichteten Sendeanlagen als peripher bezeichnet wurden, unterlagen keinerlei Protektionismus.

B. *Das Gesetz vom 30. September 1986*

Dieses Gesetz, ergänzt durch das Gesetz vom 27. November 1986, verteilt Befugnisse zwischen der Regierung und der unabhängigen Behörde für Audiovision. Die Regierung erhielt das Recht, die Pflichten von »Radio-France« durch Dekret festzulegen[80]. Auf dieser gesetzlichen Grundlage hat die Regierung in einem Dekret vom 13. November 1987 das Aufgaben- und Pflichtenheft von »Radio-France« bestätigt[81]. Nach diesem Text hat diese Gesellschaft die Pflicht, dem französischen Chanson mehr als die Hälfte der Unterhaltungsprogramme zu widmen (Art. 30).

Die Nationale Kommission für Kommunikation und Freiheitsrechte (CNCL) und später der Oberste Rundfunkrat (CSA) erhielt die Befugnis, die allgemeinen Bedingungen für die Herstellung der ausgestrahlten Werke festzulegen, und zwar für sämtliche Kategorien der audiovisuellen Dienste, gleich ob über Funkwellen oder per Satellit ausgestrahlt (Art. 27 Abs. 2). So betraf beispielsweise die Entscheidung Nr. 87-24 vom 16. März 1987, wie ihr Name bereits sagt, »die allgemeinen Programmvorschriften, welche die privaten Hörfunkstationen betreffen, die über terrestrische Funkwellen senden«[82]. Nach dieser Vorschrift müssen 20 Prozent der ausgestrahlten Programme aus eigener Produktion stammen[83].

Seit der Novelle vom 17. Januar 1989 hat der Nachfolger der CNCL, der CSA, keine Befugnis in dieser Hinsicht mehr.

78 JO Gesetz und Dekret 6. Mai 1982.
79 JO Gesetz und Dekret 2. Dezember 1984.
80 Art. 48 des Gesetzes vom 30. September 1986.
81 JO vom 15. November 1987.
82 JO vom 7. April 1987.
83 Art. 2 der Entscheidung vom 16. März 1987.

§ 2 *Die Verhinderung von Zusammenschlüssen produzierender Unternehmen*

A. *Das Gesetz vom 29. Juli 1982*

Das Gesetz vom 29. Juli 1982 verfolgte hauptsächlich das Ziel, eine zu große Abhängigkeit der kleinen Radiosender (sogenannte Lokalradios) von den großen Herstellern audiovisueller Werke zu verhindern. So bestimmte Art. 6 des auf alle Hörfunkdienste anwendbaren Lastenheftes[84] vom 15. November 1982[85] und vom 1. Dezember 1984[86]: »Die Sendungen des Eigenprogramms müssen mindestens 80 Prozent der wöchentlichen Sendezeit betragen und gleichmäßig auf alle Teile der Woche verteilt sein«. Art. 5 dieses Lastenheftes präzisierte, was unter Eigenprogramm zu verstehen war: »Das Eigenprogramm ist ein solches, welches von der Belegschaft der Station erdacht und von ihr oder unter ihrer Überwachung zusammengestellt wurde. Es kann kommerzielle phonographische Aufzeichnungen enthalten. Dieses Programm darf weder aus der wiederholten Sendung desselben Programms bestehen, noch aus der gleichzeitigen oder nachfolgenden Wiedergabe eines Programms einer anderen Station, noch aus der Sendung von Programmen, die von Dienstleistungsbetrieben oder unter deren Kontrolle konzipiert wurden«. Hierin dokumentiert sich die Befürchtung, daß die lokalen Sender sich zu landesweiten Sendern zusammenschließen würden. Diese Befürchtung führte aber dazu, daß die Programmgestalter in ihren Möglichkeiten, sich unabhängiger Programmhersteller zu bedienen, erheblich eingeschränkt wurden. Offensichtlich ist aber dieses Verbot nicht beachtet worden, denn bereits vor dem 16. März 1986 hatten sich starke Radionetze gebildet, die alle von ein und demselben Hersteller beliefert wurden: AFC (Hersant-Gruppe), CFM Citicom, NRJ, Nostalgie. Alle genannten Sender benutzen den von der Generaldirektion der Telekommunikation betriebenen Satelliten Telecom I zur Übertragung von Radiowerken und von Werbung[87].

B. *Das Gesetz vom 30. September 1986*

Die ursprüngliche Intention, Zusammenschlüsse der Produzenten zu verhindern, ist mit dem Gesetz vom 30. September 1986[88] aufgegeben worden. Wie wir noch weiter unten sehen werden, begnügt sich das Gesetz allein damit,

84 Anlage zu den Dekreten vom 4. Mai 1982, JO 6. Mai 1982.
85 JO vom 16. November 1982.
86 JO vom 2. Dezember 1984.
87 Le Monde 22. April 1986: Radios locales privées, le Temps des réseaux.
88 Ergänzt durch Gesetz vom 27. November 1986.

Zusammenschlüsse der Programmgesellschaften zu verhindern. Vielmehr scheint es nun so, als wünsche der Gesetzgeber, daß die lokalen Hörfunksender einen nicht zu großen Anteil ihres Programms selbst produzieren, denn Art. 27 ermächtigt die CNCL »insbesondere den Höchstanteil derjenigen Sendungen festzulegen, die vom Betreiber des Senders produziert werden« und Art. 28 ermächtigt sie, »die Mindestdauer des Eigenprogramms« festzusetzen.

Entgegen der Erwartung des Gesetzgebers hat die CNCL keinerlei Höchstanteile im Hörfunkbereich festgelegt. Dagegen verlangt sie ein Minimum an Eigenprogramm seitens der privaten Hörfunksender. Die Art. 1 und 2 der Entscheidung Nr. 87-25 vom 16. März 1987[89] lauten wie folgt:

> »1. Eigenprogramm ist solches, welches von der Belegschaft des Lizenzinhabers oder unter seiner Kontrolle erdacht und zusammengestellt wurde. Es kann kommerzielle phonographische Aufzeichnungen enthalten. Dieses Programm darf weder aus der wiederholten Sendung desselben Programms bestehen, noch aus der simultanen oder nachfolgenden Wiedergabe von Programmen, die von Dienstleistungsunternehmen oder unter deren Kontrolle erdacht und zusammengestellt wurden.
> 2. Die Sendungen des Eigenprogramms müssen mindestens 20 Prozent der wöchentlichen Sendezeit des Lizenzinhabers ausmachen und in ausgewogener Weise auf alle Tage der Woche verteilt sein«.

Dieses Erfordernis soll verhindern, daß eine Genehmigung zur Sendung landesweiten Hörfunks durch eine Reihe von Genehmigungen für lokalen Hörfunk ersetzt wird. Diese Vermutung wird durch die nachfolgende Feststellung bestätigt: In der Entscheidung Nr. 87-33 der CNCL betreffend den per Satellit gesendeten Hörfunk[90] fehlt eine solche Regelung, da diese Hörfunkdienste notwendigerweise nationalen Charakter haben.

Die Gesetzesnovelle vom 17. Januar 1989 hat die Art. 27 und 28 des Gesetzes über Kommunikationsfreiheiten von 1986 abgeändert. Nun hat der CSA, Nachfolger der CNCL, keine Befugnisse kraft Art. 27 mehr, und er muß jetzt die Befugnisse kraft Art. 28 (Festlegung der Sonderregelung des Betriebes) nicht mehr durch generelle Entscheidungen, sondern nur durch mit den Bewerbern abgeschlossene Verträge ausüben.

§ 3 *Unterstützung der Hörfunkproduktion*

A. *Das Gesetz vom 29. Juli 1982*

In den Jahren 1982 bis 1986 hatte der Gesetzgeber für die Hörfunkproduktion ein eigenes finanzielles System der lokalen Radiosender errichtet: Paradoxer-

---

89 JO vom 7. April 1987.
90 JO vom 30. Mai 1987.

weise hat er also die vertikale Integration der Herstellung und Programmierung im lokalen Hörfunkbereich gefördert, um so gegen die Entwicklung zu mächtiger Hersteller im audiovisuellen Bereich zu kämpfen. Dem entspricht auch, daß das Gesetz vom 29. Juli 1982 (Art. 81) einen Fonds zur Unterstützung der Äußerung im lokalen Hörfunk errichtete. Das Dekret Nr. 84-1062 vom 1. Dezember 1984[91] sah eine Art Abgabe auf Funk- und Fernsehwerbung vor, die zur Finanzierung eines Fonds bestimmt war. Dieser Fonds diente der Unterstützung von Betreibern lokaler Hörfunkdienste über Funkwellen, die weder Werbeeinnahmen haben, noch Werbung senden. Eine unabhängige Kommission verteilte die Gelder.

B. Das Gesetz vom 30. September 1986

Das Gesetz vom 30. September 1986 hat diesen Fonds neu errichtet (Art. 80). Auf dieser neuen gesetzlichen Grundlage erließ die Regierung am 9. Oktober 1987 das Dekret zur Schaffung einer Abgabe zugunsten eines Fonds zur Unterstützung des Hörfunks[92] und das Arrêté vom 9. Oktober 1987 zur Festsetzung der Sätze dieser Abgabe[93]. Die Grundlinien des Systems sind dieselben geblieben. Es handelt sich um geringe Beträge: zum Beispiel wurden 1989 nur 45 Mio. FF unter 293 lokalen Hörfunkstationen verteilt, die ohne Werbeeinkünfte ausstrahlten[94].

Der Art. 80 des Gesetzes von 1986 wurde vom Gesetz vom 17. Januar 1989 und vom Gesetz vom 29. Dezember 1990 geändert. Er lautet nunmehr:

> »Die Hörfunkdienste mittels terrestrischer Wellen, deren kommerzielle Einkünfte aus der Werbung bzw. der Sponsorwerbung weniger als 20 Prozent des Umsatzes betragen, erhalten eine Subvention unter den Bedingungen, die durch ein Dekret nach Stellungnahme des Conseil d'Etat festgesetzt werden. Diese Subvention wird durch eine Abgabe von den Werbeeinkünften der Hörfunk- und Fernsehstationen finanziert«.

Auf der Grundlage des Art. 80 in der Fassung durch Gesetz vom 17. Januar 1989 änderte die Regierung wiederum das Dekret vom 9. Oktober 1987 durch ein Dekret vom 11. Juli 1990[95]. Nunmehr werden nicht nur die Werbeeinkünfte der Hörfunkstationen, sondern auch die Werbeeinkünfte der Fernsehprogrammgesellschaften mit der Abgabe belegt.

---

91 JO vom 2. Dezember 1984, abgeändert durch Dekret Nr. 84-1181 vom 27. Dezember 1984.

92 Dekret Nr. 82-826, JO vom 10. Oktober 1987.

93 JO vom 10. Oktober 1987.

94 Le Monde, 30. August 1990.

95 Dekret Nr. 90-627, JO vom 17. Juli 1990.

Abschnitt 2 - *Die Fernsehproduktion*

Die Gesetzes- und Verordnungsvorschriften über die Fernsehproduktionen sind viel komplexer. Das beruht darauf, daß es erstens ein großes staatliches Produktionsunternehmen gibt, zweitens auf der Notwendigkeit, die Filmindustrie zu schützen und drittens auf dem Willen, die Bildung privater Fernsehproduktionsunternehmen zu fördern. Anders als im Hörfunk, wo der Schutz der französischen sowie der EG-Industrie rein theoretisch ist, ist ein solcher Schutz der Fernsehindustrie auch tatsächlich erreicht worden. Außerdem ist das Verhältnis zwischen Programmgesellschaften und Produktionsunternehmen eindeutiger definiert worden, so daß es letzteren ermöglicht wurde, sich stärker zu entwickeln. Auch sind eine Reihe von Maßnahmen, die Anreize schaffen sollen, in Gang gesetzt worden[96].

§ 1 *Der Schutz der französischen und der Gemeinschafts-Produktion*

A. *Das Gesetz vom 29. Juli 1982*

Die Lastenhefte der nationalen Programmgesellschaften, d.h. von Télévision française (TF 1), A 2 und FR 3, die durch verschiedene Dekrete vom 3. Mai 1984[97] gebilligt wurden, waren zu Zeiten der Geltung des Gesetzes vom 29. Juli 1982 außerordentlich präzise.
Was Fernsehwerke angeht, so bestimmten die Art. 31, 30 und 30, daß »die Gesellschaft mit Ausnahme längerer Kinofilme mindestens 60 Prozent ihrer Sendezeit Produktionen französischer Herkunft oder mit mehrheitlicher französischer Beteiligung vorbehalten muß. Sendungen, denen nachgewiesen wird, daß sie direkt und ausschließlich aus Mitgliedstaaten der Europäischen Gemeinschaft stammen, werden wie französische Sendungen behandelt [...]. Soweit das Thema es zuläßt, wird bei Musikwerken, die in den Fernsehwerken enthalten sind, auf Originalwerke französischer Komponisten oder aus den Mitgliedstaaten der Europäischen Gemeinschaft stammenden Komponisten zurückgegriffen«. Hinsichtlich Unterhaltungssendungen sahen die Art. 32, 31 und 31 der Lastenhefte folgendes vor: »Die Gesellschaft [...] hat jedes Jahr ein Mindestbudget, das jährlich im Lastenheft festgelegt wird, für die Produktion von Unterhaltungssendungen vorzusehen, die von französischen

96 Fragen betreffend den Urheberschutz, der angrenzenden Schutzrechte und zum Status des audiovisuellen Werkes sind bereits im ersten Teil dieses Berichts behandelt worden (Kapitel 3, Abschnitt 2, § 4). Der Leser wird auf diesen Abschnitt verwiesen.

97 JO NC, Gesetz und Verordnungen vom 11. Mai 1984 und JO, Dokumente der Verwaltung 11. Mai 1984.

oder aus den EG-Mitgliedstaaten stammenden Verfassern und Regisseuren erarbeitet werden«[98].

Außerdem enthielten die Art. 36, 35, 35 dieser Lastenhefte Programmbindungen für Spielfilme: »Mit Ausnahme von Kinofilmen in der Art des 'ciné-club', die nach 22.30 Uhr gesendet werden, müssen von der Gesellschaft ausgestrahlte Spielfilme zu mindestens 65 Prozent Spielfilme mit direkter und ausschließlicher Herkunft aus den Mitgliedstaaten der Europäischen Gemeinschaft sein und zu mindestens 50 Prozent Spielfilme original französischen Inhalts [...]. Die Kinofilme nach Art des ciné-club müssen zumindest 40 Prozent original französischen Inhalt haben«. Außerdem bestimmten Art. 37, 36 und 36 der Lastenhefte: »Die Gesellschaft hat die Herstellung kurzer und langer Filmwerke finanziell in Höhe der jährlich im Lastenheft festgelegten Beträge zu fördern«[99].

Dagegen enthalten die verschiedenen Verträge mit den mit landesweiten Befugnissen ausgestatteten privaten Fernsehgesellschaften viel weniger entwickelte Schutzvorschriften zugunsten der nationalen Film- und Fernsehproduktion.

So bestimmt das Lastenheft der Betreibergesellschaft des 4. Kanals »Canal Plus«[100] lediglich: »Die vom Konzessionär gesendeten Spielfilme müssen die nachfolgend aufgezählten Quoten beachten. Voraussetzung hierfür ist, daß das erste Wirtschaftsjahr auf achtzehn Monate ausgedehnt wird und weiter, daß diese Quoten nicht nur selbsterstellte Spielfilme, sondern auch erworbene und in Gemeinschaftsproduktion hergestellte Spielfilme enthalten: mindestens 60 Prozent der Spielfilme stammen direkt und ausschließlich aus Mitgliedstaaten der Europäischen Gemeinschaft; mindestens 50 Prozent der Spielfilme müssen original französischen Inhalts sein« (Art. 13). Gemäß Art. 15 darf Canal Plus aber bei Koproduktionen nur Minderheitsbeteiligungen halten.

Das Lastenheft des fünften Fernsehkanals[101] und das Lastenheft des sechsten Fernsehkanals[102] enthalten ähnliche Vorschriften wie die soeben genannten: »Artikel 3: [...] Der Betreiber wird einen steigenden Prozentsatz seines Programmbudgets für die Verwirklichung und für den Erwerb von original französischen Programmen verwenden, und zwar muß dieser Prozentsatz ab

98 Für das Jahr 1986: 6 Millionen Franc für jede Gesellschaft: Arrêtés vom 21. Oktober 1986, JO vom 3. Dezember 1986.

99 Das waren in 1986 jeweils 14,14 und 17,6 Millionen Franc für die drei Gesellschaften: Arrêtés vom 21. Oktober 1986, JO 3. Dezember 1986.

100 Anhang zum Dekret vom 14. März 1986, JO vom 15. März 1986.

101 Bestätigt durch Dekret Nr. 86-84 vom 18. Januar 1986, JO vom 19. Januar 1986, abgeändert durch Dekret Nr. 86-218 vom 18. Februar 1986, JO vom 19. Februar1986.

102 Bestätigt durch Dekret Nr. 86-234 vom 21. Februar 1986, JO vom 22. Februar 1986.

dem fünften Geschäftsjahr bei dem fünften Kanal und ab dem dritten Geschäftsjahr beim sechsten Kanal 50 Prozent betragen [...] Art. 4: [...]. Für ausgenommene Sendungen der Art des »ciné-club« müssen bei der Ausstrahlung folgende Quoten beachtet werden: mindestens 60 Prozent müssen Werke aus den Mitgliedstaaten der Europäischen Gemeinschaft sein; mindestens 50 Prozent müssen original französische Produktionen sein (der fünfte Fernsehkanal muß diese Prozentzahlen nach Ablauf des fünften Geschäftsjahres voll einhalten) [...]. Art. 5: Der Betreiber muß einen bestimmten Prozentsatz seiner Programme original französischen Produktionen vorbehalten; dieser Anteil muß mindestens 30 Prozent ab dem dritten Geschäftsjahr (fünfter Kanal) bzw. ab dem ersten Geschäftsjahr (sechster Kanal) betragen und 50 Prozent ab dem fünften Geschäftsjahr (fünfter Kanal) bzw. ab dem dritten (sechster Kanal).«

Das allgemeine Lastenheft der Radio- und Fernsehdienste über Kabelnetze, genehmigt durch Dekret Nr. 85-54 vom 18. Januar 1985[103] enthält eine weitere, den oben zitierten Vorschriften ähnliche Bestimmung: »Kinematographische und audiovisuelle Werke und Dokumente eines Jahresprogrammes müssen bestehen: 1. zu mindestens 60 Prozent aus Werken und Dokumenten aus Mitgliedstaaten der Europäischen Gemeinschaft; 2. zu mindestens 50 Prozent aus Werken und Dokumenten original französischer Herkunft. Diese Vorschrift gilt nicht für Spielfilme« (Art. 9).

Das allgemeine Lastenheft der lokalen Fernsehstationen über Funkwellen, genehmigt durch Dekret Nr. 86-444 vom 14. März 1986[104], enthält ebenfalls eine Vorschrift, die dieselben Prozentsätze festlegt. Allerdings mit Ausnahme von Filmwerken nach Art des »ciné-club«. Diese Vorschrift ist jedoch nie angewendet worden.

B. *Das Gesetz vom 30. September 1986*

Das Gesetz vom 30. September 1986, durch das Gesetz vom 27. November 1986 ergänzt, führte eine ziemlich komplizierte Systematik ein. Denn einige Vorschriften sollten die Gesamtheit der audiovisuellen Produktion in Frankreich schützen, während andere nur die französische Filmproduktion schützen sollten. Erst seit der Novelle 1989 ist der Schutz der audiovisuellen Produktion und der Filmproduktion meistens durch gemeinsame Vorschriften geregelt.

---

103 JO vom 19. Januar 1985.

104 JO 16. März 1986.

a) *Schutz der französischen bzw. europäischen audiovisuellen Produktion*

Das Gesetz vom 30. September 1986[105] hat die Befugnisse der Regierung gegenüber dem öffentlichen Fernsehbereich behalten: nach Art. 48 sollen die Lastenhefte der nationalen Programmgesellschaften durch Dekrete festgelegt werden.
Die Regierung hat auf der Grundlage dieser Gesetzesvorschrift den nationalen (öffentlichen) Programmgesellschaften neue Lastenhefte auferlegt: Dekret Nr. 87-717 vom 28. August 1987[106] für Antenne 2 (A 2) und France Régions 3 (FR 3). Art. 26 und 27 bzw. 28 und 29 der Lastenhefte lauten: »Zu mindestens 60 Prozent müssen die von der Gesellschaft gesendeten Werke[107] aus den Mitgliedstaaten der Europäischen Gemeinschaften stammen; zu mindestens 50 Prozent müssen sie original französischsprachig sein«.
Nach den Art. 27-1 des Gesetzes von 1986 kann die Regierung durch Dekret im Conseil d'Etat, welches nach Stellungnahme der CNCL erlassen wurde, der gesamten französischen Fernsehproduktion Schutzvorschriften im privaten Fernsehbereich über Funk auferlegen. Ein solches Dekret wurde für das terrestrische oder Satelliten-Fernsehen erlassen (nicht jedoch für das Pay-TV). Es handelt sich hier um das Dekret Nr. 87-36 vom 26. Januar 1987[108], dessen Art. 5 besagt: »Diejenigen Film- und Fernsehwerke, die das jährliche, für die Öffentlichkeit bestimmte Programm ausmachen, müssen 1. zu mindestens 60 Prozent aus der EG stammen; 2. zu mindestens 50 Prozent original französischer Herkunft sein«.
Nach den Art. 27-II und 28 hatte die CNCL ebenfalls Regelungsbefugnis in diesem Bereich. Sie konnte für das Angebot von Diensten der audiovisuellen Kommunikation jeder Art, die über terristrische Sendeeinrichtungen oder Satelliten, welche nicht von den nationalen Programmveranstaltern gesendet werden, die Produktionsbedingungen der ausgestrahlten Werke festlegen (Art. 27-II-2). Ebenso konnte sie eine Mindestsendezeit für original französische Werke festlegen, die erstmals in Frankreich ausgestrahlt werden (Art. 28.III.30).
Ihre Regelungsbefugnis hatte die CNCL gleich nach der Verkündigung des Gesetzes 1986 hinsichtlich der privaten, landesweit unverschlüsselt strahlenden terrestrischen Fernsehprogramme ausgeübt: »Die Gesellschaft muß 15 Prozent ihres Umsatzes auf die Produktion original französischer Werke

105 Durch das Gesetz vom 27. November 1986 ergänzt.
106 JO vom 1. September 1987.
107 Der Begriff des audiovisuellen Werkes ist nun durch Art. 4 des Dekrets Nr. 90-66 vom 17. Januar 1990 (JO vom 18. Januar 1990) definiert.
108 JO vom 27. Januar 1987.

verwenden«[109]. »Die Gesellschaft muß ab dem zweiten Jahr ein Minimum von 300 Stunden mit original französischen Unterhaltungs- oder Dokumentarfilmen in das Programm aufnehmen und ausstrahlen«. Bei lokalen und regionalen terrestrischen Fernsehsendern war die CNCL weniger streng: »Mehr als 50 Prozent der von der Gesellschaft direkt oder indirekt gesendeten Programme müssen original französische Programme sein; zu mindestens 70 Prozent müssen die Programme aus den Mitgliedstaaten der Europäischen Gemeinschaft stammen«[110]. Dagegen hatte die CNCL im Bereich der privaten, über Satelliten übertragenen Fernsehsendungen den bereits im Dekret vom 26. Januar 1987 enthaltenen Schutzvorschriften keine weiteren hinzugefügt[111].

Diese Kompetenzverteilung zwischen der Regierung und der unabhängigen Verwaltungsbehörde wurde durch das Gesetz vom 17. Januar 1989 wegen der Entscheidung des Conseil constitutionnel von demselben Tag abgeschafft. Von nun an hat die Regierung allein die Befugnis, allgemeine Rechtsvorschriften auf dem Gebiet des Schutzes der französischen bzw. europäischen audiovisuellen Produktion zu erlassen. Der Art. 27 in der neuen Fassung lautet:

> »Unter Berücksichtigung der öffentlichen Aufgaben der öffentlichen Programmgesellschaften im Rahmen des terrestrischen bzw. Satelliten-Fernsehens setzen Dekrete nach Stellungnahme des Conseil d'Etat Grundsätze fest, die betreffen: 1. Werbung; 2. Ausstrahlung, insbesondere zur prime time, von mindestens 50 Prozent Film- und audiovisuellen Werken, die original französischsprachig sind bzw. aus der EG stammen; 3. den Beitrag zur Entwicklung der Film- und audiovisuellen Produktion und die Mindestausgaben für den Erwerb des Rechts zur Ausstrahlung von Film- bzw. audiovisuellen Werken sowie die Unabhängigkeit der Produktionsunternehmen gegenüber den Programmgesellschaften«.

Kraft dieser neuen Gesetzesbestimmung hat die Regierung das Dekret Nr. 89-35 vom 24. Januar 1989[112] erlassen. Der Art. 5 des Dekrets vom 26. Januar 1987 wurde als anwendbar auf Pay-TV erklärt. Der Anwendungsbereich des Dekrets vom 26. Januar 1987 wurde wiederum begrenzt: seit dem Inkrafttreten des Dekrets Nr. 90-66 vom 17. Januar 1990[113], das zum gesamten Schutz der audiovisuellen Produktion und der Filmwirtschaft erlassen wurde[114], gilt das Dekret vom 26. Januar 1987 nur noch für das verschlüsselte Fernsehen per Satellit.

---

109 Art. 9 der Entscheidung Nr. 87-1 vom 15. Januar 1987, JO vom 27. Januar 1987.
110 Art. 6 der Entscheidung Nr. 87-39 vom 15. Juni 1987, JO vom 17. Juni 1987.
111 Entscheidung Nr. 87-34 vom 18. Mai 1987, JO vom 30. Mai 1987.
112 JO vom 25. Januar 1989.
113 JO vom 18. Januar 1990.
114 Vgl. unten c.

Was das private Kabelfernsehen angeht, hatte aber allein die Regierung nach Art. 33 des Gesetzes ausschließlich die Befugnis, nach Stellungnahme der CNCL, »die allgemeinen Bedingungen der Produktion der durch Kabelnetze verbreiteten Programme« zu regeln. Auf Grundlage dieser Gesetzesvorschrift hat die Regierung das Dekret Nr. 87-796, vom 29. September 1987[115] erlassen. Nach Art. 5 dieses Dekrets »muß die Hälfte der Fernsehprogramme französischsprachigen Diensten vorbehalten bleiben«. Der Art. 26 enthält die übliche Regel: 60 Prozent der ausgestrahlten audiovisuellen Werke müssen aus der Europäischen Gemeinschaft stammen; 50 Prozent müssen original französischsprachig sein.

b) *Schutz der französischen bzw. europäischen Filmproduktion*

Nach Art. 70 des Gesetzes, »(1) beteiligen sich diejenigen Dienste, die Filmwerke ausstrahlen, und insbesondere die nationalen Programmveranstalter an der Entwicklung der nationalen Filmwirtschaft gemäß den Lastenheften der staatlichen Gesellschaften, entsprechend der Art. 30, 31 und 65 dieses Gesetzes und der in Art. 33 und 43 vorgesehenen Dekrete gewährten Genehmigungen. (2) Die in den Lastenheften, Genehmigungen und Dekreten enthaltenen Vorschriften über die Ausstrahlung von Filmwerken, die in dem vorgenannten Abschnitt erwähnt wurden, müssen die Verpflichtung enthalten, daß nur eine begrenzte Zahl von Filmen ausgestrahlt bzw. wieder ausgestrahlt wird, daß mehr als 50 Prozent dieser Sendungen aus Produktionen der Europäischen Gemeinschaft und aus original französischen Werken bestehen, daß diese Filme nach einem festgesetzen Zeitplan ausgestrahlt werden und daß sie nur nach Ablauf einer bestimmten Frist nach Erteilung der Vorführungsgenehmigung ausgestrahlt werden (3). Die Regelungen der Ausstrahlung der Filmwerke sind gleich für die öffentlichen Fernsehprogramme und die privaten unverschlüsselt ausgestrahlten und ohne Abonnement empfangenen Fernsehprogramme«.
Aufgrund dieser Gesetzesvorschrift wurden Lastenhefte der zwei öffentlichen Programmgesellschaften A 2 und FR 3[116] genehmigt. Art. 44 bzw. 46 der zwei Lastenhefte enthalten die schon erwähnte Quotenregelung: die ausgestrahlten Filmwerke müssen zu 60 Prozent aus der EG stammen und 50 Prozent original französischsprachig sein. Art. 41 bzw. 43 der Lastenhefte

115 JO vom 30. September 1987, abgeändert durch das Dekret Nr. 88-668 vom 6. Mai 1988, JO vom 8. Mai 1988.
116 Dekret Nr. 87-817 vom 28. August 1987, JO vom 1. September 1987, geändert durch das Dekret Nr. 88-1061 vom 24. November 1988, JO vom 26. November 1988.

begrenzen die Zahl der ausgestrahlten Filme[117]. Nach Art. 43 bzw. 45 darf kein Film in den drei nächsten Jahren nach der Erteilung der Vorführungsgenehmigung ausgetrahlt werden.
Aufgrund derselben Gesetzesvorschrift enthalten die Genehmigungen zugunsten der privaten Fernsehgesellschaften entsprechende Regelungen. Es wird besonders auf die folgenden Entscheidungen hingewiesen: die Genehmigungen hinsichtlich des privatisierten Programms TF 1[118], der privaten landesweiten Programme »Fünfter Kanal«[119] und des »Sechsten Kanals«[120] sowie die Genehmigungen für die ersten Kabelfernsehdienste: »Paris-câble«[121], »Nice-Téléservices«[122] und »Télévidéocommunication de Montpellier«[123].
Der privatisierte Kanal TF 1 unterliegt zwei unterschiedlich starken Einschränkungen. Das mit Dekret Nr. 87-43 vom 30. Januar 1987[124] genehmigte Lastenheft (Art. 14) verweist auf die Vorschriften des vorgenannten Dekrets vom 26. Januar 1987. Allerdings bestimmt es, daß »die Gesellschaft jährlich mindestens 250 Sendestunden der Ausstrahlung original französischer Erstsendungen vorbehalten muß, und zwar muß es sich hierbei um Unterhaltungssendungen handeln, die nicht kinematographischer Art sind, sowie um Dokumentarsendungen« (Art. 12). Dagegen wird in der Entscheidung Nr. 87-26 vom 4. April 1987, welche die Übernehmergruppe für 50 Prozent des Kapitals der nationalen Programmgesellschaft Télévision française 1 bestimmt und die der Gesellschaft Télévision française 1 die Frequenzgenehmigung erteilt«[125], von zusätzlichen, sehr ausführlichen Verpflichtungen Kenntnis genommen, welche diese Übernehmergruppe eingegangen ist. Ebenso wie bei dem Fünften und dem Sechsten Kanal, muß zwischen den Sendepflichten und den Programmpflichten unterschieden werden, wobei letztere jeweils die Pflicht zur Verwendung eines Teils des Umsatzes oder einer bestimmten Geldsumme für eine bestimmte Programmgestaltung enthält. Die Gesellschaft hat zum einen Sendeverpflichtungen übernommen: Fernsehproduktionen aus den Staaten der Europäischen Gemeinschaft müssen mindestens 70 Prozent der Gesamtheit der gesendeten Stunden vorbehalten bleiben

---

117 1987: 192; 1988: 144; ab 1989: 104.
118 Dekret Nr. 87-43 vom 30. Januar 1987, JO 31. Januar 1987; Entscheidung der CNCL Nr. 87-26 vom 4. April 1987, JO 8. April 1987.
119 Entscheidung der CNCL Nr. 87-12 vom 25. Februar 1987; JO 27. Februar1987.
120 Entscheidung der CNCL Nr. 87-13 vom 26. Februar 1987, JO 27. Februar1987.
121 Entscheidung der CNCL Nr. 86-1 vom 25. November 1986, JO 30. November 1986.
122 Entscheidung der CNCL Nr. 87-10 vom 12. Februar 1987, JO 18. Februar1987.
123 Entscheidung der CNCL Nr. 87-11 vom 12. Februar 1987, JO 18. Januar 1987.
124 JO vom 31. Januar 1987.
125 JO vom 8. April 1987.

(Art. 24). Und weiter: während der ersten drei Jahre muß sie jeweils 350, 420 und 550 Stunden original französische Fernsehproduktionen senden, die nicht Filmwerke sein dürfen (Art. 23). In Art. 19 hat die Gesellschaft zusätzlich folgende Produktionsverpflichtung übernommen: 15 Prozent ihres Nettoumsatzes müssen für die Herstellung original französischer Werke verwendet werden, wobei das Volumen der Sendestunden und die Beträge der Eigenfinanzierung angegeben werden müssen. Hierbei wird davon ausgegangen, daß, falls die tatsächlichen Ausgaben nicht den vorgesehenen Anteil des Umsatzes erreichen, die Differenz dem Unterstützungsfonds für die Programmindustrie zu überweisen ist.

Die den privaten nationalen Programmen 5 und 6 erteilten Genehmigungen sind in dieser Hinsicht besonders vielschichtig. Einerseits haben die Veranstalter bezüglich der Ausstrahlung französischer Werke folgende Verpflichtung übernommen: jeder von ihnen hat sich verpflichtet, 300 Stunden jährlich französische Unterhaltungs- und Dokumentarprogramme zu senden (Art. 21). Außerdem hat sich der 5. Kanal verpflichtet, im ersten Jahr 45,5 Prozent französischer Programme und ab dem dritten Jahr 50 Prozent französische Programme zu senden, während der 6. Kanal sich verpflichtet hat, das erste Jahr 52 Prozent, das zweite 54 Prozent, das dritte 67 Prozent, das vierte 68 Prozent und das fünfte Jahr 69 Prozent der Programme mit französischen Programmen zu gestalten[126].

Zu der Verpflichtung, französische Produktionen zu senden, treten weitere Pflichten hinzu, nämlich die Verwendung eines Teiles des Umsatzes bzw. einer bestimmten Summe für die Produktion oder Koproduktion von Programmen. So hat sich das 5. Programm verpflichtet, 15 Prozent seines Umsatzes (sowie 43 Millionen Franc zusätzlich ab dem 2. Jahr) für die audiovisuelle Produktion aufzubringen (Dokumentarfilme, Unterhaltung und Wissenschaft). Mindestens 10 Prozent des Umsatzes sollen zur Herstellung französischer Unterhaltungswerke (Trickfilme) sowie zur Koproduktion von mindestens 8 Spielfilmen im ersten Jahr (für mindestens 17 Millionen Franc) und jeweils 10 bis 15 Spielfilme im zweiten und in den Folgejahren dienen[127]. Das sechste Programm ist noch weitergehende Verpflichtungen eingegangen: Es muß mindestens 15 Prozent des Jahresumsatzes für die audiovisuelle Produktion aus dem ersten Jahr (38 Prozent) ausgeben; 80 Prozent seiner Dokumentarproduktion muß französischer Herkunft sein; zur Förderung junger französischer Sänger müssen mindestens 100 Videomusikstücke produziert werden; 100 Videomusikstücke müssen mit französischen

126 Jeweils Art. 22 und 20 der Entscheidung vom 4. April 1987.

127 Art. 20, 24 und 23 der Entscheidung vom 4. April 1987.

Orchestern produziert werden; es müssen mindestens 10 Aufzeichnungen von Musikveranstaltungen in Frankreich produziert werden. 1 Prozent des Umsatzes ist für die Herstellung französischer Unterhaltungssendungen zu verwenden (Trickfilme). Das sind für das erste Jahr 6 Millionen Franc. Außerdem sollen französische Trickfilmproduktionen für mindestens 13 Stunden im Jahr eingekauft werden[128]. Auch hat sich der Kanal verpflichtet, zwei Investitionsfonds einzurichten, dessen zweiter in Höhe von zwei Dritteln für die Produktion original französischer Auftrags oder Gemeinschaftswerke bestimmt ist. Dies erfolgt zusätzlich zu den anderen, bereits genannten Produktionsverpflichtungen.
Dagegen enthält das der Genehmigung für Paris-Câble beigefügte Lastenheft nur eine einzige protektionistische Vorschrift: Art. 8. Danach ist »(1) auf dem Kabelnetz die Sendung von Fernsehprogrammen ausländischer Herkunft gemäß der vom Ministerium der Kultur und der Kommunikation erteilten Ausnahme geregelt[129]. (2) Über jede Änderung, die den Programmanteil ausländischer Herkunft über den Prozentsatz erhöht, der dieser Genehmigung in Aufstellung beigefügt ist, ist vorher eine Entscheidung des Ministers für Kultur und Kommunikation einzuholen«. Der Prozentsatz ausländischer Programme beträgt 34,84 Prozent. Die Genehmigungsentscheidungen für die Kabelnetze von Nizza und Montpellier beschränken sich auf eine Liste, die die verbindlichen Programmanteile aufgeteilt nach ihrer jeweiligen Herkunft benennt: für Nizza sind dies 15 Prozent für Eigenprogramme, 53 Prozent für Programme aus der EG; für Montpellier gilt: 27 Prozent Eigenprogramme, 67 Prozent Programme aus der EG und 6 Prozent Programme von außerhalb der EG.

c) *Die neue Regelung: Schutz der audiovisuellen Produktion und der Filmwirtschaft*

Nach Stellungnahme des Conseil supérieur de l'audiovisuel (CSA) und Anhörung des Conseil d'Etat erließ die Regierung kraft Art. 27 und 70 des Gesetzes der Kommunikationsfreiheit von 1986[130] am 17. Januar 1990 zwei Dekrete: das Dekret Nr. 90-66[131] über die Grundsätze der Ausstrahlung von Film- und Audiovisionswerken und das Dekret Nr. 90-67[132] über die Grund-

128 Siehe jeweils Art. 20, 26, 25, 27 und 30 der Entscheidung vom 4. April 1987.
129 Arrêté vom 23. September 1986.
130 Durch die Novelle 1989 geändert.
131 JO vom 18. Januar 1990.
132 JO vom 18. Januar 1990.

sätze des Beitrags zur Entwicklung der Film- und Audiovisionsproduktion sowie die Unabhängigkeit der Produktionsunternehmen gegenüber den Programmgesellschaften.

Nach dem ersten Dekret sind die Programmgesellschaften (öffentliche Gesellschaften und private, unverschlüsselt per Funkwellen ausstrahlende Gesellschaften) weiter verpflichtet, mindestens 60 Prozent der Sendezeit der Ausstrahlung von original französischsprachigen Werken zu widmen. Aber die Verpflichtung ist strenger, insoweit sie sich getrennt auf lange und kurze Filme sowie sonstige audiovisuelle Werke bezieht[133]. Sie ist auch strenger, insoweit sie sich getrennt auf prime time (18.00 bis 23.00 Uhr) und sonstige Zeiten bezieht[134]. Diese letzte Beschränkung wird aber erst ab dem 1. Januar 1992 anwendbar sein[135]. Die Art. 27 bis 29 der Lastenhefte von A 2 und FR 3 wurden entsprechend geändert.

Nach dem zweiten Dekret vom 17. Januar 1990 wurden den Programmgesellschaften hauptsächlich Mindestausgaben zugunsten unabhängiger Produktionsunternehmen auferlegt. Erstens müssen sie für die Produktion von Filmen mindestens drei Prozent ihres jährlichen Umsatzes in der Form von Produktionen durch spezialisierte Filialen oder durch Einkauf von Senderechten aufwenden. Zweitens müssen sie dem Einkauf von Rechten zur Ausstrahlung von original französischsprachigen audiovisuellen Werken (d.h. Filme ausgenommen) mindestens 15 Prozent ihres jährlichen Umsatzes widmen. Hinzu kommen weitere Verpflichtungen, die entweder die Sendezeit oder EG-Werke betreffen, sowie die Pflicht, dem Einkauf von französischsprachigen audiovisuellen Werken bei unabhängigen Produktionsunternehmen 10 Prozent des jährlichen Umsatzes zu widmen.

Diese neue protektionistische Regelung wurde durch die Produzenten von audiovisuellen Werken scharf kritisiert, aber durch die privaten Fernsehgesellschaften und die Filmwirtschaft freundlich aufgenommen[136]. Eine Anfechtungsklage liegt dem Conseil d'Etat vor.

§ 2 *Die Beziehungen zwischen Produktions- und Programmunternehmen*

Dieser Komplex wird nur verständlich durch einen historischen Rückblick. Vor 1974 war der Fernsehbereich vollständig ein öffentliches Monopol. Das Monopol wurde von einem einzigen Unternehmen ausgeübt, dem Office de la

---

133 Dekret Nr. 90-66, Art. 7 und 8.
134 Dekret Nr. 90-66, Art. 9.
135 Dekret Nr. 90-66, Art. 10.
136 Le Monde, 20. Januar 1990 und 21. Februar 1990.

radiodiffusion et télévision française (ORTF). Hierbei handelte es sich naturgemäß um ein Unternehmen, das auf sich die Sendetechnik, die Produktion und die Programmgestaltung vereinigte. Das Gesetz vom 7. August 1974 hielt zwar das öffentliche Monopol aufrecht, verteilte aber die Funktionen auf verschiedene staatliche Institutionen: Die Ausstrahlung wurde einem öffentlichen Unternehmen, der Télédiffusion de France, übertragen; die Produktion der Société de production et de création audiovisuelle (SFP) und die Programmgestaltung drei Programmveranstaltern. Grundsätzlich waren die Programmveranstalter frei, selbst zu produzieren, von der SFP zu kaufen oder privaten Produzenten Aufträge zu erteilen. Aber in der Praxis wurden sie gezwungen, einen Teil der audiovisuellen Werke von der SFP zu kaufen. Diese Aufträge betrugen ungefähr 80 Prozent des Umsatzes der SFP.
An diesem System änderte das Gesetz von 1982 nur wenig. Einerseits blieben die öffentlichen Programmveranstalter weiterhin verpflichtet, einen großen Teil ihrer Aufträge an die SFP zu vergeben: 1984 kamen 24 Prozent der Produktion der Programmgesellschaften aus dem privaten Sektor, 23 Prozent von der SFP (was weiterhin 80 Prozent des Umsatzes dieser Gesellschaft ausmachte) und 53 Prozent von den öffentlichen Programmen selbst[137]. Andererseits waren die seit Anfang 1986 bestehenden privaten Fernsehgesellschaften nicht gehalten, einen Teil ihrer Programme von der SFP zu kaufen. Es stand ihnen frei, selbst zu produzieren oder von unabhängigen Privatgesellschaften produzieren zu lassen.
Mit dem System, in welchem die Produktion zwischen Programmveranstaltern, der SFP und privaten Produzenten aufgeteilt ist, hat das Gesetz 1986 nicht völlig gebrochen. Indessen sind aufgrund der Überzeugung, daß in diesem Bereich Wettbewerb herrschen soll, erhebliche Änderungen an der Stellung der SFP und den staatlichen Betriebsgesellschaften einerseits und an den Beziehungen zwischen der integrierten Produktion und der unabhängigen Produktion andererseits vorgenommen worden.

A. *Die Stellung der SFP und der staatlichen Absatzgesellschaften*

Zwar wurde im Gesetz vom 29. Juli 1982 der Status der SFP als einer gemischten Wirtschaftsgesellschaft aufrechterhalten, aber de facto ihr Kapital zwischen dem Staat und den nationalen Programmveranstaltern (welche wiederum zu 100 Prozent in Staatseigentum sind) aufgeteilt. Nach Art. 38 »produzieren die nationalen Programmveranstalter für eigene Zwecke und

137 Le Monde 2. Dezember 1984.

ergänzend audiovisuelle Werke und Dokumente und beteiligen sich an Absprachen zur Kommerzialisierung«. Damit war also nicht ausdrücklich der Grundsatz der Ankaufspflicht von der SFP ausgesprochen, aber die Lastenhefte von TF 1 (Art. 94), A 2 (Art. 93) und FR 3 (Art. 74) bestimmten dies mit folgendem Wortlaut: »Die Programmgesellschaft garantiert der SFP einen Jahresumsatz hinsichtlich der Aufträge für Produktion, Koproduktion, Bearbeitung und Leistung. Dieser Umsatz wird im Rahmen der jährlichen Haushaltsbesprechungen erörtert. Für das betroffene Jahr kommt ihm der Wert einer Mindestgarantie zu«[138]. Dieser garantierte Mindestumsatz beträgt für TF 1 und A 2 jeweils 553 Millionen Franc und für FR 3 43,8 Millionen Franc. Die Eigenproduktionen der Programmveranstalter müssen nach der Sendung beim nationalen Institut für Audiovision (Institut national de l'audiovisuel) abgegeben werden. Diese öffentliche Anstalt ist mit der Verwaltung und der Benutzung der Archive beauftragt und sorgt insbesondere für die Vermarktung in Frankreich (Art. 74). Die Vermarktung im Ausland erfolgte durch eine andere öffentliche Gesellschaft, die Société française de commercialisation (Art. 58).
Dieses System, das ausschließlich die Fernsehveranstalter des öffentlichen Sektors betraf, war außerordentlich kompliziert und funktionierte nicht gut. Wie bereits gesagt, wurden ihm die drei privaten nationalen Programmgesellschaften, welche im Dezember 1983 sowie im Januar und Februar 1986 gegründet wurden, nicht unterstellt.
Das Gesetz vom 30. September 1986 normierte eine Reihe von Vorschriften sowohl für den öffentlichen als auch für den privaten Sektor.
Was die Beziehungen zwischen der SFP und den staatlichen Fernsehveranstaltern betrifft, so wiederholt Art. 44 den Grundsatz, wonach, »entsprechend den Bedingungen ihrer Lastenhefte, die staatlichen Programmveranstalter Eigenproduktionen oder zusätzlich audiovisuelle Werke und Dokumente herstellen und sich an Koproduktionen beteiligen«. Eine Änderung konnte in diesem Punkt nur durch neue Lastenhefte erfolgen, die die Pflicht zum Aufkauf von der SFP beseitigen würden. Darüber hinaus enthält dieselbe Vorschrift einen neuen Grundsatz: »Sie können diejenigen audiovisuellen Werke und Dokumente vermarkten, deren Rechte sie innehaben, allerdings vorbehaltlich der Vorschriften des Art. 49, Abs. 2«. Das bedeutet, daß die Gesellschaften nunmehr die Vermarktung ihrer gesamten Eigenproduktion selbst bestimmen können[139]. Das bedeutet somit auch, daß die Absatzgesell-

138 Arrêtés vom 30. Juli 1985, JO vom 22. August 1985.
139 Mit Ausnahme derjenigen audiovisuellen Werke, die nicht Fiktion betreffen und die älter als drei Jahre sind, Art. 49 des Gesetzes.

schaft Société française de commercialisation keine Daseinsberechtigung mehr hat.
Im Verhältnis der SFP und der privaten Fernsehgesellschaften muß zwischen TF 1 einerseits und den anderen Privatgesellschaften andererseits unterschieden werden.
Die neuen Anteilseigner, Aufkäufer von TF 1, sind an Bestimmungen gebunden, die weder ganz auf öffentliche Gesellschaften noch ganz auf Privatgesellschaften zutreffen. Einerseits wird in Art. 62, Abs. 2 2° des Gesetzes von 1986 die Regierung beauftragt, für Eigenproduktion im Lastenheft Minimalverpflichtungen festzulegen. So beschränkt Art. 15 des Lastenhefts[140] die Möglichkeiten des Käufers, Eigenproduktionen herzustellen: »(1) Die Gesellschaft kann mit Eigenmitteln Informationssendungen herstellen. (2) Für Werke der Fiktion darf sie keine Eigenmittel verwenden. (3) Für die Herstellung anderer Sendungen als der oben genannten darf sie eigene Produktionen nur in Höhe von 50 Prozent des Jahresvolumens dieser Sendungen herstellen«.
Auf der anderen Seite postuliert Art. 62 Abs. 1 3° des Gesetzes von 1986 das Prinzip, daß »der Übernehmende in dem jeweils ersten Jahr nach der Übernahme verpflichtet ist, der SFP Aufträge zu erteilen, deren Wert mindestens die Hälfte der Aufträge ausmacht, die die Gesellschaft TF 1 1986 an die SFP vergeben hat«. Das bedeutet nach Art. 18 des Lastenheftes einen Betrag in Höhe von 265 Millionen Franc. Die Entscheidung Nr. 87-24 vom 4. April 1984[141] hat die Verpflichtungen der Übernehmergruppe mit folgenden Worten zur Kenntnis genommen: »Die Gesellschaft verpflichtet sich, die von ihr gehaltene Beteiligung an der Société française de production zu behalten. Sie verpflichtet sich, 1987 der Société française de production Aufträge im Werte von mindestens 380 Millionen Franc zu erteilen. Beide Partner werden sich jedoch gemeinsam bemühen, ein Volumen von 470 Millionen Franc zu erreichen, vorausgesetzt, die Angebote der Société française de production sind wettbewerbsfähig. Das Mindestvolumen und die Zielvorgabe werden in 1988, 1989, 1990 weitergeführt und jedes Jahr um 5 Prozent erhöht«[142].
Grundsätzlich bleiben also die privilegierten Beziehungen zwischen der SFP und TDF 1 bestehen. Nicht sicher ist aber, ob die Pflichten eingehalten werden, denn nach dem Bericht des Senators Cluzel[143] hatte TDF 1, damals noch Staatsgesellschaft, der SFP Aufträge im Werte 602,6 Millionen Franc

140 Dekret vom 30. Januar 1987, JO vom 31. Januar 1987.
141 JO vom 8. April 1984.
142 Art. 22 der Entscheidung vom 4. April 1984.
143 Dem Senat anläßlich einer Debatte über den Staatshaushalt 1987 vorgelegt, Sénat, erste ordentliche Sitzung 1986-87, Nr. 67, Band III, Anhang 8, Anhang zum Protokoll der Sitzung vom 17. November 1986.

garantiert, aber tatsächlich dann nur 454,95 Millionen Franc dafür ausgegeben.
Die Beziehungen zwischen der SFP und den sonstigen privaten Fernsehgesellschaften (insbesondere Canal Plus, La Cinq, M 6) sind einfach der Vertragsfreiheit überlassen.
Die SFP war der Herausforderung des Wettbewerbs nicht gewachsen. Der Vorstand der Gesellschaft schrieb am 11. Januar 1990: »Der Umsatz innerhalb der letzten vier Jahre (d.h. von 1986 bis 1989) hat um 50 Prozent abgenommen«[144]. Der Umsatz betrug 1316 Mio. FF im Jahre 1985, aber nur 988 Mio. FF im Jahre 1989[145]. Die finanzielle Lage ist schwierig geworden: 1989 betrugen die Verluste 383 Mio. FF.

B. *Beziehungen zwischen integrierter und unabhängiger Produktion*

Durch das Gesetz vom 29. Juli 1982 hat die öffentliche Hand die Entwicklung privater Produktionsunternehmen in keiner Weise gefördert.
Betrachtet man zunächst die öffentlichen Funk- und Fernsehgesellschaften, so kannte das Gesetz von 1982 nur zwei mögliche Produktionsformen: die Produktion durch SFP (Art. 45) und »ergänzend«, die Eigenproduktion (Art. 38, 40 und 42). Zusätzlich ist zu bedenken, daß die nationalen Programmveranstalter zur Eigenproduktion nicht ermutigt wurden, da diese dann durch andere öffentliche Gesellschaften vermarktet wurden, nämlich durch das Institut national de l'audiovisuel für den Absatz in Frankreich und die Société française de commercialisation für Verkäufe ins Ausland.
In der Realität konnte man zwar ein gewisses Wachstum der französischen Eigenproduktion, aber vor allem ein erhebliches Ansteigen der Käufe älterer ausländischer Werke (vor allem amerikanischer Herkunft) feststellen. Nach dem oben erwähnten Bericht des Senators *Cluzel*[146] hat sich das Verhältnis der ausgestrahlten Stunden für französische Sendungen und ausländische Sendungen bei den drei nationalen Fernsehgesellschaften wie folgt verschoben:

144 Bericht *Cluzel*, Sénat, Zweite ordentliche Sitzung 1990-1991, Nr. 340, S. 84.
145 Bericht *Cluzel*, Sénat, Zweite ordentliche Sitzung 1990-1991, Bd III, 6-1, S. 292.
146 Sénat, Erste ordentliche Sitzung 1986-87, Nr. 67, Bd. III, Anhang III, S. 111.

	1980	1986
Französische Produktionen	476 Stunden	524 Stunden
davon: Eigenproduktion	111 Stunden	70 Stunden
Produktion der SFP	211 Stunden	198 Stunden
Produktion von Dritten	154 Stunden	256 Stunden
Ausländische Wiederholungssendungen	315 Stunden	434 Stunden

Quelle: *J. Cluzel*, La télévision après 6 réformes, Paris 1988, 126 und 130

Das Verhältnis zwischen den privaten Programmgesellschaften und den privaten Produzenten während dieser Zeit ist erst viel später, insbesondere durch den Bericht von J.D. Bredin[147], untersucht worden. Bis dahin war die einzige Sorge der Regierung, die lokalen Privatsender (lokale Funkwellensender, Kabelsender) daran zu hindern, daß sie ihre Programmgestaltung externen Dienstleistern übertrugen. Sie forderte daher, daß ein Mindestumfang an Eigenproduktionen gesendet werden mußte. Diese Frage betraf jedoch das Verhältnis zwischen Programmgestaltern und Produzenten nur indirekt: In Ermangelung von Eigenprogramm gab es die Besonderheit, daß ein Vermittler als Programmverleger eingeschaltet war.
Nachfolgend führen wir die wichtigsten Vorschriften an, die den privaten Sendern ein Minimum an Eigenprogramm auferlegen. Der älteste Text ist das auf lokale Rundfunkstationen anwendbare Lastenheft[148]. Sein Art. 6 besagte: »Die Sendungen mit Eigenprogrammen müssen mindestens 80 Prozent der wöchentlichen Dauer der Sendungen ausmachen und auf alle Tage der Woche gleichmäßig verteilt sein«. Auch das allgemeine Lastenheft der Kabelfernsehdienste enthielt in seinem Art. 1 sehr hohe Anforderungen, wenn man bedenkt, daß ein Kabelnetz im allgemeinen nur benutzt wird, um woanders ausgestrahlte Programme weiterzuübertragen[149]: »Die Gesellschaft, welche Genehmigungsinhaberin ist, hält für ihr Eigenprogramm mindestens 15 Prozent der für das Fernsehen bestimmten Kapazitäten frei«. Das Lastenheft für die lokalen Fernsehsender über Funkwelle schließlich verlangte, daß die wöchentliche Dauer des Eigenprogramms ein Drittel des wöchentlichen Programms insgesamt nicht unterschritt[150].
Da aber im Gegensatz zu den lokalen Rundfunkstationen keine Befürchtung bestand, daß die nationalen Dienste der audiovisuellen Kommunikation von

147 *J.D. Bredin*, Les nouvelles télévisions hertzienne, Bericht für den Premierminister, La documentation française, Mai 1985.
148 Dekret Nr. 84-1061 vom 1. Dezember 1984, JO vom 2. Dezember 1984.
149 Dekret Nr. 8554 vom 18. Januar 1985, JO vom 19. Januar 1985.
150 Art. 3, Dekret Nr. 86-445 vom 14. März 1986, JO vom 16. März 1986.

einer einzigen Person beherrscht sein könnten (so die Befürchtung bei lokalen Sendern), hatte es für die staatlichen Programmgesellschaften niemals Verpflichtungen für einen Mindestumfang von Eigenproduktionen gegeben.
Nach den Wahlen vom 16. März 1986 änderte sich die Sicht der Dinge radikal: die Furcht vor starken Mediengruppen verschwand; das Gesetz vom 30. September 1986 sowie die nachfolgenden Gesetze und Dekrete zielen auf eine Förderung der Entwicklung unabhängiger Unternehmen der audiovisuellen Produktion.
Hinsichtlich der öffentlichen Unternehmen, d.h. der nationalen Programmveranstaltern, bestimmt das Gesetz vom 30. September 1986 ebenso wie das Gesetz vom 29. Juli 1982: »Sie produzieren, sie stellen für sich selbst und ergänzend für andere audiovisuelle Werke und Dokumente her«[151]. Aufgrund dieser Gesetzesvorschrift enthalten die Lastenhefte der zwei öffentlichen Fernsehgesellschaften folgende Regelung: »(1) Die Gesellschaft darf ihre Nachrichtensendungen mit ihren eigenen Produktionsmitteln erzeugen. (2) Sie darf keine Werke im Bereich der Fiktion mit ihren eigenen Produktionsmitteln erzeugen. (3) Sie darf höchstens 50 Prozent der sonstigen Sendungen mit ihren eigenen Produktionsmitteln herstellen. (4) Sie darf keine eigenen Produktionsmittel anschaffen, die für die hier erwähnten Sendungen nicht nötig sind, insbesondere schwere Übertragungswagen und Laborgeräte. (5) Sie darf Koproduktionsverträge abschließen«.
Was die Privatunternehmen der audiovisuellen Kommunikation angeht, so ist hier die Haltung des Gesetzgebers viel deutlicher gewesen: So wird in Art. 27 II des Gesetzes von 1986 die CNCL beauftragt, »die allgemeinen Bedingungen für die Herstellung von Programmen und insbesondere den maximalen Anteil von Sendungen zu bestimmen, die vom Anbieter des Dienstes selbst hergestellt werden«.
Tatsächlich hat die CNCL in einer Reihe von Entscheidungen Höchstanteile für die Eigenproduktion festgelegt. Die Entscheidung Nr. 87-1 vom 15. Januar 1987, welche die allgemeinen Programmregeln für private nationale Veranstalter von nicht verschlüsselten terrestrischen Fernsehprogrammen aufstellt[152], »verbietet der Gesellschaft, Eigenmittel für die Produktion von Werken der Fiktion zu verwenden, die sie nicht selbst ausstrahlt«[153]. »Den Gesellschaften wird erlaubt, für die Produktion von Sendungen, die nicht Fiktion oder Information sind, Eigenmittel in Höhe von höchstens 50 Prozent

151 Art. 44 Abs. 2 Gesetz vom 30. September 1986 und Art. 38 Abs. 2 Gesetz vom 29. Juli 1982.
152 JO vom 27. Januar 1987.
153 Art. 7 der Entscheidung vom 15. Januar 1987.

der produzierten Sendestunden zu verwenden«[154]. Ähnliche Vorschriften sind in der Entscheidung vom 15. Juni 1987[155], welche die allgemeinen Programmregeln für die privaten regionalen oder lokalen terrestrischen Fernsehdienste aufstellt, enthalten sowie in der Entscheidung vom 18. Mai 1987[156], welche die allgemeinen Programmregeln für die per Satellit sendenden Fernsehgesellschaften aufstellt.
Was schließlich den privatisierten Sender TF 1 betrifft, bestimmt Art. 15 des Lastenheftes[157]: »Für Informationssendungen darf die Gesellschaft Eigenmittel aufwenden. Dies darf sie bei der Herstellung von Werken der Fiktion nicht. Für andere Sendungen als die oben genannten darf sich die Gesellschaft in Höhe von 50 Prozent des Jahressendevolumens ihrer Eigenmittel bedienen. Und die Entscheidung vom 4. April 1987, die die Übernahme von 50 Prozent des Kapitals der nationalen Programmgesellschaft TF 1 regelte[158], begnügte sich mit der Verpflichtung, daß der Übernehmende von TF 1 die Beziehungen zu den unabhängigen Produktionsgesellschaften in einem bestimmten Geiste entwickeln wird: »Die Gesellschaft verpflichtet sich zur Gleichbehandlung der Produzenten und zur Einhaltung des fairen Wettbewerbs im Produktionssektor [...] Sie verpflichtet sich, den Produzenten neue Finanzierungsmethoden vorzuschlagen« (Art. 21).
Dennoch ist die Verpflichtung, ein minimales Eigenprogramm aufrechtzuerhalten, nicht völlig aus der französischen Gesetzgebung verschwunden. So wie die privaten Hörfunkgesellschaften ein Eigenprogramm von mindestens 20 Prozent des Gesamtvolumens senden müssen[159], so müssen die privaten regionalen oder lokalen, terrestrisch sendenden Fernsehdienste bei der ausschließlichen Nutzung einer Frequenz mindestens zwei Stunden täglich ein Eigenprogramm ausstrahlen, bzw. täglich mindestens eine Stunde, wenn die Nutzung der Frequenz mit einem anderen konzessionierten Fernsehdienst geteilt wird. Die Genehmigungsentscheidung kann eine Frist für das Erreichen dieser Grenzen vorsehen, ohne daß diese Frist zwölf Monate überschreiten darf[160]. Außerdem müssen die privaten nationalen Fernsehgesellschaften, die unverschlüsselt über terrestrische Funkwellen senden, täglich mindestens zehn Stunden Eigenprogramm anbieten[161].

154 Art. 8 der Entscheidung vom 15. Januar 1987.
155 Nr. 87-39, JO vom 17. Juni 1987.
156 Nr. 87-34, JO vom 30. Mai 1987.
157 Dekret Nr. 87-43 vom 30. Januar 1987, JO vom 31. Januar 1987.
158 Entscheidung Nr. 87-26 JO vom 8. April 1987.
159 Entscheidung Nr. 87-25 vom 16. März 1987, JO 7. April 1987.
160 Art. 2 der Entscheidung der CNCL Nr. 87-40 vom 15. Juni 1987, JO vom 17. Juni 1987.
161 Art. 1 der Entscheidung Nr. 87-2 vom 15. Januar 1987, JO vom 27. Januar 1987.

Das Gesetz Nr. 89-25 vom 17. Januar 1989[162] hat aber den Art. 27 neu gefaßt. Die neue unabhängige Kommunikationsbehörde, der CSA, hat ihre Verordnungsgewalt verloren. Nach Art. 27 in der neuen Fassung ist die Regierung allein zuständig, »die Verpflichtungen betreffend den Beitrag (der öffentlichen und privaten Gesellschaften, die per Wellen Fernsehprogramme ausstrahlen) zur Entwicklung der Film- und Audiovisionsproduktion, die Mindestausgaben für den Erwerb von Rechten zur Ausstrahlung von Film- und Audiovisionswerken sowie die Unabhängigkeit der Produktionsunternehmen gegenüber den Programmgesellschaften« festzusetzen. Die Regierung hat das Dekret nach Anhörung des Conseil d'Etat und nach einer begründeten und veröffentlichten Stellungnahme des CSA zu erlassen (Art. 27 Abs. 2).
Aber das einzige Dekret, das aufgrund dieser Gesetzesvorschrift erlassen wurde[163], enthält keine Bestimmung über die Verpflichtung, ein Eigenprogramm selbst zu erzeugen.

§ 3 *Die Hilfen für die audiovisuelle Produktion*

Die relative Konfusion zwischen den Aufgaben der Produktion und der Programmgestaltung, die Bevorzugung der SFP sowie die Begrenzung der Einnahmen (Gebühren und Werbung) erklären, daß die französische Eigenproduktion sich nicht proportional zum Ansteigen der täglichen Sendezeiten entwickelt hat. Daher hat die öffentliche Hand ein finanzielles Förderungssystem für die audiovisuelle Produktion entwickelt[164].
Dieses System beruht zur Zeit auf zwei Normengruppen: einerseits auf den Art. 36 und 61 des Finanzgesetzes von 1984[165], abgeändert durch die Art. 29 und 47 des Finanzgesetzes für 1986[166]; andererseits auf Art. 40 des Gesetzes Nr. 85-695 vom 11. Juli 1985 über verschiedene Vorschriften wirtschaftlicher und finanzieller Art[167]. Die erste Normengruppe enthält Finanzhilfen in Form von Subventionen, Darlehen und Garantien; die zweite begründet ein steuerliches Vorzugssystem zugunsten der Gesellschaften zur Finanzierung von kinematographischen und audiovisuellen Werken (SOFICA).

---

162 JO vom 18. Januar 1989.
163 Dekret Nr. 90-67 vom 17. Januar 1990.
164 Siehe den im Namen des Wirtschafts- und Sozialrats von Frau Delorme präsentierten Bericht am 11. und 12. Juni 1985, JO, Stellungnahmen und Berichte des Wirtschafts- und Sozialrats, 10. Juli 1985.
165 Nr. 83-1179 vom 29. Dezember 1983, JO vom 30. Dezember 1983.
166 Nr. 85-1403 vom 30. Dezember 1985, JO vom 30. Dezember 1985.
167 JO vom 12. Juli 1985.

Der Vollständigkeit halber müssen noch eine Reihe von direkten Hilfen aus dem Kulturministerium erwähnt werden, die im Rahmen der Auftragsvergabe für neue Produktionen wirken. Hierzu zählt insbesondere der mit 25 Millionen Franc (1986) ausgestattete Fonds für audiovisuelle Produktion. Die Förderung erfolgt insbesondere durch die am 21. Februar 1986 gegründete öffentliche Gesellschaft Société d'édition de programmes de télévision (SEPT)[168]. 1986 hat diese Gesellschaft 50 Millionen Franc Finanzhilfen für Koproduktionen von Fiktionswerken gewährt. Diese Hilfen sind aber insgesamt von nicht großer Bedeutung.

A. *Das Unterstützungskonto für die Filmwirtschaft*

Nach dem Finanzgesetz für 1984[169] (abgeändert durch Finanzgesetz von 1986)[170] handelt es sich bei dem Unterstützungsfond für die Filmwirtschaft um einen Posten des Staatshaushaltes mit besonderer Zweckbestimmung, der von einer Körperschaft des öffentlichen Rechts, dem Centre national de la cinématographie, verwaltet wird.
Dieser Fond wird aus Einnahmen der privaten und öffentlichen Fernsehprogrammveranstalter gespeist. Deren Einnahmen unterliegen einer Pauschalbesteuerung. Berechnungsgrundlage für diese Pauschalbesteuerung ist für die staatlichen Veranstalter das Gebühren- und für die privaten Veranstalter das Abonnentenaufkommen, sowie für beide die Werbeeinnahmen (für sämtliche Gesellschaften). Die Steuer beträgt 3 Prozent hiervon.
Diese Einnahmen dienen zur Finanzierung der Filmproduktion (34% für 1986, 35% für 1987)[171] und der audiovisuellen Produktion (66% 1986, 65% 1987). Die Finanzhilfen für die audiovisuelle Produktion werden gemäß den Bedingungen und Modalitäten des Dekrets Nr. 86-175 vom 6. Februar 1986 über die staatliche Finanzierungshilfe für die audiovisuelle Programmindustrie[172] verteilt. Danach sind diese Hilfen entweder automatische Subventionen für Werke der Fiktion oder der Unterhaltung, welche erstmals gesendet

168 Die Aufteilung des Kapitals von 60 Millionen Franc ist wie folgt: Staat (25 %), FR 3 (45 %), Radio-France (15 %) und I.N.A. (15 %).

169 FinanzgesetzNr. 83-1179 vom 29. Dezember 1983, JO vom 30. Dezember 1983.

170 Finanzgesetze Nr. 85-1403 vom 30. Dezember 1985, JO vom 31. Dezember 1985; Nr. 86-1067, vom 30. September 1986, JO vom 1. Oktober 1986; Nr. 86-1210 vom 27. November 1986, JO vom 27. November 1986, JO vom 28. November 1986; Nr. 86-1317 vom 30. Dezember 1986, JO vom 31. Dezember 1986; Nr. 88-1193 vom 29. Dezember 1988, JO vom 30. Dezember 1988.

171 Art. 66 des Finanzgesetzes für 1987 (Nr. 86-1317 vom 30. Dezember 1986, JO vom 31. Dezember 1986).

172 JO vom 7. Februar 1986.

werden, oder selektive Hilfen in Form von Subventionen, Vorschüssen oder Garantien für neue Gesellschaften, für Werke mit besonderem kulturellen Wert oder für neue Technologien. Diese Hilfen dürfen nicht mehr als 40 Prozent der gesamten Kosten eines Werkes ausmachen (oder nicht mehr als 40 Prozent des Werts einer französischen Beteiligung im Falle einer internationalen Koproduktion).

Die Subventionsvoraussetzungen werden in diesem Dekret sehr genau festgelegt: Der Hersteller muß seinen Sitz in Frankreich haben und die Mehrheit seiner Geschäftsführer muß aus der Europäischen Gemeinschaft stammen. Die Werke selbst müssen »être de nationalité«, also aus einem Migliedstaat der Europäischen Gemeinschaft stammen, ihre Originalversion muß in französischer Sprache sein, ihre Autoren, Hauptdarsteller, Techniker und andere an der Produktion beteiligte Mitarbeiter müssen Franzosen oder Staatsangehörige eines EG-Staates sein; schließlich müssen mindestens 50 Prozent der gesamten Produktionskosten in Frankreich entstanden sein. Ähnliche Vorschriften gibt es für die Hilfen zugunsten internationaler Koproduktionen (die französische finanzielle Beteiligung muß mindestens 20 Prozent der gesamten Kosten betragen, und von den gesamten Produktionskosten müssen mindestens 20 Prozent in Frankreich angefallen sein).

Die Mittel werden im allgemeinen nach der Erteilung einer Genehmigung gezahlt. Diese wiederum wird vor Beginn der Filmaufnahmen erteilt. Die Genehmigung erfolgt durch eine Kommission, die sich aus Vertretern dreier Ministerien sowie sechs Persönlichkeiten zusammensetzt, die aufgrund ihrer Sachkunde gewählt wurden.

Die so verteilten Finanzierungshilfen sind durchaus gewichtig, machten sie doch 1990 1460 Millionen Franc aus; hiervon erhielt die Filmindustrie 832 Millionen Franc und die audiovisuelle Industrie 614 Millionen Franc.

Nach dem von Herrn Cluzel im Senat vorgelegten Bericht über den Gesetzentwurf für das Finanzgesetz für 1987[173], »bringen die Programmveranstalter die Produzenten dazu, zu ihren Gunsten in einer Größenordnung zu investieren, die derjenigen der Pauschalsteuer zur Alimentierung des Unterstützungskontos entspricht«. Kurzum, durch dieses Verhalten können »Marktanteile eingefroren« werden, was wiederum zu einer Starrheit führt.

---

173 Anhang zum Protokoll der Senatssitzung vom 17. November 1986, Nr. 69 der ersten ordentlichen Sitzung 1986-87, Band III, Anhang 8, S. 125.

B. *Die Steuerprivilegien der Gesellschaften zur Finanzierung der Schöpfung von Film- und audiovisuellen Werken (SOFICA)*

Nach Art. 40 des Gesetzes vom 11. Juli 1985 über verschiedene Vorschriften wirtschaftlicher und finanzieller Art kommen natürliche und juristische Personen in den Genuß wichtiger Steuervorteile, wenn sie Aktien der SOFICA bar zeichnen. Natürliche Personen können diese Investitionen unter der Bedingung, daß sie diese Aktien mindestens fünf Jahre behalten, bis zu 25 Prozent von ihrem zu versteuernden Einkommen absetzen. Juristische Personen können im Jahre der Zeichnung eine einmalige Abschreibung in Höhe von 50 Prozent der gezeichneten Beträge vornehmen. Dies führt zu einer Herabsetzung der Körperschaftssteuer in gleicher Höhe. Die SOFICA-Gesellschaften müssen wiederum in die Film- und audiovisuelle Produktion investieren, sei es, daß sie sich selbst mit Kapital an den Herstellergesellschaften beteiligen, sei es, daß sie für die Produktion direkt Mittel zur Verfügung stellen, wobei sie dann auch an den Betriebseinnahmen beteiligt sind.
Dieses Steuererleichterungssystem wird vom Staat streng überwacht: Das Kapital dieser Gesellschaften muß vom Wirtschaftsminister genehmigt werden. Die von den SOFICA finanzierten Werke müssen vom Kulturminister genehmigt sein. Außerdem müssen sie im großen und ganzen dieselben Voraussetzungen erfüllen, die notwendig sind, um aus dem Unterstützungsfond finanziert zu werden (insbesondere müssen sie in der Originalversion in französisch sein und aus einem EG-Mitgliedstaat stammen). Die Dekrete Nr. 85-982 und 85-983 vom 17. September 1985[174] enthalten die Voraussetzungen für die Erteilung der beiden ministeriellen Genehmigungen.
Ende 1986 wurden SOFICA-Gesellschaften gegründet, die sich an den öffentlichen Kapitalmarkt wandten. Sie haben ungefähr 350 Millionen Franc aufgebracht, 35 Filme für 100 Millionen Franc finanziert sowie zehn Fernsehserien für 66 Millionen Franc.

Kapitel III *Das audiovisuelle Programmwesen*

Die Aufgabe der Programmveranstalter besteht in der Bestimmung der Charakteristika und der allgemeinen Richtung der Programme sowie in der Vertragsgestaltung mit den Produzenten audiovisueller Werke.

---

174 JO vom 18. September 1985.

Auch legt der französische Gesetzgeber dem Programmveranstalter die Pflicht auf, Eigenprogramme herzustellen. Indessen ist dieser Aspekt der Programmgestaltung bereits im vorhergehenden Kapitel untersucht worden und wird nicht Hauptgegenstand dieses Kapitels sein.
Die französische Gesetzgebung zeichnet sich durch eine sehr detaillierte Reglementierung des für essentiell gehaltenen Programmwesens aus. Zu dessen Erläuterung wird zunächst über den Umfang und die Verteilung der staatlichen Kompetenzen zwischen Regierung und einer unabhängigen Behörde berichtet werden. Sodann wird auf den Inhalt der Vorschriften über die Programmgestaltung und auf die Programmgestaltung selbst eingegangen.

Abschnitt 1 - *Die Befugnisse des Staates*

Während die französische Gesetzgebung bis 1982 das öffentliche Monopol aufrecht erhielt und somit nur staatliche Gesellschaften in Frankreich Programmgestaltung vornehmen durften (mit Ausnahme der sogenannten peripheren Rundfunkgesellschaften), hat das Gesetz vom 29. Juli 1982 dieses Prinzip aufgegeben und ein gemischtes System eingeführt, welches durch die Koexistenz eines öffentlichen und eines privaten Sektors gekennzeichnet ist. Die staatlichen und die privaten Unternehmen werden im Hinblick auf die Reglementierung bei der Programmgestaltung im großen und ganzen einheitlich behandelt. Außerdem wurde durch das Gesetz von 1982 eine unabhängige staatliche Behörde geschaffen, mit der die Regierung ihre Befugnisse teilen muß. Das Gesetz vom 30. September 1986 hat diese Entwicklung dadurch verstärkt, daß der Anteil des privaten Sektors vergrößert und die Kompetenzen der unabhängigen staatlichen Behörde zu Lasten der Regierungsbefugnisse ausgedehnt wurden.

§ 1 *Das Gesetz vom 26. Juli 1982*

Das Audiovisionsgesetz vom 26. Juli 1982, ergänzt und abgeändert durch zwei Gesetze vom 1. August 1984 und die Gesetze vom 13. und 26. Dezember 1985, bestätigt die Existenz zweier Bereiche der Programmveranstaltung, nämlich eines öffentlichen und eines privaten Bereichs. Diese Bestandsaufnahme ist in der Realität noch um einen gemischten Bereich zu ergänzen, dem der sogenannten peripheren Sender.

A. *Das öffentliche Programmangebot*

Nach Art. 5 des Gesetzes von 1982 »hat der öffentliche Rundfunk- und Fernsehdienst [...] die Aufgabe, dem Allgemeininteresse zu dienen, dabei Wahrheit, Unabhängigkeit und die Informationsvielfalt zu wahren und den gegenwärtigen Bedürfnissen der Bildung, der Unterhaltung und der Kultur aller Bevölkerungsgruppen zu entsprechen [...]. Diese Aufgabe muß unter Beachtung der Prinzipien des Pluralismus und der Gleichheit zwischen den Kulturen, den Religionen, den Geistes- und Meinungsströmungen durchgeführt werden. Diese Aufgabe wird insbesondere von den im Titel III dieses Gesetzes vorgesehenen Gesellschaften (d.h. öffentlichen Gesellschaften) ausgeübt«. Die Regierung wurde ermächtigt, mehrere nationale oder regionale Gesellschaften zu gründen, die für den öffentlichen Sektor - sei es Rundfunk (Art. 37), sei es Fernsehen[175] - Konzepte und Programme erstellen sollen. In der Praxis gründete die Regierung jedoch nur nationale Gesellschaften[176]. Im übrigen hat sich die Regierung im großen und ganzen darauf beschränkt, die bereits bestehenden staatlichen Gesellschaften wie Radio-France, Radio-France internationale (RF I), Société de radiofiffusion et de télévision pour la France d'Outre-Mer (RFO), Télévision française (TF 1), Antenne 2 (A 2), France Régions 3 (FR 3)[177] zu regulieren.

Die Aufgabenteilung zwischen der Regierung und der Hohen Behörde für Audiovision war wie folgt: Die Regierung übt die Verordungsbefugnis, die Hohe Behörde Ernennungs- und Kontrollbefugnisse aus.

So definiert die Regierung die Pflichten der öffentlichen Programmveranstalter in einem Lastenheft, welches durch Dekret bestimmte Dauervorschriften sowie nur für ein Jahr gültige Pflichten enthält. Letztere werden durch Arrêtés festgelegt. Das Lastenheft bestimmt vor allem die allgemeine Orientierung der Programmpolitik sowie die besonderen Aufgaben jedes einzelnen Veranstalters (Art. 32). Das Lastenheft bestimmt ebenfalls Gegenstand, Dauer und Modalitäten der Werbeprogramme sowie den Umfang der Einnahmen aus Werbung (Art. 66). Außerdem werden die erwarteten Einnahmen aus Gebühren und Werbung jährlich vom Premierminister bzw. seinem Vertreter zwischen den öffentlichen Programmveranstaltern und den anderen staatlichen Organisationen aufgeteilt (TDF, Institut national de l'audiovisuel [INA], SFP, Absatzgesellschaft France Média International).

---

175 Art. 38, 40, 42, 51 und 52 des Gesetzes vom 26. Juli 1982.

176 Ausgenommen die regionale Fernsehprogrammgesellschaft in den Regionen Nord-Pas-de-Calais und Picardie, Dekret Nr. 83-164 vom 4. März 1983, JO vom 6. März 1983.

177 Dekrete Nr. 82-792, 82-793, 82-794, 82-789, 82-790, 82-791 vom 17. September 1982, JO vom 18. September 1982.

Dagegen hat die Hohe Behörde für Audiovision vor allem Ernennungs- und Kontrollbefugnisse. Einerseits ernennt sie einen Teil der Mitglieder der Verwaltungsräte sowie die Präsidenten der staatlichen Gesellschaften (Art. 16). Andererseits wacht sie durch Empfehlungen über die Einhaltung des Pluralismus und die Ausgewogenheit der Programme. Sie bestimmt auch die Regeln des Rechts auf Erwiderung für Sendungen, in denen verschiedene Glaubens- oder Geistesrichtungen zum Ausdruck kommen, sowie für die Berichterstattung über Sitzungen des Parlaments, der politische Parteien und der Fraktionen (Art. 14). Sie wacht auch über die Einhaltung der Vorschriften betreffend die Werbung (Art. 19).
Diese Kompetenzaufteilung zwischen Regierung und einer unabhängigen Behörde findet sich im privaten Bereich wieder, nicht jedoch im gemischten Bereich, d.h. bei den sog. peripheren Sendern.

B. *Der gemischte Bereich: die peripheren Sender*

Das Audiovisionsgesetz vom 29. Juli 1982 ist grundsätzlich nur auf die Programme anwendbar, die vom Staatsgebiet aus gesendet werden oder die sich in Frankreich gelegener technischer Einrichtungen bedienen. Es ist also nicht auf die sog. peripheren Sender anwendbar, die von einem Gebiet aus senden, das nicht unter Hoheit des französischen Staates steht. Hierbei handelt es sich um die folgenden Radiostationen: Europe 1 (Bundesrepublik Deutschland), Radio Luxembourg (Großherzogtum Luxemburg) Radio-Monte-Carlo (Fürstentum Monaco), Sud-Radio (Fürstentum Andorra). Für das Fernsehen handelt es sich um: Télé-Luxembourg (Großherzogtum Luxemburg), Télé-Monte-Carlo (Fürstentum Monaco). Diese Rundfunk- und Fernsehgesellschaften unterliegen daher nicht dem französischen Recht.
Dennoch kontrolliert der französische Staat durch seine Regierung diese verschiedenen Sender mehr oder weniger direkt. Über die Holding-Gesellschaft SOFIRAD, die an folgenden Gesellschaften gänzlich oder mehrheitlich beteiligt ist: Europe 1, Radio-Télé Monte-Carlo und Sud-Radio. Der französische Staat ist Minderheits-Aktionär bei Radio-Télé Luxembourg. Außerdem stellt der französische Staat diesen Sendern die Kabel zur Verfügung, die ihre Studios (die sich meistens in Paris befinden) mit den Sendeanlagen (die sich immer außerhalb des Staatsgebiets befinden) verbinden. Er kann die Zurverfügungstellung der Kabel jederzeit zurücknehmen. Offenbar hat die Regierung bei den Ereignissen in Mai/Juni 1986 RTL mit dieser Maßnahme bedroht, um den Sender zu veranlassen, keinerlei weiter aufputschende Nachrichten zu senden. Schließlich kommt es auch vor, daß die peripheren Stationen in

Ausnahmefällen Sendeeinrichtungen auf dem französischen Staatsgebiet nutzen. Das Gesetz vom 29. Juli 1982 hat in seinem Art. 85 insoweit die rechtliche Situation von Radio-Monte-Carlo bereinigt. Radio-Monte-Carlo benutzte unzulässigerweise den Sender von Mont Agel und seit 1974 den von Roumoules, was im übrigen ohne nennenswerte Folgen zweimal von der französischen Verwaltungsgerichtsbarkeit festgestellt worden war[178].

Die Gesetzgebung von 1982 und die Regierungen der Legislaturperiode 1981-1986 haben diesem seit 1945 bestehenden System lediglich zwei Modifikationen hinzugefügt.

Die erste »Retouche« bestand im Verkauf der von der Staatsholding SOFIRAD in der Gesellschaft Europe 1 gehaltenen Aktien an die private Unternehmensgruppe Hachette für 500 Millionen Franc. Der Verkauf der Anteile entsprach 34,19 Prozent des Kapitals von Europe 1 und 47 Prozent der Stimmen: Somit ist Europe 1 bis auf 5 Prozent eine völlig private Rundfunkgesellschaft geworden. Dieser Vorgang vollzog sich am 5. März 1986[179].

Die zweite »Retouche« ging dahin, einigen Gesellschaften, die bisher von im Ausland positionierten Sendern auf Langwelle sendeten, die Ausstrahlung ihrer Programme in Frequenzmodulation zu erlauben. Hierbei handelte es sich um die Gesellschaften Compagnie luxembourgeoise de télévision, Europe 1 Communication und Radio Monte-Carlo Sud-Radio Service. Diese Genehmigungen waren Gegenstand von vier Arrêtés vom 7. März 1986, die auf der Grundlage der Art. 7, 8, 78 und 85 des Audiovisionsgesetzes vom 29. Juli 1982 ergingen[180]. So erhielten Europe 1 und RTL Sendemöglichkeiten für 18 Städte, die sich nördlich der Linie Bordeaux-Lyon befinden. Radio-Monte-Carlo erhielt Sendemöglichkeiten für 19 Städte südlich dieser Linie. Sud-Radio (Andorra) schließlich konnte somit in sechs Städten südlich der Linie Bordeaux-Montpellier senden[181]. Die öffentliche Anstalt Télédiffusion de France wurde mit der Ausstrahlung in Frequenzmodulation beauftragt, da nur ihre notwendigerweise in Frankreich stationierten Sender ausreichend stark waren. Auch wurden den peripheren Stationen zum ersten Mal einige Programmverpflichtungen in einem kurzen Lastenheft auferlegt.

---

178 Verwaltungsgericht Nizza, 15. Dezember 1961, RTF, Rec. S. 852; Verwaltungsgericht Paris, 6. Februar 1980, Gewerkschaft der höheren Angestellten von O.R.T.F., AJDA 1980, 296, Anm. *J.Y. Plouvin.*

179 Le Monde, 6. März und 7. März 1986.

180 JO vom 13. März 1986.

181 Siehe die in Le Monde vom 13. März 1986 veröffentlichte Karte.

C. *Die privaten Dienste*

Das System des Gesetzes von 1982 gründete sich auf der Unterscheidung zwischen lokalen und nationalen privaten Fernsehanbietern.
Das Unterscheidungsmerkmal für lokale Rundfunkveranstalter wurde in Art. 81 definiert: hierbei handele es sich um diejenigen lokalen Hörfunksender in Frequenzmodulation, die ein Gebiet abdecken, in welchem kein Punkt weiter als dreißig Kilometer vom Sendepunkt entfernt ist.
Sodann definierte der Gesetzgeber die lokalen Rundfunk- und Fernsehkabeldienste, denn durch die Entscheidung Nr. 84-173 DC vom 26. Juli 1984 des Conseil constitutionnel[182] war das Gesetz Nr. 84-743 vom 1. August 1984 betreffend diese Dienste[183] für teilweise verfassungswidrig erklärt worden, da es nicht selbst sein Anwendungsgebiet bestimmt hatte. Durch das Gesetz Nr. 84-1287 vom 31. Dezember 1984[184] wurden diese Lokaldienste wie folgt definiert: das Sendegebiet darf in seiner größten Ausdehnung 60 Kilometer und zwei Departements nicht überschreiten. Die Notwendigkeit eines gesetzlichen Eingreifens zur Definition der lokalen Kabelgesellschaften erklärt sich daraus, daß die lokalen und die nationalen Dienste unterschiedlichen Rechtsvorschriften unterliegen: Während das Gesetz von 1982 hinsichtlich der lokalen Dienste die Befugnisse zwischen der Regierung und der Hohen Behörde aufteilt, überträgt es die Gesamtheit der Befugnisse hinsichtlich der nationalen Dienste der Regierung.
Das ist im übrigen auch der Grund, warum der Gesetzgeber 1985 auf Betreiben der Regierung in das Gesetz vom 29. Juli 1982 einen Art. 80-1 eingefügt hat, der wie folgt lautet: «... ein lokaler Fernsehdienst für die Funkwellenübertragung, dessen Sendegebiet in seiner größten Ausdehnung 60 Kilometer nicht überschreitet«[185].

a) *Die lokalen privaten Dienste*

Hinsichtlich der lokalen Dienste hatte die Regierung lediglich eine Verordnungsbefugnis, deren Grundlage Art. 110 Abs. 1 des Gesetzes vom 29. Juli 1982 war: »Die Ausführung dieses Gesetzes wird durch Dekrete des Conseil d'Etat bestimmt«.

---

182 JO vom 28. Juli 1984.
183 JO vom 2. August 1984.
184 JO vom 1. Januar 1985.
185 Art. 8 des Gesetzes Nr. 85-1317 vom 13. Dezember 1985, welches das Gesetz Nr. 82-652 vom 29. Juli 1982 abändert und verschiedene Vorschriften hinsichtlich der audiovisuellen Kommunikation beinhaltet, JO vom 14. Dezember 1985.

Von dieser Regelungsbefugnis hat die Regierung zwischen 1982 und 1986 weitgehenden Gebrauch gemacht, die wichtigsten Dekrete betrafen:

1. *Die Tätigkeiten der lokalen privaten Hörfunkstationen, die über Funkwellen senden*:

- Dekret Nr. 84-1060 vom 1. Dezember 1984, betreffend die lokalen Rundfunkdienste im Funkwellenbereich[186], geändert durch Dekret Nr. 85-54 vom 18. Januar 1985[187]. Das Dekret betrifft die Konzessionsvergabe und hebt das Dekret Nr. 82-960 vom 15. November 1982 selben Inhalts auf;
- Dekret Nr. 84-1061 vom 1. Dezember 1984. Dieses Dekret betrifft das Lastenheft der Konzessionsinhaber.

2. *Tätigkeit der Hörfunk- und Fernsehkabelgesellschaften*:

- Dekret Nr. 85-54 vom 18. Januar 1985 über den Hörfunk- und Fernsehdienst mittels Kabelnetzen[188]. Es betrifft Konzessionen, die nur lokalen gemischten Wirtschaftsgesellschaften erteilt werden können und genehmigt das dazugehörige Lastenheft.

Darüber hinaus hat die Regierung die lokalen Fernsehstationen reglementiert, die über Funkwellen senden, nachdem das Gesetz den Begriff »lokal« ausdrücklich definiert hatte[189]. Auf dieser Grundlage sind folgende Dekrete ergangen, die allerdings wegen der Regierungsumbildung vom 16. März 1986 nie zur Anwendung gelangten:

- Dekret Nr. 86-444 vom 14. März 1986 betreffend die lokalen Fernsehdienste mittels Funkwellen[190]. Dieses Dekret betrifft die Konzession.
- Dekret Nr. 86-445 vom 14. März 1986[191]. Es bestimmt den Inhalt der Lastenhefte für die Konzessionsinhaber.

Die Hohe Behörde für Audiovision war dagegen ermächtigt, die Konzessionen zu vergeben[192]. Die Vergabe erfolgte nach Stellungnahme einer aus zwanzig Mitgliedern zusammengesetzten und unter Vorsitz eines Mitglieds des Conseil

186 JO vom 2. Dezember 1984.
187 JO vom 19. Januar 1985.
188 JO vom 19. Januar 1985.
189 Art. 8, Gesetz Nr. 85-1317 vom 13. Dezember 1985 in Abänderung des Gesetzes Nr. 82-652 vom 29. Juli 1982, welches verschiedene Vorschriften betreffend die audiovisuelle Kommunikation enthält, JO vom 14. Dezember 1985.
190 JO vom 16. März 1986.
191 JO vom 16. März 1986.
192 Art. 17 des Gesetzes vom 29. Juli 1982.

d'Etat tätigen Kommission (Art. 87). Die zwanzig Mitglieder der Kommission rekrutierten sich wie folgt: drei Vertreter des Staates und drei Vertreter der staatlichen Rundfunkorgane, vier Parlamentarier, drei Vertreter der Berufsverbände der Presse, fünf Vertreter der Konzessionsinhaber und -bewerber sowie drei Vertreter von kulturellen und allgemeinbildenden Vereinigungen. Die Hohe Behörde erteilt die Konzessionen unter Beachtung technischer Notwendigkeiten sowie geographischer und soziokultureller Gegebenheiten, insbesondere dann, wenn in der betroffenen Zone nur eine Frequenz vorhanden ist[193].

Diese Genehmigungskompetenz war gepaart mit einer Kontroll- und Sanktionsbefugnis, denn Art. 86 des Gesetzes von 1982, abgeändert durch Art. 5 des Gesetzes Nr. 84-742 vom 1. August 1984 und Art. 14 des Gesetzes vom 13. Dezember 1985, bestimmte: »Die Genehmigungen werden für eine Höchstdauer von zehn Jahren erteilt. Sie können von der erteilenden Behörde für die Dauer von höchstens sechs Monaten im öffentlichen Interesse suspendiert oder zurückgenommen werden, insbesondere [...] wenn der Konzessionsinhaber die ihm durch Vorschriften dieses Gesetzes oder des Lastenheftes auferlegten Pflichten nicht erfüllt.«

Es ist auch vorgekommen, daß die Hohe Behörde ihre Strafbefugnis ausgeübt hat, so z.B. in der Entscheidung Nr. 75-15 vom 4. Dezember 1984, betreffend die Suspendierung der Genehmigung für einen lokalen Hörfunk in Frequenzmodulation, die eine lokale Pariser Station betraf[194].

Der Conseil constitutionnel hat anläßlich der Prüfung des Gesetzes vom 1. August 1984 über lokale Kabelnetze ausgeführt, daß die Eingriffsbefugnisse der Hohen Behörde in diesen Bereich eine wesentliche Garantie für die Ausübung eines Grundrechts darstellen: »Die Bestimmung einer von der Regierung unabhängigen Verwaltungsbehörde zwecks Ausübung einer hinsichtlich der Kommunikationsfreiheit so wichtigen Aufgabe wie der Zulassung von Rundfunk- und Fernsehdiensten über Kabelnetze stellt eine fundamentale Gewährleistung für die Ausübung eines Grundrechts dar und fällt in die ausschließliche Zuständigkeit des Gesetzgebers«[195].

Dagegen waren die auf überregionalen Privatgesellschaften anwendbaren Vorschriften weitaus weniger liberal, weil sich hier die Regierung praktisch sämtliche Befugnisse vorbehielt. Das Gesetz von 1982 hat der Regierung nur einige wenige Beschränkungen auferlegt.

---

193 Art. 82, abgeändert durch Gesetz vom 13. Dezember 1985.

194 JO vom 9. Dezember 1984.

195 Entscheidung Nr. 84-173 DC vom 26. Juli 1984, JO vom 2. August 1984, Recueil 1984, S. 63.

b) *Die privaten überregionalen Dienste*

Diejenigen Privatveranstalter, die nicht lokal sind, werden allgemein überregionale Veranstalter genannt. Sie könnten ebensogut nationale Privatveranstalter genannt werden, denn alle diejenigen, die aufgrund des Gesetzes von 1982 zugelassen wurden, durften auf dem gesamten französischen Staatsgebiet ausstrahlen, auch wenn die nicht abgedeckten Zonen häufig größer waren als bei den öffentlichen Fernsehdiensten.
Da das Gesetz von 1982 das Programmonopol aufgehoben hatte, mußte es logischerweise ein Konzessionssystem vorsehen. Art. 78, Absatz 1, bestimmte daher: »Jeder Dienst der audiovisuellen Kommunikation, der nicht in dem vorhergehenden Art. aufgeführt ist, muß vorher genehmigt werden; dies bezieht sich nicht auf Videodienste. In Art. 78, Absatz 2, wird die Befugnis zur Erteilung von Genehmigungen (sowie die damit zusammenhängende Kontroll- und Sanktionsbefugnis) der Regierung selbst übertragen: »Die Regierung stellt alle Konzessionen aus, hiervon ausgenommen sind die von der Hohen Behörde entsprechend Art. 17 erteilten Konzessionen« (wie wir bereits gesehen haben, betrifft diese Vorschrift die lokalen privaten Radio- und Fernsehsender).
Für die überregionalen Privatfernsehsender sah das Gesetz von 1982 vor, daß die Genehmigungen in Form von Konzessionsverträgen erteilt werden. Art. 79 (in der durch das Gesetz vom 13. Dezember 1985 abgeänderten Fassung) lautete wie folgt: »Indessen dürfen alle nicht lokalen Funkwellenfernsehdienste, die für das allgemeine Publikum bestimmt sind [...] nur auf der Grundlage von Konzessionsverträgen des öffentlichen Dienstes betrieben werden, die der Staat mit juristischen Personen des öffentlichen oder des privaten Rechts abschließt«. Grundsätzlich ist unter einem Konzessionsvertrag des öffentlichen Dienstes ein öffentlich-rechtlicher Vertrag zu verstehen, durch welchen eine Körperschaft die Ausführung eines öffentlichen Dienstes einem privaten Unternehmen anvertraut. Aus diesem Grund verfügt die Körperschaft bei der Erfüllung des Vertrages über außerordentliche Vorrechte gegenüber dem gemeinen Recht. Wie aber bereits erwähnt, fand man diese Konstruktion nicht besonders glücklich, denn der Gesetzgeber wollte nicht, daß der Konzessionär tatsächlich in den staatlichen Fernsehdienst integriert wird. Das zeigt sich deutlich an der Gegenüberstellung des Titels III (staatliches Rundfunk- und Fernsehwesen) und des Titels IV (antrags- und genehmigungspflichtige Dienste der audiovisuellen Kommunikation). Immerhin ist bemerkenswert, daß der Conseil d'Etat den Konzessionscharakter einer

solchen Genehmigung im Rahmen von Rechtsmittelverfahren, die gegen mehrere Konzessionen eingeleitet wurden, anerkannt hat[196].

So vereinigte die Regierung also alle Machtbefugnisse bei sich: Reglementierung, Konzessionswesen, Überwachung und Sanktionen. Es bleibt nun zu untersuchen, wie sie diese Befugnisse ausgeübt hat.

Anfangs hat die Regierung nur ein einziges überregionales Privatfernsehen erlaubt: am 6. Dezember 1983 wurde mit der Agentur Havas ein Konzessionsvertrag über die Nutzung eines vierten Kanals, dem Canal Plus, abgeschlossen. Jedoch wurde dieser Vertrag nie veröffentlicht. Ursprünglich waren Havas mit 40 Prozent und eine Bankengruppe mit 20 Prozent an der Gesellschaft Canal Plus beteiligt. Die Bankengruppe bestand hauptsächlich aus verstaatlichten Banken, insbesondere der Société générale, der Banque nationale de Paris, dem Crédit commercial de France und einer Genossenschaftsbank, dem Crédit mutuel. Weitere 15 Prozent hielt ein Privatunternehmen, an dem der Staat lediglich eine Minderheitsbeteiligung hielt, die Compagnie générale des eaux. Jeweils 10 Prozent wurden von einem Bauunternehmer, Herrn Merlin, und von zwei Versicherungsgesellschaften gehalten. Mit 5 Prozent war schließlich eine Gruppe von regionalen Tageszeitungen beteiligt. In der Folgezeit zog sich Havas teilweise aus der Gesellschaft Canal Plus zurück. Nach dem ursprünglich auf zwölf Jahre geschlossenen Vertrag konnte die Gesellschaft nur verschlüsselte Fernsehprogramme senden und erzielte ihre Einnahmen nur aus Abonnements und aus Sponsoring. Im März 1985 wurde der Vertrag geändert: Die Gesellschaft konnte nunmehr sechs Stunden täglich unverschlüsselt senden, und außerdem durfte sie Werbeeinnahmen erzielen, »wobei davon ausgegangen wurde, daß die Einnahmen aus Abonnements mindestens 80 Prozent ihrer Gesamteinnahmen zu sein hatten«. Nach anfänglichen Schwierigkeiten gelang es der Gesellschaft erst 1986 aus der Verlustzone zu kommen: im Mai 1986 feierte sie ihren eine millionsten Abonnenten.

Später entschloß sich die Regierung, zwei weitere Privatsender im Funkwellenbereich zu erlauben, und zwar dank freigewordener, schlecht genutzter Frequenzen. Diese Grundsatzentscheidung wurde am 31. Juli 1985 im Ministerrat beschlossen[197] und führte zu der Gründung von zwei Kanälen, wovon der eine keinen ausgeprägten Schwerpunkt hat (5. Kanal), der zweite dafür auf Musik spezialisiert ist (6. Kanal).

Zu diesem Zweck betrieb die Regierung die Annahme des Gesetzes Nr. 85-1317 vom 13. Dezember 1985 zur Abänderung des Gesetzes Nr. 82-652 vom

196 Siehe insbesondere die Anmerkung *P. Delvolvé*, RFDA 1987, S. 2.

197 Le Monde 1. August 1985.

29. Juli 1982, betreffend verschiedene Vorschriften zur audiovisuellen Kommunikation[198]. Dieses Gesetz sah insbesondere die Veröffentlichung der Konzessionsverträge und der dazugehörigen Lastenhefte vor, ebenso die früher abgeschlossenen Verträge (Art. 79). Es enthielt außerdem genaue Bestimmungen über die Vergabebedingungen und Abänderungen der Art. 79, 80, 82, 83, 86 und 88 des Gesetzes vom 29. Juli 1982. Eingefügt wurden dafür die Art. 82-1, 88-1, 93-1, 93-2 und 93-3. Sodann erließ die Regierung das Ausführungsdekret Nr. 86-26 vom 7. Januar 1986 auf der Grundlage des Art. 79 des Audiovisionsgesetzes Nr. 82-652 vom 29. Juli 1982[199]. Dieses Dekret enthielt Ausführungen darüber, daß »der Konzessionsvertrag und das Lastenheft die Ausführungsvorschriften für die Herstellung, die Programmgestaltung und die Ausstrahlung des vergebenden Dienstes regelt; und weiter, daß das Lastenheft die Pflichten des Konzessionsträgers bestimmt, damit im Interesse der Gesamtheit der Nutzer die im Titel I des Gesetzes vom 29. Juli 1982 niedergelegten allgemeinen Grundsätze beachtet werden« (Art. 2). In dem Dekret wurde weiterhin aufgeführt, daß die Hohe Behörde über das Lastenheft anzuhören sei, daß eine Konzession nicht länger als für zwanzig Jahre erteilt werden dürfe und daß der Fernmeldeminister für die Überprüfung der Beachtung des Lastenheftes staatliche Dienststellen einsetzen dürfe« (Art. 5).

Auf der Grundlage dieses Ausführungsdekrets hat die Regierung zunächst einen Konzessionsvertrag mit der Gruppe Berlusconi-Seydoux über den 5. Kanal genehmigt. Diese Gruppe bestand aus: S. Berlusconi (40 Prozent) und der Société d'études et de participations dans la communication (60 Prozent), deren Kapital zu 81 Prozent von der Familie Seydoux gehalten wurde. Obwohl die Hohe Behörde zu dem Lastenheft eine ablehnende Stellungnahme abgab, hat die Regierung dem Konzessionsvertrag und dem Lastenheft des 5. Kanals mit dem Dekret Nr. 86-84 vom 18. Januar 1986 zugestimmt[200]. Dieses Dekret ist durch das Dekret Nr. 86-218 vom 18. Februar 1986 über die Zustimmung zu einem Zusatz zum Lastenheft abgeändert worden[201]. Entsprechend dem Dekret vom 7. Januar 1986 enthielt es gleichzeitig die Erlaubnis und die Regulierungsbestimmungen für die Tätigkeit der begünstigten Gesellschaft. Jedoch wurde dieses Dekret vom Conseil d'Etat am 16. April 1986 teilweise aufgehoben[202]. Art. 4 des Lastenheftes wurde wegen

---

198 JO vom 14. Dezember 1985.

199 JO vom 8. Januar 1986.

200 JO vom 19. Januar 1986.

201 JO vom 19. Februar 1986.

202 Recueil 1986, S. 97; JCP 1986 G. II 20617 Anm. Guibal, AJDA 1986, S. 328 und Anmerkungen *Azibert* und *Fornacciari*, S. 284; D 1987, 97, Anm. *Llorens*; RFDA

Verstoßes gegen den mit Gesetz vom 13. Dezember 1985 in das Gesetz vom 29. Juli 1982 eingeführten Art. 88-1 aufgehoben. Diese Vorschrift verpflichtete die Regierung, den Umfang der ausgestrahlten Kinowerke im Lastenheft festzulegen.
Sodann erließ die Regierung das Dekret Nr. 86-234 vom 21. Februar 1986 zur Erteilung der Genehmigung für den Konzessionsvertrag und das Lastenheft des 6. Kanals[203]. Auch dieses Dekret enthielt gleichzeitig die Erlaubnis und die Regulierungsbestimmungen für die begünstigte Gesellschaft. Genau wie das Dekret über den 5. Kanal, wurde dieses Dekret am 17. Dezember 1986 vom Conseil d'Etat teilweise aufgehoben[204]. Auch hier verstieß Art. 4 des Lastenheftes gegen Art. 88-1 des Audiovisionsgesetzes vom 29. Juli 1982.
Der Rechtszustand des vierten Kanals wurde im Hinblick auf den neuen Art. 79 des Audiovisionsgesetzes (wie aus dem Gesetz vom 13. Dezember 1986 hervorgegangen) von der Regierung durch das Dekret vom 14. März 1986 über die Zustimmung zum Konzessionsvertrag und zum Lastenheft der Nutzergesellschaft des vierten Kanals[205] legalisiert.
Im übrigen haben die Wirtschaft-, Post- und Fernmeldeminister auf der Grundlage des Art. 7 des Audiovisionsgesetzes von 1982, wonach die Nutzung von Radiofrequenzen auf dem Staatsgebiet erlaubnispflichtig ist, das Arrêté vom 11. März 1986 über die Genehmigung der Ausstrahlung von Programmen über Rundfunksatelliten erlassen[206]. Hierin wurde einem europäischen Konsortium für kommerzielles Fernsehen für 16 Jahre die Genehmigung erteilt, auf Kanal 1 Programme in den Sprachen der Europäischen Gemeinschaft mit Ausnahme des Französischen zu senden. Dieser Kanal sollte über die Satelliten TDF 1 und TDF 2 ausgestrahlt werden. Es wurde hervorgehoben, daß die Sendung auf französisch (sowohl in Ton als auch in Untertiteln) einer Konzession nach Art. 79 des Gesetzes bedarf. Die Betreibergesellschaft war eine Gesellschaft luxemburgischen Rechts und bestand aus der italienischen Gruppe Fininvest von S. Berlusconi, der englischen Gruppe von R. Maxwell, der deutschen Gesellschaft Beta Taurus sowie schließlich der SEPC, einer Holding, in der die französischen Beteiligungen am 5. Kanal zusammengefaßt waren (unter anderem die Beteiligung von J. Seydoux).

1987, 21, Anm. *Delvolvé* und *Moderne*, S. 2 und 11; RDP 1986, S. 847, Schlußfolgerungen *O. Dutheillet de Lamothe*.

203 JO vom 22. Februar 1986.

204 RFDA 1987, S. 25.

205 JO vom 15. März 1986.

206 JO vom 14. März 1986.

Die aus den Wahlen vom 16. März 1986 hervorgegangene neue Regierung hat die Entscheidungen der vorangegangenen Regierung teilweise revidiert. Die an Canal-Plus erteilte Konzession ist aufrechterhalten und ausdrücklich durch Art. 102 des Gesetzes vom 30. September 1986 bestätigt worden. Die beiden anderen Konzessionen sind durch zwei Dekrete gekündigt worden: durch das Dekret Nr. 86-900 vom 30. Juli 1986 über die Kündigung des mit der Gesellschaft France 5 geschlossenen Konzessionsvertrages und durch das Dekret Nr. 86-901 vom 30. Juli 1986 über die Kündigung des mit der Gesellschaft TV 6 geschlossenen Konzessionsvertrages[207]. Der Conseil d'Etat hat am 2. Februar 1987 hinsichtlich der Kündigung der Konzession des 6. Kanals festgestellt, daß dieses Dekret rechtswidrig war, weil es von einem Gesetzentwurf ausging, der das Gesetz von 1982 abschaffen sollte, wozu es aber nicht gekommen war[208]. Dasselbe hätte das Gericht am gleichen Tag hinsichtlich des 5. Kanals festgestellt, wenn es hierfür zuständig gewesen wäre. Dieses Verfahren wurde von dem Konzessionsinhaber selbst angestrengt und betraf nicht die Klage wegen »excès de pouvoir«, sondern eine vertragliche Streitigkeit. Sie fiel somit in die Zuständigkeit des Verwaltungsgerichts von Paris[209]. Am selben Tag erließ die Regierung zwei neue Dekrete, die die Kündigung wiederholten. Als Begründung hierfür wurde nunmehr die Aufhebung des Konzessionssystems durch das Gesetz vom 30. September 1986 betreffend die Fernmeldefreiheit angeführt[210].
Die Genehmigungen zur Ausstrahlung von Programmen über direktstrahlende Satelliten wurden durch eine Entscheidung des Gesetzgebers aufgehoben, wodurch Streitigkeiten vor dem Verwaltungsgericht vermieden wurden. Art. 107 des Gesetzes vom 30. September 1986 sagt hierzu: »Die auf der Grundlage von Art. 7 Gesetzes Nr. 82-652 vom 29. Juli 1982 erteilten Genehmigungen für die Ausstrahlung von Programmen über direktstrahlende Fernsehsatelliten laufen am Tage der Veröffentlichung des vorliegenden Gesetzes aus. Die Rücknahme der Genehmigungen begründet Ersatzansprüche für mögliche Schäden der Konzessionsträger«.

§ 2 *Das Gesetz vom 30. September 1986*

Das Gesetz vom 30. September 1986, ergänzt durch das Gesetz vom 27. November 1986, hielt an der Aufteilung zwischen einem staatlichen und

207 JO vom 2. Juli 1986.
208 RPDA 1987, S. 42.
209 RPDA 1987, S. 42.
210 Dekrete Nr. 87-50 und 87-51 vom 2. Februar 1987, JO vom 3. Februar 1987.

einem privaten Bereich fest, wobei der staatliche Bereich nicht mehr als solcher genannt wird. Der aus den peripheren Sendern bestehende gemischte Bereich wird nicht erwähnt. Aufrechterhalten wurde auch die Zuständigkeitsverteilung zwischen Regierung und einer unabhängigen Behörde. Jedoch weist das Gesetz zwei wesentliche Änderungen dieses Systems auf: einerseits wird die Grenzziehung zwischen dem staatlichem und dem privatem Sektor aufgrund der Privatisierung eines öffentlichen Kanals verändert; andererseits werden die Zuständigkeiten zwischen der Regierung und der neuen unabhängigen Behörde zugunsten letzterer verlagert. Wie mehrere Autoren bemerkt haben[211], enthält das Gesetz von 1986 eine Reihe von Vorschriften, die beiden Bereichen gemeinsam sind. Außer Betracht und ohne Rechtspflichten bleiben die peripheren Sender, soweit sie nicht auf französisches Gebiet strahlen oder soweit sie nicht für französische direktstrahlende Satelliten zugewiesene Frequenzen benutzen.
Die Kompetenzverteilung zwischen Regierung und unabhängiger Behörde wurde zuerst durch das Gesetz vom 17. Januar 1989[212], wie es nach der Entscheidung Nr. 88-248 DC vom 17. Januar 1989 verkündet wurde, geändert. Seitdem hat die unabhängige Behörde nur eine begrenzte Verordnungsgewalt (Art. 27 n.F.). Daher sind zunächst die dem staatlichen und privaten Sektor gemeinsamen Vorschriften sowie anschließend die für den jeweiligen Bereich geltenden speziellen Regeln. Der Bereich der peripheren Sendestationen unterliegt weiterhin nicht dem französischen Recht und wird nur im Zusammenhang mit Privatisierungsmaßnahmen erwähnt.

A. *Zuständigkeiten, die für den öffentlichen und den privaten Sektor gemeinsam gelten*

Das Gesetz enthält mehrere gemeinsame Grundsätze. Darüber hinaus ermächtigt es die Regierung und in wenigen Fällen auch die unabhängige Behörde, gemeinsame Vorschriften zu erlassen.
Folgende gemeinsame Grundsätze sind im Gesetz selbst niedergelegt:
Der Grundsatz der Gleichheit bei der Behandlung der Nutzer (Art. 11), der Schutz der Kinder und der Jugendlichen (Art. 15), das Recht auf Gegendarstellung[213] und insbesondere der Grundsatz der Beteiligung an der Förderung der nationalen Filmwirtschaft. Die Bedingungen hierfür sind für die

211 *J. Chevallier*, le nouveau statut de la liberté de communication, AJDA 1987, S. 59.
212 JO vom 18. Januar 1989.
213 Art. 6 des Gesetzes von 1982, der durch Art. 110 2° des Gesetzes von 1986 ausdrücklich für weiterhin wirksam erklärt wurde.

staatlichen und die privaten Veranstalter der audiovisuellen Kommunikation, die unverschlüsselt senden und die sich nicht durch Gebührenaufkommen finanzieren, identisch[214]. Schließlich ist noch ein weiterer, allgemein gültiger Grundsatz zu erwähnen, der den Status der in der audiovisuellen Kommunikation tätigen Journalisten dem der Pressejournalisten gleichstellt[215].
Die Ausführungsvorschriften für die Grundsätze werden zum Teil von der Regierung, zum Teil von der unabhängigen Behörde, ursprünglich der Nationalen Kommission für Kommunikation und Freiheitsrechte (CNCL), heute dem CSA, bestimmt.
So ist die Regierung zuständig für Ausführungsvorschriften des Gegendarstellungsrechts[216]. Auf dieser Grundlage erging das Dekret Nr. 87-246 vom 6. April 1987 über das Gegendarstellungsrecht in den Programmen der audiovisuellen Kommunikation[217]. Dieses Dekret ersetzte das Dekret Nr. 83-419 vom 25. Mai 1983, das bis auf eine Ausnahme zur neuen Vorschrift im wesentlichen inhaltsgleich war. Das neue Dekret wirkt jedoch weiter, denn es ist auch auf Telematik- und Videographiedienste anwendbar.
Was die unabhängige Behörde (Oberster Rundfunkrat, CSA) betrifft, so hat diese ebenfalls verschiedene allgemeine Kompetenzen. So hat sie die Kontrollbefugnis »mit allen angemessenen Mitteln, über Gegenstand, Inhalt und Modalitäten der Werbeprogramme« zu wachen. Nach Art. 15 kontrolliert sie, ob die Grundsätze des Jugendschutzes in den Programmen beachtet werden. Nach Art. 16 bestimmt sie die Vorschriften für das Verhalten der staatlichen Gesellschaften bzw. erteilt Empfehlungen für das Verhalten der private Gesellschaften während der Wahlkampagnen. Schließlich vergibt sie nach Art. 22 und 26 die verfügbaren Frequenzen an die verschiedenen Programmveranstalter.

B. *Besondere Zuständigkeiten im öffentlichen Sektor*

Die Zuständigkeitsaufteilung zwischen der Regierung und der unabhängigen Behörde ist im großen und ganzen dieselbe geblieben wie nach dem Gesetz von 1982.

---

214 Art. 70 des Gesetzes von 1986, siehe auch Art. 71 dieses Gesetzes sowie die Art. 89, 90, 92 des Gesetzes von 1982, die durch Art. 110 des Gesetzes von 1986 ausdrücklich für gültig erklärt wurden.

215 Art. 93 des Gesetzes von 1982, der durch Art. 110 des Gesetzes von 1986 ausdrücklich für weiterhin gültig erklärt wurde.

216 Art. 6 des Gesetzes von 1982, von dem Gesetz von 1986 übernommen.

217 JO vom 9. April 1987.

Bei den staatlichen Programmgesellschaften behält die Regierung folgenden Kompetenzen: Sie genehmigt per Dekret ihre Satzungen (Art. 47); sie bestimmt per Dekret diejenigen Gesellschaften, die eine besondere erzieherische, kulturelle oder soziale Aufgabe wahrnehmen sollen, und schließlich bestimmt sie die wesentlichen Einnahmequellen dieser Gesellschaften, nämlich den Anteil des Gebührenaufkommens an den Gesamteinnahmen[218] sowie die Dauer der Werbesendungen (Art. 48 Abs. 2).
Der CSA hat praktisch dieselben Kompetenzen wie die ehemalige Hohe Behörde für Audiovision: sie hat eine Stellungnahme über die Lastenhefte der staatlichen Gesellschaften abzugeben[219]. Er bestimmt auch die Bedingungen, unter denen das Gegendarstellungsrecht gegen Mitteilungen der Regierung ausgeübt werden kann (Art. 54). Schließlich bestimmt er die Programmgestaltung von Direktübertragungen über im Parlament vertretene Gruppierungen sowie über gewerkschaftliche und berufsständische Organisationen mit landesweiter Bedeutung (Art. 55). Diese Kompetenz wurde von der Behörde sogleich ausgeübt: Mit der Entscheidung Nr. 87-9 vom 23. Januar 1987[220] wurde die Entscheidung der Hohen Behörde vom 7. Februar 1984[221] ersetzt.
Als letzte und wichtigste Kompetenz ist das Ernennungs- und Revokationsrecht für einen Teil der Mitglieder des Verwaltungsrats sowie der Präsidenten der staatlichen Gesellschaften zu nennen (Art. 47 Abs. 2,3,5). Da die Mandate der Präsidenten der staatlichen Gesellschaften mit der Ernennung neuer Mitglieder des Verwaltungsrats erlöschen (Art. 102), konnte die Kommission nach dem 9. Dezember 1986 neue Präsidenten ernennen. Diese Ernennungen wurden ziemlich heftig kritisiert, und zwar nicht nur von der Opposition, sondern auch von der Parlamentsmehrheit, die sie als »antipluralistische Praxis« bezeichnete, wie es der Abgeordneter der UDF, F. d'Aubert, ausdrückte[222]. Grund für diese herbe Kritik war, daß die Ernannten zwar wohl aus der Branche stammten, jedoch allesamt der politischen Mehrheit und fast alle derselben Partei angehörten[223]. Die Ersetzung der CNCL durch den CSA[224] hat aber keine Rückwirkung auf die Amtsdauer des

---

218 Mit Zustimmung des Parlaments, Art. 53.
219 Art. 48 Abs. 2 i.d.F. des Gesetzes vom 17.1.1989.
220 JO vom 10. Februar 1987.
Diese Entscheidung wurde später von den Entscheidungen Nr. 88-238 vom 28. Juli 1988 (JO vom 11. August 1988) und Nr. 88-548 vom 19. Dezember 1988 (JO vom 28. Dezember 1988) geändert und von den Entscheidungen Nr. 90-11 vom 9. Januar 1990 (JO vom 10. Februar 1990) und Nr. 90-12 vom 12. Januar 1990 (JO vom 10. Februar 1990) ergänzt.
221 JO vom 21. März 1984, Berichtigung JO vom 2. Juni 1984.
222 Le Monde 5. Dezember 1986, 7. Dezember 1986.
223 So die Beurteilung eines der Mitglieder der Kommission, Le Monde 9. Dezember 1986.
224 Gesetz vom 17. Januar 1989.

Präsidenten der staatlichen Programmgesellschaften. Im Gegenteil hat die Schaffung einer gemeinsamen Präsidentschaft für die beiden staatlichen Programmgesellschaften (A 2 und FR 3) durch das Gesetz vom 2. August 1989[225] zur Beendigung des Amtes des früheren Präsidenten und zur Ernennung eines gemeinsamen Präsidenten, Philippe Guilhaume, geführt[226]. Guilhaume hat wiederum am 15. September 1989 Intendanten für A 2 und FR 3 ernannt[227]. Er stand der Opposition nahe und konnte nicht die erhoffte finanzielle Hilfe des Staates erhalten. Deshalb legte er am 19. Dezember 1990 sein Amt nieder. Daraufhin ernannte der CSA Hervé Bourges, der bisher Präsident der SOFIRAD war[228].
Die unabhängige Behörde hat, wie bereits gesagt, auch Kontrollfunktionen über die Tätigkeiten der öffentlichen Programmveranstalter. Nach Art. 13 sorgt sie durch Empfehlungen für die Wahrung des Pluralismus der geistigen Strömungen und Meinungen bei den nationalen Programmveranstaltern. Dies gilt insbesondere für politische Sendungen. Bei schweren Verstößen gegen die Auflagen des Lastenheftes leitet die unabhängige Behörde dem Verwaltungsrat der betroffenen Gesellschaft eine öffentliche Stellungnahme zu. Diese spezielle, auf die staatlichen Gesellschaften zugeschnittene Befugnis wird naturgemäß durch ein Kontrollrecht über Werbesendungen ergänzt, das indessen sowohl für staatliche als auch für private Gesellschaften gilt (Art. 14).

C. *Besondere Zuständigkeiten im privaten Sektor*

Wenn man einmal von den Grundsätzen der Transparenz und des Wettbewerbs absieht, die das Gesetz zur Wahrung des Pluralismus enthält, so unterscheiden die für den privaten Sektor anwendbaren Rechtsvorschriften nicht zwischen nationalen und lokalen Veranstaltern. Beibehalten wird allerdings die Unterscheidung zwischen der Sendeart, d.h. der Übertragung über Funkwellen und der Übertragung über Kabel, wobei aber die Kontroll- und Sanktionsrechte dieselben sind.

a) *Befugnisse bei der Übermittlung durch Funkwellen*

In diesem Bereich besteht zum einen die Befugnis zum Erlaß allgemeiner Vorschriften und zum anderen die Befugnis zur Erteilung von Lizenzen, die

225 Art. 47 n.F.; JO vom 4. August 1990.
226 Le Monde 12. August 1989.
227 Le Monde 17. September 1989.
228 Le Monde 21. Dezember 1990.

aber, wie wir später sehen werden, ebenfalls eine gewisse Rechtssetzungsbefugnis beinhaltet.
Diese Rechtssetzungsbefugnis betrifft die bedeutenden Kategorien der Dienste wie Rundfunk und Fernsehen über Funkwellen sowie über Satelliten. Sie ist auf komplizierte Weise zwischen Regierung und Kommission aufgeteilt.
Gemäß Art. 27 Abs. 1 des Gesetzes bestimmt die Regierung durch Dekret des Conseil d'Etat die Vorschriften über Werbung und Sponsoring sowie die Vorschriften über die Ausstrahlung von Kinofilmen und audiovisuellen Werken, und zwar nach Absprache mit der unabhängigen Behörde. So hat die Regierung zunächst zwei Dekrete in bezug auf das Fernsehen veröffentlicht: das Ausführungsdekret Nr. 87-36 vom 26. Januar 1987 zu den Art. 27-1 und 70 des Gesetzes Nr. 86-1067 vom 30. September 1986, betreffend die Rundfunkfreiheit und die Vorschriften über die Sendung von Kinofilmen und audiovisuellen Werken für gewisse Fernsehdienste (und zwar unverschlüsselt, über Funkwellen oder über Satellit)[229]. Alsdann wurde das Ausführungsdekret Nr. 87-37 vom 26. Januar 1987 zu Art. 27-1 des Gesetzes Nr. 86-1067 vom 30. September 1986 über die Rundfunkfreiheit und über die Vorschriften für Werbung und Sponsoring für bestimmte Fernsehdienste (unverschlüsselt, über Funkwellen oder über Satellit)[230] veröffentlicht. Schließlich ist ein weiteres Ausführungsdekret Nr. 87-239 vom 6. April 1987 zu Art. 27-1 des Gesetzes Nr. 86-1067 vom 30. September 1986 über die Rundfunkfreiheit und über Vorschriften für Werbung und Sponsoring für private Rundfunkstationen, die über Funkwellen oder über Satellit senden, veröffentlicht worden[231]. Dies geschah, nachdem die unabhängige Behörde die Stellungnahme Nr. 87-5 vom 28. März 1987 abgegeben hatte.
Gemäß Art. 27 Abs. 2, des Gesetzes bestimmt die CNCL allgemeine Regeln der Programmgestaltung und vor allem den Höchstanteil von Eigenproduktionen des Betreibers. Allerdings kann der Premierminister binnen einer Frist von zwei Wochen eine erneute Beratung hierüber verlangen (Art. 6). Die unabhängige Behörde hat diese Befugnis durch die Entscheidung Nr. 87-1 vom 15. Januar 1987 über die allgemeinen Vorschriften für private nationale Fernsehdienste, die unverschlüsselt über terrestrische Wellen senden, bereits ausgeübt[232]. Weitere Entscheidungen betreffen Vorschriften für die Pro-

229 JO vom 27. Januar 1987. Dieses Dekret wurde durch die Dekrete Nr. 88-920 vom 9. September 1988 (JO vom 13. Dezember 1988) und Nr. 90-66 vom 17. Januar 1990 (JO vom 18. Januar 1990) geändert.
230 JO vom 27. Januar 1987. Dieses Dekret wurde durch Dekret Nr. 88-607 vom 5. Mai 1988 (JO vom 8. Mai 1988) geändert.
231 JO vom 8. April 1987.
232 JO vom 27. Januar 1987.

grammgestaltung bei den Rundfunk- und Fernsehsendern, die über Satelliten ausstrahlen[233]. Die Entscheidung Nr. 87-39 vom 15. Juni 1987[234] enthält allgemeine Vorschriften für die privaten lokalen oder regionalen Fernsehsender, die über terrestrische Funkwellen senden.

Desweiteren kann die unabhängige Behörde für die Benutzer von terrestrischen Funkwellen die technischen Sendebedingungen festlegen wie etwa die Charakteristika der ausgestrahlen Signale, die benutzten technischen Anlagen, den Sendeort, die Obergrenze der ausgestrahlten Leistung und Schutzvorkehrungen gegen mögliche Störungen durch andere Fernmeldetechniken (Art. 25). In diesem Bereich ist die unabhängige Behörde ebenfalls bereits tätig geworden, und zwar mit der Entscheidung Nr. 87-3 vom 26. Januar 1987, welche die technischen Bedingungen der Frequenznutzung für die Übertragung von Fernsehsendungen auf terrestrischen Frequenzen regelt[235]. Eine weitere Entscheidung betrifft die technischen Bedingungen der Frequenznutzung für die Sendung von Signalen in Frequenzmodulation durch Radiosender[236].

Solche Zuständigkeiten waren mit denjenigen der Regierung kraft Art. 27 Abs. 1 konkurrierend. Deshalb hat die Gesetzesnovelle vom 17. Januar 1989[237] den Art. 27 neugefaßt: nun hat der Nachfolger der CNCL, der CSA, keine Verordnungsgewalt die Programmgestaltung betreffend. Die Regierung ist nun ausschließlich dafür zuständig. Aufgrund des Art. 27 des Gesetzes über die Kommunikationsfreiheit in der Fassung der Novelle von 1989 hat die Regierung zwei Dekrete erlassen, die den öffentlichen sowie den privaten Sektor betreffen[238] und hauptsächlich den Schutz der audiovisuellen und der Filmindustrie zum Ziel haben und schon im zweiten Kapitel erwähnt wurden.

Ausschließliche Kompetenz hat die CNCL dagegen bei den Genehmigungsverfahren: Nach Art. 10 vergibt sie Konzessionen sowohl für die in Art. 25 (terrestrische Funkwellen) und die Art. 31 (Satelliten) genannten Bereiche. Die Ausübung dieser Befugnis geschieht im Rahmen des Gesetzes (insbesondere Art. 28-32) sowie, was die Übermittlung per Satellit angeht, gemäß den durch Regierungsdekret festgesetzten Bedingungen (Art. 31). Die Genehmigungen werden nur dann erteilt, wenn der Antragsteller bestimmte, von der unabhängigen Behörde festgelegte Verpflichtungen eingeht. Hierbei

233 Nr. 87-33 und 87-34 vom 18. Mai 1987, JO vom 30.5.1987.
234 JO vom 17. Juni 1987.
235 JO vom 28. Januar 1987. Diese Entscheidung wurde durch die Entscheidung Nr. 87-48 vom 16. Juni 1987 geändert.
236 Nr. 87-23 vom 6. März 1987, JO vom 28. März 1987.
237 JO vom 18. Januar 1989.
238 Dekrete Nr. 90-66 und Nr. 90-67 vom 17. Januar 1990, JO vom 18. Januar 1990.

handelt es sich um: 1. eine Mindestdauer von Eigenprogrammen; 2. Ehrlichkeit und Wahrung des Pluralismus in Berichterstattung und Programmgestaltung; 3. Mindestsendezeiten für die Ausstrahlung original französischer, erstmals in Frankreich gesendeter Werke; usw. (Art. 28). Nach Art. 28 in der Fassung der Gesetzesnovelle vom 17. Januar 1989 sind die Verpflichtungen bedeutend erweitert und durch einen von der eigentlichen Genehmigung getrennten Vertrag näher zu bestimmen. Insbesondere müssen die Verpflichtung zum Schutz der audiovisuellen und der Filmindustrie weitreichender gestaltet und sogenannte Vertragsstrafen vorgesehen werden.

Die Befugnis zur Erteilung von Auflagen (Art. 28) ermöglicht es der unabhängigen Behörde, zunächst allgemeine Entscheidungen zu treffen, die Gesetz und Dekrete ergänzen. Die Vergabe der Genehmigungen macht die unabhängige Behörde von der Einhaltung besonderer zusätzlicher Auflagen abhängig. In dieser Weise ist die Kommission bei den nationalen Fernsehsendern, die unverschlüsselt über Funkwellen ausstrahlen, vorgegangen: siehe die Entscheidungen 87-1 vom 15. Januar 1987 über die Sendeauflagen für private nationale Fernsehveranstalter, die unverschlüsselt über terrestrische Funkwellen senden[239], und Nr. 87-12 vom 25. Februar 1987 über die Erlaubnis zum Betrieb eines nationalen Programms, das unverschlüsselt über terrestrische Funkwellen sendet (6. Kanal)[240]. Es sei aber bemerkt, daß nach Art. 28 in der Fassung der Novelle von 1989 die unabhängige Behörde nicht mehr durch generelle Entscheidungen, sondern durch einen von der eigenen Genehmigung getrennten Vertrag Sonderpflichten auferlegt sind.

Hinsichtlich der terrestrisch ausstrahlenden Hörfunksender, der über Satellit ausstrahlenden Hörfunk- und Fernsehsender und der terrestrisch ausstrahlenden privaten regionalen und lokalen Fernsehsender hat die CNCL die Sonderauflagen bereits grundsätzlich definiert[241]. Aufgrund dieser generellen Entscheidungen wurden mehrere Genehmigungen erteilt[242].

Zu erwähnen ist allerdings der Sonderfall der Privatisierung der öffentlichen Fernsehgesellschaft TF 1: hier ging die Kompetenz der Regierung weiter,

239 JO vom 27. Januar 1987.

240 JO vom 27. Februar 1987, durch die Entscheidungen Nr. 89-137 und Nr. 89-138 vom 18. Juli 1989, JO vom 13. August 1989, geändert.

241 Entscheidung Nr. 87-26 vom 16. März 1987, JO vom 7.4.1987; Entscheidungen Nr. 87-36 und 87-35 vom 18. Mai 1987, JO vom 30. Mai 1987; Entscheidung Nr. 87-40 vom 15. Juni 1987, JO vom 17. Juni 1987.

242 Zum Beispiel, die Entscheidung Nr. 87-333 vom 7. Dezember 1987 betreffend Toulouse (JO vom 8. Januar 1988; durch die Entscheidungen Nr. 88-126 vom 31. März 1988, JO vom 21. April 1988 und Nr. 89-194 vom 6. Oktober 1989, JO vom 7. November 1989); die Entscheidung Nr. 88-270 vom 17. Juni 1988 betreffend Haute-Savoie (JO vom 30. Juni 1988); die Entscheidung Nr. 88-298 betreffend die Region Lyon (JO vom 13. Juli 1988) und die Entscheidung Nr. 90-41 vom 2. März 1990 (JO vom 13. März 1990).

denn sie beschloß das Lastenheft (Art. 62), bevor die unabhängige Behörde die Genehmigung erteilte. Bei der Vergabe der Genehmigung machte die unabhängige Behörde zusätzliche Sonderauflagen (entsprechend Art. 65), so daß sich die Auflagen für den von der unabhängigen Behörde zur Übernahme des Senders TF 1 ausgewählten Betreiber, die Gruppe Bouygues, aus zwei Rechtsgrundlagen ergeben: einerseits aus dem Dekret Nr. 87-43 vom 28. Januar 1987, welches in Anwendung von Art. 62 des Gesetzes Nr. 86-1067 vom 30. September 1986[243] das Lastenheft für den Übernehmer der Gesellschaft bestimmte, und andererseits aus der Entscheidung der CNCL Nr. 87-26 vom 4. April 1987 über die Auswahl derjenigen Gruppe, die 50 Prozent des Kapitals der nationalen Programmgesellschaft TF 1 übernehmen und die Frequenznutzungserlaubnis erhalten sollte[244].

b) *Zuständigkeiten betreffend die über Kabel gesendeten Dienste*

Hier muß ebenfalls zwischen der Rechtssetzungsbefugnis und der Befugnis zur Erlaubniserteilung unterschieden werden.

Die Rechtssetzungsbefugnis steht in diesem Fall fast ausschließlich der Regierung zu. Nach Art. 33 bestimmt ein im Conseil d'Etat nach Anhörung der CNCL (heute des CSA) ergehendes Dekret für die über Kabel sendenden Radio- und Fernsehgesellschaften folgendes: 1. die Vorschriften über die Dauer der Genehmigung; 2. allgemeine Vorschriften hinsichtlich der Herstellung von Sendungen; 3. Vorschriften über die Werbung; 4. Vorschriften über die Sendung von Kinofilmen und audiovisuellen Werken. Bei letzteren darf die unabhängige Behörde lediglich die technischen Einzelheiten definieren, die bei der Verteilung über Kabelnetze zu beachten sind (Art. 34). Kraft Art. 33 des Gesetzes hat die Regierung das Dekret Nr. 87-796 vom 29. September 1987 betreffend die über Kabel sendenden Dienste[245] erlassen.

Die Genehmigungskompetenz ist zwischen der Gemeinde bzw. den Gemeindegruppierungen, innerhalb derer sich das Kabelnetz befindet, einerseits und der unabhängigen Behörde andererseits aufgeteilt. Gemäß Art. 14 erteilt die Gemeinde bzw. die Gemeindegruppierung die Erlaubnis zur Errichtung eines Kabelnetzes; die unabhängige Behörde bewilligt demgegenüber auf Vorschlag der Gemeinde bzw. Gemeindegruppierung die Nutzung dieses Kabelnetzes.

---

243 JO vom 31. Januar 1987.

244 JO vom 8. April 1987.

245 JO vom 30. September 1987; geändert durch das Dekret Nr. 88-608 vom 6. Mai 1988, JO vom 8. Mai 1988.

Gleich nach Inkrafttreten des Gesetzes vom 30. September 1986 hat die CNCL mehrere Lizenzen vergeben: Entscheidung Nr. 1 vom 25. November 1986 betraf eine Genehmigung für die Gesellschaft Paris-Câble zum Betrieb von Kabelfernsehen[246]; die Entscheidungen Nr. 87-10 und 87-11 vom 12. Februar 1987 betrafen die Gesellschaften Nice-Téléservices und Télévidéo-communication de Montpellier zum Betrieb von Kabelfernsehen[247]. Die Entscheidung Nr. 87-29 vom 10. April 1987 galt schließlich der Gesellschaft Métrocâble (Villeneuve d'Ascq bei Lille) für den Betrieb eines drahtlosen Kabelfernsehdienstes[248]. Wie bei den Fernsehsendern, die über Funkwellen ausstrahlen, enthielten diese Genehmigungen besondere Auflagen hinsichtlich der Technik und Programmgestaltung.

c) *Gemeinsame Befugnisse bei den privaten Diensteanbietern: Aufsicht und Sanktion*

Die Aufsicht und die Sanktionsbefugnis steht folgerichtig der Genehmigungsbehörde zu, also früher der CNCL, heute dem CSA. Zur Ausübung dieser Kontrolle über die lokalen Hörfunkstationen wird der CSA durch 16 Technische Rundfunkausschüsse (Comités techniques régionaux) unterstützt[249].

Art. 42 des Gesetzes von 1986 ist gesetzliche Grundlage für die Sanktionsbefugnis. Die Behörde sorgt dafür, daß die gesetzlichen bzw. verordneten oder in der Genehmigung enthaltenen Auflagen beachtet werden. Nach Art. 42 a.F. (Abs. 3 und 5) bestand die Sanktionsbefugnis aus der einmonatigen Aussetzung oder aus der Rücknahme der Genehmigung. Die gegen eine Rücknahme ohne vorherige Abmahnung erhobene Klage wegen excès de pouvoir hatte aufschiebende Wirkung, es sei denn, der Grund für die Rücknahme war eine Verletzung des ordre public, eine Verletzung der öffentlichen Sicherheit oder der öffentlichen Gesundheit. Im übrigen konnte der Präsident der Kommission bei Verletzungen von gesetzlichen Verpflichtungen gegenüber dem Präsidenten der Abteilung für streitige Verfahren des Conseil d'Etat beantragen, daß die Rechtswidrigkeit oder deren Folgen zu beenden seien (Art. 42 Abs. 6 und 7). Bei Verstößen gegen strafbewährte Gesetzesvor-

---

246 JO vom 30. November 1986.

247 JO vom 18. Januar 1987.

248 JO vom 8. Mai 1987.
Die vollständige Liste der bis zum 1. April 1990 genehmigten Kabelfernsehdienste steht in der von den Journeaux Officiels veröffentlichten Textsammlung Nr. 1551 »Communication audiovisuelle« (S. 810); sie besteht aus 104 Städtenamen.

249 Art. 29-1 des Gesetzes von 1986 i.d.F. des Gesetzes vom 17. Januar 1989; Dekret Nr. 89-632 vom 7. September 1989, JO vom 8. September 1989.

schriften konnte die Kommission die Sache dem Staatsanwalt vorlegen (Art. 42 Abs. 8).
Während der Tätigkeit der CNCL, d.h., vom Inkrafttreten des Gesetzes von 1986 bis Ende 1988, wurden nur wenig Sanktionen verhängt. Im Bereich des Hörfunks hat die CNCL zum Beispiel die Genehmigung der Hörfunkstation »Radio-Solidarité« am 6. November 1987[250] und der Hörfunkstation »Kiss FM« (Paris) am 5. Februar 1988[251] ausgesetzt: die erste Station benutzte eine größere als die genehmigte Sendestärke, die zweite sendete von einem anderen Ort als dem genehmigten. Im Bereich des Fernsehens hat die Kommission erst am Ende ihrer Mandatszeit Verletzungen der durch die Lastenhefte auferlegten Verpflichtungen durch nationale Fernsehgesellschaften vor dem Präsidenten der Rechtsprechungsabteilung des Conseil d'Etat angeklagt. Am 16. März 1988 verurteilte der Präsident der Rechtsprechungsabteilung des Conseil d'Etat die Gesellschaft TF 1, 16.000 FF Zwangsgeld pro Sekunde überschüssiger Werbung zu zahlen[252]. Am 21. Juni 1988 wurden die Gesellschaften »La Cinq« und M 6 wegen Verletzung der Verpflichtungen hinsichtlich des Mindestanteils von EG- bzw. original französischsprachigen Werken in den Programmen ebenfalls verurteilt[253]. Am 21. September 1988 wurde wiederum die Gesellschaft TF 1 vom Präsidenten der Rechtsprechungsabteilung des Conseil d'Etat verurteilt[254]. Schließlich wurden noch einmal am 20. Januar 1989 die Gesellschaften TF 1 und La Cinq vom Präsidenten verurteilt: die erste hatte zuwenig EG- und original französischsprachige Werke gesendet, die zweite hatte zuviel Werbung gesendet[255].
Diese Sanktionen schienen unverhältnismäßig zu Zahl und Bedeutung der Verpflichtungsverletzungen, die von den privaten Stationen begangen worden waren. Deshalb hat das Gesetz vom 17. Januar 1989[256] das Spektrum der Sanktionen verbreitert, die die unabhängige Behörde verhängen kann. Neben der Aussetzung und der Rücknahme der Konzession sieht die Novelle drei neue Sanktionen vor: die Teilaussetzung der Genehmigung (ein Teil der Programme darf nicht mehr gesendet werden), die Verkürzung der Dauer der Genehmigung (bis um ein Jahr) und die Geldstrafe, die bis zu drei Prozent bzw. im Falle des Rückfalls fünf Prozent des Geschäftsumsatzes betragen

---

250 Le Monde vom 20. November 1987.
251 Le Monde vom 9. Februar 1988 und 13. Februar 1988.
252 Rec. 1988, S. 124; RDP 1988. S. 1373, Anm. *Gaudemet*.
253 Rec. 1988, S. 250; Les Petites Affiches, 1988, Nr. 107, S. 14, Anm. *Guyot-Sionnest*; RDP 1988, S. 1373, Anm. *Gaudemet*.
254 D.Jur. 1989, S. 124, Anm. *Debbasch*.
255 Rec. 1989, S. 9 und 17; D. Jur. 1990, S. 104, Anm. *Huet*.
256 JO vom 18. Januar 1989.

kann[257]. Hinzu kommt die Befugnis, von der Programmgesellschaft zu verlangen, daß ein Kommuniqué über die Verletzung von Verpflichtungen durch die Gesellschaft gesendet wird (Art. 42 Abs. 4). Sonst ist die unabhängige Behörde wie früher befugt, entweder die Strafgerichte anzurufen oder beim Präsidenten der Rechtsprechungsabteilung des Conseil d'Etat die Verhängung einer Geldstrafe durch einstweilige Anordnung zu beantragen[258]. Die Sanktionen, die durch die unabhängige Behörde verhängt werden, können nur nach einem bestimmten Verwaltungsverfahren auferlegt werden. Ein Verwaltungsrichter hat einen Bericht vor dem CSA zu erstatten; das rechtliche Gehör ist zu gewährleisten; die Entscheidung muß begründet, zugestellt und im Journal officiel veröffentlicht werden; sie kann vor dem Conseil d'Etat angefochten und durch ihn geändert werden; die Anfechtungsklage hat Suspensionseffekt im Falle einer Rücknahme der Genehmigung ohne vorherige Aufforderung[259]. Die Verfassungsmäßigkeit solcher »administrativen« Sanktionen wurde vom Conseil Constitutionnel bestätigt[260].

In der Praxis wurde zuerst die private Fernsehgesellschaft »La Cinq« am 20. Dezember 1990 zur Zahlung von 2 Mio. Franc wegen Ausstrahlung von Gewalttaten darstellenden Filmen verpflichtet[261]. Am 22. Februar 1991 wurden dann die privaten Gesellschaften TF 1 und La Cinq zur Zahlung von 2,3 Mio. Franc bzw. 100.000 Franc wegen Verletzung des Dekrets Nr. 87-38 zur Regelung der Werbung und des Sponsoring verpflichtet[262]. Zuletzt, am 17. Mai 1991, wurde die Gesellschaft TF 1 zur Sendung der folgenden Mitteilung um 20.00 Uhr verpflichtet: »Kommuniqué des Obersten Rundfunkrates: am 5. Dezember 1990 und am 3. Januar 1991 hat TF 1 im Rahmen des 'Club Dorothée' Programme gesendet, die gewaltsame oder sadistische Handlungen darstellten. Solche Darstellungen, die im Rahmen von Kinderprogrammen stattfanden, können die Empfindungen der Kinder schwer stören. Kraft des Gesetzes verlangt der CSA, daß die Gesellschaft TF 1 die notwendigen Maßnahmen trifft, damit solche Verstöße nicht wieder vorkommen«[263].

257 Art. 42 Abs. 1, 2 und 3 n.F.
258 Art. 42 Abs. 10 und 11 n.F.
259 Art. 42 Abs. 6 bis Abs. 9 des Gesetzes.
260 Entscheidung Nr. 88-248 DC vom 17. Januar 1989, JO vom 18. Januar 1989.
261 Entscheidung Nr. 90-921, JO vom 3. Januar 1991.
262 Entscheidungen Nr. 91-184 und 91-185, JO vom 27. Februar 1991.
263 Entscheidung Nr. 91-391 vom 17. Mai 1991, JO vom 18. Mai 1991.

Als das Audiovisionsgesetz vom 29. Juli 1982 vorbereitet wurde, wurde die Notwendigkeit, den Pluralismus in der Kommunikation zu schützen, in seinem ganzen Umfang noch nicht richtig erkannt. Erst mit dem Änderungsgesetz Nr. 85-1317 vom 13. Dezember 1985 sowie mit den Entscheidungen des Conseil constitutionnel vom 10. und 11. Oktober 1984[264] wurde dem Problem Rechnung getragen.
Die Problematik kam jedoch erneut bei der Vorbereitung des Gesetzes vom 30. September 1986 zum Tragen. In seiner Entscheidung vom 18. September 1986[265] entschied der Conseil constitutionnel, daß die Lösungsmöglichkeiten dieses Gesetzes unzureichend waren. Daraufhin wurde das Gesetz vom 27.11.1986 beschlossen, das insbesondere die für verfassungswidrig erklärten Vorschriften durch andere Regelungen ersetzte, deren Verfassungsgemäßheit vom Conseil constitutionnel deswegen nicht zu prüfen war, weil es an einer entsprechenden fristgerechten Anrufung fehlte.

§ 1 *Das Gesetz vom 29. Juli 1982*

Da der Gesetzgeber 1982 praktisch nur die Erhaltung der öffentlichen Radio- und Fernsehgesellschaften und die Entwicklung der privaten lokalen Radiogesellschaften im Auge hatte, beschränkte er sich auf die Einrichtung einer Hohen Behörde, die insbesondere die Unabhängigkeit der öffentlichen Hörfunk- und Fernsehprogrammen gewährleisten sollte (Art. 12). Der Gesetzgeber entschied auch, daß ein und dieselbe Person, die Hörfunk- oder Fernsehdienste anbietet, nicht gleichzeitig Inhaberin einer weiteren Lizenz sein darf. Hiervon ausgenommen sind lediglich öffentliche Einrichtungen (Art. 80 Abs. 2). Weiterhin wurde festgelegt, daß eine natürliche oder juristische Person nur bei einem Lizenznehmer direkt, indirekt oder in sonstiger Weise Direktions-, Geschäftsführungs- oder Aufsichtsratsfunktionen wahrnehmen bzw. an dessen Finanzierung beteiligt sein darf (Art. 80 Abs. 3). Außerdem bestimmte Art. 81, daß bei lokalem Hörfunk mit Funkwellen die Beteiligung einer privatrechtlichen Person an der Finanzierung der Errichtung und des Betriebs nicht höher als ein Viertel der Kosten sein darf. Einzige

264 Entscheidungen über das Gesetz vom 23. Oktober 1984 zur Einschränkung der Zusammenschlüsse und Gewährleistung der finanziellen Durchsichtigkeit und des Pluralismus unter Presseunternehmen, JO vom 13. und 20. Oktober 1984.

265 JO vom 19. September 1986.

Sanktion bei einem Verstoß hiergegen war der Widerruf der Genehmigung (Art. 86).
Diese Vorschriften sind aber in der Praxis nicht beachtet worden. Vielmehr machte sich eine Konzentrationsbewegung der lokalen Radiosender bemerkbar. Das Gesetz Nr. 84-742 vom 1. August 1984 zur Änderung des Gesetzes vom 29. Juli 1982 über die audiovisuelle Kommunikation, das verschiedene, auf genehmigungspflichtige Dienste der audiovisuellen Kommunikation anwendbare Vorschriften enthielt[266], legte den Lizenzinhabern eine einfache Transparenzpflicht auf: »Der Lizenzinhaber muß außerdem jedes Jahr der zuständigen Behörde Auskunft über die Zusammensetzung der Direktions- und Verwaltungsorgane geben sowie gegebenenfalls eine Liste der 10 Hauptaktionäre oder Anteilsinhaber und die Zahl der Anteile vorlegen«. Außerdem behielt das Gesetz Nr. 84-743 vom 1. August 1984 über den Betrieb von Kabel-Radio und -Fernsehen[267] die Nutzung der Kabelnetze solchen gemischten Gesellschaften vor, deren Kapital zumindest zu einem Drittel von einer oder mehreren natürlichen Personen gehalten wird.
Erst mit dem Gesetz Nr. 85-1317 vom 13. Dezember 1985, das das Gesetz Nr. 82-652 vom 29. Juli 1982 änderte und verschiedene Vorschriften über die audiovisuellen Kommunikation enthielt[268], wurde ein echtes System zum Schutze des Pluralismus errichtet. Es ist nicht erforderlich, dieses System im Detail zu analysieren, denn es war nicht einmal ein Jahr lang in Kraft und hat somit keine Spuren hinterlassen, obgleich seine Vorschriften teilweise von zwei Gesetzen aus dem Jahre 1986 übernommen wurden. Die Vorschriften zur Vermeidung von Zusammenschlüssen betrafen lediglich die lokalen Dienste. Als wichtigste Maßnahme ist das Verbot zu nennen, mehr als drei lokale Hörfunkprogramme oder Fernsehprogramme auf der Basis von Funkwellen oder Kabel zu betreiben (Art. 80 neu). Sämtliche anderen »nicht lokalen« Dienste bedurften eines Vertrages zur Verleihung eines öffentlichen Dienstes (concession de service public) und waren somit - zumindest vom Prinzip her - einer strengen staatlichen Kontrolle unterworfen[269].

§ 2 *Die Gesetze vom 30. September und 27. November 1986*

Bei der Abstimmung über das Gesetz vom 30. September 1986 war der Gesetzgeber zwischen zwei sich widerstrebenden Intentionen hin und herge-

266 JO vom 2. August 1984.
267 JO vom 2. August 1984.
268 JO vom 14. Dezember 1985.
269 Zu diesem Gesetz siehe *Delcros/Vodom*, AJDA 1986, S. 96.

rissen: einerseits gab es das Bestreben, einen gewissen Pluralismus der Programme im audiovisuellen Bereich herzustellen. Auf der anderen Seite bestand der Wunsch, die französischen Multimediagruppen hinlänglich zu stärken, um der europäischen und weltweiten Konkurrenz zu begegnen. Daher enthielt das angenommene Gesetz schließlich nur noch zwei wichtige Vorschriften: die eine untersagte die direkte oder indirekte Kapitalbeteiligung an einer nationalen Fernsehgesellschaft von mehr als 25 Prozent. Die andere Vorschrift verbot, daß ein Lizenzinhaber mehrere Lizenzen zum Betrieb von nationalen Sendern erwarb.

Diese Systematik wurde vom Conseil constitutionnel in seiner Entscheidung Nr. 86-217 DC vom 18. September 1986 für nicht verfassungsgemäß gehalten. In ihr hatte der Conseil constitutionnel zunächst in den sehr allgemeinen Begriffen seinen Standpunkt dargelegt: »Der Pluralismus soziokultureller Strömungen ist in sich selber ein Ziel mit Verfassungsrang. Die Beachtung dieses Pluralismus ist eine der Voraussetzungen der Demokratie: das vom Art. 11 der Menschenrechtserklärung von 1789 garantierte Recht auf freie Meinungsäußerung wäre nicht wirksam, wenn die Öffentlichkeit, die ja Adressat der audiovisuellen Medien ist, nicht über Programme verfügen könnte, und zwar sowohl im öffentlich-rechtlichen als auch im privaten Bereich, die, bei Beachtung des Grundsatzes der Wahrheit der Information, die Verschiedenartigkeit der Tendenzen gewährleisten. Letztendlich muß gewährleistet sein, daß die Hörer und Fernsehzuschauer als wesentliche Adressaten der von Art. 11 der Deklaration von 1789 proklamierten Freiheit selbst ihre freie Wahl ausüben können, ohne daß dies durch Privatinteressen oder durch die öffentliche Gewalt vorweggenommen wird und ohne daß dies zum Gegenstand eines Marktes gemacht wird«. Ausgehend von diesen Prinzipien hat der Conseil constitutionnel festgestellt, daß die in den Art. 39 und 41 des Gesetzes enthaltenen Regeln zur Verhinderung von den Pluralismus bedrohenden Zusammenschlüssen unzulänglich sind. Die vom Conseil festgestellten wesentlichen Mängel waren: eine fehlende Begrenzung für die von einer Person gehaltenen Beteiligungen in nationalen Fernsehgesellschaften und eine fehlende Begrenzung der Höhe von Kapitalbeteiligungen einer Person in verschiedenen regionalen Fernsehgesellschaften; eine fehlende Begrenzung für die Anhäufung von Lizenzen für Kabel-, Hörfunk- und Fernsehprogramme im Funkwellenbereich sowie regionale Fernsehprogramme; schließlich das Fehlen jedweder Art von Maßnahmen zur Vermeidung multimedialer Zusammenschlüsse.

Aufgrund der Feststellungen der Verfassungswidrigkeit mußte der Gesetzgeber ein neues Gesetz erlassen, um die vom Conseil constitutionnel festge-

stellten Lücken zu schließen und um die Veränderungen des ursprünglichen Textes durch den Conseil constitutionnel wieder auszugleichen. Daher wurde durch das Gesetz Nr. 86-1210 vom 27. November 1986 »zur Ergänzung des Gesetzes Nr. 86-897 vom 1. August 1986 zur Reform des Pressewesens und des Gesetzes Nr. 86-1067 vom 30. September 1986 über die Freiheit der Kommunikation« verabschiedet und damit eine einigermaßen vollständige Systematik zur Verhinderung exzessiver Zusammenschlüsse geschaffen.
Ausgangspunkt des Gesetzes ist der Grundsatz, daß die CNCL, heute der CSA, bei der Verteilung von Lizenzen das öffentliche Interesse an jedem Projekt im Hinblick auf die Erhaltung des Pluralismus soziokultureller Strömungen bewerten muß. Als weitere Kriterien sind die Diversifikation der Betreiberstruktur, das Gebot, den Mißbrauch marktbeherrschender Stellungen zu vermeiden, sowie schließlich die Beschränkung von Praktiken, die den freien Wettbewerb verhindern, zu berücksichtigen[270]. Auf dieser Grundlage beinhalten die Gesetze von 1986 nunmehr für die privaten Lizenzträger eine Vielzahl von materiellen und verfahrensmäßigen Regeln.

A. *Materielle Regelungen*

Die materiellen Vorschriften des Gesetzes vom 30. September 1986, ergänzt durch das Gesetz vom 27. November 1986, zielen darauf ab, zu verhindern, daß eine einzelne Person entweder zu viele Kapitalbeteiligungen oder zu viele Lizenzen hält oder daß diese Person zu viele Medienunternehmen kontrolliert.

a) *Beschränkung der Kapitalbeteiligungen*

Die Art. 39 und 40 des Gesetzes von 1986 beschränken die Möglichkeiten einer Person, einen zu hohen Kapitalanteil an einer Sendegesellschaft oder verschiedene Beteiligungen an mehreren Gesellschaften zu halten.
So ist es verboten, daß eine natürliche oder eine juristische Person direkt oder indirekt mehr als 25 Prozent des Kapitals oder der Stimmrechte an einer Gesellschaft hält, die zum Betrieb eines terrestrischen nationalen Fernsehprogramms über Funkwellen berechtigt ist. Ebenso ist es verboten, mehr als 50 Prozent des Kapitals oder der Stimmrechte einer Gesellschaft zu halten, die entweder eine Lizenz zum Betrieb eines terrestrischen regionalen Fernsehens (für 200.000 bis 6 Millionen Einwohner) oder für das Satellitenfernsehen besitzt. Dagegen sind keinerlei Beschränkungen für Gesellschaften vorge-

---

270 Art. 29, Abs. 8, Art. 30 Abs. 3., Art. 31 Abs. 2 des Gesetzes.

sehen, die Hörfunk oder Kabelfernsehen betreiben (Art. 39). Außerdem darf keine natürliche oder juristische Person, die nicht aus einem Staat der Europäischen Gemeinschaft stammt, Beteiligungen von mehr als 20 Prozent des Gesellschaftskapitals oder der Stimmrechte (Art. 40) erwerben.
Weiterhin darf eine natürliche oder juristische Person in einigen Bereichen nur eine begrenzte Anzahl von Beteiligungen an Audiovisionsgesellschaften halten bzw. nur in Höhe eines begrenzten Betrages. So gilt zum Beispiel bei den nationalen Fernsehgesellschaften im Funkwellenbereich, daß ein und dieselbe natürliche oder juristische Person höchstens an drei Kanälen beteiligt sein darf. Hierbei sind zusätzlich die folgenden Beschränkungen zu beachten. Der Anteil darf höchstens 25 Prozent im 1. Kanal, 15 Prozent im 2. Kanal und 5 Prozent im 3. Kanal betragen. Unbegrenzt ist demgegenüber die Anzahl der Beteiligungen unterhalb von 5 Prozent. Beim Satellitenfernsehen sind diese Beteiligungsgrenzen höher angesetzt: nämlich 50 Prozent beim 1. Kanal, 33,33 Prozent bei 2. Kanal und 5 Prozent beim 3. Kanal. Unbegrenzt ist die Anzahl der Beteiligungen beim Regionalfernsehen, beim Hörfunk und bei den Kabelnetzen.
Es ist festzustellen, daß diese Vorschriften nur der horizontalen Konzentration im Bereich des nationalen Fernsehens entgegenstehen, der vertikalen Konzentration jedoch überhaupt nicht. So ist beispielsweise die Gefahr einer Übernahme durch Werbegesellschaften in Frankreich sehr groß.

b) *Kumulationsbeschränkungen für Lizenzen im Bereich der audiovisuellen Kommunikation*

Im Interesse der Verhinderung von zu übermächtigen Gesellschaften in den jeweiligen Bereichen der audiovisuellen Kommunikation limitiert Art. 41 des Gesetzes von 1986 das Recht zum Besitz mehrer Lizenzen. Folgende Bereiche der audiovisuellen Kommunikation werden unterschieden: der Hörfunk, das Fernsehen auf der Basis von Funkwellen und das Kabelfernsehen.
Im Hörfunkbereich ist die Kumulierung eines nationalen Netzes, d.h. mit mehr als 30 Millionen Einwohnern (Art. 41-3), mit lokalen Sendern möglich, jedoch nur unter der Bedingung, daß letztere nicht mehr als insgesamt 15 Millionen Einwohner erreichen.
Im Bereich des Funkwellenfernsehens ist das Regelungssystem komplexer: die Konzession für ein nationales Fernsehprogramm schließt jede andere Genehmigung für nationale oder regionale Fernsehprogramme aus. Die Kumulierung mit Genehmigungen für Satellitenfernsehen ist möglich, jedoch auf zwei beschränkt. Die Kumulierung mit Lizenzen für regionales Fernsehen ist

möglich, jedoch unter der Bedingung, daß letztere nicht mehr als 6 Millionen Einwohner erreichen.
Im Bereich des Kabelfernsehens ist eine Kumulierung möglich, jedoch unter der Bedingung, daß die lizenzierten Betreiber nicht mehr als 8 Millionen Einwohner erreichen.
Die Wirksamkeit dieser Reglementierungen ist durch den letzten Abs. von Art. 39 gemildert, wonach »die Vorschriften dieses Artikels unter dem Vorbehalt der Wahrung rechtmäßig erlangter Positionen stehen«.
Alle Einschränkungen wären dann nicht wirksam, wenn sie nicht von Restriktionen flankiert wären, die die Kumulierung unterschiedlicher Tätigkeiten im Kommunikationsbereich, einschließlich des Pressewesens, begrenzen.

c) *Die Grenzen der Konzentration im Multimedia-Bereich*

Art. 41-I betrifft die Zusammenschlüsse auf nationaler Ebene und Art. 41-II diejenigen auf regionaler und lokaler Ebene.

> »Zur Vermeidung der Beeinträchtigung des Pluralismus auf nationaler Ebene darf eine Sendegenehmigung für einen audiovisuellen Dienst dann nicht erteilt werden, wenn sich der Begünstigte dadurch in mehr als zwei der vier nachfolgend dargestellten Situationen befindet: er besitzt eine Hörfunklizenz, wodurch mehr als 30 Millionen Einwohner erreicht werden[271]. Er besitzt ein terrestrisches Fernsehen, wodurch für mehr als vier Millionen Einwohner erreicht werden. Er besitzt eine Kabelfernsehlizenz, wodurch mehr als sechs Millionen Einwohner erreicht werden. Er verlegt oder kontrolliert eine oder mehrere täglich gedruckte Publikationen mit politischen oder allgemeinen Informationen, die 20 Prozent des nationalen Marktes der Tagespresse ausmachen«.

»Zur Vermeidung von Beeinträchtigungen des Pluralismus auf regionaler oder lokaler Ebene« sind ähnliche Regelungen vorgesehen. Sie sind allerdings noch einschränkender: eine Lizenz zum Betrieb eines audiovisuellen Dienstes wird nicht erteilt, wenn sich der Antragsteller dadurch in mehr als zwei der folgenden Situationen befinden würde: er hat die Befugnis für Hörfunkprogramme, wodurch mehr als 10 Prozent der Einwohner der betreffenden Zone erreicht werden; er ist zum Betrieb eines Fernsehprogrammes in der Zone befugt, unabhängig davon, ob es sich um ein nationales oder regionales Programm handelt; er besitzt die Befugnis für einen Kabeldienst oder verlegt oder kontrolliert eine oder mehrere täglich erscheinende Publikationen mit politischen und allgemeinen Informationen im betreffenden Einzugsgebiet.
Durch nachfolgend erläuterte Vorschriften werden diese rigorosen Bestimmungen etwas abgemildert: so kann die Genehmigung einer Person erteilt

271 Der Umstand, daß jemand vom Ausland her in französischer Sprache Radiosendungen ausstrahlt (periphere Stationen), wird ausdrücklich nach 41-3 einer Genehmigung zur Ausstrahlung von Radiosendungen innerhalb Frankreichs gleichgestellt.

werden, die die oben genannten Bedingungen nicht erfüllt, sie aber innerhalb einer von der CNCL (heute dem CSA) bestimmten Frist, die sechs Monate nicht überschreiten darf, erfüllen wird[272].
Es gibt Stimmen, die meinen, daß die gesetzliche Konzentrationsschwelle letztendlich relativ hoch sei, weil das Satellitenfernsehen, die Tagespresse, die Telematik sowie sämtliche vorangehenden und nachfolgenden wirtschaftlichen Betätigungen nicht berücksichtigt seien. So etwa die audiovisuelle Produktionen, Presseagenturen, Werbefirmen, Einkaufszentralen für Senderäume, Kurierdienste etc.
Dann hat das Gesetz von 1986 über die Freiheit der Kommunikation ausdrücklich vorgesehen, daß die Vorschriften der Art. 39, 41-1 und 42-2 die Anwendung der gesetzesvertretenden Verordnung vom 1. Dezember 1986 über die Preisfreiheit und die Wettbewerbsfreiheit nicht beeinträchtigen sollen[273]. Diese Ordonnanz verbietet wettbewerbswidrige Praktiken (Art. 7 ff.), einschließlich des Mißbrauchs einer marktbeherrschenden Stellung (Art. 8). Aber der Art. 41-4 in der Fassung 1989 erklärt das Kapitel V über die Zusammenschlüsse für nicht anwendbar; das heißt, daß die Aufsicht über die Konzentration ausschließlich dem CSA zusteht. Die Kontrolle der Beachtung des sonstigen Wettbewerbsrechts ist einer anderen unabhängigen Behörde, dem Wettbewerbsrat (Conseil de la concurrence), zugewiesen.
Schließlich hat der CSA einen allgemeinen Überwachungsauftrag, womit in gewisser Weise das Fehlen von grundsätzlichen Vorschriften überbrückt wird.

B. *Transparenzpflichten und Kontrollbefugnisse*

Um die Einhaltung der grundsätzlichen Regeln zu gewährleisten, hat das Gesetz von 1986 den Gesellschaften verschiedene Transparenzpflichten auferlegt und der CNCL (heute dem CSA) die Befugnis erteilt, selbst zu ermitteln und sogar selbst Sanktionen auszusprechen.

a) *Die Transparenzpflichten*

Im Rahmen eines Genehmigungsverfahrens darf die wirkliche Identität des Antragstellers der Kommission nicht verheimlicht werden (Art. 35). Der

272 Art. 41-1, letzter Abs.; Art. 41-2, letzter Abs.
273 Art. 41-4 Gesetz vom 30. September 1986, eingeführt durch das Gesetz vom 27. November 1986 und abgeändert durch Art. 60-VII der Ordonnanz vom 1. Dezember 1986 betreffend die Preisfreiheit und die Wettbewerbsfreiheit, JO vom 9. Dezember 1986.

Bewerbungsantrag muß den Ursprung und die Höhe der vorgesehenen Finanzierung angeben. Ihm muß eine Liste mit der Zusammensetzung des Verwaltungsrates und des bzw. der Verwaltungsorgane beigefügt sein. Weiterhin muß die Satzung der sich bewerbenden juristischen Person und ggf. eine Auskunft über die Zusammensetzung ihres Kapitals vorgelegt werden[274].
Nach der Erteilung der Genehmigung muß die Sendegesellschaft ihr Aktienkapital in Namensaktien umwandeln (Art. 36). Die Namen des gesetzlichen Vertreters der Gesellschaft, der drei Hauptanteilseigner, des Publikationsdirektors und des verantwortlichen Redakteurs sind öffentlich bekannt zu machen. Des weiteren ist eine Liste zu veröffentlichen, die alle von der Gesellschaft verlegten Publikationen sowie die von ihr betriebenen Dienste der audiovisuellen Kommunikation enthält (Art. 37).
Das ist aber noch nicht alles: gemäß Art. 38 ist jede natürliche oder juristische Person, die 20 Prozent oder mehr des Kapitals oder der Stimmrechte einer Gesellschaft mit der Genehmigung zum Betrieb eines audiovisuellen Dienstes besitzt, verpflichtet, die unabhängige Behörde innerhalb eines Monats nach Erreichen dieser Anteilshöhe hierüber zu informieren«. Diese Vorschrift ist im übrigen dem neuen Art. 39 nicht angepaßt worden, der noch folgende Schwellen vorsieht: 5 %, 15 %, 25 %, 33,33 % und 50%, je nachdem, um welches Medium es sich handelt.
Diese Vorschriften werden durch Strafbestimmungen ergänzt (Art. 74, 75 und 76). Die CNCL, heute der CSA, kann bei Vergehen die Staatsanwaltschaft einschalten (Art. 42, letzter Abs.).

b) *Die Kontrollbefugnisse des CSA*

Die unabhängige Behörde hat zunächst darauf zu achten, daß die Vorschriften zur Vermeidung von Zusammenschlüssen bereits im Bewerbungsstadium beachtet werden. So erteilt sie entsprechend den Artikeln 29, Abs. 8, und 30, Abs. 4 Genehmigungen, wobei »sie das Interesse des Projekts für die Öffentlichkeit bewertet, insbesondere unter Berücksichtigung der Prioritäten wie der Erhaltung des Pluralismus, der soziokulturellen Strömungen, der Vielfalt der Betreiber und schließlich der Notwendigkeit, den Mißbrauch marktbeherrschender Stellungen sowie die Behinderung des freien Wettbewerbs zu vermeiden«.
Nach Erteilung der Genehmigung wacht der CSA darüber, daß der Begünstigte die ihm auferlegten gesetzlichen Pflichten beachtet (Art. 42).

---

274 Art. 29, Abs. 4, hinsichtlich der Hörfunkdienste; Art. 30, Abs. 3 hinsichtlich des terrestrischen Fernsehens ähnlich formuliert.

Die Sanktionen für die Verletzung der gesetzlichen Vorschriften zum Schutz der Vielfalt der Kommunikation sind vor allem diejenigen, die in den Art. 42 bis 42-10 aufgeführt sind und die im vorhergehenden Abschnitt schon dargestellt worden sind. Hinzu kommen besondere Strafbestimmungen, die die Beachtung der Transparenzpflichten betreffen (Art. 74, 75 und 76) und die vom Strafrichter auf Antrag des CSA angewendet werden können.
In der Praxis wurde bisher keine Sanktion in diesem Bereich ausgesprochen. Die Umbildung des Kapitals der Gesellschaft »La Cinq« hat jedoch den CSA veranlaßt, am 22. Oktober 1990 eine öffentliche Sitzung über die Beachtung der gesetzlichen Vorschriften zum Schutz der Vielfalt der Kommunikation zu veranstalten[275] und am folgenden Tag ein Kommuniqué zu veröffentlichen, nach welchem die Umbildung des Kapitals zwar eine beträchtliche Änderung der Konzession, aber keinen Verstoß gegen die Konzession herbeiführt[276].

Abschnitt 3 - *Bestimmungen über die Programmgestaltung*

Die Vorschriften über die Programminhalte waren zunächst nur auf den staatlichen Bereich anwendbar, der bis 1982 eine Monopolstellung hatte. Dies gilt im wesentlichen auch dann, wenn das Monopol wegen der peripheren Radiostationen nicht umfassend war. Die Vorschriften waren daher stark von der traditionellen Vorstellung der öffentlichen Programmgestaltung geprägt: sie erstrebten im wesentlichen eine Beachtung des Pluralismus innerhalb jedes einzelnen Senders bzw. jeder einzelnen Sendergruppe. Hierauf läßt sich der Begriff des internen Pluralismus zurückführen.
Die Entwicklung des Fernsehens und die fast gleichzeitige Entwicklung der Fernsehwerbung ließ ein anderes Problem aufkommen, nämlich das des Wettbewerbs mit anderen Medien, wie etwa beim Kino, welches zur Vorführung in Kinoserien produziert, oder der Presse, die weitgehend von der Werbung lebt.

§ 1 *Der Schutz des Pluralismus*

Die Programmvielfalt ist insbesondere in einem audiovisuellen System wichtig, das von der öffentlichen Hand beherrscht wird, da diese der Allgemeinheit verpflichtet ist. Die Programmvielfalt ist theoretisch weniger wichtig in

275 Le Monde, 19. Oktober 1990.
276 Le Monde, 25.10.1990.

einem System, das durch die Konkurrenz mehrerer audiovisueller Dienste gekennzeichnet ist, obwohl auch dort der Wettbewerb zur Zeit die Herausbildung marktbeherrschender Stellungen nicht ausschließt. Deshalb sind die privaten Unternehmen der audiovisuellen Kommunikation ebenfalls der Pflicht der Programmvielfalt unterworfen worden, jedoch in abgeschwächter Form.

A. *Das Gesetz vom 29. Juli 1982*

Durch das Gesetz vom 29. Juli 1982 und die dem Gesetz nachfolgenden Vorschriften sind drei sich gegenseitig kontrastierende Programmordnungen geschaffen worden: (1) die der öffentlichen Hand, welche durch eine Bindung an das öffentliche Allgemeininteresse charakterisiert ist; (2) die der privaten lokalen Veranstalter, die im wesentlichen durch die Verpflichtung, ein minimales Eigenprogramm zu senden, charakterisiert ist; und schließlich (3) die der nationalen privaten Veranstalter, die durch weniger strenge Anforderungen als die an die staatlichen Programmgesellschaften zu kennzeichnen ist. Zu den wenigen gemeinsamen Regelungen zählt das in Art. 2 des Gesetzes von 1982 proklamierte Prinzip: »Die Bürger haben Anspruch auf eine freie und pluralistische audiovisuelle Kommunikation«. Eine weitere gemeinsame Regelung ist in Art. 6 desselben Gesetzes enthalten, welche das Recht auf Gegendarstellung für jede Person normiert, deren Ehre oder Ruf durch audiovisuelle Tätigkeit verletzt worden ist[277]. Schließlich besteht noch die in Art. 93 enthaltene gemeinsame Vorschrift, die die in einem Unternehmen der audiovisuellen Kommunikation tätigen Journalisten zum Schutz ihrer Gewissensfreiheit der Berufsgruppe der Journalisten zuordnet[278].

a) *Die öffentlich-rechtliche Gebundenheit der nationalen Programmveranstalter*

Das Gesetz von 1982 enthält viele, für den öffentlichen Sektor spezifische Vorschriften. Als erstes ist es ganz allgemein Aufgabe der öffentlichen Programmveranstalter, die Beachtung des Pluralismus und der Gleichheit zwischen den Kulturen, Glaubensrichtungen und geistigen Strömungen und Meinungen zu gewährleisten (Art. 5). Der Hohen Behörde kommt die

277 Zu bemerken ist, daß dieser Art. 6 durch Art. 110 des Gesetzes vom 30. September 1986, abgeändert durch Art. 4 des Gesetzes vom 27. November 1986, ausdrücklich für weiter in Kraft erklärt wurde.

278 Dieselbe Bemerkung gilt für Art. 6.

Aufgabe zu, durch Empfehlungen über die Respektierung des Pluralismus und die Ausgewogenheit der Programme der öffentlichen Hörfunk- und Fernsehveranstalter zu wachen (Art. 14). In zweiter Linie unterliegen die öffentlichen Veranstalter im Informations- und Nachrichtenbereich besonders strengen Vorschriften: sie müssen die Wahrheit, Unabhängigkeit und den Pluralismus der Information gewährleisten (Art. 5). Die Hohe Behörde hat die Produktions- und Sendebedingungen für Sendungen in den Wahlkampagnen zu bestimmen (Art. 14-I und 33). Dasselbe gilt für Sendungen, in denen verschiedene Glaubens- und Ideenrichtungen zum Ausdruck kommen, sowie für Sendungen über Sitzungen des Parlaments und Erklärungen der politischen Parteien und der parlamentarischen Gruppen (Art. 14-I und 33). Regelmäßige Sendezeit wird gewerkschaftlichen Organisationen und repräsentativen berufsständischen Organisationen gewährt (Art. 33).
Die Lastenhefte der nationalen Programmgesellschaften, die dem Anhang einiger Dekrete vom 3. Mai 1984[279] beigefügt sind, enthalten ebenfalls sehr detaillierte und außerordentlich strenge Vorschriften, die häufig kritisiert wurden. So muß die Gesellschaft TF 1 beispielsweise kostenlos Nachrichten von nationaler Wichtigkeit senden, die jährlich von der Regierung bestimmt werden (Art. 12). Ebenso muß sie kostenlos Durchsagen über die Straßenverkehrssicherheit senden (Art. 13). Das gleiche gilt für religiöse Sendungen der wesentlichen Glaubensrichtungen, die in Frankreich am Sonntag vormittag ausgestrahlt werden (Art. 27). Dagegen ist es TF 1 verboten, Sendungen von politischen Parteien, von gewerkschaftlichen und berufsständischen Organisationen oder von politischen, philosophischen oder religiösen Gruppierungen außerhalb der hierfür vorgesehenen Direktsendungen auszustrahlen (Art. 25).

b) *Die Pflicht der lokalen Privatsender, ein minimales Eigenprogramm zu senden*

Im Programmbereich haben die lokalen Privatsender praktisch nur die eine Pflicht, einen Teil des gesendeten Programmes selbst zu gestalten. Wie bereits gesagt, ist diese Pflicht deswegen eingeführt worden, um zu verhindern, daß die lokalen Veranstalter in nationale oder sogar internationale Netze integriert werden, die von einem Programmverleger beherrscht sind.
Art. 83 des Gesetzes von 1982 erlaubte der Regierung, die Genehmigung von der Bedingung einer wöchentlichen Mindestdauer mit Eigenprogramm abhängig zu machen. Dabei wurde nicht zwischen privaten Lokalsendern und

279 JO NC vom 11. Mai 1984.

privaten nationalen Sendern unterschieden. In der Praxis jedoch waren die Lastenhefte der lokalen Sender in dieser Hinsicht die genauesten.

Die Definition des Eigenprogramms ist in den drei Lastenheften für die Lokalsender ziemlich ähnlich bestimmt. Es handelt sich dabei um das Lastenheft für terrestrisch gesendeten Hörfunk[280], das Lastenheft des Kabelfernsehens[281] und das Lastenheft für Fernsehen[282]. Die Definition des Eigenprogramms im ersten Lastenheft lautet: »Das Eigenprogramm ist dasjenige, welches von der Belegschaft des Senders entworfen und von ihm oder unter seiner Kontrolle zusammengestellt wurde. Es kann kommerzielle phonographische Aufnahmen enthalten. Das Programm darf weder aus der wiederholten Ausstrahlung desselben Programmes noch aus der gleichzeitigen oder nachfolgenden Wiedergabe des Programms einer anderen Station, noch aus der Sendung von Programmen bestehen, die von Dienstleistungsunternehmen konzipiert oder unter ihrer Kontrolle zusammengestellt wurden« (Art. 5).

Der Anteil des Eigenprogramms im Verhältnis zum Gesamtprogramm variiert natürlich entsprechend dem Typus des lokalen Dienstes: Für den Hörfunk beträgt er 80 Prozent (Art. 6), für das Fernsehen ein Drittel (Art. 3) und für die Kabelnetze 15 Prozent (Art. 1). Darüber hinaus verlangt das Lastenheft der lokalen Kabeldienste, daß diese Eigenprogramme die freie und vielfältige Äußerung von Ideen und Meinungen gewährleisten (Art. 3). Dagegen verlangt das Lastenheft der Fernsehprogramme, daß die Mitteilungen von generellen und politischen Informationen von der ständigen, in Art. 93 des Gesetzes Nr. 82-652 vom 29. Juli 1982 bestimmten Redaktion konzipiert und zusammengestellt wurden (Art. 2).

Des weiteren unterliegen neben den Eigenprogrammen auch die anderen Programme der Kabelnetze und des Funkwellenfernsehens gewissen Restriktionen. So kann gemäß Art. 5 des Lastenheftes für Kabelnetze die Programmgesellschaft dem Publikum ausländische Programme zur Verfügung stellen, aber nur bis zu 30 Prozent der gesamten Kapazität des Hörfunk- und Fernsehprogramms. Gemäß Art. 6 muß der Anbieter die üblicherweise im Versorgungsgebiet von den nationalen Programmgesellschaften gesendeten Programme vollständig und gleichzeitig senden. Art. 4 des Lastenheftes der lokalen Fernsehstationen verbietet dem Anbieter, direkt oder indirekt für mehr als 50 Prozent der Gesamtprogrammdauer auf einen Programmlieferanten zurückzugreifen.

---

280 Dekret Nr. 84-1061 vom 1. Dezember 1984, JO vom 2. Dezember 1984.

281 Dekret Nr. 85-54 vom 18. Januar 1985, JO vom 19. Januar 1985.

282 Dekret Nr. 86-445 vom 14. März 1986, JO vom 16. März 1986.

c) *Die unbestimmten Pflichten der nationalen Privatdienste*

Die privaten nationalen Fernsehveranstalter sollten gemäß Art. 79 des Gesetzes von 1982 als öffentliche Veranstalter konzessioniert werden (concession de sercive public). Für die Privatveranstalter bedeutete dies eine Unterwerfung unter die wesentlichen Pflichten der nationalen Programmgesellschaften. Folgerichtig hat Art. 2 des Anwendungsdekrets Nr. 86-20 vom 7. Januar 1986 über Art. 79 des Gesetzes Nr. 82-652 vom 29. Juli 1982 daraus die Konsequenz gezogen und festgeschrieben: »Dieses Lastenheft bestimmt die Pflichten für Konzessionäre des öffentlichen Dienstes, damit im Interesse der Gesamtheit der Nutzer die in Titel I des Gesetzes vom 29. Juli 1982 definierten allgemeinen Prinzipien beachtet werden«. Diese Prinzipien betreffen insbesondere den öffentlichen Dienst (Art. 6). In der Praxis enthalten die Lastenhefte der drei privaten Sender[283] die folgende allgemeine Bestimmung: »Informationen und Nachrichten müssen im Geiste rigoroser Unparteilichkeit und im Bestreben nach Objektivität erfolgen. Der Konzessionär verpflichtet sich, daß die von ihm gestalteten Sendungen keine Weltanschauungs-, Glaubens- oder Meinungsrichtung bevorzugen«. Jedoch werden den drei Kanälen keine besonderen Pflichten auferlegt: die Lastenhefte definieren lediglich die Anzahl der Sendestunden und präzisieren - wie bereits erwähnt - den Mindestanteil von original französischen bzw. aus der Europäischen Gemeinschaft stammenden Sendungen.

B. *Das Gesetz vom 30. September 1986*

Ebenso wie das vorherige Gesetz enthält das Gesetz vom 30. September 1986 unterschiedliche Regelungen für den öffentlichen Sektor und den Privatbereich. Die gemeinsamen Vorschriften beschränken sich auf einige Grundprinzipien wie: »Die Freiheit der Kommunikation kann unter Beachtung des Grundsatzes der Gleichbehandlung nur insoweit eingeschränkt werden, als dies durch die Erfordernisse der Landesverteidigung, des öffentlichen Interesses sowie der Erhaltung der öffentlichen Ordnung, der Freiheit und des Eigentums anderer sowie der Ausdrucksvielfalt von Meinungsrichtungen erforderlich ist« (Art. 1, Abs. 2). Ein weiterer Grundsatz lautet: »Die Kommission wacht über die Durchführung der Gleichbehandlung, die Förderung des freien Wettbewerbs und die Meinungsvielfalt« (Art. 3) sowie »über

---

283 4. Kanal und Canal Plus: Dekret vom 14. März 1986, JO vom 15. März 1986; 5. Kanal: Dekret Nr. 86-84 vom 18. Januar 1986, JO vom 19. Januar 1986, abgeändert durch Dekret Nr. 86-218 vom 18. Februar 1986, JO vom 22. Februar 1986.

den Schutz von Kindern und Jugendlichen in Sendungen der Dienste der audiovisuellen Kommunikation« (Art. 15).

Das Gesetz vom 17. Januar 1989 hat den Art. 15 beibehalten und den Art. 3 durch eine Vorschrift, die eine ganz andere Regel enthält (nämlich das Prinzip des Schutzes des Geheimnisses der Wahl der Programme durch den einzelnen), ersetzt, aber vor allem den Art. 1 ganz neu gefaßt. Der neue Art. 1 lautet:

»(1) Die audivisuelle Kommunikation ist frei.
(2) Die Ausübung dieser Freiheit kann nur insoweit eingeschränkt werden, als dies erforderlich ist, einerseits für die Beachtung der Würde des Menschen, der Freiheit und des Eigentums anderer, der Ausdrucksvielfalt von Überzeugungs- und Meinungsrichtungen, anderseits für die Erhaltung der öffentlichen Ordnung, der Bedürfnisse der Landesverteidigung, der Erfordernisse des öffentlichen Dienstes, der Beachtung der den Kommunikationsmitteln innewohnenden technischen Zwänge sowie der Notwendigkeit der Entwicklung einer nationalen audiovisuellen Produktion.
(3) Der Oberste Rundfunkrat, der eine unabhängige Behörde ist, gewährleistet die Ausübung dieser Freiheit in den Schranken, die dieses Gesetz bestimmt.
(4) Er bewahrt die Gleichbehandlung; er gewährleistet die Unabhängigkeit und Unparteilichkeit des öffentlichen Dienstes für Rundfunk und Fernsehen; er zielt auf Förderung des freien Wettbewerbs; er sorgt für die Qualität und die Vielfalt der Programme, für die Entwicklung der nationalen Produktion und Schöpfung sowie für den Schutz und den Ruhm der französischen Sprache und Kultur. Er kann Vorschläge zur Verbesserung der Qualität der Programme machen.«

Indessen ist der Inhalt der auf den öffentlichen und auf den privaten Bereich anwendbaren Regeln etwas geändert worden, und die privaten lokalen Veranstalter unterliegen keinen Sondervorschriften mehr.

a) *Die Vorschriften über den öffentlichen Sektor*

Aus symbolischen Gründen spricht der Gesetzgeber seit 1986 nicht mehr von einem öffentlichen Dienst (es sei denn, aus Unaufmerksamkeit wie in Art. 1), sondern ganz einfach vom öffentlichen Sektor[284]. Es scheint, daß er damit dem öffentlichen Sektor die Eigenschaft des öffentlichen Dienstes verweigern wollte, eine Eigenschaft, der die Franzosen noch sehr nachhängen. Wie in der Vergangenheit, nennt er die öffentlichen Gesellschaften der audiovisuellen Kommunikation aber weiterhin »nationale Programmgesellschaften«.

Vor allem im Nachrichtenbereich hat das Gesetz von 1986 dem öffentlichen Sektor eine Reihe von Pflichten auferlegt, die sich allerdings von denen unter den früheren Gesetzgebungen kaum unterscheiden: »Vielfalt der Weltanschauungen und der Meinungen in den Programmen der nationalen Programmgesellschaften und insbesondere im Bereich der politischen Information« (Art.

284 Siehe Überschrift des Titel III: »Vom öffentlichen Sektor der audiovisuellen Kommunikation«.

13); »Sendungen über Wahlkampagnen, welche die nationalen Programmgesellschaften produzieren müssen« (Art. 16); das Prinzip, wonach »die Regierung jederzeit von den nationalen Programmgesellschaften die Sendung jeder Erklärung oder Nachricht verlangen kann, wenn sie es für erforderlich hält« und die Anerkennung eines Gegendarstellungsrechts (Art. 54); »Wiedergabe der Parlamentsdebatten« und Sendezeit für Parlamentsfraktionen sowie gewerkschaftliche oder landesweit repräsentative berufsständische Organisationen (Art. 55); und schließlich für die Gesellschaft Antenne 3 die besondere Auflage, auf ihre Kosten die Programmausstrahlung von religiösen Sendungen der wesentlichen Glaubensrichtungen Frankreichs am Sonntagmorgen vorzunehmen (Art. 56).

Diesen speziellen Vorschriften ist noch eine besondere Regelung des Streikrechts hinzugefügt worden (Art. 75). Zur Bedeutung dieser Vorschrift hat der Conseil constitutionnel in seiner Entscheidung Nr. 86-217 DC vom 18. September 1986 über dieses Gesetz[285] festgestellt, daß die Ausübung des Streikrechts in solchen Fällen, in denen die Begrenzung oder das Verbot des Streiks im Hinblick auf seinen verfassungsmäßigen Wert nicht gerechtfertigt ist, nicht durch das Erfordernis, ein normales Programm auszustrahlen, beeinträchtigt werden darf, sondern ein Minimalprogramm ausreicht.

Die verschiedenen Gesetze werden entweder durch Dekrete oder durch Entscheidungen und Empfehlungen der CNCL bzw. des CSA konkretisiert. Die Dekrete bestimmen insbesondere die Lastenhefte, durch die die Pflichten jeder einzelnen nationalen Programmgesellschaft definiert werden, insbesondere diejenigen Pflichten, die sich aus ihrem erzieherischen, kulturellen oder sozialen Auftrag ergeben (Art. 48). Die Lastenhefte regeln auch die Ausstrahlung von Werbesendungen (Art. 48) sowie von Kinofilmen (Art. 70). Letztere werden weiter unten genauer untersucht. Demgegenüber definiert die unabhängige Behörde die Anwendungsmodalitäten der vom Gesetz selbst ausgesprochenen Prinzipien, wie sie weiter oben dargelegt wurden: Ausdrucksvielfalt der Weltanschauungs- und Meinungsrichtungen, insbesondere in den Sendungen mit politischer Information (Art. 13); die Pflicht, Sendungen in Wahlkampagnen zu produzieren und auszustrahlen (Art. 16); ein Gegendarstellungsrecht gegenüber Erklärungen und Mitteilungen durch die Regierung (Art. 54).

Folgende Dekrete der Regierung haben durch die Lastenhefte der nationalen Programmgesellschaften bestätigt: für Radio-France das Dekret vom 13.

285 JO vom 19. September 1986.

November 1987[286]; für A 2 und FR 3 das Dekret Nr. 87-717 vom 28. August 1987[287].

Die Art. 3 bis 6 der Lastenhefte von Radio-France, A 2 und FR 3 bestätigen die allgemeinen Grundsätze, die in Art. 1 des Gesetzes von 1986 enthalten sind. Was den Schutz der Jugend betrifft, verpflichtet Art. 5 die Gesellschaften, die Zuhörer bzw. Zuschauer zu warnen, wenn Sendungen die Empfindungen der Jugendlichen stören können. Die weiteren Vorschriften bestimmten im einzelnen die verschiedenen Verpflichtungen, die den nationalen Programmgesellschaften durch das Gesetz schon auferlegt wurden.

Aufgrund der schon analysierten Gesetzesvorschriften hat die Regierung weiter ein Dekret zur Ausübung des Gegendarstellungsrechts erlassen[288], das eigentlich auch auf die privaten Programmgesellschaften anwendbar ist.

Sonst hat die unabhängige Behörde, früher CNCL, heute der CSA, Entscheidungen über die Programme zur Darstellung der Vorhaben und Tätigkeiten der politischen Parteien und Gewerkschaften getroffen[289].

b) *Die auf Lizenzinhaber anwendbaren Vorschriften*

Um dem Vorwurf der Parteilichkeit und der Durchschnittlichkeit zuvorzukommen, der gelegentlich an die Adresse der privaten Kommunikationsgesellschaften gerichtet wurde, hat sich der Gesetzgeber von 1986 darum bemüht, diese zur Beachtung von einigermaßen genauen Programmvorschriften anzuhalten. Die Gesetze vom 30. September 1986 und vom 27. November 1986 enthielten lediglich generelle Aussagen und übertrugen es im wesentlichen der CNCL, diese zu konkretisieren. Nach Art. 27-II mußte die Kommission die allgemeinen Programmvorschriften festlegen, und gemäß Art. 28 definiert sie die Sonderpflichten, welche einen oder mehrere der folgenden Punkte betreffen können: 1. die Mindestdauer der Eigenprogramme; 2. die Wahrheit und Vielfalt der Informationen und der Programme; 3. die Mindestdauer für die Premieren-Ausstrahlung original französischer Werke in

286 JO vom 15. November 1987.
287 JO vom 1. September 1987, abgeändert durch die Dekrete Nr. 88-1061 vom 24. November 1988, JO vom 26. November 1988; Nr. 90-66 vom 17. Januar 1990, JO vom 18. Januar 1990; für Radio France International das Dekret Nr. 88-66 vom 20. Januar 1988, JO vom 22. Januar 1988; abgeändert durch das Dekret Nr. 88-705 vom 9. Mai 1988, JO vom 10. Mai 1988.
288 Dekret Nr. 87-246 vom 6. April 1987, JO vom 9. April 1987.
289 Entscheidung Nr. 87-3 vom 23. Januar 1987, JO vom 10. Februar 1987; abgeändert durch die Entscheidungen Nr. 88-328 vom 28. Juli 1988, JO vom 11. August 1988 und Nr. 88-549 vom 19. Dezember 1988, JO vom 28. Dezember 1988; Entscheidungen Nr. 90-11 und Nr. 90-12 vom 9. Januar 1990, JO vom 10. Februar 1990.

Frankreich; 4. die Mindestbeteiligung an Aktionen kultureller oder erzieherischer Art oder zum Schutze des Verbrauchers; 5. die Mindestbeteiligung für die Ausstrahlung von Hörfunk- oder Fernsehsendungen in den überseeischen Departements, Territorien oder Gebietskörperschaften; 6. die Mindestbeteiligung an der Ausstrahlung von Hörfunk oder Fernsehen im Ausland«. Die einzige generelle Befugnis der Regierung betraf den Hörfunk und das Fernsehen per Kabel: kraft Art. 33 des Gesetzes bestimmt ein Dekret nach Anhörung des Conseil d'Etat und der unabhängigen Rundfunkbehörde »1. die Regeln betreffend die Dauer der Lizenz; 2. die allgemeinen Regeln zur Programmierung; 3. die allgemeinen Bedingungen der Produktion der gesendeten Werke; 4. die Werbungsregelung; 5. die Bedingungen der Programmierung von audiovisuellen und Filmwerken«.
Somit war die Kompetenzverteilung zwischen der Regierung und der Kommission im öffentlichen Sektor anders als im privaten Sektor geregelt: während die Regierung im Hinblick auf den öffentlichen Sektor eine allgemeine Kompetenz hat (die CNCL hatte hier nur punktuelle Kompetenzen, die sich vor allem auf standesrechtliche Fragen beziehen), verfügte die CNCL im privaten Bereich über eine allgemeine Kompetenz, wohingegen die Regierung hier lediglich punktuelle Kompetenzen im Bereich des Gegendarstellungsrechts[290], der Werbung und des Sponsoring sowie bei der Ausstrahlung von Kinofilmen[291] hatte. Die einzige allgemeine Befugnis der Regierung war die soeben erwähnte Verordnungsgewalt hinsichtlich des Kabelhörfunks und -Fernsehens.
Wie schon dargestellt, wurde diese Kompetenzverteilung zwischen Regierung und unabhängiger Behörde durch das Gesetz vom 17. Januar 1989 geändert. Dadurch hat die unabhängige Behörde, heute der CSA, ihre Verordnungsgewalt kraft Art. 27-2 verloren und kann ihre Befugnis aus Art. 28 nunmehr nur durch Abschließung eines Vertrages mit dem Bewerber ausüben. Wegen der Entscheidung des Conseil constitutionnel vom 15. Januar 1989 zur Gesetzesnovelle vom 17. Januar 1989 besitzt nunmehr die Regierung eine allgemeine ausschließliche Verordnungsgewalt[292].
Die frühere Kompetenzverteilung erklärt, daß heute in vielen Bereichen Dekrete der Regierung und Entscheidungen der unabhängigen Behörde nebeneinander in Kraft sind.

---

290 Art. 6 des Gesetzes vom 29. Juli 1982 ausdrücklich auch für in Kraft erklärt durch Art. 110 2° abgeändert durch Gesetz vom 30. September 1986.
291 Art. 27-I des Gesetzes von 1986.
292 Art. 27 für Hörfunk und Fernsehen per Wellen; Art. 33 für Hörfunk und Fernsehen per Kabel.

Auf der Grundlage dieser Gesetzestexte hat die Regierung zwei Dekrete erlassen, das Dekret Nr. 87-246 vom 6. April 1987 über die Ausübung des Gegendarstellungsrechts im Bereich der Dienste der audiovisuellen Kommunikation[293] und das Dekret Nr. 87-796 vom 29. September 1987 über die Hörfunk- und Fernsehdienste per Kabel[294]. Die Kommission hat nacheinander Entscheidungen zu folgenden Medien getroffen: den unverschlüsselten terrestrischen Fernsehsendungen[295], dem terrestrisch ausgestrahlen Hörfunk[296], dem Satellitenfernsehen[297] und dem privaten regionalen oder lokalen terrestrischen Fernsehen[298].

Wie bereits festgestellt wurde, galten für TF 1 Sondervorschriften. Nach Art. 62 Abs. 2 bestimmt ein Dekret vom Conseil d'Etat das Lastenheft, das als Grundlage zur Programmübertragung dient. Dieses Lastenheft enthält die Minimalverpflichtungen für die Programmgestaltung, insbesondere Ehrlichkeit und Vielfalt der Information und der Programme. Kraft dieser Gesetzesbestimmung wurde das Dekret Nr. 87-43 vom 30. Januar 1987[299] erlassen.

Analysiert man das Dekret für TF 1 und die Entscheidungen der CNCL, welche die allgemeinen Vorschriften und die Sonderpflichten der nationalen terrestrischen Fernsehveranstalter und der Hörfunkveranstalter betreffen, so stellt man einige Übereinstimmungen fest. Erster Grundsatz ist die Wahrheit und die Vielfalt der Informationen und Programme. Zweitens besteht die Pflicht zur Erstellung eines minimalen Eigenprogramms (10 Stunden am Tag bei den nationalen Diensten und zwei Stunden am Tag für die regionalen Fernsehdienste, mindestens aber 20 Prozent der wöchentlichen Dauer bei den Hörfunkdiensten). Dies gilt jedoch nicht für TF 1, die über Satelliten strahlenden Dienste und die Kabeldienste. Schließlich besteht für TF 1 und die anderen nationalen Fernsehveranstalter die Pflicht, kulturelle und erzieherische Sendungen herzustellen. Außerdem haben diese eine bestimmte Anzahl von Stunden der Ausstrahlung original französischer Produktionen (Kino- und Dokumentarfilme)[300] sowie dramatischer, lyrischer oder choreographischer Darbietungen und Musikaufführungen vorzubehalten[301].

---

293 JO vom 9. April 1987.

294 JO vom 30. September 1987; abgeändert durch das Dekret Nr. 88-608 vom 6. Mai 1988, JO vom 8. Mai 1988.

295 Entscheidungen Nr. 87-I und 87-2 vom 15. Januar 1987, JO vom 27. Januar 1987.

296 Entscheidungen Nr. 87-24 und 87-25 vom 16. März 1987, JO vom 7. April 1987.

297 Entscheidungen Nr. 87-33, 87-34, 87-35 und 87-36 vom 18. Mai 1987, JO vom 30. Mai 1987.

298 Entscheidungen Nr. 87-39 und 87-40 vom 15. Juni 1987, JO vom 17. Juni 1987.

299 JO vom 31. Januar 1987.

300 250 Stunden für TF 1 gemäß Art. 12 seines Lastenheftes und 300 Stunden für die anderen Fernsehanstalten gemäß Art. 4 der Entscheidung Nr. 87-2 der CNCL.

301 Art. 5 der Entscheidung Nr. 87-2.

Zu diesen Verpflichtungen sind natürlich noch diejenigen hinzuzufügen, die in den Betriebszulassungen für den 4. und 5. Fernsehkanal[302] und für TF 1[303] enthalten sind. So muß beispielsweise die gemäß Art. 64 des Gesetzes von 1986 dem Sender TF 1 erteilte Frequenznutzungsgenehmigung die folgenden Regelungen enthalten: 1. die in Art. 62 enthaltenen Bedingungen und Pflichten; 2. die Übernahme zusätzlicher Verpflichtungen durch den Bewerber, welche gemäß Art. 64 betreffen: a) die Ausstrahlung von kulturellen und erzieherischen Programmen, b) die Premierenausstrahlung von original französischen Werken in Frankreich, c) die Beteiligung an kulturellen und erzieherischen Aktionen, d) die Beteiligung an Aktionen von Einrichtungen, die Frankreich im Ausland kulturell repräsentieren, e) eine ergänzende finanzielle Unterstützung der Kinoindustrie sowie der Produzenten im Audiovisionsbereich und f) den Umfang und die Häufigkeit der Fernsehjournale und der aktuellen und der dokumentarischen Magazine.
Abgesehen von den Schutzvorschriften zugunsten der eigenen französischen und der EG-Produktion enthalten diese Betriebszulassungen Vorschriften, welche die soeben analysierten, durch die generellen Entscheidungen auferlegten Pflichten noch weiter konkretisieren: so verpflichtet sich beispielsweise TF 1, für Fernsehjournale jährlich mindestens 670 Stunden zur Verfügung zu stellen (Art. 17). Der 5. Kanal sendet jedes Jahr mindestens zwölf dramatische, lyrische oder choreographische Aufführungen und verpflichtet sich, jedes Jahr 52 Konzerte zu senden (Art. 19). Der 6. Kanal verpflichtet sich, daß insbesondere für Jugendliche bestimmte Musiksendungen mindestens 25 Stunden in der Woche ausmachen (Art. 24).
Diese verschiedenen allgemein geltenden Vorschriften und Betriebszulassungen, die wir soeben vorgestellt haben, begnügen sich nicht nur mit dem Schutz des Programmpluralismus und der Sendevielfalt; sie reglementieren zum Schutz der zwei wichtigsten konkurrierenden Medien, nämlich dem Film und der Presse, auch die Sendebedingungen von Kinofilmen und Werbung.

§ 2 *Schutz von Film und Presse*

Die Entwicklung des Fernsehens war für den Film eine Herausforderung: die Einkünfte der Filmtheater und somit das Überleben der Filmindustrie war bedroht. Außerdem hatte die Entwicklung der Werbung in Radio und Fernsehen bei der Presse, die ja weitgehend von der Werbung lebt, große Befürchtungen hervorgerufen. Dagegen scheint die Schallplatten- und

302 Entscheidungen Nr. 87-12 und 87-13 der CNCL, JO vom 27. Februar 1987.
303 Entscheidung Nr. 87-26 vom 4. April 1987, JO vom 8. April 1987.

Kassettenindustrie eher von der Entwicklung des Radios und des Fernsehens zu profitieren. Deshalb betreffen die ergriffenen Schutzmaßnahmen nur den Film und die Presse.

A. *Die Sendung von Filmwerken*

Das Gesetz vom 29. Juli 1982 widmete dem Film einen ganzen Titel: der Titel V hieß »Die Sendung von Filmwerken« und enthielt Vorschriften, die im wesentlichen ausdrücklich durch das Gesetz vom 30. September 1986 aufrechterhalten wurden (Art. 89, 90, 92). Die anderen Vorschriften sind praktisch von der zur Zeit geltenden Gesetzgebung übernommen worden. Deshalb braucht zu diesem Punkt die Gesetzgebung von 1982 nicht der von 1986 gegenübergestellt zu werden.

In beiden Gesetzen gilt zunächst das Prinzip, wonach alle Dienste der audiovisuellen Kommunikation zur Förderung der nationalen Filmindustrie gemäß den im Gesetz definierten Modalitäten beitragen[304]. Damit erhielt also die Regierung die Befugnis, diejenigen Sendevorschriften zu bestimmen, mit denen dieses Ziel erreicht werden kann. Unter dem Gesetz von 1982 stellte die Regierung diese Vorschriften allein auf, und zwar in den Lastenheften für die öffentlichen Veranstalter (Art. 32) und für die Privatgesellschaften[305]. Jedoch konnte die Hohe Behörde im Hinblick auf die Privatgesellschaften die Erteilung einer Genehmigung von der Beachtung eines besonderen Lastenheftes abhängig machen, welches der Zulassungsentscheidung beigefügt wurde und das insbesondere die Sendevorschriften für Filme und audiovisuelle Werke bestimmte[306]. Das Gesetz von 1986 überträgt der Regierung ebenfalls die Befugnis, für die öffentlichen Gesellschaften ein Lastenheft aufzustellen (Art. 48) sowie für jede Kategorie von audiovisuellen terrestrischen und spatialen Fernsehprogrammen sowie für den Hörfunk und die Kabelfernsehdienste, die Sendevorschriften für Film- und audiovisuelle Werke zu bestimmen (Artt. 27-1 und 33). Aufgrund des Art. 72-I hat die Regierung das Dekret Nr. 87-36 vom 26. Januar 1987 erlassen, welches für eine Reihe von Fernsehprogrammen die Vorschriften für die Sendung von Film- und audiovisuellen Werken festlegt (dabei geht es um die unverschlüsselt terrestrisch oder über Satelliten ausstrahlenden Fernsehprogramme, die nicht von den nationa-

---

304 Art. 88 des Gesetzes von 1982 und 70 des Gesetzes von 1986.
305 Art. 83, abgeändert durch Gesetz vom 13. Dezember 1985.
306 Art. 83, abgeändert durch Gesetz vom 13. Dezember 1985.

len Programmgesellschaften betrieben werden[307]). Selbstverständlich werden diese Vorschriften in den Betriebsgenehmigungen konkretisiert.
Der Inhalt der von der Regierung ausgesprochenen Vorschriften ist im allgemeinen der gleiche geblieben. Insoweit kodifizieren die Absätze 2 und 3 des Art. 70 des Gesetzes vom 30. September 1986 lediglich die vorangegangene Praxis, wenn sie bestimmen: »(1) Die in den Lastenheften enthaltenen und im vorhergegangenen Absatz genannten, Genehmigungen und Dekreten umfassen Vorschriften über die Ausstrahlung von Filmwerken, die folgende Sachverhalte präzisieren: 1. die Festlegung einer jährlichen Höchstzahl von Film- und Wiederholungssendungen; 2. die Verpflichtung, mehrheitlich Werke aus EG-Ländern und mit original französischer Herkunft zu senden; 3. die Sendezeiten für Filmwerke; 4. die Frist, mit deren Ablauf diese Werke im Fernsehen ausgestrahlt werden dürfen und die mit der Erteilung der Verwertungslizenz beginnt. (2) Diese Programmregeln für die Sendung von Filmwerken sind identisch für die öffentlichen Programme und für diejenigen privaten, unverschlüsselt sendenden audiovisuellen Dienste, die keine Gebühren erheben«.
Betrachten wir alle Punkte eingehender, bis auf den zweiten Punkt, der im vorhergehenden Kapitel behandelt wurde.
Die *jährliche Höchstanzahl* von Filmsendungen und Wiederholungssendungen ist für die staatlichen Gesellschaften A 2 und France-Régions 3 in den jährlichen Lastenheften festgelegt: zum Beispiel darf die Ausstrahlung von Spielfilmen für die A 2 und FR 3 nicht mehr als 192 betragen und zwischen 20.30 Uhr und 22.30 Uhr nicht mehr als 104 betragen[308]. Für das Abonnementsfernsehen Canal Plus[309] beträgt die Höchstzahl 364 Sendungen und Wiederholungssendungen. Für die privaten Fernsehdienste, die per Satellit und per Wellen unverschlüsselt senden[310] und für die privaten Fernsehdienste per Kabel[311], gilt, daß jährlich nicht mehr 192 Filmwerke gesendet werden dürfen und daß die Anzahl der Sendungen vor 22.30 Uhr nicht höher als 104 (bzw. 144 für Kabelfernsehen) sein darf.

---

307 JO vom 27. Januar 1987.

308 Art. 4 Lastenheft, Dekret Nr. 87-717 vom 28. August 1987, JO vom 1.9.1987; abgeändert durch die Dekrete Nr. 88-705 vom 9. Mai 1988, JO vom 10. Mai 1988, Nr. 88-1061 vom 24. November 1988, JO vom 26. November 1988, Nr. 90-66 vom 17. Januar 1990, JO vom 18. Januar 1990).

309 Art. 10, Dekret vom 14. März 1986, JO vom 15. März 1986, abgeändert durch das Dekret vom 28. März 1988, JO vom 31. März 1988.

310 Art. 2, Dekret Nr. 87-36 vom 26. Januar 1987, JO vom 27. Januar 1987, abgeändert durch die Dekrete Nr. 88-290 vom 9. September 1988, JO vom 13. September 1988 und Nr. 90-66 vom 17. Januar 1990, JO vom 18. Januar 1990.

311 Art. 28, Dekret Nr. 87-796 vom 29. September 1987, JO vom 30. September 1987, abgeändert durch das Dekret Nr. 88-608 vom 6. Mai 1988, JO vom 8. Mai 1988.

Die *Sendezeiten* für die staatlichen Gesellschaften A 2 und France-Régions 3[312], für die privatisierte Gesellschaft TF 1[313] und für die terrestrisch und spatial unverschlüsselt sendenden Fernsehdienste[314] sind wie folgt geregelt: abendfüllende Spielfilme dürfen weder am Mittwochabend noch am Freitagabend von der Gesellschaft gesendet werden. Das gilt nicht für Filmwerke in der Art von »ciné-club«, deren Ausstrahlung nach 22.30 Uhr erfolgt. Ein Sendeverbot besteht auch für den ganzen Sonnabend und für Sonntags vor 22.30 Uhr. Allein das Lastenheft des Abonnementsfernsehens Canal Plus enthält liberalere Regelungen. Gemäß Art. 11 besteht ein Sendeverbot bis 21 Uhr an Sonnabenden und Vorabenden von Feiertagen. Desgleichen besteht an Sonn- und Feiertagen ein Sendeverbot bis 18 Uhr.
Die *Frist*, mit deren Ablauf Filmwerke im Fernsehen ausgestrahlt werden können, ist überall gleich: sie beträgt 3 Jahre nach Erteilung der Lizenz[315]. Für private audiovisuelle Kommunikationsprogramme können jedoch Ausnahmen erteilt werden[316]. Die Gesellschaft Canal Plus nimmt als einzige eine Sonderstellung ein, weil sie Einnahmen aus den Abonnements erzielt: hier ist die Frist auf ein Jahr begrenzt und beginnt mit dem Zeitpunkt, in dem die Filme exklusiv in den Kinos in Frankreich anlaufen[317].
Insgesamt gesehen scheinen diese Programmregeln, über die es zwischen den betroffenen Berufsverbänden viele Auseinandersetzungen gegeben hat, erfolgreich zu sein: in der Tat hat die Häufigkeit des Kinobesuchs in Frankreich weniger abgenommen als in anderen europäischen Ländern. Auch die französische Filmindustrie konnte trotz großer Schwierigkeiten ein zufriedenstellendes Beschäfigungsniveau erhalten.

B. *Die Sendung von Werbung*

Die Sendung von Werbeprogrammen geht in Frankreich auf die Zeit des Staatsmonopols zurück. Wegen der Existenz von Radiostationen, die außerhalb des Staatsgebiets errichtet und durch Werbefernsehen finanziert wurden, hatte das Staatsmonopol seit 1945 Einbußen erlitten. Ein Gesetz vom 24. Mai

---

312 Art. 42 bzw. 44, Lastenheft, genehmigt durch das Dekret Nr. 87-717 vom 28. August 1987, JO vom 1. September 1987.

313 Art. 14, genehmigt durch das Dekret Nr. 87-43 vom 30. Januar 1987.

314 Art. 3, Dekret Nr. 87-36 vom 27. Januar 1987.

315 Lastenhefte von A 2 und FR 3, bestätigt durch die Dekrete vom 3. Mai 1984, Lastenheft von TF 1, bestätigt durch Dekret vom 30. Januar 1987, Dekret Nr. 87-36 vom 26. Januar 1987 betreffend unverschlüsselte terrestrisch oder über Satellit sendende Fernsehdienste.

316 Art. 4 Abs. 2, Dekret Nr. 87-36 vom 26. Januar 1987.

317 Art. 10, Dekret vom 14. März 1986.

1951 erlaubte zunächst Propaganda im staatlichen Interesse in Form bezahlter Sendungen sowohl im Hörfunk als auch im Fernsehen. Danach führte die Regierung aufgrund einer Entscheidung des Conseil constitutionnel vom 30. Januar 1968 die Produktwerbung im Fernsehen ein, und zwar gegen Proteste des Publikums, welches meinte, einen Anspruch auf Fernsehen ohne Werbung zu haben. Aber auch gegen Proteste der Tagespresse, die befürchtete, einen Teil ihrer Werbeeinnahmen zu verlieren.
Um diesen Sorgen entgegenzutreten, haben das Finanzgesetz von 1972 und die nachfolgenden Gesetze vom 3. Juli 1972 und vom 7. August 1974 die Höhe der Werbeeinnahmen auf 25 Prozent der Gesamteinnahmen der staatlichen Radio- und Fernsehgesellschaften beschränkt (d.h., daß seit 1974 davon nicht nur die öffentlichen Programmveranstalter, sondern auch Gesellschaften wie TDF und INA betroffen sind).
Das Gesetz vom 29. Juli 1982 und die nachfolgend in der Legislaturperiode von 1981 bis 1986 ergangenen Vorschriften, durch die das staatliche Programmonopol aufgehoben wurde - wobei den öffentlichen Gesellschaften eine Sonderstellung verblieb - haben das Problem verändert: nunmehr gab es privaten Hörfunk und privates Fernsehen. Diese konnten aber nicht ohne Werbung überleben. Ungeachtet dessen sah sich die öffentliche Hand, besorgt darüber, daß es zu großen Abschlüssen auf dem Werbemarkt kommen könnte, veranlaßt, eine restriktive Reglementierung der Werbeprogramme aufrecht zu erhalten.
Das Gesetz vom 30. September 1986 bemüht sich, in der Förderung des privaten Hörfunks und Fernsehens noch weiter zu gehen und hat daher zu deren Gunsten eine weniger restriktive Reglementierung eingeführt.

a) *Das Gesetz vom 29. Juli 1982*

Das ursprüngliche Regelungssystem des Gesetzes vom 29. Juli 1982 war einfach: Werbung war in den öffentlichen und privaten Sektoren mit Ausnahme der lokalen Hörfunksender, die übrigens 1982 noch die einzigen privaten audiovisuellen Institutionen waren, nicht verboten. Erst das Gesetz 84-742 vom 1. August 1984 hat in diesem Punkt das Gesetz von 1982 modifiziert und das den freien Hörfunkstationen auferlegte Verbot aufgehoben. Jedoch übertrug das Gesetz von 1982 sowohl ausdrücklich als auch implizit der Regierung die Befugnis, die Werbung zu reglementieren, und zwar sowohl im öffentlichen als auch im privaten Sektor. Infolgedessen erließ die Regierung eine ganze Reihe von Dekreten.

1. *Der öffentliche Sektor*

Hinsichtlich des öffentlichen Sektors bestimmte Art. 66 des Gesetzes von 1982: »(1) Der Gegenstand, die Dauer und die Modalitäten von Werbesendungen sowie das von Produktwerbung herrührende Einnahmevolumen werden durch ein Lastenheft festgelegt. (2) Die Lastenhefte bestimmen außerdem den Höchstanteil von Werbung, die von einem und demselben Inserenten stammt. (3) Die Régie française de publicité ist beauftragt, die Ausführung der Vorschriften dieses Artikels zu überwachen«. Tatsächlich hat die Regierung durch mehrere Dekrete vom 3. Mai 1984[318] die Lastenhefte verschiedener nationaler Programmgesellschaften gebilligt und die Régie française de publicité gegründet. Hierbei handelt es sich um die ausschließliche Werbungsinstanz für alle nationalen Gesellschaften. Ihr Kapital setzte sich wie folgt zusammen: Staat (51 %), SOFIRAD (13,50 %), Nationale Werbevereinigung (8 %), Union der Inserenten (8 %), Nationale Vereinigung der französischen Presse (7 %), Nationales Syndikat der Tages- und Regionalpresse (7 %), Nationales Konsumenteninstitut (5 %) und Verschiedene (0,50 %). Diese Gesellschaft sollte die Neutralität der Auftragsvergabe und die Transparenz der Gebühren überwachen sowie eine Art Standeskontrolle über die Werbesendungen ausüben, und zwar insbesondere im Hinblick auf Lauterkeit und Wahrheit[319]. Sie stand unter den französischen Dienstleistungsgesellschaften an 18. Stelle und verhalf den öffentlichen Unternehmen - nicht nur den nationalen Programmveranstaltern, sondern auch den technischen Dienstleistungsgesellschaften wie TDF oder INA, die mit der Archivierung befaßt ist - zu Werbeeinnahmen von circa 3.302 Millionen Franc an Produktwerbung und 229 Millionen Franc an Kollektivwerbung.

Jedoch unterschieden sich die in den Lastenheften enthaltenen Regeln für das Werbeprogramm des Hörfunks von denen des Fernsehens.

Die Lastenhefte der nationalen Hörfunkgesellschaften, nämlich von Radio-France, Radio France Outre-mer und Radio-France Internationale, waren vergleichsweise restriktiv. Dasjenige von Radio-France erlaubte lediglich die Sendung von Nachrichten zum Zwecke der Unterstützung von Aktionen, die entweder kollektiver Art oder im allgemeinen Interesse waren. Diese handelten nach Maßgabe der Régie française de publicité, einer Institution, die für die Regelung und Herstellung von Werbung für den öffentlichen Sektor zuständig ist (Art. 31). Der Begriff der kollektiven Werbung im allgemeinen

318 JO Documents administratifs, 11. Mai 1984.

319 So der Bericht des Senators *Cluzel* zum Entwurf des Finanzgesetzes für 1987, Senat, 1. ordentliche Sitzung von 1986/1987, Nr. 67, Band III, Anhang Nr. 8, Seite 148.

Interesse beinhaltet »Werbung zugunsten bestimmter Aktionen im allgemeinen Interesse, Werbung für bestimmte Erzeugnisse oder Dienste, die unter ihrer Herkunftsbezeichnung präsentiert werden, und Werbung von öffentlichen und halböffentlichen Institutionen« (Art. 32). Aufgrund der Beschränkung auf eine bestimmte Art von Werbung enthielt das Lastenheft andererseits keinerlei quantitative Begrenzung. Nach dem Bericht des Senators Cluzel zum Entwurf des Finanzgesetzes für 1986[320], ist seit Herbst 1984 die bis dahin zunächst nur bei France-Inter erlaubte kollektive Werbung auch auf den thematischen Sendern von Radio-France eingeführt worden, d.h. bei Radio bleue, Radio 7 sowie bei 37 der 43 dezentralisierten Radiostationen des öffentlichen Sektors. Zudem - so der Bericht des Senators über den Entwurf des Finanzgesetzes 1987[321] - unterscheidet sich die Kollektivwerbung nicht immer deutlich von der Produktwerbung: »So hat Radio France unter dem Vorwand, ein mehreren staatlichen Versicherungsgesellschaften gehörendes Produkt zur Geltung zu bringen, für einige dieser Gesellschaften Werbekampagnen durchgeführt. Hierbei wurden die privaten Gesellschaften ausgeschlossen«. Ebenso würde eine von der Post offerierte Anlagen-Offerte wohl beworben werden, während ein gleichwertiges Angebot einer Privatbank wohl abgelehnt würde.

Ein neues Lastenheft von Radio France sah vor, daß die beiden anderen staatlichen Rundfunkgesellschaften einer anderen Regelung unterlagen: so sollte Radio-France internationale nur solche Werbung in sein Programm aufnehmen, welche Unternehmen, Produkte und Dienste fördert, die zur Entwicklung der Wirtschaft beitragen (Art. 16). Demgegenüber war die nationale Programmgesellschaft für Hörfunk und Fernsehen für Übersee (Société nationale de programme de radio-diffusion sonore et de télévision pour l'Outremer, RFO) befugt, sowohl Kollektivwerbung als auch Produktwerbung auszustrahlen, ohne daß dabei zwischen Rundfunk und Fernsehen unterschieden wurde (Art. 35 f.).

Die Lastenhefte der drei nationalen Fernsehgesellschaften, TF 1, A 2 und FR 3 enthielten hinsichtlich der Produktwerbung und der Kollektivwerbung identische Vorschriften. Zunächst war es gemäß der Art. 53 und 52 dieser Lastenhefte den Gesellschaften erlaubt, Produktwerbung zu senden, die ihnen von den Filialen RFP-TF 1, A 2 und FR 3 vorgeschlagen wurde. Die Vorschriften der Lastenhefte untersagten jedoch die Unterbrechung von

---

320 Senat, 1. ordentliche Sitzung von 1985-1986, Nr. 96, Band III, Anhang Nr. 47, Anhang zum Protokoll der Sitzung von 21. November 1985, S. 230.

321 Senat, 1. ordentliche Sitzung von 1986-87, Nr. 69, Band III, Anhang Nr. 8, Anhang zum Protokoll der Sitzung vom 17. November 1986, S. 148.

Sendungen durch Werbespots: Produktwerbung darf nur in zeitlich begrenzten Sequenzen nach einer normalen Unterbrechung eines Programmes gesendet werden. Die zeitliche Dauer von Werbesendungen ist ebenfalls beschränkt: Nach den Artikeln 55, 54 liegt die Sendezeit für Produktwerbung einerseits zwischen 12.15 Uhr und 13.30 Uhr und andererseits zwischen 19 Uhr und 22.45 Uhr und darf durchschnittlich jeweils nicht mehr als 18 Minuten pro Tag bzw. 24 Minuten für den ganzen Tag betragen. Im Gegensatz zu Art. 22 des Gesetzes vom 7. August 1974, wonach der Anteil der Werbeeinnahmen an den Gesamteinnahmen der öffentlichen Radio- und Fernsehinstitutionen nicht 25 Prozent überschreiten durfte, sahen weder das Gesetz von 1982 noch die Lastenhefte eine solche Begrenzung vor. In der Praxis betrug der Anteil der Werbeeinnahmen im öffentlichen Sektor 28 Prozent, bei den zwei großen Fernsehgesellschaften TF 1 und A 2 jedoch mehr als 60 Prozent[322]. Schließlich gaben die Artikel 57 und 56 der Lastenhefte der drei nationalen Fernsehgesellschaften dem Premierminister bzw. dem zuständigen Minister die Befugnis, auf Vorschlag der Régie française de publicité diejenigen Wirtschaftsbereiche zu bestimmen, die Werbung ausstrahlen dürfen, wie sie in Art. 53 (52) vorgesehen ist. Durch diese Vorschrift wurde es der Regierung ermöglicht, Werbung für Produkte zu untersagen, die die öffentliche Ordnung und Gesundheit gefährden - wie etwa für Waffen, Tabak oder Alkohol - oder zu einer schädlichen Konkurrenz zwischen Presse und Fernsehen zugunsten bestimmter Produkte beitragen würden. So war 1985 Produktwerbung für die folgenden Wirtschaftsbereiche verboten: Leiharbeitsverhältnisse, Immobilien, Verlagswesen, Aufführungen, Luftfahrtgesellschaften, Margarine, Tourismus, Versandgeschäfte, Haustürgeschäfte, Schmuck, Textilien, Einzelhandel, Alkohol und Tabak. Darüber hinaus war die Werbung für Produkte und Dienstleistungen im Gesundheitsbereich, für Kredite und finanzielle Anlagen sowie im Unterrichtswesen an eine vorherige Genehmigung gebunden[323]. Aufgrund eines vom Kommunikationsminister an die Régie française de publicité adressierten Schreibens vom 21. Januar 1986[324] wurde die Liste der verbotenen Produkte eingeschränkt: damit bleibt die Werbung für das Verlagswesen (Literatur und Musik) und für Aufführungen, für Versandkäufe und für den Einzelhandel sowie für Tabak und Alkohol verboten.

Außerdem reglementieren die Lastenhefte der nationalen Fernsehgesellschaften die Kollektivwerbung im Allgemeininteresse (gleiche Definition wie beim

322 Senatsbericht der Finanzkommission zum Entwurf des Finanzgesetzes 1987, Senat, 1. ordentliche Sitzung 1986-1987, Nr. 67, Band III, Anhang Nr. 8, S. 137.

323 Nach dem Senatsbericht Nr. 96, Band III, Anhang 47 der ersten ordentlichen Sitzung 1985-86, S. 217.

324 Le Monde 23. Januar 1986.

Hörfunk): diese wird, bis auf das Verbot, Sendungen durch Werbespots zu unterbrechen, unbeschränkt erlaubt. In der Praxis ist die Kollektivwerbung wesentlich unbedeutender als die Produktwerbung: 1986 betrugen die Werbeeinnahmen aus ihr 161 Millionen Franc, verglichen mit 3.302 Millionen Franc aus Produktwerbung.
Schließlich übertrugen die Lastenhefte der Régie française de publicité die Befugnis, Regelungen für Werbesendungen zu erstellen, welche die Grundprinzipien für zulässige Werbeaussagen bestimmen und die im Wege einer Empfehlung durch die Hohe Behörde der audiovisuellen Kommunikation fixiert werden (Art. 60, 59 und 59). Auch hat die Régie nach diesen Vorschriften die Befugnis, Werbesendungen zu erlauben und zu verbieten (Art. 61, 60 und 60). Verboten ist darüber hinaus die Ausstrahlung von Programmen mit Werbecharakter (Art. 62, 61 und 61). Diese Vorschriften richten sich somit insbesondere gegen verdeckte und verschleierte Werbung in Gestalt von Mäzenatentum oder Sponsoring. Zu dieser heftig umstrittenen Frage hat die Hohe Behörde durch eine »Empfehlung über die unzulässige Werbung im Fernsehen« vom 22. Mai 1985 Stellung genommen[325]. Sie empfahl im Falle einer Koproduktion zwischen einer Programmgesellschaft und einem oder mehreren anderen Partnern die systematische Erstellung von klaren Vereinbarungen, die den Anteil jedes Partners, den fehlenden Werbecharakter des koproduzierten Werkes sowie die Gegenleistung des Koproduzenten spezifizieren: so ist die Namensnennung im Vorspann oder im Nachspann der Sendung als einzig zulässige Form der Nennung in Ton oder Bild als ausreichend anzusehen. Was die von den Programmveranstaltern angekauften Sendungen betrifft, so forderte die Hohe Behörde diese auf, sicherzustellen, daß weder Vorspann noch Inhalt dieser Sendungen Werbeaussagen enthalten. Presse- und Senatsberichten zufolge haben diese Empfehlungen jedoch Mißbräuche nicht verhindern können.

2. *Der private Sektor*

Das Problem der rechtlichen Regelung von Werbesendungen bei den privaten Programmveranstaltern stellte sich in der Legislaturperiode 1981 bis 1986 jeweils in dem Maße, wie sich der Privatsektor entwickelte. Hierbei war der Bereich des peripheren Hörfunks dem französischen Recht naturgemäß nicht zugänglich.

325 Siehe die veröffentlichten Auszüge im Bericht *Cluzel*, Senat, erste ordentliche Sitzung von 1985-86, Nr. 96, Band III, Anhang Nr. 47, S. 220.

Das Problem stellte sich erstmals bei den neuen Lokalradios, deren Zulässigkeit durch das Gesetz Nr. 81-994 vom 9. November 1981 anerkannt und durch das Gesetz vom 29. Juli 1982 bestätigt wurde. In dem Bestreben, diese ersten Angriffe auf das öffentliche Monopol örtlichen, nicht auf Erwerbszwecken gerichteten Vereinen vorzubehalten, verbot der Gesetzgeber zunächst jede Art von Werbung. So bestimmte beispielsweise Art. 81 des Gesetzes vom 29. Juli 1982 in seiner ursprünglichen Fassung: »Dienste, die aufgrund dieses Artikels Lizenzen erhalten, dürfen weder Werbeeinnahmen haben noch Werbung senden« (Abs. 4); das Budget dieser lokalen Radiosender sollte nur aus dem Beitragsaufkommen ihrer Mitglieder, aus dem Aufkommen der öffentlichen Körperschaften und aus einer staatlichen Hilfe bestehen, die ihrerseits aus den Werbeeinnahmen von Radio und Fernsehen finanziert wurde. In seiner Entscheidung Nr. 129 vom 30. Oktober 1981[326] hat der Conseil constitutionnel bestätigt, daß diese Art der Finanzierung, die Werbeeinnahmen als Finanzierungsmittel ausschloß, verfassungsgemäß ist: danach ist die Diskriminierung dieser Vereinigungen im Verhältnis zu den staatlichen Sendern im Hinblick auf die besonderen Lasten gerechtfertigt, die der öffentliche Dienst im Allgemeininteresse tragen muß. Und: »Wenn auch die sogenannten peripheren Sender ähnlich finanziert werden, so gibt es keine Gesetzesvorschrift, die ihnen erlaubt, vom französischen Staatsgebiet aus zu senden und welche somit eine Ungleichheit zwischen diesen Sendern und den Vereinigungen schafft, die in den Genuß einer Ausnahmegenehmigung gekommen sind«.

Die lokalen Radiosender haben sich bemerkenswert entwickelt, insoweit seit 1984 einer von fünf Hörern nicht mehr die staatlichen, sondern die lokalen Sender empfängt. Außerdem wurden Ende 1984 von der Hohen Behörde 1192 Frequenzen freigegeben, die von 1417 Vereinigungen genutzt wurden[327]. Ihr Erfolg hat sie veranlaßt, trotz des gesetzlichen Verbots, Werbung zu senden, wobei sie sich auf die fehlende Definition der »Einnahmen« und der »Werbenachrichten« im Gesetz berufen sowie auf den Inhalt derjenigen Sendungen, die nicht »Eigenprogramm« sind (20 Prozent). Zudem hatte die Hohe Behörde nicht genug technische Möglichkeiten, die Sendungen einer so großen Anzahl von Radiostationen zu kontrollieren. Deswegen fügte das Gesetz Nr. 742 vom 1. August 1984 in das Gesetz vom 29. Juli 1982 einen neuen Art. 81 ein[328], der die Lokalsender vor folgende Option stellte: entweder werden nur vergütete Sendungen ausgestrahlt, die kollektive Aktio-

326 Rec. S. 350.

327 *J. Chevallier*, L'aménagement de la liberté d'accès à l'audiovisuel, AJDA 1984, S. 504.

328 Ergänzt durch die Art. 81-1 und 81-2.

nen oder Aktionen im Allgemeininteresse unterstützen; dann erhält der Sender wie bisher die im übrigen bescheidene Unterstützung des Staates. Oder aber er strahlt Wirtschaftswerbung aus; dann aber entfällt die staatliche Unterstützung. Zur Anwendung dieser Vorschriften[329] hat die Regierung das Dekret Nr. 84-1060 vom 1. Dezember 1984 über die lokalen Rundfunksender und insbesondere das Dekret Nr. 84-1061 vom selben Tag, welches die Lastenhefte der Lizenzinhaber zum Betrieb von lokalen Hörfunksendern festlegt, erlassen[330]. Die Artikel 12 und 13 dieser Lastenhefte enthielten nur zwei Regelungen: einerseits mußte die Werbung deutlich angekündigt werden und als solche identifizierbar sein, womit jede Form der verdeckten oder verschleierten Werbung verboten wurde. Andererseits durfte ein Sender Aufträge von einem einzigen Inserenten nur in Höhe von bis zu 10 Prozent seiner gesamten nominellen und üblichen Einkünfte annehmen. Mit dieser Einschränkung sollte verhindert werden, daß die lokalen Sender von zu mächtigen Werbeträgern abhängig werden und somit in einem landesweiten Verbund aufgehen (was insbesondere bei der von R. Hersant kontrollierten Zeitungsgruppe der Fall gewesen ist).

Bei der Reglementierung der Werbung im Bereich des lokalen Kabelfernsehens berücksichtigte man den Mißerfolg im Kampf gegen die Konzentration in der Werbung. Mit dem Dekret Nr. 85-54 vom 18. Januar 1985[331] wurde ein Lastenheft gebilligt, dessen Art. 13 die verdeckte Werbung verbietet, und zwar mit dem gleichem Wortlaut wie bei den lokalen Hörfunkstationen. Jedoch ist eine Vielfalt der Werbeinserenten nicht erforderlich. Hingegen ist die Unterbrechung durch Werbespots wie im Bereich des öffentlichen Fernsehens nicht erlaubt.

Neue Probleme entstanden durch das 1984 errichtete Abonnementfernsehen »Canal Plus«. Es fragte sich, ob Abonnement und Werbeprogramme vereinbar seien. Die im ursprünglichen Lastenheft[332] getroffene Regelung war einfach: keine Produktwerbung, sondern lediglich gesponserte Sendungen. Art. 21 bestimmte: »(1) Der Konzessionsträger darf keine Werbesendungen ausstrahlen. Zum Ausgleich dafür darf der Konzessionsträger Beiträge von öffentlichen oder privaten Unternehmen annehmen, die Sendungen finanzieren wollen, um ihr Image, ihre Tätigkeit oder ihre Leistungen zu fördern, indem sie ihren Namen, ihre Bezeichnung oder ihre Firma bekanntmachen [...].

---

329 Und entsprechend der in Art. 110 des Gesetzes von 1982 ausgesprochenen Ermächtigung.

330 JO vom 2. Dezember 1984.

331 JO vom 19. Januar 1985.

332 Nicht im Journal officiel, sondern auszugsweise in Le Monde vom 17. Februar 1984 veröffentlicht.

(2) Die so finanzierten Sendungen dürfen in keinem Fall die Eigenschaften der Güter oder Dienste fördern, die von dem finanzierenden Unternehmen erzeugt oder vertrieben werden. Erlaubt sind vor oder nach der Ausstrahlung solcher Sendungen: die Angabe des Namens, der Bezeichnung oder der Firma des finanzierenden Unternehmens sowie Hinweise auf Unterscheidungsmerkmale, die üblicherweise mit ihrem Namen, ihrer Bezeichnung oder ihrer Firma assoziiert werden. (3) Jede andere Form des Sponsoring bedarf der Zustimmung einer vom Konzessionsgeber bestimmten Standeskommission«. Da aber der Sender Canal Plus täglich mehrere Stunden unverschlüsselt Programme ausstrahlt und im ersten Jahr seines Bestehens wegen der angekündigten Einrichtung von kommerziellem Fernsehen finanzielle Schwierigkeiten hatte, erlaubte der Minister für Kommunikation in einem Brief vom 6. März 1985 »die Finanzierung durch Werbeeinnahmen, wobei die Einnahmen aus Zuschauerabonnements mindestens 60 Prozent der Gesamteinnahmen dieses Senders ausmachen müssen. Werbesendungen dürfen nur im Rahmen unverschlüsselter Programme ausgestrahlt werden, wobei jene täglich sechs Stunden Sendezeit nicht überschreiten dürfen. Diese sechs Stunden Sendezeit sind aufzuteilen auf den Morgen, den Mittag und den Vorabend. Die Kontrolle der Sendungen wird ebenso wie bei den staatlichen Sendern der Régie française de publicité übertragen. Die Grundsätze der Neutralität, des gleichen Zugangs und der Transparenz der Gebühren gelten auch für Canal Plus«[333].

Diese Änderung des Lastenheftes wurde durch das Dekret vom 14. März 1986 über die Zustimmung zum Konzessionsvertrag und zum Lastenheft der Gesellschaft des vierten Kanals normiert. Die Wirtschaftswerbung wird durch den immer noch gültigen Art. 21 geregelt, der wie folgt lautet: »(1) Dem Konzessionsinhaber ist die Ausstrahlung von Werbung während der für die Abonnenten vorgesehenen Programme mit Ausnahme der in Art. 17 vorgesehenen Sendestunden (maximal 6 Stunden aufgeteilt auf den Morgen, den Mittag und den Vorabend) untersagt. Werbesendungen müssen deutlich als solche angekündigt werden. Sie können die Programme unterbrechen, mit Ausnahme von Programmen, in denen Spielfilme gesendet werden. (2) Der Konzessionsträger darf keinerlei Werbung folgender Wirtschaftszweige senden: für Tabakwaren aufgrund des Gesetzes vom 9. Juli 1976 über den Kampf gegen Tabakmißbrauch und seinen Ausführungsvorschriften; für Getränke mit mehr als 9% Alkohol; für literarisches und musikalisches Verlagswesen sowie für Kinofilme. Als Übergangsrecht gilt diese Vorschrift

333 Le Monde 10.3.1985.

bis spätestens zum 31. Dezember 1987 ebenfalls für die Wirtschaftsbereiche des Einzelhandels und der Presse. (3) Ebenso wie im öffentlich-rechtlichen Bereich und unter denselben Bedingungen unterliegt die Werbesendung einer vorherigen Begutachtung. (4) Die vom Konzessionsträger für die Werbung festgelegten Gebührensätze müssen von ihm veröffentlicht werden. Sie müssen die Grundsätze der Neutralität, des gleichen Zugangs und der Transparenz beachten«. Art. 22 betrifft das Sponsoring: er enthält dieselben Vorschriften wie der alte Art. 21.

Was die privaten, unverschlüsselt sendenden Fernsehanstalten betrifft, so waren die für sie geltenden Regelungen identisch, sei es nun Art. 8 des Lastenheftes des fünften Kanals[334], Art. 8 des Lastenheftes des sechsten Kanals[335] oder Art. 10 des Lastenheftes der lokalen Fernsehsender[336] - man findet immer die gleichen Reglementierungen: Verbot der Werbung einiger Wirtschaftsbereiche (Tabak, alkoholische Getränke von mehr als 1%, literarisches Verlagswesen, musikalisches Verlagswesen, Kinofilme, Aufführungen, und - bis zum 31. Dezember 1987 - Einzelhandel und Presse), Gestattung der Unterbrecherwerbung, Pflicht zur eindeutigen Kennzeichung der Werbung. Diese Vorschriften sind heute nicht mehr anwendbar, jedoch sind die Vorschriften des Gesetzes von 1986 ihnen sehr ähnlich.

b) *Das Gesetz vom 30. September 1986*

Das Gesetz vom 30. September 1986 enthält zuerst zwei materielle Vorschriften zur Regelung der Sendung von Werbungsdurchsagen im öffentlichen und im privaten Bereich. Die eine wurde schon von Anfang an eingeführt: kraft Art. 73 (in der Fassung der Gesetzesnovelle 1989) darf die Sendung eines Filmes oder eines audiovisuellen Werkes nur einmal durch einen Werbespot unterbrochen werden. Dies gilt jedoch nicht für Abonnementfernsehen; in diesem Fall ist keine Unterbrechung zulässig. Kraft desselben Artikels sind keine werbenden Untertitel zulässig. Die andere Vorschrift wurde erst durch das Gesetz Nr. 90-55 vom 15. Januar 1990[337], jedenfalls in dieser Form, eingeführt: kraft des neuen Abs. 2 des Art. 14 sind politische Werbedurchsagen verboten.

Das Gesetz vom 30. September 1986 hat die Befugnisse der Regierung und der unabhängigen Rundfunkbehörde hinsichtlich der öffentlichen Programm-

334 Dekret Nr. 86-96 vom 18. Januar 1986, JO vom 19. Januar 1986.
335 Dekret Nr. 86-234 vom 21. Februar 1986, JO vom 22. Februar 1986.
336 Dekret Nr. 86-445 vom 14. März 1986, JO vom 16. März 1986.
337 JO vom 16. Januar 1990.

gesellschaften etwas geändert: wie unter dem alten Gesetz von 1982 (Art. 66) waren mittels der durch Regierungsdekret zu billigenden Lastenhefte »der Gegenstand, die Dauer und die Modalitäten der Werbeprogramme« und der »Höchstanteil an Werbung festzulegen, der von ein und demselben Inserenten kommen darf«[338]. Allerdings enthält dieses Gesetz gegenüber dem älteren Gesetz drei Änderungen: zunächst muß das Einnahmevolumen aus Wirtschaftswerbung nicht mehr im Lastenheft festgelegt werden; zweitens kann die CNCL die Bedingungen bestimmen, nach denen die nationalen Programmgesellschaften diejenigen ihrer Sendungen sponsern lassen können, die ihrer Aufgabe im erzieherischen, kulturellen oder sozialen Bereich entsprechen (Art. 48 Abs. 3); drittens muß die unabhängige Behörde außerdem eine mit allen angemessenen Mitteln ausgeübte Kontrolle über Gegenstand, Inhalt und Modalitäten der Werbeprogramme ausüben können, welche von den nationalen Programmveranstaltern ausgestrahlt werden (Art. 14, Abs. 1). Entsprechend dem erwähnten Art. 14 wird die Kontrolle über die Werbung nicht mehr von der Régie française de publicité ausgeübt; diese Gesellschaft ist aufgelöst worden. Die Kontrolle wird nunmehr vom CSA selbst ausgeübt[339].

Auf dieser Rechtsgrundlage hat die Regierung in den Lastenheften der öffentlichen Programmgesellschaften Werbungsregeln eingeführt. Die Rundfunkgesellschaften dürfen weiterhin nur kollektive Werbung und Werbung im allgemeinen Interesse senden, aber nunmehr dürfen sie es nur für eine begrenzte Zeit tun, und zwar durchschnittlich höchstens 30 Minuten pro Tag[340]; keine Werbung für Getränke, die mehr als 1% Alkohol enthalten und für den Einzelhandel (Art. 43). Die öffentlichen Fernsehgesellschaften A 2 und FR 3 dürfen weiter Markenwerbung betreiben; die gesamte Dauer der Werbedurchsagen soll durchschnittlich nicht mehr als 6 Minuten pro Stunde (und in jedem Fall nicht mehr als 12 Minuten in einer bestimmten Stunde) überschreiten; die Werbeeinnahmen von einem bestimmten Auftraggeber dürfen aber nicht mehr als 8 Prozent der gesamten Werbeeinnahmen überschreiten; schließlich ist die Werbung für alkoholische Getränke (mehr als 1%

338 Art. 48 des Gesetzes vom 30. September 1986, abgeändert durch das Gesetz vom 17. Januar 1989.

339 Die Übertragung der Befugnisse wurde für den 30. März 1987 vorgesehen, siehe Le Monde 31.1.1987.

340 Art. 32 und 44 des Lastenheftes von Radio-France, genehmigt durch das Dekret vom 13. November 1987, JO vom 15. November 1987.

Alkohol), Einzelhandel, literarische Verlage, Kinofilme und Zeitungen verboten[341].

Dagegen ist die für die Privatgesellschaften geltende Reglementierung weniger durch das Gesetz abgeändert worden, welches sich darauf beschränkt, die Kompetenzen zwischen der Regierung und der unabhängigen Behörde aufzuteilen.

Das Gesetz teilte die Befugnisse wie folgt auf. Die Regeln für Werbung und Sponsoring wurden für alle Kategorien von Kommunikationsdiensten im terrestrischen oder spatialen Bereich, die nicht von den nationalen Programmgesellschaften betrieben werden, gemäß Art. 27-I durch Dekrete des Conseil d'Etat bestimmt, die nach der Stellungnahme der CNCL erlassen wurden. Folgende Dekrete sind bereits erlassen worden: das Dekret Nr. 87-37 vom 26. Januar 1987, welches für einige Fernsehdienste die Regeln für Werbung und Sponsoring bestimmt[342], das Dekret Nr. 87-239 vom 6. April 1987, welches für die privaten terrestrisch oder über Satellit ausstrahlenden Hörfunksender geltenden Regeln für Werbung und Sponsoring bestimmt[343] und das Dekret Nr. 87-796 vom 29. September 1987[344] über den Hörfunk und das Fernsehen per Kabel (insbesondere die Art. 12 bis 24). In zweiter Linie kann die Kommission gemäß Art. 28 den Betrieb der privaten Dienste der audiovisuellen Kommunikation von bestimmten Pflichten abhängig machen, die sie selbst aufgestellt hat und die vom Lizenzinhaber angenommen wurden: so enthalten die Lizenzen für den fünften und den sechsten Fernsehkanal Vorschriften über Werbung, insbesondere über die maximalen Werbesendezeiten (Art. 28).

In dieser Hinsicht war die Kompetenzaufteilung für den privatisierten Sender TF 1 etwas anders strukturiert: Nach Art. 62 sollte das Dekret, das das Lastenheft von TF 1 bestätigte, hinsichtlich der Werbung nur Minimalpflichten definieren, insbesondere die maximalen Sendezeiten für Werbung. Dies ist dann durch Dekret Nr. 87-43 vom 30. Januar 1987[345] geschehen. Gemäß Art. 65 enthält die von der CNCL erteilte Genehmigung noch zusätzliche Auflagen, zu deren Einhaltung sich der Bewerber verpflichtet. Wie sich aus Art. 18 der Entscheidung Nr. 87-26 vom 4. April 1987 bezüglich der

---

341 Art. 50 bis 66 des Lastenheftes für A 2; Art. 52 bis 68 des Lastenheftes F 3 i.d.F. des Dekrets Nr. 87-717 vom 28. August 1987, JO vom 1. September 1987.

342 JO vom 27. Januar 1987, abgeändert durch die Dekrete Nr. 88-920 vom 9. September 1988, JO vom 13. September 1988 und Nr. 90-66 vom 17. Januar 1990, JO vom 18. Januar 1990.

343 JO vom 7. April 1987.

344 JO vom 30. September 1987, abgeändert durch das Dekret Nr. 88-608 vom 6. Mai 1988, JO vom 8. Mai 1988.

345 JO vom 31. Januar 1987.

Genehmigung für TF 1[346] ergibt, können die Verpflichtungen auch Werbesendungen betreffen. Dieselbe Bemerkung gilt für die Abonnementfernsehengesellschaft Canal Plus, deren Lastenheft weiter kraft des Gesetzes vom 29. Juli 1982 (insbesondere Art. 79) und des Dekrets Nr. 86-20 vom 7. Januar 1986[347] durch ein Dekret der Regierung genehmigt werden muß; die Vorschriften dieses Lastenheftes, die die Werbung regeln, wurden aber durch das Dekret Nr. 89-35 vom 24. Januar 1989 geändert[348], das aufgrund der neuen Verteilung der Befugnisse zwischen Regierung und unabhängiger Behörde erlassen wurde.

Wie schon mehrfach erwähnt wurde, hat das Gesetz Nr. 90-55 vom 15. Januar 1990 die Befugnisse zwischen der Regierung und der unabhängigen Rundfunkbehörde, jetzt dem CSA, neu verteilt. Nunmehr hat die Regierung kraft Art. 27 n.F. die exklusive Verordnungsgewalt, insbesondere zur Regelung der Werbung in den audiovisuellen Programmen.

Betrachtet man nun den Inhalt dieser Regelungen, so stellt man zunächst fest, daß die drei Dekrete[349], welche die unverschlüsselt sendenden Radio- und Fernsehstationen betreffen, identisch sind: sie stellen einige standesrechtliche Regeln auf (beispielsweise im Interesse der Verbraucher, der Kinder und Jugendlichen), sie wiederholen das Prinzip, wonach Werbesendungen deutlich als solche angekündigt und identifizierbar sein müssen, erlauben die Unterbrechung der Programme durch Werbung und beschränken, wie in den vorher analysierten Vorschriften beschrieben, das Recht der Unternehmen auf Namensnennung in Sendungen, die sie gesponsert haben. Das Dekret, mit welchem das Lastenheft von TF 1 gebilligt wurde, enthält ebenfalls verschiedene Vorschriften. Dagegen enthalten die auf das Fernsehen anwendbaren Vorschriften noch zusätzliche Verpflichtungen. So nennt beispielsweise das Dekret vom 26. Januar 1986 zunächst das Verbot, für Erzeugnisse zu werben, deren Werbung bereits gesetzlich verboten ist (wie Tabak). Außerdem wird die Werbung für folgende Produkte untersagt: alkholische Getränke von mehr als 1%, Erzeugnisse des literarischen und musikalischen Verlagswesens, Kinofilme, Presseerzeugnisse, Einzelhandel (Art. 7). Zusätzlich dazu verlangt das Dekret, daß die Werbung gleichzeitig in der gesamten Zone ausgestrahlt wird, für die die Genehmigung erteilt wurde. Mit der Unterbindung einer Regionalisierung der Werbung wird das Ziel verfolgt, die Einnahmequellen der Regionalpresse zu schützen. Schließlich darf die Unterbrechung eines

346 JO vom 8. April 1987.
347 JO vom 8. Januar 1986.
348 JO vom 25. Januar 1989; abgeändert durch das Dekret Nr. 90-66 vom 17. Januar 1990, JO vom 18. Januar 1990.
349 6. April 1987, 26. Januar 1987 und 29. September 1987.

Films durch Werbung nicht mehr als sechs Minuten betragen. Das auf TF 1 anwendbare Dekret[350] hat diese Regeln vollständig übernommen, hat aber, wie durch das Gesetz gefordert, eine zeitliche Begrenzung für Werbesendungen hinzugefügt: »durchschnittlich neun Minuten pro Sendestunde jährlich, ohne daß 15 Minuten pro bestimmte Stunde überschritten werden dürfen« - eine Beschränkung, die zum Schutze der Presse wenig wirksam ist.
Die Lizenzbewerber für den fünften und den sechsten Kanal sowie der Konzessionsträger von TF 1 haben sich zu zusätzlichen Auflagen verpflichtet. Dies hat die CNCL in ihren diese drei Kanäle betreffenden Entscheidungen festgestellt (jeweils Art. 17, 17 und 18). So haben sich die Gesellschaften verpflichtet, die Sendezeit für Werbung im ersten Jahr auf täglich durchschnittlich 6 Minuten pro gesendete Stunde zu beschränken, wobei 9 Minuten (5. und 6. Kanal) oder 12 Minuten (TF 1) für eine Stunde nicht überschritten werden dürfen. Für eine Änderung dieser Grenzen in den darauffolgenden Jahren bedarf es einer neuen Entscheidung der unabhängigen Behörde. Außerdem haben sich die Betreibergesellschaften des 5. Kanals und von TF 1 verpflichtet, die einmalige Unterbrecherwerbung bei abendfüllenden Spielfilmen auf 4,5 Minuten (5. Kanal) bzw. auf 4 Minuten (TF 1) zu begrenzen. Schließlich hat sich TF 1 zudem verpflichtet, die Fernsehnachrichten nicht durch Werbung zu unterbrechen.
Während nach dem Gesetz von 1982 die Régie française de publicité aufgrund der Empfehlung der Hohen Behörde mit der Überwachung der Werbung beauftragt war, ist es nun der CSA selbst, der diese Kontrolle mit allen angemessenen Mitteln ausüben soll. Diese Kompetenzverteilung entspricht im übrigen der für die staatlichen Gesellschaften[351].
Insgesamt machen der Hörfunk etwa 7 Prozent und das Fernsehen etwa 56 Prozent der Werbeausgaben der Medien aus[352]. Die Werbeeinnahmen der öffentlichen Programmgesellschaften sind aber dreimal kleiner als diejenigen der privaten Programmgesellschaften[353].
Es ist schwierig, diese Reglementierung zu beurteilen: ganz offenkundig soll die Verringerung der ausgeschlossenen Wirtschaftszweige und das Verbot jeder regionalisierten Werbung die Auswirkungen der Fernsehwerbung auf die Werbeeinnahmen der Presse begrenzen. Ob das aber bei der Existenz von sechs national ausgestrahlten Fernsehprogrammen (wovon eines allerdings verschlüsselt ausstrahlt), die sich, sei es teilweise (wie bei zwei der staatlichen

350 Dekret vom 30. Januar 1987.
351 Art. 14 des Gesetzes vom 30. September 1986.
352 Bericht *Vivien*, Assemblé Nationale, 9. Legislaturperiode, Erste ordentliche Sitzung 1990-1991, Nr. 1635, Anlage 11, S. 23).
353 Ebd., S. 24.

Gesellschaften und einer der Abonnementsgesellschaft), sei es vollständig (wie bei den anderen drei privaten Gesellschaften), aus Werbung und Sponsoring finanzieren, ausreicht, erscheint fraglich. Aus diesem Grund ist im übrigen die Forderung erhoben worden, den staatlichen Gesellschaften jede Art von Werbung zu untersagen. Dies hieße aber, sie zur Aufgabe zu verurteilen, zumindest aber bedeutete es eine Verdoppelung der Gebühren.

Kapitel IV *Der Empfang*

Der Gesetzgeber hat den Empfang nicht besonders eingehend geregelt. Das Gesetz begnügt sich im allgemeinen damit, den Grundsatz der Freiheit des Empfangs aufzustellen und die finanziellen Pflichten der Rundfunkhörer und Fernsehzuschauer zu definieren.

Abschnitt 1 - *Der Grundsatz der Freiheit des Empfangs*

§ 1 *Die Gewährleistung der Freiheit des Empfangs*

Die Freiheit des Empfangs wird nicht nur in Gesetzen, sondern auch in höherrangigen Vorschriften proklamiert.

A. *Die Normierung durch übergesetzliche Bestimmungen*

Zunächst normiert die französische Verfassung den Grundsatz der Freiheit des Empfangs. So bestimmt Art. 11 der Menschenrechtserklärung, dem durch die Präambel der Verfassung von 1958 Verfassungsrang zukommt: »Die freie Mitteilung der Gedanken und Meinungen ist eines der kostbarsten Menschenrechte; jeder Bürger kann also frei reden, schreiben und drucken, vorbehaltlich des Mißbrauchs dieser Freiheit in den durch das Gesetz bestimmten Fällen«. In seiner Entscheidung Nr. 86-217 DC vom 18. September 1986 hat der Conseil constitutionnel dieses Recht als eine Garantie der Auswahlfreiheit interpretiert: »Das zu erreichende Ziel ist, daß die Rundfunkhörer und Fernsehzuschauer, welche die wesentlichen Empfänger der von Art. 11 der Erklärung von 1789 proklamierten Freiheit sind, selbst ihre freie Auswahl treffen können, ohne daß Privatinteressen oder die Staatsgewalt ihre eigenen

Entscheidungen durchsetzen können und ohne daß dies Gegenstand eines Marktes wird«. Obwohl diese Erklärung das Erfordernis von Pluralismus im Angebot des audiovisuellen Bereich rechtfertigen sollte, erfolgt hierdurch logischerweise auch eine Einbeziehung der Freiheit des Empfangs.
Eine andere Vorschrift mit übergesetzlicher Bedeutung bestätigt ebenfalls die Freiheit des Empfangs: Art. 10 der Konvention zum Schutze der Menschenrechte. Nach Art. 10 EMRK »hat jeder Anspruch auf freie Meinungsäußerung. Dieses Recht schließt die Freiheit der Meinung und die Freiheit zum Empfang [...] von Nachrichten oder Ideen ohne Eingriffe öffentlicher Behörden und ohne Rücksicht auf Landesgrenzen ein«. Frankreich hat diese Konvention ratifiziert. Nach Art. 55 der Verfassung, wonach Verträge Vorrang vor den Gesetzen haben, ist diese Vorschrift geeignet, vor dem Verwaltungsrichter gegen eine individuelle Verwaltungsentscheidung bzw. gegen eine Verwaltungsverordnung ins Feld geführt zu werden. Allerdings ist zu berücksichtigen, daß die Anwendung der Konvention durch Verwaltungsgerichte selten ist (54 Entscheidungen in dem Zeitraum von 1974, dem Jahr der Ratifizierung, bis 1985). So ist beispielsweise der freie Radiosender Mont-Blanc, der unter Verletzung der internationalen Regeln über Frequenzzuteilung vom italienischen Staatsgebiet aus sendete, gestört worden, ohne daß es zu einem Prozeß kam. Frankreich hat Italien lediglich gebeten, die Respektierung seiner internationalen Verpflichtungen zu überwachen. Ein solcher Prozeß hätte im übrigen nicht geführt werden können, weil die Störung als ein »acte de gouvernement« angesehen wird. Hierzu wurde bereits durch das Tribunal des conflits in der Sache »Radiodiffusion française« am 2. Februar 1950 festgestellt[354]: »Die von der Regierung anberaumte Maßnahme gegen die Sendungen eines Senders, der seinen Sitz auf extraterritorialem Gebiet hat (im vorliegenden Fall im Fürstentum Andorra, welches unter der Oberhoheit zweier Lehensherren, nämlich des Präsidenten der französischen Republik und des spanischen Bischofs von Orgel geführt wird) unterliegt nicht dem französischen Recht, sondern einer hiervon verschiedenen Autorität, und steht somit außerhalb jeder rechtlichen Kontrolle«. Im vorliegenden Fall waren die Sendungen von Radio Andorra von den technischen Diensten der Radiodiffusion française auf Anweisung der Regierung gestört worden, weil sie den internationalen Plan der Frequenzverteilung mißachteten.

---

354 Rec. S. 652; S. 1950.3.73, Schlußanträge *Odent*; RDP 1950.418, Schlußanträge *Odent*, Anmerkung *Waline*; JCP 1950.II.5542, Anmerkung Rivero.

Bereits das Audiovisionsgesetz vom 29. Juli 1982 schützte die Freiheit des Empfangs, indem es die Anonymität der Programmwahl gewährleistete. Art. 3 bestimmte: »Mit Ausnahme der Zustimmung der Betroffenen wird die Anonymität der Wahl zwischen den von den Nutzern empfangenen Programmen gewährleistet«. Infolgedessen enthielt das Lastenheft der öffentlichen Sendeanstalt Télédiffusion de France (TDF)[355] einen Art. 12, der wie folgt lautete: »Der Inhaber der Genehmigung trifft im Hinblick auf die Anlagen und Systeme für die Sendung und den Empfang von Programmen der audiovisuellen Kommunikation, sei es im Funkwellenbereich oder über Kabel, alle erforderlichen Maßnahmen, die die Anonymität der von den Nutzern getroffenen Auswahl unter den Programmen garantieren, und zwar entsprechend den Vorschriften des Art. 3 des obengenannten Gesetzes vom 29. Juli 1982«.

Ebenso enthält das Gesetz vom 30. September 1986 einen Art. 1, der folgendermaßen lautet: »(1) Die Einrichtung und der Gebrauch von Telekommunikationsanlagen, der Betrieb und die Nutzung von Telekommunikationsdiensten sind frei. (2) Diese Freiheit kann unter Beachtung der Gleichheit der Behandlung nur insoweit eingeschränkt werden, als es im Interesse der Landesverteidigung, der Notwendigkeiten des Allgemeininteresses, zum Schutz der öffentlichen Ordnung, der Freiheit und des Eigentums Dritter sowie schließlich der pluralistischen Äußerung von unterschiedlichen Meinungsströmungen erforderlich ist. (3) Die Einschränkung des Geheimnisses der Auswahl zwischen verschiedenen Telekommunikationsdiensten und den von ihnen angebotenen verschiedenen Programmen kann nur mit Zustimmung derjenigen erfolgen, die diese Auswahl getroffen haben«.

Wie schon dargestellt wurde, hat das Gesetz Nr. 89-25 vom 17. Januar 1989 die ersten Artikel des Gesetzes vom 30. September 1986 neu gefaßt. Nun lautet der Anfang des Art. 1 wie folgt: »Die audiovisuelle Kommunikation ist frei«, und der neue Art. 3 entspricht buchstäblich dem Abs. 3 des älteren Art. 1: »Das Geheimnis der Auswahl zwischen verschiedenen Telekommunikationsdiensten und den von ihnen angebotenen Programmen kann nur mit der Zustimmung derjenigen aufgehoben werden, die diese Auswahl getroffen haben«.

Für Einzelpersonen umfaßt dieser Grundsatz der Empfangsfreiheit das Recht, Antennen aufzustellen. Dieses Recht kann auch Privatpersonen entgegengehalten werden. Nach dem Gesetz Nr. 66-457 vom 2. Juli 1966 über die

355 Dekret vom 3. Mai 1984, JO vom 11. Mai 1984.

Errichtung von Antennen zum Empfang von Rundfunk, »(1) kann sich der Inhaber eines Gebäudes nicht ohne ernsthaften und rechtmäßigen Grund und unbeschadet jeder gegenteiligen, auch vorangegangenen Vereinbarung der Errichtung, Unterhaltung oder Ersetzung einer Außenantenne zum Empfang von Rundfunk auf Kosten einer oder mehrerer Mieter oder gutgläubiger Benutzer widersetzen. (2) Das Angebot des Eigentümers, den Anschluß an eine Gemeinschaftsantenne vorzunehmen, die den durch ein Arrêté des Informationsministers festgelegten technischen Normen entspricht, ist ein ernsthafter und rechtmäßiger Grund, sich der Errichtung oder dem Austausch einer individuellen Antenne zu widersetzen«. Das Gesetz Nr. 90-1170 vom 29. Dezember 1990 zur Regelung der Telekommunikation[356] hat den ersten Absatz des Art. 1 des Gesetzes vom 2. Juli 1966 wie folgt ergänzt: »Bei den gleichen Verhältnissen darf er (der Eigentümer) sich dem Anschluß an ein Kabelnetz nicht widersetzen, das Hörfunk- und Fernsehdienste anbietet«. Verhindert ein Gebäude, daß die Nachbarn die über Funkwellen gesendeten Programme störungsfrei empfangen können, so bestimmt Art. L 112-12 der Bauordnung (Code de la construction)[357], daß diese die Errichtung von Empfangsantennen verlangen können, die geeignet sind, einen störungsfreien Empfang zu gewährleisten. Gemäß Art. 86 des Gesetzes vom 30. September 1986 obliegt es der Nationalen Kommission für Kommunikation und Freiheitsrechte (CNCL), heute dem Obersten Rundfunkrat (CSA), im Falle einer Weigerung den Präsidenten des Großen Instanzgerichts anzurufen.

Der Grundsatz der Empfangsfreiheit umfaßt auch das Recht auf Anonymität. Dieses Recht kann sowohl dem Staat (die Polizei darf nicht abhören) als auch den Gesellschaften, die die Einschaltquoten der verschiedenen Programme ermitteln (wie die Gesellschaft Médiamétrie), entgegengehalten werden. Letztere dürfen ihre Untersuchungen nur mit Zustimmung der Betroffenen vornehmen. Das Prinzip der Empfangsfreiheit wird durch den Gleichbehandlungsgrundsatz bestärkt, den, gemäß dem Inhalt des Artikels 11 des Gesetzes, nicht nur die staatlichen Stellen, sondern auch die Betreiber zu beachten haben: »Der Oberste Rundfunkrat überwacht im Rahmen der durch Dekret des Conseil d'Etat erlassenen Vorschriften die Beachtung des Gleichbehandlungsgrundsatzes durch die Betreiber von Fernmeldeanlagen, gleich welcher Art der Inhalt der übermittelten Nachricht ist«. Dieses Prinzip hat insbesondere Auswirkungen auf das Abonnement-Fernsehen.

---

356 JO vom 30. Dezember 1990.

357 Hervorgegangen aus Art. 23 des Gesetzes Nr. 74-696 vom 7. August 1974, abgeändert durch Art. 72-1 des Gesetzes Nr. 76-1285 vom 31. Dezember 1976.

Wie jedoch aus dem Wortlaut des Art. 1 ersichtlich ist, unterliegt dieser Grundsatz gewissen Einschränkungen.

§ 2 *Die Grenzen der Empfangsfreiheit*

Die Empfangsfreiheit unterliegt in zweierlei Hinsicht Einschränkungen: einerseits durch die staatlich angeordnete Störung bestimmter Sendungen und andererseits durch die Reglementierung der technischen Bedingungen des Empfangs.

A. *Die Störung bestimmter Sendungen*

Die öffentliche Hand darf die Télédiffusion de France nicht anweisen, die Sendung eines Programms zu stören. Nach Art. 1 des Gesetzes vom 30. September 1986 kann sie dies praktisch nur aus Gründen der Landesverteidigung oder zum Schutz der öffentlichen Ordnung (z.B. bei Sendungen, die Geheimnisse der Landesverteidigung übermitteln oder den Bürgerkrieg fördern). Die öffentliche Hand kann eine Störung weiterhin aufgrund der Vorschriften des öffentlichen Rechts anordnen, um der Ausstrahlung von Programmen entgegenzuwirken, die internationale Pläne oder nationale Frequenzverteilungspläne mißachten.
In diesem Zusammenhang erhebt sich die Frage, ob eine Störung auch aus weniger zwingenden Gründen geschehen kann, wie zur Erhaltung der nationalen Einheit (gegen Aufrufe zur Loslösung vom Staatsgebiet) oder zum Kampf gegen den Rassismus (z.B. gegen antisemitische Propaganda). So stellt das Gesetz vom 1. Juli 1990 zur Bestrafung von rassistischen, antisemitischen und ausländerfeindlichen Handlungen[358] nicht nur solche Handlungen unter Strafe, sondern begründet auch ein Gegendarstellungsrecht der Vereine, die gegen den Rassismus kämpfen und den Opfern jeder Diskriminierung wegen der nationalen, ethnischen, rassischen oder religiösen Herkunft beistehen. Wir denken, daß dies nicht möglich ist, denn die Freiheit der Meinungsäußerung muß vor anderen Verfassungsprinzipien den Vorrang haben.

B. *Die Reglementierung der technischen Voraussetzungen des Empfangs*

Die Reglementierung der technischen Voraussetzungen des Empfangs kann die Freiheit von Privatpersonen, Programme zu empfangen, einschränken.

---

358 Gesetz Nr. 90-615, JO vom 14. Juli 1990.

Art. 12 des Gesetzes vom 30. September 1986 enthält implizit die Befugnis der Regierung, die technischen Normen der Empfangsgeräte zu bestimmen, indem er eine Anhörung des CSA vor ihrer Bekanntmachung vorsieht. Dieser Eingriff des CSA wird durch die Tatsache gerechtfertigt, daß bestimmte Normen mit dem Ziel erlassen werden könnten, die Einwohner des Staatsgebiet am Empfang gewisser Sendungen zu hindern. Dies würde Art. 1 des Gesetzes entgegenstehen. Wieder andere Normen könnten erlassen werden, um Dritte zu schützen: So wäre es beispielsweise naheliegend, daß der Gebrauch von Geräten verboten wird, mit denen Signale zum privaten Nachrichtenaustausch empfangen werden können.

Die technische Regelungsbefugnis kann auch dahingehend ausgeübt werden, um industriepolitische Ziele zu erreichen, insbesondere um die Erzeugung kompatibler Geräte durchzusetzen, die den Bedingungen des französischen Marktes entsprechen. Allerdings verhindern die Grundsätze des Vertrags zur Gründung der Europäischen Wirtschaftsgemeinschaft, daß diese Befugnis zu protektionistischen Zwecken ausgeübt wird, wie dies der Streit zwischen der französischen Verwaltung und der Bundespost um die Anerkennung französischer Modems in der Bundesrepublik gezeigt hat.

Ein besonderes Problem betrifft den Wettbewerb zwischen Satellitenrundfunk und -fernsehen und Kabelfernsehen. Um zu verhindern, daß sich größere Einheiten einer Verkabelung entziehen, indem sie Gemeinschaftsantennen aufstellen, sehen die Art. 34 und 43 des Gesetzes vom 30. September 1986 vor, daß die Errichtung von Kabelnetzen auf Privatgrundstücken von einer Genehmigung der zuständigen Gemeinde oder des zuständigen Gemeindeverbands abhängig ist. Art. 43 in seiner ursprünglichen Fassung sah nur eine Ausnahme vor: »Ein internes Kabelnetz eines Grundstücks, eines Unternehmens oder einer öffentlichen Institution« (z.B. eines Häuserkomplexes, eines Hotels oder eines Flughafens) mußte zu seinem Betrieb nicht genehmigt, sondern nur angemeldet werden. Art. 43 in der Fassung der Gesetzesnovelle vom 29. Dezember 1990[359] lautet etwas anders: nur angemeldet werden müssen »a) der Betrieb von Kabelnetzen, die weniger als 100 Haushalte und nur Rundfunk- und Fernsehprogramme anbieten, die per Welle gesendet und in der Regel in dieser Zone empfangen werden [...]; b) die internen audiovisuellen Dienste innerhalb eines Unternehmens oder einer öffentlichen Anstalt«. Hieraus resultiert eine wichtige Einschränkung der Empfangsfrei-

359 JO vom 30. Dezember 1990.

heit[360], über deren Verfassungsmäßigkeit der Conseil constitutionnel nicht zu befinden hatte.

In der vorliegenden Studie soll nicht weiter auf den professionellen Empfang zum Zwecke der Wiedergabe von Sendungen eingegangen werden. Nach Maßgabe des Gesetzes vom 29. Juli 1982 berief sich der Telekommunikationsminister auf mehrere Vorschriften des Post- und Fernmeldegesetzes, um in einem Arrêté vom 3. Juli 1984[361] »die Nutzungsbedingungen der Erdstationen für den Empfang von Fernsehsignalen« zu definieren (insbesondere für den Empfang von Signalen von einem der Eutelsat Satelliten). Dieses Arrêté unterwarf die Benutzung solcher Stationen einer Verwaltungsgenehmigung. Außerdem wurde die Überwachung der Einhaltung der technischen Normen und der technischen Nutzungsbedingungen der Geräte durch Agenten der Post oder durch die Polizei ausgeübt. Es sah daher so aus, als ob der Postminister nach Maßgabe des Gesetzes vom 30. September 1986 eine solche Regelung nur zum Zwecke des Schutzes der öffentlichen Ordnung, der Freiheit und des Eigentums Dritter (z.B. des Briefgeheimnisses) treffen könne. Das ist möglicherweise der Grund, warum das Arrêté vom 3. Juli 1984 durch ein neues Arrêté vom 22. Oktober 1986[362] ersetzt wurde, wodurch das Erlaubnissystem durch ein Antragssystem ersetzt wurde, wobei sich jedoch die Verwaltung das Recht vorbehielt, den Empfang zum Schutz der in Art. 1 des Gesetzes vom 30. September 1986 erwähnten Interessen auf Antrag des Verteidigungsministers und des Ministers des Inneren zu verbieten (Art. 3). Dabei bleibt allerdings die Pflicht, eine Erlaubnis zur Errichtung und Betrieb einer Erdstation für den Empfang von Fernsehprogrammen zu beantragen; diese Erlaubnis hat aber eine schlicht technische Bedeutung[363].

Abschnitt 2 - *Die mit dem Empfang verbundenen finanziellen Pflichten*

Die Unternehmen der Audiovision finanzieren die Produktion und die Ausstrahlung von Programmen im wesentlichen durch Wirtschaftswerbung, ganz gleich ob es sich um staatliche (im wesentlichen seit 1968) oder um private (seit jeher) Unternehmen handelt. Eine weitere Einnahmequelle dieser

360 Ebenso siehe *B. Delcros/B. Vodan*, La liberté de communication, CNCL, La Documentation française 1987, Kommentar der Artikel 34 und 43.

361 JO NC vom 19. Juli 1984, ergänzt durch drei Weisungen vom 31. August 1984, 18. September 1984 und 7. Juni 1985, veröffentlicht im besonderen Bulletin der Post.

362 JO vom 28. Oktober 1986.

363 Arrêté vom 12. Februar 1990, JO vom 21. Februar 1990.

Gesellschaften stellen die von den Fernsehzuschauern erhobenen Gebühren dar: Gebühren auf die Fernsehapparate oder im Rahmen eines Abonnements.

§ 1 *Die Pflicht zur Zahlung einer Abgabe*

Die Pflicht zur Zahlung einer Gebühr auf Empfangsgeräte besteht seit einem Gesetz vom 31. Mai 1933. Seitdem ist sie mehrfach verändert worden. Durch das Finanzgesetz für 1978 wurde die Steuer auf Hörfunkgeräte aufgehoben. Das Gesetz vom 29. Juli 1982 hat dagegen die Gebührenpflicht auch auf Tonaufnahmegeräte sowie Bild- und Tonwiedergabegeräte im Fernsehen, Magnetophone genannt, erstreckt. Diese Erweiterung ist sodann vom Gesetz vom 30. September 1986 annuliert worden. Ursprünglich wurden durch das Gesetz vom 7. August 1974 sämtliche staatlichen Audiovisionsunternehmen durch das Gebührenaufkommen begünstigt, also nicht nur die verschiedenen staatlichen Programmgesellschaften, sondern auch die für die Funkübertragung zuständige Télédiffusion de France, das Institut national de l'audiovisuel (INA), betraut mit der Archivierung für die staatlichen Gesellschaften, mit der Ausbildung von Personal und mit der Forschung) und ebenso die Société française de production (zuständig für größere Produktionen, insbesondere für Fernsehfilme, obwohl sie mit den unabhängigen privaten Produktionsgesellschaften in Konkurrenz stand). Seit dem Gesetz vom 30. September 1986 sind Télévision française 1 (TF 1) aufgrund der Privatisierung und die SFP aufgrund ihres Wettbewerbscharakters nicht mehr am Gebührenaufkommen beteiligt. Hieraus erklärt sich, daß die Höhe der Gebühren durch Dekret Nr. 86-1365 vom 31. Dezember 1986[364] etwas verringert wurde.
Die zur Zeit gültigen Rechtsvorschriften hinsichtlich der Gebühren für die Nutzung von Fernsehempfangsgeräten sind folgende: Art. 36 des Finanzgesetzes Nr. 83-1179 vom 29. Dezember 1983[365]; das Gesetz Nr. 86-1067 vom 30. September 1986 über die Kommunikationsfreiheit (Art. 53); das Dekret Nr. 82-971 vom 17. November 1982 über die Rechnungsgrundlage und den Einzug der Gebühren für das Nutzungsrecht von Fernsehempfangsgeräten[366] und das Dekret Nr. 86-1365 vom 31. Dezember 1986 über die Bestimmung

364 JO vom 1. Januar 1987.
365 Abgeändert durch das Finanzgesetz Nr. 90-1169 vom 29. Dezember 1990, JO vom 30. Dezember 1990.
366 JO vom 18. November 1982.

des Gebührengrundtarifs für das Nutzungsrecht von Fernsehempfangsgeräten[367].

A. *Die Rechtsnatur der Abgabe*

Die Rechtsnatur der Gebühr ist in der Entscheidung Nr. 60-8 DC vom 11. August 1960 des Conseil constitutionnel[368] näher dargelegt worden. Sie ist »im Hinblick auf die Voraussetzungen, unter denen sie eingeführt wurde, und im Hinblick auf die Modalitäten ihrer Überwachung und Erhebung« weder als Vergütung für geleistete Dienste noch als eine Steuer zu qualifizieren. Aber sie ist eine steuerartige Gebühr, d.h. eine Gebühr gemäß Art. 4 des Organgesetzes vom 2. Januar 1959 über die Finanzgesetze, die im wirtschaftlichen oder sozialen Interesse zugunsten einer juristischen Person des öffentlichen oder privaten Rechts, die nicht der Staat ist, oder zugunsten von Gebietskörperschaften oder öffentlichen Anstalten erhoben wird.

Infolgedessen kann die Rundfunkgebühr durch ein Dekret nach Anhörung des Conseil d'Etat eingeführt bzw. erhöht werden. Die Erhebung der Rundfunkgebühr muß dem Grunde nach jedes Jahr erneut durch das Finanzgesetz genehmigt werden. Somit ist das Parlament in der Lage, die Verwendung des Gebührenaufkommens rückwirkend zu kontrollieren. Ist die Genehmigung einmal erteilt, so kann die Regierung die Höhe der Gebühr abändern, auch wenn dies die im Rahmen der Prüfung des jährlichen Finanzgesetzes dem Parlament mitgeteilte Finanzplanung verändert. Die letzte Änderung der Gebühr erfolgte durch das Dekret Nr. 90-1171 vom 21. Dezember 1990[369].

B. *Berechnungsgrundlage und Höhe der Abgabe*

Als Berechnungsgrundlage für die Gebühr dient der Besitz von einem oder mehreren Fernsehempfangsgeräten als Eigentümer oder Mieter. Dabei wird nach dem Aufstellungsort unterschieden zwischen Fernsehempfangsgeräten im Haushalt oder in einem Unternehmen (erste Kategorie), in einem Getränkeausschank (zweite Kategorie) oder in einem Hör- oder Aufführungssaal, bei dem Eintritt gezahlt werden muß (dritte Kategorie).

---

367 JO vom 1. Januar 1987; abgeändert durch die Dekrete Nr. 88-1210 vom 30. Dezember 1988, JO vom 31. Dezember 1988, Nr. 89-986 vom 22. Dezember 1989, JO vom 31. Dezember 1989 und Nr. 90-1171 vom 21. Dezember 1990, JO vom 30.12.1990.

368 Rec. 1960, S. 25.

369 JO vom 30. Dezember 1990.

Für einkommensschwache Gruppen gibt es mehrere Ausnahmeregelungen. Hierzu zählen Personen, die älter als 60 Jahre und nicht einkommenssteuerpflichtig sind, sowie Schwerbehinderte und Kriegsinvaliden, die nicht der Einkommenssteuer unterliegen. Außerdem können die Beitreibungsbehörden die Gebühren teilweise oder vollständig erlassen, wenn der Schuldner sich in Zahlungsschwierigkeiten befindet oder zahlungsunfähig ist.
Die Höhe der Gebühr variiert entsprechend den Kategorien der Empfangsgeräte. Für die erste Kategorie beträgt der auf Privatpersonen anwendbare Satz bei Schwarz-Weiß-Geräten 364 Franc sowie bei Farbgeräten 566 Franc, und zwar ungeachtet der Anzahl der Geräte, die sich in einem Haushalt bzw. an einem Wohnsitz befinden. Der auf Unternehmen anwendbare Satz (Hotels, Unternehmen usw.) entspricht dem Grundtarif multipliziert mit der Anzahl der vorhandenen Empfangsgeräte (Abschläge gibt es jedoch bei mehr als 11 Geräten). In der zweiten Kategorie (Getränkeausschank) beträgt der Satz viermal die Höhe des Grundtarifes. Bei der dritten Kategorie (Aufführungssäle) beträgt die Gebühr das Achtfache des Grundtarifes, und zwar noch erhöht um eine Gebühr, die proportional zur Höhe der Einnahmen für das gesamte Programm steht (dieser Satz variiert zwischen 2 und 12 Prozent je nach Dauer des Empfangs).

C. *Die Beitreibung der Gebühren*

Der Besitzer (Eigentümer oder Vermieter) eines Fernsehapparats muß diesen anmelden, sobald er Besitz von diesem erlangt hat. Dies gilt auch dann, wenn er ihn aus Gründen nicht verwendet, die von ihm nicht beeinflußbar sind (beispielsweise Schattenzonen). Die Verkäufer von Fernsehgeräten müssen darauf achten, daß eine entsprechende Erklärung ausgefüllt wird und müssen diese dem regionalen Beitreibungsbüro übermitteln. Die Verletzung dieser Pflichten führt zu Bußgeldern.
Die Gebühr wird fällig, sobald die »Rolle« (Liste der Gebührenpflichtigen) für vollstreckungsfähig erklärt wird. Dies ist Aufgabe eines Regierungskommissars, der jeweils für das Departement zuständig ist, in welchem sich das regionale Beitreibungsbüro befindet. Die Gebühr wird im voraus für ein ganzes Jahr bezahlt.
Streitigkeiten über die Gebühr kommen vor das Verwaltungsgericht, wenn der Vorsteher des regionalen Beitreibungsbüros die Reklamation des Gebührenpflichtigen zurückgewiesen hat.

D. *Die Bedeutung der Gebühr*

1991 werden die Einnahmen etwa 7.783 Millionen Franc betragen. Sie werden zwischen den Programmgesellschaften und der technischen öffentlichen Anstalt, dem sogenannten Institut national de l'Audiovisuel (INA), wie folgt verteilt:

	Millionen Franc	%
Antenne 2	1751	22,5
France Régions 3	2770	35,6
SEPT	284	3,6
Radio France	2007	25,8
Radio France d'Outre-Mer	770	9,9
Radio France Internationale	51	0,6
INA	150	1,9
	7783	100

Diese Gebühreneinnahmen sind mit den Werbeeinnahmen zu vergleichen, die die Programmgesellschaften erzielen:

	Millionen F
Antenne 2	1447
France Régions 3	497
SEPT	0
Radio France	69
Radio France d'Outre-Mer	69
Radio France Internationale	3
	2085

Der Vergleich der Zahlen beweist, daß nur die Gesellschaft Antenne aus der Werbung soviel Einnahmen erzielt wie aus der Gebühr; die anderen öffentlichen Programmgesellschaften sind dagegen hauptsächlich durch Gebühren finanziert.

§ 2 *Die Pflicht zur Zahlung eines Abonnement-Entgeltes*

Die Pflicht zur Zahlung eines Abonnement-Entgeltes ergibt sich üblicherweise aus einem Vertrag, der entweder mit einer verschlüsselt sendenden Ferseh-gesellschaft oder aber mit einer Kabelfernsehgesellschaft abgeschlossen wird.

A. *Das Abonnement eines verschlüsselten Fernsehens*

Nach dem Gesetz vom 29. Juli 1982 hatte die Regierung der »Société d'exploitation de la Quatrième chaîne« (deren Hauptanteilseigner die Gesellschaft Havas ist) eine Konzession zur Sendung von verschlüsseltem Fernsehen auf dem gesamten französischen Festlandgebiet erteilt. Diese Konzession wurde zunächst 1984 gewährt. Später wurde sie dann Inhalt einer Vereinbarung, welche durch das Ausführungsdekret vom 14. März 1986[370] zur Ausführung des Dekrets Nr. 86-26 vom 7. Januar 1986 und zur Ausführung des Artikels 79 des Audiovisionsgesetzes vom 29. Juli 1982 (alle privaten Fernsehsender betreffend) gebilligt wurde.

Diese Vereinbarung ist durch die aus den Wahlen vom 16. März 1986 hervorgegangene Regierung nicht aufgekündigt worden. Nach Art. 15 des der Konzession beigefügten Lastenheftes ist der Konzessionsinhaber gehalten, alle Abonnementanträge anzunehmen und zu erfüllen. Nach Art. 19 müssen die vom Konzessionsinhaber praktizierten Tarife den Gleichbehandlungsgrundsatz gegenüber Nutzern beachten. Gemäß Art. 20 schließlich werden die Abonnementtarife durch den Konzessionsinhaber festgelegt. Sie sind jedoch vor ihrer Wirksamkeit dem Konzessionsvergeber vorzulegen. Zur Zeit beträgt der Preis eines Abonnements 160 Franc im Monat. (Zum Zeitpunkt der Einführung betrug er 120 F). Dieses Abonnement-Entgelt wird als zivilrechtliche Schuld erhoben.

Das Betreiben eines Abonnementfernsehens hat ein Rechtsproblem erzeugt, nämlich die Frage, ob der Verkauf von Dekodern, mit denen die Programme von Canal Plus ohne Abonnement abgehört werden, zulässig ist. Im November 1984 plante dase technische Magazin »Radio Plan« Dekoderschemata von Canal Plus zu veröffentlichen. Daraufhin leitete die Betreibergesellschaft »Société d'exploitation de la Quatrième chaîne« vor einem Pariser Gericht ein einstweiliges Verfügungsverfahren ein. Die Veröffentlichung wurde verboten. Diese Entscheidung wurde durch das Berufungsgericht bestätigt[371]. Aber am 24. März 1985 veröffentlichte die Zeitung »Quotidien de Paris« unter der

370 JO vom 15. März 1986.
371 Le Monde 18. März 1986.

Überschrift »Das neue verbotene Spiel am Wochenende: Basteln Sie selbst Ihren Dekoder für Canal Plus zusammen« die Schemata von Radio Plan. Auf Antrag der Sociéte d'exploitation de la Quatrième chaîne leitete die Staatsanwaltschaft von Paris daraufhin ein Ermittlungsverfahren ein. Der Ermittlungsrichter verwies den Fall am 28. Oktober 1985 vor das Strafgericht von Paris. Am 15. April 1986 wurde der Direktor des Journals vom Vergehen der »Anstiftung zum Diebstahl« freigesprochen, da nach Ansicht des Gerichts der Diebstahl in Art. 379 des Strafgesetzbuches als die unzulässige Aneignung einer fremden Sache definiert wird. Der Tatbestand, eine Sendung abzuhören, ohne dafür bezahlt zu haben, könne nicht als die Wegnahme einer fremden Sache angesehen werden, da das Fernsehprogramm sich rechtlich als eine Dienstleistung darstellt und das französische Recht den Diebstahl von Leistungen nicht kennt: vorliegend sei es daher nicht möglich, den Diebstahlsbegriff extensiv auszulegen und anzunehmen, daß das sich als Dienstleistung darstellende Fernsehprogramm in die Kategorie der Sachen fällt, die von Art. 379 des Strafgesetzbuchs umfaßt werden«[372]. Das Urteil des Pariser Gerichts wurde durch die Cour d'appel von Paris am 24. Juni 1987 bestätigt[373].

Zur Überwindung dieses Hindernisses hat das Gesetz Nr. 87-520 vom 10. Juli 1987 zum Schutz der an ein bestimmtes Publikum gerichteten Hörfunk- und Fernsehdienste[374] die Herstellung, den Verkauf und die Benutzung anderer Dekoder als der von Canal Plus gelieferten unter Strafe stellt. Dieses Gesetz wird jedoch nicht diejenigen Fernsehzuschauer, die außerhalb Frankreichs wohnen, daran hindern, sich derartige Dekoder zu beschaffen. So ist die »Société d'exploitation de la Quatrième chaîne« in einer Klage gegen die Firma Mafioly, die in der Schweiz Piratendekoder zum Stückpreis von 750 Schweizer Franken vertrieb, vor einem Genfer Gericht unterlegen. Das Gericht nahm an, daß diejenigen Sendungen von Canal Plus, die die französischen Grenzen überstrahlen, allen denen zugute kommen sollen, die sie nutzen können[375].

Die Gesellschaft Canal-Plus war in den Jahren 1985-86 in große finanzielle Schwierigkeiten geraten, weil die Zahl der Abonnenten zu klein war. Aber 1986 überstiegen die Abonnenten eine Million und 1990 drei Millionen.

---

372 Le Monde 18. April 1986.
373 Le Monde 26. Juni 1987.
374 JO vom 12. Juli 1987.
375 Le Monde 13. März 1987.

B. *Das Abonnement für einen Kabelfernsehdienst*

Im Anwendungsbereich des Gesetzes vom 29. Juli 1982 sind Gesetzesvorschriften und Verordnungen zur Abonnementfrage nicht ergangen. Allenfalls kann man feststellen, daß das Dekret Nr. 85-54 vom 18. Januar 1985 für Videotextdienste über Kabel[376] eine Bestimmung enthält, daß die an die Hohe Behörde (bei Lokalnetzen) oder der an den Kommunikationsminister (in anderen Fällen) gerichteten Zulassungsanträge ein vorläufiges Budget enthalten müssen, in welchem die verschiedenen Einkünfte nach Kategorien auszuweisen sind. Insbesondere gilt dies für den Anteil der Wirtschaftswerbung (Art. 1). Des weiteren sah das Finanzgesetz für 1986[377] einen verringerten Umsatzsteuersatz (nämlich 7 Prozent) für Abonnement-Fernsehen vor. In der Praxis beläuft sich der Abonnementspreis in Rennes auf monatlich 130 Franc[378], in Paris auf 140 Franc monatlich[379] und in Cergy, einer neue Stadt in der Pariser Umgebung, auf 110 Franc im Monat[380].
Auch nach dem Gesetz vom 30. September 1986 herrscht hinsichtlich des Abonnement-Fernsehens in den Gesetzen und Verordnungen Schweigen. Es läßt sich allenfalls feststellen, daß Art. 71 des Gesetzes, in dem die Unterstützungsabgabe für die Film- und audiovisuelle Produktion geregelt ist, als Berechnungsgrundlage insbesondere auch Abonnement-Gebühren heranzieht sowie solche Gebühren, die die Nutzer deshalb zahlen, um nach Art. 34 des Gesetzes zugelassene Fernsehdienste zu empfangen. Schließlich bleibt anzumerken, daß der in Art. 1, Abs. 2 des Gesetzes proklamierte Grundsatz der Gleichbehandlung aller Nutzer selbstverständlich auch für die Gebührenpolitik gegenüber den Abonnenten gilt.

---

376 JO vom 19. Januar 1985.
377 Gesetz Nr. 85-1403 vom 30. Dezember 1985, JO vom 31. Dezember 1985.
378 Le Monde 21. März 1987.
379 Le Monde 21. Dezember 1986.
380 La Croix 20. Dezember 1985.

Literatur

Auby, J.M./Docos-Ader, R., Droit de l'information, Paris, 2. Aufl. (avec supplement: la loi du 29 juillet 1982 sur la communication audiovisuelle, 1984)

Badinter, R., La protection de la vie privée contre l'écoute électronique clandestine, Semaine Juridique 1971, I. 2435

Balle, F., Médias et société, 5. Aufl., Paris 1990

Balle F./Eymery, G., Les nouveaux médias, Paris 1984

Batiffol/Lagarde, Droit international privé, Bd. 2, Paris 1983

Becourt, D., Réflexions sur la loi de 3 juillet 1985 relative aux droits d'auteurs et aux droits voisins, Semaine juridique, édition Entreprise, 1986. 14722

Blaise, J.B., Ententes et concentrations économiques, 1983

Bonnetblanc, G., Les télécommunications françaises. Quel statut pour quelle entreprise?, Paris, La Documentation française 1985

Bouyssou, F., Recueil Dalloz 1984, Chroniques, S. 231

Bredin, J.D., Les nouvelles télévisions hertziennes, Rapport au Premier Ministre, Paris 1985

Burdeau, G., Les accords conclus entre autorités administratives d' organismes publics de pays différents, Mélanges offerts à Reuter, Paris 1981

Carbonnier, Droit civil, Bd. 1, Introduction, 18 Aufl. 1992 - Les personnes, 17 Aufl. 1990

Cas G./Bout R./Ferrier D., Liberté des prix et nouveau droit de la concurrence, Lamy Commercial

Casile N./Drhey A., Loi sur la Communication audiovisuelle, La Documentation française, Paris 1983

Cazenave, F., Les radios libres, Paris 1984, 2. Aufl.

Chauvez, Ph., Le câble, la télévision au pluriel, Paris 1986

Chavanne, A., Les atteintes à l'intimité de la vie privée au sens de l'article 368 du Code pénal, in: Le droit criminel face aux Technologies nouvelles de la communication, 1986, S. 21

Chesnais, P., in: Droit d'auteur et droit voisins, Kolloquium IRPI, November 1985, Paris 1986S. 145 und 146

Chevallier, J., La radiotélévision française entre deux réformes, Paris LGDJ, 1975

Chevallier, J., Le statut de la communication audiovisuelle, AJDA 1982, S. 555

Chevallier, J., L'aménagement de la liberté d'accès à l'audiovisuel, AJDA 1984, S. 504

Chevallier, J., Le nouveau statut de la liberté de communication, AJDA 1987, S. 59

Chevallier, J., De la CNCL au Conseil supérieur de l'audiovisuel, AJDA 1989, S. 59

Chevallier, J., La mutation des postes et télécommunications, AJDA 1990, S. 667

Chevallier, J., La réglementation des télécommunications, AJDA 1991, S. 203.

Colliard, C.A., Libertés publiques, 7. Aufl., Paris 1989

Colombet, C., Propriété littéraire et artistique, 5. Aufl., Paris 1990

Colombet, C., Droits voisins, in: Kolloquium IRPI November 1985, Paris 1986, S. 125

Cotta, M., Les miroirs de Jupiter, Paris 1986

Courteix, S., Télévision sans frontière, Un problème de coopération internationale, Paris 1975

Courteix, S., Les satellites de télévision directe: un programme commun franco-allemand, AFDI 1980, S. 625
Courvoisier, C., La radiodiffusion française après l'Office, AJDA 1987, S. 277
Cousin, B., Delcros, B., Le droit de la communication, Paris 1990
Coussirat-Coustère, L'adhésion de la France au protocole facultatif se rapportant au pacte international relatif aux droits civils et politiques, AFDI 1983, S. 510.

Debbasch, Ch., Les grands arrêts de l'audiovisuel, Paris 1991
Debbasch, Ch., La régulation de la communication audiovisuelle, Paris 1991
Debbasch, Ch., Le droit de l'audiovisuel, 2. Aufl. Paris 1991
Decocq A./Pédamon, M., L'Ordonnance du 1er décembre 1986 relative à la liberté des prix et de la concurrence, Editions techniques, Paris 1987
Delcros, B., Le cadre juridique de la télédistribution en France, AJDA 1985, S. 243
Delcros, B./Nevoltry, F., Le Conseil supérieur de l'audiovisuel, Paris 1989
Delcros, B./Vodan B., Les lois du 13 décembre 1985 et 23 décembre 1985 modifiant la loi du 29 juillet 1982 sur la communication audiovisuelle, AJDA 1986, S. 96
Delcros B./Vodan B., Lois du 30 septembre 1986 relative à la liberté de communication, CNCL, La Documentation française, Paris 1987
Delvolvé, P., Le décret relatif au droit de réponse sur les ondes, JCP 1975. I. 2731
Derieux, E., Le nouveau statut de la communication, Les lois du 1er août, 30 septembre et 27 novembre 1986, RDP 1986, S. 321
Derieux, E., Réforme du statut de la communication audiovisuelle en France, RDP 1990, S. 133.
Desbois, H., Le droit d'auteur en France, 3. Aufl. 1978.
Douence, J., Les sociétés locales d'exploitation de câbles, RFDA 1985, S. 52
Drouot, J., La loi relative à la liberté de communication, Actual.lég. Dalloz 1987, S. 55
Dubois, J.P., La loi, le juge et le marché: concession de service et communication audiovisuelle, RDP 1987, S. 361
Dumas, R., Le droit de l'information, Paris 1981

Edelman, Commentaire de la Loi no 85-660 du 3. juillet 1985 relative aux droits d'auteurs et aux droits voisins, Actualité législative Dalloz 1986, S. 149 und 1987, S. 29

Flichy, P./Pineau, G., Images pour la câble. Programmes et services des réseaux de vidéocommunication, Paris, La Documentation française 1983
Françon, A., Le contrat de production audiovisuelle, in: Droit d'auteur et droit voisins, Kolloquium IRPI, November 1985, Paris 1986, S. 87 ff.
Frèches, J., La télévision par câble, Paris 1985
Frèches, J., La guerre des images, Paris 1986
Fromont, M., Die Organisation von Rundfunk und Fernsehen in Frankreich, in: Die Organisation von Rundfunk und Fernsehen in rechtsvergleichender Sicht, München 1977
Fromont, M., Rapport sur la France, in: Rundfunkorganisation und Kommunikationsfreiheit, Baden-Baden 1980
Fromont, M., Gestion et contrôle de la radio et de la télévision en France, in: Gestion et contrôle publics de la radio et de la télévision. Publications de l'Institut Suisse de droit comparé, 1988, S. 51
Fromont, M., Die Reform der französischen Verwaltungsgerichtsbarkeit, ZaöRV 1989, S. 487.

Gassin, Le droit pénal de l'informatique, Recueil Dalloz 1986, Chroniques, S. 35
Gaudel, D., La distribution par câble et la diffusion par satellite des oeuvres de l'esprit, in: Droit d'auteur et droits voisins, Kolloquium IRPI, November 1985, Paris 1986, S. 73.
Gavalda u.a., Le droit de l'audiovisuel, Paris 1988

Hamon, L., Recueil Dalloz 1983, Chroniques S. 79
Huet, P., La loi du 17 janvier 1989 sur la liberté de communication, D. 1989
Huet/Maisl, Droit de l'Informatique et des télécommunications, Paris 1989

Kayser, P., L'interception des communications téléphoniques par les autorités publiques françaises, Mélanges Vincent 1981, S. 169.
Kayser, P., La protection de la vie privée, 2. Aufl., Paris 1990
Kayser/Frayssinet, Informatique et liberté, Jurisclasseur pénal, Anhang
Kerever, A., Rapport de synthèse, in: Kolloquium IRPI November 1985, Paris 1986, S. 215

Laubadère, A. de/P. Delvolvé, Droit public économique, 5. Aufl., Paris 1988
Le Monde, La révolution des médias, la communication en France, Dossiers et documents, Le Monde, Oktober 1984
Ledos, J.J./Jézéquel, J.P./Régnier P., La gâchis audiovisuel. Histoire mouvementée d'un service public, Paris 1986
Lenoir, Noëlle, Acte du deuxième entretien de Nanterre, 11 et 12 mars 1982, Emergence du droit de l'information
Levasseur, G., La protection pénale de la vie privée, Mélanges Kayser, 1979, Bd. 2
Lindon, R., Jurisclasseur Civil, Bd. 1
Lombard, M., A propos des avatars de la télévision: ambiguités de la distinction du "public" et du "privé", Revue administrative 1986, S. 10
Lucas, A./Delcros, La libéralisation du monopole des télécommunications, Rev. de dr. de l'informatique, 1988, S. 107
Luchaire, F., Le Conseil Constitutionnel, 1980

Maisl, Semaine Juridique 1978, I, 2891
Mestre, J.L., Recueil Dalloz 1984, Chroniques S. 1
Moderne F. u.a., La réforme des PTT, Juris PTT 1990
Moinot, P., Pour une réforme de l'audiovisuel, Rapport au Premier Ministre de la Commission de réflexion et d'orientation, Paris 1981
Morange, J., Les pouvoirs de la Haute Autorité de la communication audiovisuelle, RDAP 1983, S. 1509
Morange, J., Le Conseil supérieur de l'audiovisuel, RFDA 1989, S. 235
Mousseron J.M./Selinsky V./Ferrier, D., Le mort saisit le vif, Commentaire de l'ordonnance due 1er décembre 1986 relative à la liberté des prix et de la concurrence, Semaine Juridique, édition entreprise, 1987.11.1984

Peyre, P., TV 5, une télévision francophone par satellite, Revue de l'U.E.R., mai 1984, S. 22
Philip, L., La valeur juridique de la déclaration des droits de l'Homme et du citoyen du 26 août 1789 selon la jurisprudence de Conseil constitutionnel, Mélanges Kayser, 1979, Bd. 2, S. 317
Plaisant, R., La loi no 85-660 du 3 juillet 1985, Semaine juridique 1986. I. 3230

Prot, R., Des radios pour se parler. Les radios locales en France, Paris, La Documentation française 1985

Rapp, L., La réforme du régime juridique des télécommunications, RFDA 1991, S. 243.
Regourd, S., Le droit de la communication audiovisuelle après la loi du 29 juillet 1982, D. 1982, Chroniques, S. 23
Robert, J./Duffar J., Libertés publiques et droits de l'homme, 4. Aufl., Paris 1988

Saint-Girons, Revue des sociétés 1982-263.
Sauvage, J.M., Les réseaux câblés locaux, Paris 1984
Savy, R., La constitution des juges, Recueil Dalloz 1983, Chroniques, S. 105.

Truchet, D., Une loi de la dernière chance? La loi du 29 juillet 1982 sur la communication audiovisuelle, JCP 1983, I. 3120
Truchet, D., La loi du 17 janvier 1989, RFDA 1989, S. 208
Truchet, D., Régime juridique de la communication audiovisuelle, Fascicule 273 du Jurisclasseur administratif, Paris, Editions techniques, mis à jour sur feuilles mobiles

Vivant/Le Stanc, Lamy Informatique

Weill/Terré, Droit civil, Les personnes, Nr. 37

Zenati, F., Recueil Dalloz 1985, Chroniques, S. 171.

Documents officiels

Communication audiovisuelle, Loi du 29 juillet 1982, Textes d'application, Paris, Journal Officiel de la République française, brochure n° 1551 (édition 1985)
Communication, Liste des radios locales privées autorisées par la Haute Autorité de la communication audiovisuelle, Paris, Journal officiel de la République française, brochure n° 1560 (2ème éd. 1984)
Cahiers des charges des organismes publics de la communication audiovisuelle, Journal officiel de la République française, Edition des documents administratifs, 11 mai 1984

Jurisprudence du Conseil constitutionnel

Décision n° 8 DC du 11 août 1960, Rec. 1960, p. 25; S 1960, 277 note Bourdoncle; D 1961, 471, note L. Hamon; RDP 1960, 1020, note M. Waline; Favoreu et Philip, Les grands arrêts du Conseil constitutionnel, n° 8, Paris Sirey 4ème éd. 1986
- objet: redevance pour droit d'usage des appareils récepteurs (décisions confirmée par les décisions n° 111 L du 21 novembre 1979, Rec. p. 50 et n° 126 DC du 30 décembre 1980, Rec. p. 53)

Décision n° 105 DC du 25 juillet 1979, Rec. 1979, p. 33; JCP 1981.II 19547, note J.C. Béguin; D. 1980. 101, note M. Paillet; AJDA 1980, 191, note Legrand; Dr. social 1980. 446, note Turpin.

- objet: droit de grève à la radio et à la télévision

Décision n° 129 DC des 30 et 31 octobre 1981, Rec. 1981, p. 35; D. 1982, J. p. 557, note L. Hamon

- objet: dérogation au monopole d'Etat de la radiodiffusion (radios locales)

Décision n° 141 DEC du 25 juillet 1982, Rec. 1982, p. 48;

- objet: loi du 29 juillet 1982 relative à la communication

Décision n° 176 DC du 25 juillet 1984, Rec. 1984, p. 48;

- objet: loi du ler août 1984 modifiant la loi du 29 juillet 1982 sur la communication audiovisuelle et relative à certaines dispositions applicables aux services de communication audiovisuelle soumis à autorisation (télévision par câble)

Décision n° 198 DC du 13 décembre 1985, Rec. 1985, p. 78; AJDA 1986, 171 note Boulouis; D. 1986. J. 345, note Luchaire; JCP 1986. I 3237, note Dufau;

- objet: loi instaurant des servitudes administratives pour l'installation sur des propriétés privées de moyens de diffusion par voie hertzienne

Décision n° 217 DC du 18 septembre 1986, Rec. 1986, p. 141;

- objet: loi du 30 septembre 1986 relative à la liberté de communication (principe du pluralisme de l'audiovisuel et de la communication)

Décision n° 88-248 DC du 17 janvier 1989, Rec. 1989, p. 18; Rev.adm. 1989, p. 223, note Autin; RFDA 1989, p. 215, note Genevois

- objet: loi modifiant la loi du 30 septembre 1986 relative à la liberté de communication (pouvoir réglementaire et pouvoir de sanction du CSA).

Décision no. 89-1138 du 6 mars 1990, Rec. 1990, p. 52

- objet: contrôle de la validité d'une élection de député (obligation de respecter le pluralisme de l'information)

Jurisprudence administrative

Tribunal des conflits, 2 février 1950, Radiodiffusion française, Rec. p. 652; S. 1950.3.73, conclusions Odent; RDP 1950.418, conclusions Odent, note Waline; JCP 1950.II.5542, note Rivero

Conseil d'Etat, 9 mars 1951, Société des concerts du Conservatoire, Rec. p. 151; S.1951.3.81, note C.H.; Droit soical 1951.368, conclusions Letourneur, note Rivero

Conseil d'Etat, 14 octobre 1955, Association des concerts Colonne, Rec. p. 483; AJDA 1955.II.599, conclusions Heumann

Tribunal des conflits, 7 décembre 1970, Office de radiodiffusion française (ORTF) contre Rhiem, Rec. p. 895

Conseil d'Etat, 1 octobre 1980, Union des athées, Rec. p. 347

Conseil d'Etat, 17 décembre 1982, Société Radio Monte-Carlo, Rec. p. 418; AJDA 1983, 172, note Lasserre-Delarue

Conseil d'Etat, 20 mai 1985, Labbé et autres, Rec. p. 157; RFDA 1985.554, conclusions Roux; AJDA 1985.412, note Hubac et Schoedl; D. 1986.12, note Griesbeck

Conseil d'Etat, 16 avril 1986, Compagnie luxembourgeoise de télédiffusion et autres, Rec. p. 97; RDP 1986, 847, conclusions O. Dutheillet de Lamothe; RFDA 1987.21; AJDA 1986, 328, note Azibert et Fornacciari; JCP 1986, éd. G. II 20617, note Guibal; D. 1987, 97, note Llorens

Conseil d'Etat, 16 avril 1986, Rujansky et autres, Rec. p. 108

Conseil d'Etat, 9 juillet 1986, Ville de Paris, Rec. p. 196; AJDA 1986, 595, note Azibert et de Boisdeffre
Conseil d'Etat, 17 décembre 1986, Société Hit T.V. et Syndicat de l'Armagnac et des Vins du Gers, RFDA 1987, 25, Conclusion Fornacciari; AJDA 1987, 125 note Azibert et de Boisdeffre, p. 80
Conseil d'Etat, 2 février 1987, Société TV6 et autres, RFDA 1987, conclusions Fornacciari, p. 29; AJDA 1987, 360 notes Azibert et de Boisdeffre
Conseil d'Etat, 2 février 1987, Société France 5, AJDA 1987, 360 notes Azibert et de Boisdeffre; RFDA 1987, 29, conclusions Fornacciari
Conseil d'Etat, 27 novembre 1987, Association pour une Communication nouvelle, Rec. 1987, p. 382; RDP 1988, p. 868, conclusions Fornacciari
Conseil d'Etat, 21 septembre 1988, CNCL c. TF 1, D. 1989, p. 124, note Debbasch
Conseil d'Etat, 20 octobre 1988, CNCL c. La Cinq, Rec. 1988, p. 351
Conseil d'Etat, 20 janvier 1989, CNCL c. La Cinq, Rec. 1989, p. 17; D. 1990, jur. p. 104, note Huet
Conseil d'Etat, 20 janvier 1989, CNCL c. TF 1, Rec. 1989, p. 9; D. 1990, jur. p. 104, note Huet
Conseil d'Etat, 17 janvier 1990, David, Rec. 1990, p. 2
Conseil d'Etat, 19 janvier 1990, Association »La télé est à nous«, Rec. 1990, p. 9
Conseil d'Etat, 18 mai 1990, Association armennienne, Rec. 1990, p. 128; AJDA 1990, p. 722, conclusions Stirn
Conseil d'Etat, 20 fevrier 1991, SARL Gilda, Société »Ile de France Medias«, Association »Service informations sports«, Rec. 1991, pp. 57, 58 et 60
Conseil d'Etat, 20 mars 1991, Société La Cinq, Rec. 1991, p. 99

Rundfunkrechtliche Vorschriften und Entscheidungen*

I. - TEXTES GÉNÉRAUX

Loi n° 86-1067 du 30 septembre 1986 relative à la liberté de communication

(Modifée par:

Loi n° 86-1210 du 27 novembre 1986;

Ordonnance n° 86-1243 du 1er décembre 1986;

Loi n° 87-588 du 30 juillet 1987;

Loi n° 88-227 du 11 mars 1988;

Loi n° 89-25 du 17 janvier 1989;

Loi n° 89-532 du 2 août 1989;

Loi n° 89-935 du 29 décembre 1989;

Loi n° 90-55 du 15 janvier 1990;

Loi n° 90-1170 du 29 décembre 1990;

Loi n° 91-645 du 10 juillet 1991.)

Décision du Conseil constitutionnel n° 86-217 D.C. du 18 septembre 1986

Loi n° 89-25 du 17 janvier 1989 modifiant la loi n° 86-1067 du 30 septembre 1986 relative à la liberté de communication

Loi n° 89-523 du 2 août 1989 modifiant la loi n° 86-1067 du 30 septembre 1986 relative à la liberté de communication

Loi n° 82-652 du 29 juillet 1982 (art. 6, 73, 89, 90, 92, 93, 93-2, 93-3, 4, 95 et 96) sur la communication audiovisuelle

(Modifiée par:

Loi n° 83-632 du 12 juillet 1983;

Loi n° 85-1317 du 13 décembre 1985;

Loi n° 86-1067 du 30 septembre 1986;

Loi n° 90-615 du 13 juillet 1990.)

Loi du 29 juillet 1881 modifiée sur la liberté de la presse (art. 23 á 65)

Loi n° 86-897 du 1er août 1986 portant réforme du régime juridique de la presse

(Modifiée par:

Loi n° 86-1210 du 27 novembre 1986;

Loi n° 90-613 du 13 juillet 1990.)

Code de la construction et de l'habitation (art. L. 112-12)

Loi n° 87-520 du 10 juillet 1987 relative à la protection des services de télévision ou de radiodiffusion destinés à un public déterminé

Code des postes et télécommunications

(Modifiée par la loi n° 90-1170 du 29 décembre 1990)

II. - LE CONSEIL SUPÉRIEUR DE L'AUDIOVISUEL

Loi n° 89-25 du 17 janvier 1989 modifiant la loi n° 86-1067 du 30 septembre 1986 relative à la liberté de communication (art. 27)

---

* Cette liste a été établié à partir de la brochure n° 1551 »Communication audiovisuelle«, édition avril 1990, Journaux officiels, Paris

Décret du 24 janvier 1989 portant nomination du président et des membres du Conseil supérieur de l'audiovisuel

Décret n° 89-518 du 26 juillet 1989 relatif à l'organisation et au fonctionnement du Conseil supérieur de l'audiovisuel

Décision n° 89-P du 27 juillet 1989 relative à l'organisation des services du Conseil supérieur de l'audiovisuel

Délibération du 28 juillet 1989 portant réglement intérieur du Conseil supérieur de l'audiovisuel

Décision n° 91-690 du 25 juillet 1991 relative à l'exercice du contrôle du Conseil supérieur de l'audiovisuel sur les messages publicitaines diffusés par les sociétés de radio et de télévision

III. - LE SECTEUR PUBLIC DE LA COMMUNICATION AUDIOVISUELLE

A. - Textes communs au secteur public de la communication audiovisuelle

Décision n° 87-9 du 23 janvier 1987 définissant les modalités de programmation des émissions d'expression directe des formations politiques représentées par un groupe dans l'une ou l'autre des assemblées du Parlement et des organisations syndicales et professionnelles représentatives à l'échelle nationale

(Modfiée par:
Décision n° 88-328 du 28 juillet 1988;
Décision n° 88-549 du 19 décembre 1988.)

Décision n° 90-11 du 9 janvier 1990 définissant les modalités de programmation du temps d'émission accordé aux formations politiques représentées par un groupe dans l'une ou l'autre des assemblées du Parlement pour l'année 1990

Décision n° 90-12 du 12 janvier 1990 définissant les modalités de programmation du temps d'émission accordé aux organisations syndicales et professionnelles représentatives à l'échelle nationale pour l'année 1990

Décision n° 87-327 du 7 décembre 1987 relative aux règles de parainage applicables aux sociétés nationales de programme de télévision

B. - Les sociétés nationales de programme

Radio France

Décret n° 82-792 du 17 septembre 1982 portant création d'une société de radiodiffusion sonore dénommée Radio France

Décret n° 82-904 du 20 octobre 1982 approuvant les statuts et la répartition du capital de la société nationale de programme Radio France

(Modifié par:
Décret n° 82-1233 du 31 décembre 1982;
Décret n° 86-179 du 4 février 1986;
Décret n° 88-337 du 11 avril 1988;
Décret n° 89-618 du 31 août 1989.)

Décret du 13 novembre 1987 approuvant le cahier des missions et des charges de la société Radio France

Décision n° 88-41 du 4 février 1988 relative aux règles de parrainage applicable à la société nationale de programme Radio France

Antenne 2

Décret n° 82-790 du 17 septembre 1982 portant création d'une société nationale de programme de télévision dénommée Antenne 2

Décret n° 82-902 du 20 octobre 1982 approuvant les statuts et la répartition du capital de la société nationale de programme Antenne 2

(Modifié par:
Décret n° 82-1231 du 31 décembre 1982;
Décret n° 86-177 du 4 février 1986;
Décret n° 88-337 du 11 avril 1988;
Décret n° 89-97 du 13 février 1989;
Décret n° 89-618 31 août 1989;
Décret n° 90-202 du 2 mars 1990
Décret n° 91-1181 du 12 novembre 1991.)

Décret n° 87-717 du 28 août 1987 approuvant le cahier des missions et des charges de la société Antenne 2

(Modifié par:
Décret n° 88-705 du 9 mai 1988;
Décret n° 88-1061 du 24 novembre 1988;
Décret n° 90-66 du 17 janvier 1990.)

France Régions 3

Décret n° 82-791 du 17 septembre 1982 portant création d'une société nationale de programme de télévision dénommée France Régions 3

Décret n° 82-903 du 20 octobre 1982 approuvant les statuts et la répartition du capital de la société nationale de programme France Régions 3

(Modifié par:
Décret n° 82-1232 du 31 décembre 1982;
Décret n° 86-178 du 4 février 1986;
Décret n° 88-337 du 11 avril 1988;
Décret n° 89-96 du 13 février 1989;
Décret n° 89-618 du 31 aiût 1989.)

Décret n° 87-717 du 28 août 1987 approuvant le cahier des missions et des charges de la société France Régions 3

(Modifié par:
Décret n° 88-705 du 9 mai 1988;
Décret n° 88-1061 du 24 novembre 1988;
Décret n° 90-66 du 17 janvier 1990.)

Radio Télévision française d'outre-mer

Décret n° 82-794 du 17 septembre 1982 portant création d'une société nationale de programme de radiodiffusion sonore et de télévision pour l'outre-mer dénommée société de radiodiffusion et de télévision pour l'outre-mer

Décret n° 82-1241 du 31 décembre 1982 approuvant les statuts et la répartition du capital de la société nationale de radiodiffusion et de télévision française pour l'outre-mer

(Modifié par:
Décret n° 86-181 du 4 février 1986;
Décret n° 88-337 du 11 avril 1988;
Décret n° 89-618 du 31 août 1989.)

Radio France internationale

Decret n° 82-793 du 17 septembre 1982 portant création d'une société nationale de radiodiffusion sonore pour l'étranger dénommée Radio France internationale

Décret n° 82-1240 du 31 décembre 1982 approuvant les statuts et la répartition du capital de la société nationale Radio France internationale

(Modifié par:
Décret n° 86-180 du 4 février 1986;
Décret n° 88-337 du 11 avril 1988;
Décret n° 89-618 du 31 août 1989.)

Décret n° 88-66 du 20 janvier 1988 approuvant le cahier des missions et des charges de la société nationale de programme Radio France international

(Modifié par décret n° 88-705 du 9 mai 1988.)

C. - Télédiffusion de France

Décret n° 87-433 du 4 juin 1987 portant approbation des statuts de la société visée à l'article 51 de la loi n° 86-1067 du 30 septembre 1986 relative à la liberté de communication

Modifié par:
Décret n° 89-90 du 10 février 1989;
Décret n° 89-618 du 31 août 1989.)

Arrêté du 5 juin 1987 portant transfert des biens, droits et obligations de l'établissement public T.D.F. à la société anonyme prévue à l'article 51 de la loi n° 86-1067 du 30 septembre 1986 relative à la liberté de communication

Arrêté du 3 juillet 1987 portant autorisation d'exploitation d'un service de radio messagerie unilaterale

(Modifié par arrête du 13 novembre 1987.)

Décision n° 87-54 du 15 juillet 1987 autorisant l'utilisation de sousporteuses dans les réseaux de radiodiffusion sonore à modulaion de fréquence de Radio France

D. - Institut national de l'audiovisuel

Décret n° 82-1229 du 31 décembre 1982 relatif à l'organisation et au fonctionnement de l'Institut national de l'audiovisuel

(Modifié par décret n° 85-793 du 12 septembre 1985.)

Décret du 13 novembre 1987 approuvant le cahier des missions et des charges de l'Institut national de l'audiovisuel

E. - Société française de production et de création audiovisuelles

Décret n° 82-795 du 17 septembre 1982 portant création d'une société nationale de production audiovisuelle dénommée Société française de production et de création audiovisuelles

Statuts de la Société française de production et de création audiovisuelles

F. - Personnels du secteur public de la communication audiovisuelle: mobilité et préretraite

Décret n° 83-512 du 21 juin 1983 relatif à la mobilité des personnels du service public de la radiodiffusion sonore et de la télévision

Décret n° 87-41 du 28 janvier 1987 pris pour l'application de l'article 69 de la loi n° 86-1067 du 30 septembre 1986 relative à la liberté de communication

IV. - CONCESSIONS DE SERVICE PUBLIC: CANAL PLUS

Décret n° 86-20 du 7 janvier 1986 pris pour l'application de l'article 79 de la loi n° 82-652 du 29 juillet 1982 sur la communication audiovisuelle

Décret du 14 mars 1986 approuvant le traité de concession et le cahier des charges de la société d'exploitation de la quatrième chaîne

(Modifié par décret du 28 mars 1988.)

Décret n° 89-35 du 24 janvier 1989 pris pour l'application des articles 27 et 70 de la loi n° 86-1067 du 30 septembre 1986 relative à la liberté de communication et fixant, pour certains services de télévision diffusés par voie hertzienne terrestre ou par satellite, le régime applicable à la publicité ainsi que le régime de diffusion des oevres cinématographiques et audiovisuelles

(Modifié par décret n° 90-66 du 17 janvier 1990.)

V. - TEXTES COMMUNS AUX SECTEURS PUBLIC ET PRIVÉ DE LA COMMUNICATION AUDIOVISUELLE

Code de débits de boissons et des mesures contre l'alcoholisme (art. L. 17, L. 18 et L. 21)

Décret n° 87-246 du 6 avril 1987 relatif à l'exercice du droit de réponse dans les services de communication audiovisuelle

Décision n° 87-30 du 17 avril 1987 relative à l'exercice des competences de la commission nationale de la communication et des libertés en ce qui concerne les émissions publicitaires diffusées ou distribuées par les sociétés nationales de programme et par les titulaires d'autorisation de services de télévision (*cf. volume 1, p. 149*).

Décision n° 87-361 du 31 décembre 1987 (note de terminoligie relative à certains termes ou expressions employés, en matière de programmes télévisés, dans les décisions de la C.N.C.L.)

Arrêté du 26 novembre 1987 relatif à la commission de dérogation aux délais de diffusion des oeuvres cinématographiques par les différentes catégories de services de communication audiovisuelle

Directive du 5 mai 1989 relative à la protection de l'enfance et de l'adolescence dans la programmation des émissions diffusées par les services de télévision publics et privés

Directive du Conseil des communautés européennes du 3 octobre 1989 visant à la coordination de certaines dispositions législatives réglementaires et administratives des Etats membres, relatives à l'exercice d'activités de radiodiffusion télévisuelle

Décret n° 90-66 du 17 janvier 1990 pris pour l'application du 2° de l'article 27 et du 2° de l'article 70 de la loi n° 86-1067 du 30 septembre 1986 modifiée relative à la liberté de communication et fixant les principes généraux concernant la diffusion des oeuvres cinématographiques et audiovisuelles

(Modifié par la décret n° 91-822 du 29 août 1991.)

Décret n° 90-67 du 17 janvier 1990 pris pour l'application du 3° de l'article 27 de la loi n° 86-1067 du 30 septembre 1986 modifiée relative à la liberté de communication et fixant les principes généraux concernant la contribution au développement de la production cinématographique et audiovisuelle ainsi que l'indépendance des producteurs à l'égard des diffuseurs

Décret n° 90-174 du 23 février 1990 pris pour l'application des articles 19 à 22 du code de l'industrie cinématographique et relatif à la classification des oeuvres cinématographiques

Recommendation n° 90-1 du 30 janvier 1990 à l'ensemble des services de radiodiffusion sonore et de télévision relative aux périodes de campagne électorale prédicant des élections partielles

VI. - LES SERVICES DE COMMUNICATION AUDIOVISUELLE AUTORISÉS

A. - Textes communs aux services de radiodiffusion sonore et de télévision

Loi n° 88-21 du 6 janvier 1988 relative aux opérations de télépromotion avec offre de vente dites de »télé-achat«

Décret n° 88-539 du 5 mai 1988 fixant les sanctions applicables à certaines infractions commises à l'occasion d'opérations de vente à distance

Décision n° 88-36 du 4 février 1988 fixant règles de programmation des émissions dites de »télé-achat«

(Modifiée par:
Décision n° 88-261 du 3 juin 1988;
Décision n° 90-922 du 11 décembre 1990.)

B. - Services de radiodiffusion sonore

1° Textes communs aux services de radiodiffusion sonore diffusés par voie hertzienne terrestre et par satellite:

Décret n° 87-239 du 6 avril 1987 pris pour l'application de l'article 27-1 de la loi n° 86-1067 du 30 septembre 1986 relative à la liberté de communication et fixant pour les services privés de radiodiffusion sonore diffusés par voie hertzienne terrestre ou par satellite le régime applicable à la publicité et au parrainage

2° Services de radiodiffusion sonore diffusés par voie hertzienne terrestre et par satellite:

Décision n° 87-24 du 16 mars 1987 fixant les règles générales de programmation applicables aux services de radiodiffusion sonore privés diffusés par voie hertzienne terrestre

Décision n° 87-25 du 16 mars 1987 concernant les obligations particulières applicables aux services de radiodiffusion sonore privés diffusés par voie hertzienne terrestre

Décret n° 89-632 du 7 septembre 1989 relatif aux comités techniques prévus par l'article 29-1 de la loi n° 86-1067 du 30 septembre 1986 modifiée relative à la liberté de communication

Décision n° 89-219 du 30 octobre 1989 fixant, à titre provisoire, le règlement intérieur des comités techniques radiophoniques et précisant les modalités d'instruction des candidatures en vue de l'attribution des autorisations mentionnées à l'article 29 de la loi du 30 septembre 1986

Circulaire du 27 septembre 1989 relative à l'application de la loi n° 89-25 du 17 janvier 1989 modifiant la loi n° 86-1067 du 30 septembre 1986 relative à la liberté de communication (radios locales)

Circulaire du 31 juillet 1991 portant application de la loi n°86-1067 du 30 septembre 1986 modifiée relative à la liberté de communication (radios et télévisions locales)

a) Services de radiodiffusion autorisés:

Liste des décisions relatives à un appel à candidature pour l'exploitation de services privés de radiodiffusion sonore en modulation de frequence[1]

Décisions n° 89-230 du 14 novembre 1989 (appel aux candidatures, régions Bourgogne et Franche-Comté)

b) Radios »périphériques«

Arrêté du 7 mars 1986 autorisant la société Compagnie luxembourgeoise de télédiffusion à assurer un service de radiodiffusion sonore destiné au public en général

Arrêté du 7 mars 1986 autorisant la société Europe I communication à assurer un service de radiodiffusion sonore destiné au public en général

Arrêté du 7 mars 1986 autorisant la société Radio Monte-Carlo à assurer un service de radiodiffusion sonore destiné au public en général

Arrêté du 7 mars 1986 autorisant la société Sud-Radio Service à assurer un service de radiodiffusion sonore destiné au public en général

3° Services de radiodiffusion sonore diffusés par satellite:

Décret n° 87-364 du 4 juin 1987 pris pour l'application de l'article 31 de la loi n° 86-1067 du 30 septembre 1986 modifiée, relative à la liberté de communication

Décision n° 87-33 du 18 mai 1987 fixant les règles générales de programmation applicables aux services de radiodiffusion sonore diffusés par satellite

Décision n° 87-36 du 18 mai 1987 concernant les obligations particulières applicables aux services de radiodiffusion sonore diffusés par satellite

Décision n° 88-531 du 15 décembre 1988 relative à un appel aux candidatures pour l'usage de fréquences de diffusion affectées à la radiodiffusion sonore et à la télévision par satellite

(Modifié par décision n° 89-1 du 1er février 1989.)

---

1 S'adresser au C.S.A. pour obtenir communication de ces documents.

Décision n° 89-49 du 20 avril 1989 attribuant à la société T.D.F. l'usage d'une fréquence en vue de l'exploitation par la Société nationale de programme Radio-France d'un service de radiodiffusion sonore par satellite (Hector)

Décision n° 89-50 du 20 avril 1989 attrubuant à la société T.D.F. l'usage d'une fréquence pour l'exploitation par la Société nationale de programme Radio-France d'un service de radiodiffusion sonore par satellite (Victor)

Décision n° 89-51 du 20 avril 1989 attrubuant à la société T.D.F. l'usage d'une fréquence en vue de l'exploitation par la société Radio-France internationale d'un service de radiodiffusion sonore par satellite

C. - Services de télévision

1° Textes communs à l'ensemble des sociétés de télévision privées

Recommendation du 7 décembre 1987 relative au parrainage applicable aux sociétés de télévision privées

2° Textes communs aux services de télévision diffusés en clair par voie hertzienne terrestre et par satellite:

Décret n° 87-36 du 26 janvier 1987 pris pour l'application des articles 27-1 et 70 de la loi n° 86-1067 du 30 septembre 1986 relative à la liberté de communication et fixant pour certains services de télévision le régime de diffusion des oeuvres cinématographiques et audiovisuelles

(Modifié par:
Décret n° 88-920 du 9 septembre 1988;
Décret n° 90-66 du 17 janvier 1990.)

Décret n° 87-37 du 26 janvier 1987 pris pour l'application de l'article 27-1 de la loi n° 86-1067 du 30 septembre 1986 relative à la liberté de communication et fixant pour certains services de télévision le régime applicable à la publicité et au parrainage

(Modifié par décret n° 88-607 du 6 mai 1988.)

3° Services de télévision à vocation nationale, diffusés en clair par voie hertzienne terrestre:

Décision n° 87-1 du 15 janvier 1987 fixant les règles générales applicables aux services de télévision privés à vocation nationale diffusés en clair pair voie hertzienne terrestre

Décision n° 87-2 du 15 janvier 1987 concernant les obligations particulières applicables aux services de télévision privés à vocation nationale diffusés en clair par voie hertzienne terrestre

a) Télévision française 1:

Décision n° 87-43 du 30 janvier 1987 fixant le cahier des charges imposé au cessionnaire de la société Télévision française 1 en application de l'article 63 de la loi n° 86-1067 du 30 septembre 1986

Décision n° 87-44 du 30 janvier 1987 pris pour l'application des articles 63 et 64 de la loi n° 86-1067 du 30 septembre 1986 relative à la liberté de communication

Décision n° 87-26 du 4 avril 1987 désignant le groupe cessionnaire de 50 p. 100 du capital de la Société nationale de programme Télévision française 1 et portant autorisation d'utilisation de fréquences à la société Télévision française 1

Décision n° 91-184 du 22 février 1991 infligeant une sanction à la société Télévision française 1

b) Société chargée de l'exploitation de la cinquième chaîne de télévision

Décision n° 87-12 du 25 février 1987 autorisant l'exploitation d'un service de télévision à vocation nationale diffusé en clair par voie hertzienne terrestre (5e chaîne)
(Modifié par décision n° 89-137 du 18 juillet 1989.)

Décisions relatives aux émetteurs de La Cinq (voir brochure n° 1561 »communication audiovisuelle«)

Décisions n° 90-921 du 20 décembre 1990 et n° 91-185 du 22 février 1991 infligeant une sanction à la société La Cinq.

c) Société chargée de l'exploitation de la sixième chaîne de télévision

Décision n° 87-13 du 26 février 1987 autorisant l'exploitation d'un service national diffusé en clair par voie hertzienne terrestre (6e chaîne)
(Modifiée par décisions n° 89-138 du 18 juillet 1989.)

Décisions relatives aux émetteurs de M 6 (list arrêté au 1er avril 1990)

4° Services de télévision à vocation régionale ou locale diffusés par voie hertzienne terrestre

Décision n° 87-39 du 15 juin 1987 fixant les règles générales applicables aux services de télévision privés à vocation régionale ou locale diffusés par voie hertzienne terrestre

Décision n° 87-40 du 15 juin 1987 concernant les obligations particulières applicables aux services de télévision privé à vocation régionale ou locale diffusés par voie hertzienne terrestre

Décision n° 87-65 du 23 juillet 1987 relative à un appel aux candidatures

Décision n° 87-326 du 6 novembre 1987 relative à un appel aux candidatures

Décision n° 87-333 du 7 décembre 1987 autorisant l'exloitation d'un service de télévision locale diffusé à Toulouse en clair par voie hertzienne terrestre
(Modifiée et complétée par:
Décision n° 88-126 du 31 mars 1988;
Décision n° 89-194 du 6 octobre 1989.)

Décision n° 88-8 du 6 janvier 1988 relative à un appel aux candidatures pour l'exploitation d'un service privé de télévision diffusé par voie hertzienne terrestre dans le département de la Haute-Savoie

Décision n° 88-70 du 26 février 1988 relative à un appel aux candidatures pour l'exploitation d'un service de télévision privé diffusé par voie hertzienne terrestre dans la zone de Nantes et Saint-Nazaire

Décision n° 88-270 du 17 juin 1988 autorisant l'exploitation d'un service de télévision privé diffusé en clair par voie hertzienne terrestre dans le départment de la Haute-Savoie

Décision n° 88-298 du 11 juillet 1988 autorisant l'exploitation d'un service de télévision privé diffusé en clair par voie hertzienne terrestre dans l'agglomération lyonnaise

Décision n° 89-43 du 30 mai 1989 relative à un appel aux candidatures pour l'usage de fréquences en vue de l'exploitation d'un service de télévision privé à caractère local ou régional dans le département de la Réunion

Décision n° 90-26 du 19 février 1990 relative à un appel aux candidatures pour l'usage d'une fréquence en vue de l'exploitation d'un service de télévision privé dans l'agglomération parisienne

Décision n° 90-41 du 2 mars 1990 autorisant la société Antenne Réunion à utiliser des fréquences pour l'exploitation d'un service de télévision privé à caractère local ou régional diffusé en clair par voie hertzienne terrestre dans le département de la Réunion

Décision n° 90-42 du 2 mars 1990 relative à un appel aux candidatures pour l'usage de fréquences en vue de l'exploitation, en temps partagé avec un autre service autorisé, d'un service de télévision privé dans le département de la Réunion

5° Services de télévision diffusés par satellite:

Décret n° 87-364 du 4 juin 1987 pris pour l'application de l'article 31 de la loi n° 86-1067 du 30 septembre 1986 modifiée, relative à la liberté de communication *(Pour mémoire)*

Décision n° 87-34 du 18 mai 1987 concernant les règles générales applicables aux services de télévision diffusés par satellite

Décision n° 87-35 du 18 mai 1987 concernant les obligations particulières applicables aux services de télévision diffusés par satellite

Arrêté du 6 mai 1988 fixant la norme de diffusion du système français de radiodiffusion par satellite

Décision n° 88-531 du 15 décembre 1988 relative à un appel aux candidatures pour l'usage de fréquences de diffusion affectées à la radiodiffusion sonore et à la télévision par satellite

(Modifiée par décision n° 89-1 du 1er février 1989.)

Décision n° 89-43 du 29 avril 1989 autorisant la société provisoirement dénommée Sports 2-3 à exploiter un service de télévision diffusé par satellite

Décision n° 89-44 du 20 avril 1989 autorisant la Société pour l'étude et l'exploitation de télévisions par satellites à exploiter un service de télévision diffusé par satellite provisoirement dénommé Canal Enfants

Décision n° 89-45 du 20 avril 1989 autorisant la société Euromusique à exploiter un service de télévision diffusé par satellite dénommée Euromusique

Décision n° 89-46 du 20 avril 1989 autorisant la société la S.E.P.T. à exploiter un service de télévision diffusé par satellite

Décision n° 89-47 du 20 avril 1989 autorisant la société Canal Plus GmbH à exploiter un service de télévision diffusé par satellite dénommé Canal Plus Deutschland

Décision n° 89-48 du 20 avril 1989 autorisant la société Canal Plus à exloiter un service de télévision diffusé par satellite

D. - **Services de communication audiovisuelle distribués par câble**

Décret n° 77-1098 du 28 septembre 1977 relatif aux réseaux communautaires de radiodiffusion-télévision
(Modifié par décret n° 79-878 du 4 octobre 1979.)

Décret n° 87-274 du 17 avril 1987 relatif au développement des services de communication audiovisuelle distribués par câble

Décret n° 87-796 du 29 septembre 1987 pris pour l'application des articles 33 et 34 de la loi n° 86-1067 du 30 septembre 1986 relative à la liberté de communication et relatif aux services de radiodiffusion sonore et de télévision distribués par câble
(Modifié par décret n° 88-608 du 6 mai 1988.)

Arrêté du 22 janvier 1988 instituant une commission de dérogation prévue aux article 31 et 32 du décret n° 87-796 du 29 septembre 1987 relatif aux services de radiodiffusion sonore et de télévision distribués par câble

Décision n°89-33 du 5 avril 1989 relative aux spécifications techniques d'ensemble des réseaux distribuant par câble des services de radiodiffusion sonore et de télévision

Arrêté du 12 février 1990 fixant les conditions générales d'autorisation et d'exploitation des stations terriennes de réception de programmes de télévision en vue de leur redistribution sur un réseau câblé établi en application de l'article 34 de la loi n° 86-1067 du 30 septembre 1986

Réseaux câblés autorisés (liste arrêtée au 1er avril 1990)

VII. - UTILISATION DES FRÉQUENCES

Décret n° 87-689 du 19 août 1987 relatif au comité de coordination des télécommunications

Arrêté du 26 janvier 1987 portant modification du tableau de répartition des bandes de fréquences pour les services de radiodiffusion (R.T.V.) établi par le comité de coordination des télécommunications

Arrêté du 27 avril 1987 portant modification du tableau de répartition des bandes de fréquences pour le compte de divers utilisateurs ou usagers par le comité de coordination des télécommunications

Arrêté du 19 août 1987 relatif à la Commission des conférences de radiocommunication

Arrêté du 19 août 1987 relatif à la commission d'étude de la répartition géographique des stations radioélectriques

Arrêté du 19 août 1987 relatif à la commission des servitudes radioélectriques

Arrêté du 19 août 1987 relatif à l'organisation de la Commission mixte des fréquences et de la commission exécutive d'assignation des fréquences

Arrêté du 4 juillet 1988 relatif à la commission de synthèse et de prospective en radiocommunications

Décision n° 87-3 du 26 janvier 1987 définissant les conditions techniques d'usage des fréquences pour la diffusion par la voie hertzienne terrestre des services de télévision
(Modifiée par décision n° 87-48 du 16 juin 1987.)

Décision n° 87-23 du 6 mars 1987 définissant les conditions techniques d'usage des fréquences pour la diffusion de signaux de radiodiffusion sonore en modulation de fréquence

VIII. - LES SERVICES DE COMMUNICATION AUDIOVISUELLE SOUMIS A DÉCLARATION

Décret n° 87-277 du 17 avril 1987 relatif à la déclaration des services relevant de l'article 43 de la loi n° 86-1067 du 30 septembre 1986 relative à la liberté de communication

Circulaire du 17 février 1988 prise en application de l'article 43 de la loi n° 86-1067 du 30 septembre 1986 relative à la liberté de communication, concernant le régime déclaratif applicable à certains services de communication audiovisuelle

Décision n° 87-173 du 10 juillet 1987 fixant le modèle de déclaration préable pour l'exploitation d'un service de télématique interactive

IX. - TEXTES FINANCIERS

Loi de finances n° 74-1129 du 30 décembre 1974 pour l'année 1975 (art. 33 à l'exception de son dernier alinéa)

Loi de finances n° 83-1179 du 29 décembre 1983 pour l'année 1984 (art. 36 modifié par loi de finances n° 90-1169 du 29 décembre 1990, art. 67)

Décret n° 82-971 du 17 novembre 1982 relatif à l'assiette et au recouvrement de la redevance pour droit d'usage des appareilsr écepteurs de télévision et des appareils d'enregistrement et de reproduction des images et du son en télévision

Décret n° 86-1365 du 31 décembre 1986 (art. 2) relatif notamment à la suppression de la redevance pour droit d'usage des appareils d'enregistrement et de reproduction des images et du son en télévision

Décret n° 74-1131 du 30 décembre 1974 relatif au recouvrement de la redevance pour droit d'usage des postes récepteurs de radiodiffusion ou de télévision (art. 2, al. 1 et 2)

Décret n° 90-1171 du 21 décembre 1990 relatif à la fixation des taux de base de la redevance pour droits d'usage des appareils récepteurs de télévision

B. - Compte de soutien financier de l'industrie cinématographique et de l'industrie des programmes audiovisuels

Loi de finances n° 83-1179 du 29 novembre 1983 pour l'année 1984 (art. 36 et 61)
(Modifiée par la loi n° 88-1193 du 29 décembre 1988.)

Décret n° 86-175 du 6 février 1986 relatif au soutien financier de l'Etat à l'industrie des programmes audiovisuels
(Modifié par:
Décret n° 88-258 du 29 février 1988;
Décret n° 89-186 du 24 mars 1989;
Décret n° 90-466 du 6 juin 1990;
Décret n° 90-666 du 25 juillet 1990;
Décret n° 91-434 du 7 mai 1991.)

Loi de finances n° 87-1067 du 30 décembre 1987 pour 1988 (art. 55)

Arrêté du 27 février 1988 relatif aux vidéomusiques
(modifié par l'arrêté du 19 juin 1991.)

Arrêté du 1er août 1990 relatif à l'aide à la préparation des oeuvres audiovisuelles

C. - **Sociétés de financement des industries cinématographiques et audiovisuelles (SOFICA)**

Loi n° 85-695 du 11 juillet 1985 (art. 40) portant diverses dispositions d'ordre économique et financier

D. - **Fonds de soutien à l'expression radiophoniques**

Décret n° 87-826 du 9 octobre 1987 portant création d'une taxe parafiscale au profit d'un fonds de soutien à l'expression radiophonique

(Modifié par décret n° 90-627 du 11 juillet 1990

Arrêté du 9 octobre 1987 fixant, à partir du 1er octobre 1987, les taux de la taxe parafiscale alimentant le fonds de soutien à l'expression radiophonique

Fragebogen für die Länderberichte*

1. TEIL: FERNSPRECHEN

A. Rechtsgrundlagen des grenzüberschreitenden Fernsprechens

I. Rechtsgrundlagen des nationalen Fernmelderechts für das Grenzüberschreitende Fernsprechen[1]

1. Umsetzung internationaler Vorgaben in nationales Recht und in nationale Praxis
   - a) Überblick über die in Betracht kommenden internationalen Regelungen
     - aa) Multilaterale Abkommen (z.B. ITU, regionale Organisationen
     - bb) Bilaterale Abkommen
   - b) Umfang des nationalen Regelungsvorbehalts
   - c) Nationale Regelungskompetenz für die Umsetzung internationaler Vorgaben in nationales Recht und in nationale Praxis
     - aa) Zuständigkeit mit Wirkung für den nationalen Bereich[2]
       - aaa) Gesetzgeber
       - bbb) Verwaltung(sbehörden)
       - ccc) Betreiber der Fernsprechdienste
     - bb) Zuständigkeit mit Wirkung gegenüber dem Ausland[2]
       - aaa) Gesetzgeber
       - bbb) Verwaltung
       - ccc) Betreiber der Fernsprechdienste
   - d) Inhalt der in nationales Recht/nationale Praxis umgesetzten Regelungen (einschließlich der tatsächlichen Anwendung)

2. Originär nationales Recht
   - a) Regelungskompetenzen[2]
     - aa) Gesetzgeber
     - bb) Verwaltungs(-behörden)

---

* Der Fragebogen wurde von einer Arbeitsgruppe unter der Leitung von Prof. E.-J. Mestmäcker am Max-Planck-Institut in Hamburg erarbeitet, die Gruppe bestand aus Thomas Born, Reinhard Ellger, Beate-Katrin Graben und Detlev Witt.

cc) Den Betreibern verbleibende Handlungsspielräume

b) Überblick über die inhaltliche Ausgestaltung der Regelungen (einschließlich der tatsächlichen Anwendung)

II. Rechtsbeziehungen nationaler Netzbetreiber, die Fernsprechleistungen ins Ausland anbieten, zu inländischen Benutzern

1. Inanspruchnahme der Fernsprechdienste

a) Öffentliche Netze (common carriers)[3]

aa) Wer betreibt die öffentlichen Netze?

bb) Rechtliche Voraussetzungen für die Errichtung und den Betrieb öffentlicher Netze

aaa) Inhaltliche Ausgestaltung der Voraussetzungen

bbb) Regelungskompetenz (für die Aufstellung der Voraussetzungen und die Erteilung von Genehmigungen, etc.)

ccc) Rechtsschutz

cc) Welche Leistungen werden angeboten?

dd) Zugangs- und Nutzungsbedingungen für die Benutzer öffentlicher Netze[4,5]

aaa) Wer hat Zugang zum Netz?[6]

(1) Endverbraucher

(2) Wiederverkäufer (Pächter von Netzkapazität)

(3) Regelungskompetenz

bbb) Tarifierung

(1) Tarifgrundsätze

(2) Regelungskompetenz

ccc) Haftung

ddd) Technische Standards (insbesondere für Endgeräte und die Art ihrer Nutzung; unter Berücksichtigung der internationalen Vorgaben)

(1) Inhaltliche Ausgestaltung

(2) Regelungskompetenz

eee) Rechtsschutz

b) Private Netze

aa) Wer betreibt private Netze?

bb) Rechtliche Voraussetzungen für die Errichtung und den Betrieb privater Netze[6]

aaa) Inhaltliche Ausgestaltung der Voraussetzungen[7]

bbb) Regelungskompetenz[7]
ccc) Rechtsschutz[7]
cc) Welche Leistungen werden erbracht?
dd) Ist Untervermietung möglich? Wenn ja, zu welchen Bedingungen?
c) Netze, die von closed-user-groups betrieben werden
aa) Wer betreibt closed-user-groups-Netze? (z.B. SITA, SWIFT)
bb) Rechtliche Voraussetzungen für die Errichtung und den Betrieb von closed-user-groups-Netzen[6]
aaa) Inhaltliche Ausgestaltung der Voraussetzungen[7]
bbb) Regelungskompetenz[7]
ccc) Rechtsschutz[7]
cc) Welche Leistungen werden erbracht?
dd) Zugangs- und Nutzungsbedingungen für die Benutzer dieser Netze[6,7]
aaa) Wer hat Zugang zur »user group« und damit zum Netz?
bbb) Tarifierung
(1) Tarifgrundsätze
(2) Wer legt die Tarife fest?
ccc) Haftung
ddd) Technische Standards
eee) Rechtsschutz, Staatliche Aufsicht

2. Zulassung von Endgeräten[8,9]
a) Welche Endgeräte gehören nach nationalem Recht zum Netz und unterliegen daher den für die Fernsprechdienste geltenden Regelungskompetenzen?
b) Wer regelt die Zulassung der Geräte zum Netz?
aa) Staatliche Behörden?
bb) Netzbetreiber?
c) Kriterien für die Zulassung (z.B. technische Kompatibilität)[5]
d) Rechtsschutz

III. Rechtsbeziehungen zwischen nationalen und internationalen/ausländischen Netzbetreibern (carriers)

1. Zugang nationaler Netze zu ausländischen Netzen und deren Nutzungsbedingungen

a) Nationale fernmelderechtliche[6] Voraussetzungen für den Zugang zum internationalen Netz[10,11]
   aa) Inhaltliche Ausgestaltung der Voraussetzungen
      aaa) Internationale Vorgaben (Multilaterale, bilaterale Verträge)
      bbb) Originär nationales Recht
   bb) Regelungskompetenz
      aaa) Internationale Institutionen
      bbb) Bilaterale Abstimmung
      ccc) Nationaler Gesetzgeber
      ddd) Nationale Verwaltung(sbehörden)
      eee) Betreiber
   cc) Rechtsschutz
b) Nutzungsbedingungen des internationalen Netzes (Inwieweit nimmt das nationale Recht auf diese Nutzungsbedingungen Einfluß[12])
   aa) Inhaltliche Ausgestaltung der Bedingungen
      aaa) Tarife, Abrechnung
         (1) Internationale Rahmenbedingungen (bilaterale und multilaterale Abkommen sowie ihre Umsetzung in nationale Regelungen)
         (2) Originär nationales Recht
      bbb) Technische Standards
         (1) Internationale Rahmenbedingungen
         (2) Originär nationales Recht
      ccc) Haftung
   bb) Regelungskompetenzen für Tarife und technische Standards
      aaa) Internationale Institutionen
      bbb) Bilaterale Abstimmung
      ccc) Nationaler Gesetzgeber
      ddd) Nationale Verwaltung(sbehörden)
      eee) Betreiber
   cc) Rechtsschutz

2. Zugang ausländischer Netze zu nationalen Netzen und deren Nutzungsbedingungen
   a) Kommen mehrere nationale Netze in Betracht?

b) Nationale fernmelderechtliche[6] Voraussetzungen für den Zugang zum nationalen Netz/zu den nationalen Netzen
    aa) Inhaltliche Ausgestaltung der Voraussetzungen
        aaa) Internationale Vorgaben
        bbb) Originär nationales Recht
    bb) Regelungskompetenzen
        aaa) Internationale Institutionen
        bbb) Bilaterale Abstimmung
        ccc) Nationaler Gesetzgeber
        ddd) Nationale Verwaltung(sbehörde)
        eee) Betreiber
    cc) Rechtsschutz
c) Nutzungsbedingungen der nationalen Netze
    aa) Inhaltliche Ausgestaltung der Bedingungen
        aaa) Tarife, Abrechnung
            (1) Internationale Rahmenbedingungen
            (2) Originär nationales Recht
        bbb Technische Standards
            (1) Internationale Rahmenbedingungen nebst Umsetzung
            (2) Originär nationales Recht
        ccc Haftung
    bb) Regelungskompetenzen für Tarife und technische Standards
        aaa) Internationale Institutionen
        bbb) Bilaterale Abstimmung
        ccc) Nationaler Gesetzgeber
        ddd) Nationale Verwaltung(sbehörden)
        eee) Betreiber
    cc) Rechtsschutz

B. Die rechtliche Regulierung der Märkte für Endgeräte und Netzeinrichtungen

I. Nachfrageseite

1. Einfluß der rechtlichen Ordnung der Fernsprechdienste auf die Märkte für Endgeräte und Netzeinrichtungen
    a) Nachfrager

aa) Inwieweit läßt das Fernmelderecht eine Nachfrage der Netzbetreiber/Betreiber bzw. der Benutzer zu?
bb) Wettbewerbssituation bei den Netzträgern/Betreibern
b) Inhaltliche Bedingungen der Beschaffung
aa) Kompetenzen
aaa) Internationalrechtliche Vorgaben
bbb) Nationalstaatliche Gesetzgeber und Verwaltungsbehörden
ccc) Unternehmen
bb) Inhaltliche Bedingung der Beschaffung
aaa) Technische Standards und Entwicklung von Geräten
bbb) Preise, Konditionen
ccc) Wer unterhält die Anlagen und zu welchen Konditionen?
ddd) Kriterien für die Auswahl von Anbietern, falls mehrere vorhanden sind

2. Einfluß anderer Regelungsmaterien (außerhalb des Rechts der Fernmeldedienste) auf die Nachfragesituation im Markt für Endgeräte und Netzeinrichtungen
a) Auswirkungen des Außenwirtschaftsrechts auf die Nachfrage von Endgeräten und Netzeinrichtungen im Inland
aa) Allgemeine Regeln des Außenwirtschaftsrechts für den Warenverkehr
bb) Besondere Bestimmungen des Außenwirtschaftsrechts für Endgeräte und Netzeinrichtungen
b) Einfluß anderer Regelungsmaterien z.B.
- Wettbewerbsbeschränkungsrecht, insbesondere Regelungen betreffend die Nachfragemacht
- allgemeines Wirtschaftslenkungsrecht

II. Anbieterseite

1. Marktzugang unter Berücksichtigung der oben beschriebenen Nachfragesituation
2. Auswirkung wirtschaftlicher und sonstiger Verbindungen zwischen Nachfrage- und Angebotsseite auf den Markt für Endgeräte und Netzeinrichtungen

Anmerkungen zum 1. Teil

1 Dieser Abschnitt ist als Überblick über die Regelungen gedacht. Details sind in den Teilen II. und III. darzustellen.

2 Darzustellen ist auch, inwieweit die einzelnen Instanzen von der Kompetenz Gebrauch gemacht haben.

3 Unter »öffentlichen Netzen« (common carriers) sind solche Netzbetreiber zu verstehen, die ihre Fernsprechdienste allen Interessierten anbieten. Dabei kann es sich um Betreiber handeln, die gleichzeitig Netzträger (Eigentümer, Errichter von Netzen) sind, als auch um Betreiber, die ihre Dienste mit Hilfe von gepachteten/gemieteten Netzen anbieten.

4 Die »Benutzer« öffentlicher Netze können sein:
- Fernsprechkunden, welche die Fernsprechdienste zur Deckung des eigenen Bedarfs in Anspruch nehmen
- Mieter/Pächter, die anderen mit Hilfe gemieteter/gepachteter Netze Fernsprechdienste anbieten wollen.

5 Im folgenden sind auch dann die internationalen Vorgaben und ihre Umsetzung in nationale Regelungen mit zu berücksichtigen, wenn dies nicht gesondert angegeben sein sollte.

6 Hier sind auch allgemeine Rechtsnormen außerhalb des Fernmelderechts zu berücksichtigen (z.B. Antitrust-Recht).

7 Soweit private Netze durch Miete/Pacht von Kapazität der öffentlichen Netze betrieben werden, ist auf die oben II.1.a,dd, dargestellten Zugangs- und Nutzungsbedingungen Bezug zu nehmen.

8 Hierbei sind die verschiedenen Arten von Fernsprechnetzen zu berücksichtigen (s. oben II.1.a-c).

9 Hier sind die Regelungen bezüglich der Endgeräte nur insoweit zu behandeln, als das Benutzungsverhältnis unmittelbar betroffen ist. Die Auswirkungen auf den Markt für Endgeräte, ihren Im- und Export, etc. sollen in einem separaten Gliederungspunkt »Hardware« dargestellt werden.

10 »Internationales Netz« umfaßt die Gesamtheit ausländischer Netze, soweit sie für grenzüberschreitende Verbindungen eingesetzt werden.

11 Unter Zugangsvoraussetzungen sind die Kriterien zu verstehen, nach denen entschieden wird, welcher nationale Netzbetreiber Zugang zum Ausland hat.

12 Die Nutzungsbedingungen sind nur dann in ihrer Gesamtheit zu erkennen, wenn auch die jeweilige ausländische Rechtssetzung berücksichtigt wird. Dies geht aber über den Rahmen eines rein nationalen Länderberichts hinaus.

2. TEIL: DATENVERARBEITUNG (AUCH BTX UND VERWANDTE SYSTEME, AUCH REMOTE SENSING)

A. Rechtliche Bedingungen der grenzüberschreitenden Datenverarbeitung

I. Rechtliche Regelungen der grenzüberschreitenden Datenfernverarbeitung unabhängig von der Übermittlungsart nach dem Inhalt der Information

1. Datenexport
   a) Allgemeine Gesetze zum Schutz der öffentlichen Ordnung und Sicherheit (Bsp.: Schutz von Staatsgeheimnissen)
   b) Regelungen zum Schutz nationaler Wirtschaftsinteressen
   c) Allgemeine Regelungen zum Schutz einzelner
   d) Datenschutz (privacy protection)

2. Datenimport
   a) Allgemeine Gesetze zum Schutz der öffentlichen Sicherheit und Ordnung (Bsp.: Schutz von Staatsgeheimnissen)
   b) Regelungen zum Schutz nationaler Wirtschaftsinteressen
   c) Allgemeine Regelungen zum Schutz einzelner
   d) Datenschutz (privacy protection)

II. Rechtliche Regelungen der grenzüberschreitenden DFV als Dienstleistung (unabhängig von der Übermittlungsart, nach Art der Dienstleistung)

1. Inanspruchnahme von EDV-Leistungen aus dem Ausland
   a) commercial (Datenverarbeitungsleistungen für Dritte, soweit nicht innerhalb von closed user group networks)
      aa) Grundzüge des AWR für den allgemeinen grenzüberschreitenden Dienstleistungsverkehr
      bb) Spezielle Regelungen für Datenverarbeitungsleistungen
         aaa) Datenverarbeitung im engeren Sinne
         bbb) data storage und retrieval
   b) intra-company communication
      aa) Datenverarbeitung im engeren Sinne
      bb) data storage und retrieval
   c) closed user group networks
      aa) Datenverarbeitung im engeren Sinne
      bb) data storage und retrieval

2. Erbringung von EDV-Leistungen für das Ausland
   a) commercial (Datenverarbeitungsleistungen für Dritte, soweit nicht innerhalb von closed user group networks)
      aa) Grundzüge des AWR (Export)
      bb) Spezielle Regelungen für Datenverarbeitungsleistungen
         aaa) Datenverarbeitung im engeren Sinne
         bbb) data storage und retrieval
   b) intra-company communication
      aa) Datenverarbeitung im engeren Sinne
      bb) data storage und retrieval
   c) closed user group networks
      aa) Datenverarbeitung im engeren Sinne
      bb) data storage und retrieval

III. Rechtliche Regelungen der grenzüberschreitenden DFV, die an die Übertragungswege anknüpfen

1. Rechtsgrundlagen des nationalen Fernmelderechts für die grenzüberschreitende Datenübermittlung[1]
   a) Umsetzung internationaler Vorgaben in nationales Recht und in nationale Praxis
      aa) Überblick über die in Betracht kommenden internationalen Regelungen
         aaa) Multilaterale Abkommen (z.B. ITU, regionale Organisationen)
         bbb) Bilaterale Abkommen
      bb) Umfang des nationalen Regelungsvorbehalts
      cc) Nationale Regelungskompetenz für die Umsetzung internationaler Vorgaben in nationales Recht und in nationale Praxis
         aaa) Zuständigkeit mit Wirkung für den nationalen Bereich[2]
            (1) Gesetzgeber
            (2) Verwaltung(sbehörden)
            (3) Betreiber der Fernsprechdienste
         bbb Zuständigkeit mit Wirkung gegenüber dem Ausland[2]
            (1) Gesetzgeber
            (2) Verwaltung

(3) Betreiber der Datenübertragungsdienste

dd) Inhalt der in nationales Recht/nationale Praxis umgesetzten Regelungen (einschließlich der tatsächlichen Anwendung)

b) Originär nationales Recht

aa) Regelungskompetenzen[2]

aaa) Gesetzgeber

bbb) Verwaltung(sbehörden)

ccc) Den Betreibern verbleibende Handlungsspielräume

bb) Überblick über die inhaltliche Ausgestaltung der Regelungen (einschließlich der tatsächlichen Anwendung)

2. Rechtsbeziehungen nationaler Netzbetreiber, die Datenübermittlungsleistungen ins Ausland oder aus dem Ausland anbieten, zu inländischen Benutzern

a) Inanspruchnahme der Datenübermittlungsdienste

aa) Öffentliche Netze (common carriers)[3]

aaa) Wer betreibt die öffentlichen Netze?

bbb) Rechtliche Voraussetzungen für die Errichtung und den Betrieb öffentlicher Netze

(1) Inhaltliche Ausgestaltung der Voraussetzungen

(2) Regelungskompetenz (für die Aufstellung der Voraussetzungen und die Erteilung von Genehmigungen, etc.)

(3) Rechtsschutz

ccc) Welche Leistungen werden angeboten?

(1) Angebot von reinen Übertragungsleistungen

(2) Angebot von Übertragungsleistungen gekoppelt mit DV-Leistungen (enhanced services)

ddd) Zugangs- und Nutzungsbedingungen für die Benutzer öffentlicher Netze[4,5]

(1) Wer hat Zugang zum Netz?[6]

(1.1) Endverbraucher von Datenverarbeitungsleistungen (die für eigene Zwecke bei einem anderen rechnen lassen und zu diesem Zweck Übertragungsmöglichkeiten benötigen)

(1.2) Anbieter von DV-Leistungen (die für andere rechnen und zu diesem Zweck Übertragungsmöglichkeiten benötigen)

(1.3) Pächter von Netzkapazität, die entweder nur Übertragungsleistung, oder damit gekoppelt auch DV-Leistung anbieten

(1.4) Regelungskompetenz

(2) Tarifierung

(2.1) Tarifgrundsätze

(2.2) Regelunskompetenz

(3) Haftung

(4) Technische Standards (insbesondere für Endgeräte und die Art ihrer Nutzung; unter Berücksichtigung der internationalen Vorgaben)

(4.1) Inhaltliche Ausgestaltung

(4.2) Regelungskompetenz

(5) Rechtsschutz

bb) Private Netze

aaa) Wer betreibt private Netze?

bbb) Rechtliche Voraussetzungen für die Einrichtung und den Betrieb privater Netze[6]

(1) Inhaltliche Ausgestaltung der Voraussetzungen[7]

(2) Regelungskompetenz[7]

(3) Rechtsschutz[7]

ccc) Welche Leistungen werden erbracht?

(1) Datenübermittlung für eigene Zwecke

(2) Datenübermittlung für fremde Zwecke

ddd) Ist Untervermietung möglich? Wenn ja, zu welchen Bedingungen?

cc) Netze, die von closed-user-groups betrieben werden

aaa) Wer betreibt closed-user-groups-Netze? (z.B. SITA, SWIFT)

bbb) Rechtliche Voraussetzungen für die Errichtung und den Betrieb von closed-user-groups-Netzen[6]

(1) Inhaltliche Ausgestaltung der Voraussetzungen[7]

(2) Regelungskompetenz[7]

(3) Rechtsschutz[7]

ccc) Welche Leistungen werden erbracht?

(1) Datenübermittlung für eigene Zwecke

(2) Datenübermittlung für fremde Zecke

ddd) Zugangs- und Nutzungsbedingungen für die Benutzer dieser Netze[6,7]

(1) Wer hat Zugang zur »user group« und damit zum Netz?

(2) Tarifierung

(2.1) Tarifgrundsätze

(2.2) Wer legt die Tarife fest?

(3) Haftung

(4) Technische Standards

(5) Rechtsschutz, Staatliche Aufsicht

b) Zulassung von Endgeräten[8,9]

aa) Welche Endgeräte gehören nach nationalem Recht zum Netz und unterliegen daher den für die Fernsprechdienste geltenden Regelungskompetenzen?

bb) Wer regelt die Zulassung der Geräte zum Netz?

aaa) Staatliche Behörden?

bbb) Netzbetreiber

cc) Kriterien für die Zulassung (z.B. technische Kompatibilität; gleiche Wettbewerbschancen für ausländische Anbieter?)

dd) Rechtsschutz

3. Rechtsbeziehungen zwischen nationalen und internationalen/ausländischen Netzbetreibern (carriers)

a) Zugang nationaler Netze zu ausländischen Netzen und deren Nutzungsbedingungen[10,11]

aa) Nationale fernmelderechtliche[6] Voraussetzungen für den Zugang zum internationalen Netz[12,13]

aaa) Inhaltliche Ausgestaltung der Voraussetzungen

(1) Internationale Vorgabe (Multilaterale, bilaterale Verträge)

(2) Originär nationales Recht

bbb) Regelungskompetenz

(1) Internationale Institutionen

(2) Bilaterale Abstimmung

(3) Nationaler Gesetzgeber

(4) Nationale Verwaltung(sbehörden)

(5) Betreiber

- bb) Nutzungsbedingungen des internationalen Netzes (Inwieweit nimmt das nationale Recht auf diese Nutzungsbedingungen Einfluß?[14])
  - aaa) Inhaltliche Ausgestaltung der Bedingungen
    - (1) Tarife, Abrechnung
      - (1.1) Internationale Rahmenbedingungen (bilaterale und multilaterale Abkommen sowie ihre Umsetzung in nationale Regelungen)
      - (1.2) Originär nationales Recht
    - (2) Technische Standards
      - (2.1) Internationale Rahmenbedingungen
      - (2.2) Originär nationales Recht
    - (3) Haftung
  - bbb) Regelungskompetenzen für Tarife und technische Standards
    - (1) Internationale Institutionen
    - (2) Bilaterale Abstimmung
    - (3) Nationaler Gesetzgeber
    - (4) Nationale Verwaltung(sbehörden)
    - (5) Betreiber
  - ccc) Rechtsschutz

- b) Zugang ausländischer Netze zu nationalen Netzen und deren Nutzungsbedingungen
  - aa) Kommen mehrere nationale Netze in Betracht?
  - bb) Nationale fernmelderechtliche[6] Voraussetzungen für den Zugang zum nationalen Netz/zu den nationalen Netzen
    - aaa) Inhaltliche Ausgestaltung der Voraussetzungen
      - (1) Internationale Vorgaben
      - (2) Originär nationales Recht
    - bbb) Regelungskompetenzen
      - (1) Internationale Institutionen
      - (2) Bilaterale Abstimmung
      - (3) Nationaler Gesetzgeber
      - (4) Nationale Verwaltung(sbehörde)
      - (5) Betreiber
    - ccc) Rechtsschutz
  - cc) Nutzungsbedingungen der nationalen Netze
    - aaa) Inhaltliche Ausgestaltung der Bedingungen
      - (1) Tarife, Abrechnung

(1.1) Internationale Rahmenbedingungen nebst Umsetzung
(1.2) Originär nationales Recht
(2) Technische Standards
(2.1) Internationale Rahmenbedingungen nebst Umsetzung
(2.2) Originär nationales Recht
(3) Haftung
bbb) Regelungskompetenzen für Tarife und technische Standards
(1) Internationale Institutionen
(2) Bilaterale Abstimmung
(3) Nationaler Gesetzgeber
(4) Nationale Verwaltung(sbehörden)
(5) Betreiber
ccc) Rechtsschutz

B. Die rechtliche Regulierung der Märkte für Endgeräte und Netzeinrichtungen

I. Nachfrageseite

1. Einfluß der rechtlichen Ordnung der Datenübertragungsdienste auf die Märkte für Endgeräte und Netzeinrichtungen
a) Nachfrager
aa) Inwieweit läßt das Fernmelderecht eine Nachfrage der Netzträger/Betreiber bzw. der Benutzer zu?
bb) Wettbewerbssituation bei den Netzträgern/Betreibern
b) Inhaltliche Bedingungen der Beschaffung
aa) Kompetenzen
aaa) Internationalrechtliche Vorgaben
bbb) Nationalstaatliche Gesetzgeber und Verwaltungsbehörden
ccc) Unternehmen
bb) Inhaltliche Bedingungen der Beschaffung
aaa) Technische Standards und Entwicklung von Geräten
bbb) Preise, Konditionen
ccc) Wer unterhält die Anlagen und zu welchen Konditionen?

ddd) Kriterien für die Auswahl von Anbietern, falls mehrere vorhanden sind

2. Einfluß anderer Regelungsmaterien (außerhalt des Recht der Datenübermittlungsdienste) auf die Nachfragesituation im Markt für Endgeräte und Netzeinrichtungen
   a) Auswirkungen des Außenwirtschaftsrechts auf die Nachfrage von Endgeräten und Netzeinrichtungen im Inland
      aa) Allgemeine Regeln des Außenwirtschaftsrechts für den Warenverkehr
      bb) Besondere Bestimmungen des Außenwirtschaftsrechts für Endgeräte und Netzeinrichtungen
   b) Einfluß anderer Regelungsmaterien z.B.
      - Wettbewerbsbeschränkungsrecht, insbesondere Regelungen betreffend die Nachfragemacht
      - allgemeines Wirtschaftslenkungsrecht

II. Anbieterseite

1. Marktzugang unter Berücksichtigung der oben beschriebenen Nachfragesituation
2. Auswirkungen wirtschaftlicher und sonstiger Verbindungen zwischen Nachfrage- und Angebotsseite auf den Markt für Endgeräte und Netzeinrichtungen

1 Dieser Abschnitt ist als Überblick über die Regelungen gedacht. Details sind in den Teilen III 2 und 3 darzustellen.

2 Bei diesem Punkt ist darzulegen, inwieweit die einzelnen Instanzen von den ihnen zugewiesenen Kompetenzen Gebrauch gemacht haben.
Darzustellen sind der verfassungsrechtliche Rahmen der gesetzgeberischen Tätigkeit sowie der Inhalt der erlassenen Rechtsvorschriften.

3 Unter »öffentlichen Netzen« (common carriers) sind solche Netzbetreiber zu verstehen, die ihre Datenübertragungsdienste allen Interessierten anbieten. Dabei kann es sich um Betreiber handeln, die gleichzeitig Netzträger (Eigentümer, Errichter von Netzen) sind, als auch um Betreiber, die ihre Dienste mit Hilfe von gepachteten/gemieteten Netzen anbieten.

4 Die »Benutzer« öffentlicher Netze können sein:
- Kunden, welche die Datenübertragungsdienste zur Deckung des eigenen Bedarfs in Anspruch nehmen
- Mieter/Pächter, die anderen mit Hilfe gemieteter/gepachteter Netze Datenübertragungsdienste anbieten wollen.

5 Im folgenden sind auch dann die internationalen Vorgaben und ihre Umsetzung in nationale Regelungen zu berücksichtigen, wenn dies nicht gesondert angegeben sein sollte.

6 Hier sind auch allgemeine Rechtsnormen außerhalt des Fernmelderechts zu berücksichtigen (z.B. Anti-Trust-Recht).

7 Soweit private Netze durch Miete/Pacht von Kapazität der öffentlichen Netze betrieben werden, ist auf die oben III 2 a, aa, dd, ddd dargestellten Zugangs- und Nutzungsbedingungen Bezug zu nehmen.

8 Hierbei sind die verschiedenen Arten von Datenübertragungsnetzen zu berücksichtigen (s. oben III 2 a).

9 Hier sind die Regelungen bezüglich der Endgeräte nur insoweit zu behandeln, als das Benutzungsverhältnis unmittelbar betroffen ist. Die Auswirkungen auf den Markt für Endgeräte, ihrem Im- und Export, etc. sollen in einem separaten Gliederungspunkt »Hardware« dargestellt werden.

10 Dabei ist insbesondere zu untersuchen, ob die Regelung des Zugangs differenziert ist
a) nach der Art der zu übertragenden Daten bzw. der Art der Übertragungsleistung;
b) danach, ob es sich lediglich um Übertragungsleistungen oder aber um Übertragungleistungen gekoppelt mit Verarbeitungsleistungen handelt.

11 Sofern bei den Zugangs- und Nutzungsbedingungen spezielle Regelungen für den Transit von Daten bestehen, ist darauf gesondert einzugehen.

12 »Internationales Netz« umfaßt die Gesamtheit ausländischer Netze, soweit sie für grenzüberschreitende Verbindungen eingesetzt werden.

13 Unter Zugangsvoraussetzungen sind die Kriterien zu verstehen, nach denen entschieden wird, welcher nationale Netzbetreiber Zugang zum Ausland hat.

14 Die Nutzungsbedingungen sind nur dann in ihrer Gesamtheit zu erkennen, wenn auch die jeweilige ausländische Rechtssetzung berücksichtigt wird. Dies geht aber über den Rahmen eines rein nationalen Länderberichts hinaus.

3. TEIL: HÖRFUNK- UND FERNSEHPROGRAMME

A. Sendungen vom Ausland ins Inland (Zugang von Programmen zum nationalen Markt - Grundfragen des Zugangs sowie Zugangsbedingungen im einzelnen)

I. Rechtsverhältnis zwischen ausländischen Staaten, Programmveranstaltern und Sendern einerseits und Berichtsstaat (BS) andererseits

1. Internationale Vorgaben und ihre Umsetzung in nationales Recht (in welcher Weise ist BS international rechtlich verpflichtet, die Einstrahlung ausländischer Programme auf sein Territorium zu dulden?)

a) Multilaterale Abkommen sowie Politik in internationalen Organisationen

aa) ITU-Abkommen und sich daraus ableitende Vorschriften

aaa) Beziehungen des BS zur ITU

bbb) Terrestrisch ausgestrahlte Hörfunk- und Fernsehsender

(1) Störsender

(2) Empfangsverbote

(3) Normen und Importregelungen für Empfangsgeräte

(4) Unterschiedliche Behandlung aufgrund der Herkunft oder des Sitzes des ausländischen Programmveranstalters oder Senders

ccc) Satellitendirektfernsehen

(1) Störsender

(2) Empfangsverbote

(3) Normen und Importregelungen für Empfangsgeräte

(4) Unterschiedliche Behandlung nach Herkunft oder Sitz des ausländischen Programmveranstalters oder Senders

(5) Unterschiedliche Behandlung von »intended« und »unintended overspill«

ddd) Kabelfernsehen

(1) Zugang von ausländischen Netzträgern

(1.1) Allgemeine Zugangsbedingungen

(1.2) Tarife
(1.3) Technische Normen
(1.4) Programmbedingungen

(2) Einspeisung von ausländischen Fernsehprogrammen in inländische Kabelnetze
(1.1) Allgemeine Zugangsbedingungen
(1.2) Tarife
(1.3) Technische Normen
(1.4) Programmbedingungen

bb) Umsetzung von ITU-Vorschriften in nationales Recht (für terrestrisch ausgestrahlte Hörfunk- und Fernsehprogramme, Satellitendirektfernsehen und Kabelfernsehen)
aaa) Zuständigkeit zur Umsetzung von ITU-Vorschriften in nationales Recht
bbb) Art und Inhalt der Umsetzung
ccc) Zuständigkeit zur Anwendung der umgesetzten Vorschriften
ddd) Anwendungspraxis
eee) Rechtsschutz

cc) Menschenrechtskonventionen und sich daraus ableitende Vorgaben
aaa) Bindung des BS an Menschenrechtskonventionen
bbb) Terrestrisch ausgestrahlte Hörfunk- und Fernsehprogramme
(1) Störsender
(2) Empfangsverbote
(3) Technische Normen und Importvorschriften für Empfangsgeräte
(4) Unterschiedliche Behandlung von bestimmten Staaten, Programmveranstaltern und Sendern
ccc) Satellitendirektfernsehen
- gegliedert wie oben
ddd) Kabelfernsehen
- gegliedert wie oben

dd) Umsetzung von Menschenrechtskonventionen in nationales Recht (terrestrisch ausgestrahlte Hörfunk- und Fernsehprogramme, Satellitendirektfernsehen und Kabelfernsehen)

2. Originär nationales Recht (Vorschriften, durch die die Ausstrahlung von Hörfunk- und Fernsehprgrammen im öffentlichen Interesse geregelt wird)
   a) Rahmen der nationalen Medienordnung
      aa) Verfassungsrechtliche Grundlagen der nationalen Medienordnung
         aaa) Presse
         bbb) Terrestrisch ausgestrahlte Hörfunk- und Fernsehprogramme
         ccc) Satellitendirektfernsehen
         ddd) Kabelfernsehen
      bb) Regelungszuständigkeit und -technik
         - gegliedert wie oben
      cc) Grundlagen der medienrechtlichen Regelungen unterhalb der Verfassungsebene
         - gegliedert wie oben
   b) Auf Medienprogramme anwendbare allgemeine Vorschriften (gegliedert nach Rechtsgebieten oder Rechtsgütern, z.B.:
      - allgemeine Gesetze
      - Strafrecht
      - Jugendschutz
      - Werberecht
      - Kartellrecht
      - Fernmelderecht)
   c) Tatsächliche oder mögliche Anwendung nationaler Rechtsvorschriften auf ins Inland kommende ausländische Programme
      aa) Terrestrisch ausgestrahlte Hörfunk- und Fernsehprogramme
      bb) Satellitendirektfernsehen
      cc) Kabelfernsehen

II. Rechtsbeziehungen zwischen Berichtsstaat und Empfängern (Vorschriften, die den Empfang von Programmen sowie den Rechtsschutz von Empfängern zur Durchsetzung von Empfangsrechten betreffen)

1. Internationale Vorgaben und ihre Umsetzung in nationales Recht
   a) Multilaterale Abkommen
      aa) ITU-Abkommen und sich daraus ableitende Vorschriften

aaa) Terrestrisch ausgestrahlte Hörfunk- und Fernsehprogramme
(1) Empfangsverbote
(2) Technische Normen und Import- oder Betriebsvorschriften für Empfangsgeräte
(3) Gebühren
bbb) Satellitendirektfernsehen
- gegliedert wie oben
ccc) Kabelfernsehen
(1) Grundsätze des Anschlusses an Kabelnetze
(2) Technische Normen und Import- oder Betriebsvorschriften für Empfangsgeräte
(3) Zugangsgebühren
bb) Menschenrechtskonventionen und sich daraus ableitende Vorschriften
aaa) Terrestrisch ausgestrahlte Hörfunk- und Fernsehprogramme
(1) Empfangsverbote
(2) Technische Normen und Importvorschriften für Empfangsgeräte
(3) Gebühren
bbb) Satellitendirektfernsehen
- gegliedert wie oben
ccc) Kabelfernsehen
- gegliedert wie oben
b) Bilaterale Abkommen
aa) Durch multilaterale Abkommen gesetzter Spielraum für bilaterale Abkommen
aaa) Terrestrisch ausgestrahlte Hörfunk- und Fernsehprogramme
bbb) Satellitendirektfernsehen
ccc) Kabelfernsehen
bb) Inhalt bilateraler Abkommen
aaa) Terrestrisch ausgestrahlte Hörfunk- und Fernsehprogramme
(1) Technische Normen und Importvorschriften für Empfangsgeräte
(2) Gebühren
bbb) Satellitendirektfernsehen

- gegliedert wie oben

ccc) Kabelfernsehen

- gegliedert wie oben

c) Umsetzung von internationalen Abkommen über Empfängerrechte in nationales Recht

aa) Zuständigkeit zur Umsetzung

bb) Art und Inhalt der Umsetzung

cc) Zuständigkeit zur Anwendung der umgesetzten Vorschriften

dd) Anwendungspraxis

ee) Rechtsschutz

d) Zusammenfassung: Dem Berichtsstaat nach internationalem Recht zur Regelung der Beziehungen zwischen Staat und Empfängern verbleibender Handlungsspielraum

2. Originär nationales Recht (Vorschriften, die den Empfang von Programmen im öffentlichen Interesse regeln)

a) Verfassungsrechtlicher Rahmen für den Empfang audiovisueller Medien (Verfassungsrechte von Empfängern und ihre rechtliche Durchsetzung)

aa) Terrestrisch ausgestrahlte Hörfunk- und Fernsehprogramme

bb) Satellitendirektfernsehen

cc) Kabelfernsehen

b) Regelungszuständigkeit und Regelungstechnik

- gegliedert wie oben

c) Inhalt der Vorschriften

aa) Empfangsverbote/Prinzipien des Zugangs zu Kabelnetzen

bb) Technische Normen, Herstellungs- und Betriebsverbote für Empfangsgeräte

cc) Empfangsgebühren

III. Rechtsbeziehungen zwischen Programm- und Sendeorganisationen und Individuen, auch: persönliche Ansprüche einzelner gegen Programmveranstalter und Sender (terrestrisch ausgestrahlte Hörfunk- und Fernsehprogramme, Satellitendirektfernsehen und Kabelfernsehen)

1. Internationale Abkommen und ihre Umwandlung in nationales Recht

a) Datenschutzrecht, Recht zum Schutz der persönlichen Ehre, Recht auf Gegendarstellung
b) Urheberrecht
c) Unlauterer Wettbewerb (Individualansprüche)

2. Internationales Privatrecht des Berichtsstaats
- gegliedert wie oben

3. Vorschriften nationalen Rechts, die Individualansprüche gegen Programmveranstalter und Sender vorsehen
- gegliedert wie oben

B. Niederlassung und Tätigkeit ausländischer Programmgesellschaften und Sender/Netzträger auf dem Territorium des Berichtsstaats

I. Internationaler Rahmen

1. Niederlassung und Tätigkeit von Sendestationen und Kabelnetzen
a) Terrestrisch ausgestrahlte Hörfunk- und Fernsehprogramme
b) Satellitendirektfernsehen (auch: Beteiligung an Gesellschaften, die Satelliten betreiben)
c) Kabelfernsehen (Errichtung und Betrieb von Kabelnetzen)

2. Niederlassung und Tätigkeit von Programmgesellschaften
a) Mulitlaterale Abkommen (z.B. EWG-Vertrag)
aa) Terrestrisch ausgestrahlte Hörfunk- und Fernsehprogramme
bb) Satellitendirektfernsehen
cc) Kabelfernsehen
b) Bilaterale Abkommen (z.B. AFN, RFE, EUROPE I)
- gegliedert wie oben

II. Vorschriften nationalen Rechts

- gegliedert wie oben

C. Vorschriften, die die Ausstrahlung von Programmen vom Territorium des Berichtsstaats in andere Staaten regeln (Rechtsbeziehungen zwischen Berichtsstaat und ins Ausland sendende Anstalten)

I. Internationale Vorgaben und ihre Umsetzung in nationales Recht

1. ITU-Abkommen und sich daraus ableitende Vorschriften
   a) Terrestrisch ausgestrahlte Hörfunk- und Fernsehsendungen (Recht des BS, ins Ausland zu senden
   b) Satellitendirektfernsehen (aufgrund von ITU-Vorschriften zugewiesene Orbital-Positionen des BS)
   c) Kabelfernsehen (Zugang inländischer Netze und Programme zu ausländischen Kabelsystemen)

2. Andere multilaterale Abkommen
   - gegliedert wie oben

3. Bilaterale Abkommen
   - gegliedert wie oben

II. Originär nationale Vorschriften

1. Vorschriften über die Errichtung und den Betrieb von Sendern
   a) Verfassungsrechtlicher Rahmen
      aa) Terrestrisch ausgestrahlte Hörfunk- und Fernsehprogramme
      bb) Satellitendirektfernsehen
      cc) Kabelfernsehen
   b) Regelungszuständigkeit und Regelungstechnik
      - gegliedert wie oben
   c) Inhalt der Regelungen
      aa) Genehmigungsprinzipien
         aaa) Terrestrisch ausgestrahlte Hörfunk- und Fernsehsendungen
         bbb) Satellitendirektfernsehen
         ccc) Kabelfernsehen
      bb) Vorschriften zum Inhalt der Programme
         - gegliedert wie oben
      cc) Weitere Genehmigungsbedingungen, auch: Gebühren
         - gegliedert wie oben
2. Vorschriften über Auslandsprogramme
   - gegliedert wie oben

K.D. Gaur

Law of International Telecommunications in India

Die Studie von K.D. Gaur über »Das Recht der internationalen Telekommunikation in Indien« gehört zu einer Reihe von Untersuchungen über die Telekommunikationspolitik in ausgewählten Ländern. In diesen Berichten werden untersucht: Der Zusammenhang der nationalen und internationalen Telekommunikationssysteme, die Individualkommunikation, Rundfunk und Neue Medien.

Das überkommene System der internationalen Telekommunikation steht vor tiefgreifenden Veränderungen. Sie werden ausgelöst durch neue Verbreitungs- und Reproduktionstechniken und daran anknüpfende Maßnahmen der Wirtschafts- und Kommunikationspolitik. Die rechtlichen und ökonomischen Probleme, die aus diesem Prozeß der Privatisierung, Deregulierung und Reregulierung entstehen, werden im Max-Planck-Institut für ausländisches und internationales Privatrecht in Hamburg in Zusammenarbeit mit Wissenschaftlern aus Amerika, Asien und Europa untersucht. Die Untersuchung von K.D. Gaur über »Das Recht der internationalen Telekommunikation in Indien« gehört zu einer Reihe von Untersuchungen über die Telekommunikationspolitik in ausgewählten Ländern. Diese Berichte untersuchen den Zusammenhang der nationalen und internationalen Telekommunikationssysteme, behandeln die Individualkommunikation und den Rundfunk ebenso wie die neuen Medien.

1988, 219 S., Salesta geb., 84,- DM, ISBN 3-7890-1310-2
(Wirtschaftsrecht der Internationalen Telekommunikation, Bd. 5)

Stephen R. Barnett/Michael Bothein/
Eli M. Noam

Law of International Telecommunications in the United States

Die Studie von Stephen R. Barnett/Michael Bothein/Eli M. Noam über »Das Recht der internationalen Telekommunikation in den USA« gehört zu einer Reihe von Untersuchungen über die Telekommunikationspolitik in ausgewählten Ländern. In diesen Berichten werden untersucht: der Zusammenhang der nationalen und internationalen Telekommunikationssysteme, die Individualkommunikation, Rundfunk und Neue Medien.

Das überkommene System der internationalen Telekommunikation steht vor tiefgreifenden Veränderungen. Sie werden ausgelöst durch neue Verbreitungs- und Reproduktionstechniken und daran anknüpfende Maßnahmen der Wirtschafts- und Kommunikationspolitik. Die rechtlichen und ökonomischen Probleme, die aus diesem Prozeß der Privatisierung, Deregulierung und Reregulierung entstehen, werden im Max-Planck-Institut für ausländisches und internationales Privatrecht in Hamburg in Zusammenarbeit mit Wissenschaftlern aus Amerika, Asien und Europa untersucht. Die Untersuchung von Stephen R. Barnett/Michael Bothein/Eli M. Noam über »Das Recht der internationalen Telekommunikation in den USA« gehört zu einer Reihe von Untersuchungen über die Telekommunikationspolitik in ausgewählten Ländern. Diese Berichte untersuchen den Zusammenhang der nationalen und internationalen Telekommunikationssysteme, behandeln die Individualkommunikation und den Rundfunk ebenso wie die neuen Medien.

1988, 271 S., Salesta geb., 98,- DM, ISBN 3-7890-1308-0
(Wirtschaftsrecht der Internationalen Telekommunikation, Bd. 4)